国家社科基金
GUOJIA SHEKE JIJIN HOUQI ZIZHU XIANGMU
后期资助项目

天津“卍”字会及其慈善事业研究

The Research on Tianjin Swastika Societies and Their Philanthropy

侯亚伟 著

科学出版社
北京

内 容 简 介

本书利用档案、报刊、文集、日记、回忆录、文史资料等多种史料，深入考察、勾勒、分析民国时期天津“卍”字会的变化历程，并对它们办理的慈善事业进行全方位考察，以期丰富人们对其的理解和认知，寻求其背后发展变化的原因，充分展示历史叙事的主观性、时代性与历史叙事、历史研究和历史编纂的复杂关系，丰富学术界对中国近代慈善史、社会史的研究。

本书可供中国近代史等相关专业的师生阅读和参考。

图书在版编目（CIP）数据

天津“卍”字会及其慈善事业研究/侯亚伟著. —北京：科学出版社，2021.11

ISBN 978-7-03-069743-1

Ⅰ. ①天… Ⅱ. ①侯… Ⅲ. ①红十字会-史料-研究-天津-民国 ②慈善事业-史料-研究-天津-民国 Ⅳ. ①D693.66

中国版本图书馆 CIP 数据核字（2021）第 184361 号

责任编辑：任晓刚 / 责任校对：刘 芳

责任印制：张 伟 / 封面设计：楠竹文化

科学出版社出版

北京东黄城根北街 16 号

邮政编码：100717

http://www.sciencep.com

北京中石油彩色印刷有限责任公司 印刷

科学出版社发行 各地新华书店经销

*

2021 年 11 月第 一 版 开本：720 × 1000 1/16

2021 年 11 月第一次印刷 印张：21 1/2

字数：380 000

定价：128.00 元

（如有印装质量问题，我社负责调换）

国家社科基金后期资助项目
出版说明

后期资助项目是国家社科基金设立的一类重要项目，旨在鼓励广大社科研究者潜心治学，支持基础研究多出优秀成果。它是经过严格评审，从接近完成的科研成果中遴选立项的。为扩大后期资助项目的影响，更好地推动学术发展，促进成果转化，全国哲学社会科学工作办公室按照“统一设计、统一标识、统一版式、形成系列”的总体要求，组织出版国家社科基金后期资助项目成果。

全国哲学社会科学工作办公室

出版说明

1. 天津“卍”字会在民国时期有多种称呼。天津红卍字会又称世界红卍字会天津主会、红卍字会、世界红卍字会天津分会，天津黄卍字会又称世界黄卍字会天津总会、黄卍字会、天津市黄卍字会，天津蓝卍字会又称蓝卍字会、蓝卍字会总会、天津市蓝卍字会。书稿中，除原始资料一仍其貌，不做处理外，为研究方便，其他一律统称为天津红卍字会、天津黄卍字会、天津蓝卍字会。

2. “卍”在民国时期的不少文献中又写作“卐”，书稿中不做处理；在一些文献中，“卍”还被误写作“十”“万”，一方面是民国时期原始资料记载之误，另一方面是后人整理资料时所犯错误，文中均用“十（卍）”“万（卍）”的形式予以处理。

3. 民国时期，“赈”字常写如“振”，此“振”乃“赈”的本字，又有“振拔”之意，比“赈”含义更丰，故引文资料中出现“振”时，不做处理。

4. 文中出现的地名、街道、房舍等名，如无特别说明，均系当时称呼，不另标今日地名。本书将在附录部分，编制《主要地名对照表》，以与今日地名进行对照。

序　一

各位专家学者和读者手中的这部《天津“卍”字会及其慈善事业研究》，是侯亚伟在博士学位论文基础上修改完善的专著。在即将由科学出版社出版之际，他心情十分激动地问序于我。作为他的博士生导师，欣闻学生的著作即将付梓，我非常乐意，也有责任推介亚伟写作博士学位论文和后来的修改情况。

2010 年 9 月，亚伟考上南开大学，随我攻读中国近现代史专业的博士学位。我指导的博士研究生培养方向有二：其一为“社会与性别”；其二为“宗教与民间信仰”。当时攻读“社会与性别”的博士生比较多，而他毫不犹疑地选择了自己喜爱的“宗教与民间信仰”。因为在准备考博的时候，他向我比较多地介绍了自己的学习情况、研究兴趣，我觉得他已经具备从事宗教与民间信仰学习及研究的基本条件，所以尊重他的选择。同时，我嘱咐他一定要做好心理和精神上的准备，做宗教与民间信仰的研究，需要很长时间的积累，既要有理论、方法上的修养和锻炼，还要有资料上的筹备，最好能找到或建设一个资料库。

入学之后，亚伟非常珍惜来之不易的读博机会，学习和研究都刻苦努力，常常主动找我讨论各种各样的学术问题。当时南开大学历史学院的办公条件较为有限，为了随时解答像亚伟这样勤学好问学生的各种各样的问题，我把中国近代史教研室变成了师生交流的工作室，几乎每天都是早上 7 点多来，晚上 11 点多走，有课的时候，再去上课。亚伟和其他同学似乎是只要一有问题或者是课前课后，都会跑来寻找答案。我也常常会放下手中的工作，急学生之所急，开诚布公地把自己的所思所想所知倾囊相授。有时，学生们络绎不绝，沙发坐满了，就坐椅子或者干脆站着。亚伟总是不失时机地提出问题，或者参与讨论。

我自己心中的大学目标，不仅是培养高级专业人才，而且是养成对国家、社会有用的栋梁之材。大学不仅仅要继承和传播知识、文化、智慧，更要生产和创造知识、文化、智慧，要让每一个受教育者都拥有美丽的心灵，健康的人格。研究宗教与民间信仰的学者更要有这样的素养、使命和担当。因此，我经常主动创造一些机会和条件，让亚伟去做一些将知识转换成能力的事情，修养心性，锻炼能力，服务社会，造福人群。随着对他了解的增多，我也将一些认为他能胜任的研究工作，交给他来完成。多数时候，他都能做出让我比较满意的成果，而不太满意的地方，多属于我对他的期待早已超出对一个博士生的要求。可喜的是，他总能克服困难，不断成长。

为了开阔学生的学术视野，我经常把自己在国内外讲学、合作研究、田野调查中的学术发现讲给亚伟和其他同学，让他们选自己认为最好的题目作为主攻方向，咬紧牙关，勇攀学术高峰。这对亚伟也产生了一定的影响。

记得在读博期间，除了我们师生交流的工作室外，亚伟经常去的地方就是南开大学历史学院资料室、南开大学图书馆、天津市图书馆、天津市档案馆。好在这些地方距离都不远。于是，他得地利、人和之便，不论寒暑，不舍昼夜，如饥似渴地翻阅晚清、民国时期的档案、文集、日记、方志、报刊等大量史料。一天，他对我说，想以天津市档案馆收藏的世界红卍字会天津分会、黄卍字会、蓝卍字会等“卍”字会的档案作为主体资料，撰写博士学位论文，并将他认真整理的资料目录拿给我看。我看了之后，发现其中有大量的未刊档案，学术界尚无人注意，遑论挖掘利用，只要他足够努力，相信一定可以在这些珍贵史料的基础上写出一篇优秀的博士学位论文，遂欣然同意，并鼓励他尽可能地广泛吸收国内外学术研究理论和成果，设计议题，突出主题，解决问题。随后，亚伟便心无旁骛，一门心思地埋头写作。为给他留下足够时间，避免他分心，我轻易不再给他安排其他研究工作。

光阴荏苒，2012 年 11 月，亚伟给我送来他的博士学位论文初稿，足有 30 万字之多。我翻阅之后，发现该文引证资料丰富、规范，文笔晓畅，问题意识突出。在文中，亚伟首先分析天津“卍”字会及其创生和活动的社会、文化环境，介绍天津诸“卍”字会和它们之间的关系，然后从永久慈业、临时慈业等方面分析天津“卍”字会的慈善事业，进而讨论天津“卍”字会慈善事业的内部机制和社会网络，最后对天津“卍”字会以救人、救己、救世、救心为特征的慈善思想进行总结归纳，完全达到了博士学位论文的水平。但亚伟并未以此为满足，而是反复征求我的修改意见，使论文不断丰富、完善、提高。不仅如此，在博士学位论文答辩前后，亚伟还在广泛吸收我和其他老师建议的基础上，全力对学位论文进行修改，精益求精，从而以优异的成绩毕业，并到陕西师范大学历史文化学院工作。

毕业前夕，我叮嘱亚伟，工作之后一定要继续修改、完善博士学位论文，千万不要懈怠。他果然没有辜负我的嘱托，在工作期间对博士学位论文进行了反复修改，并以此为基础，于 2015 年获得国家社科基金后期资助项目。难得的是，在攻读博士和工作期间，他围绕“卍”字类团体，撰写、发表了近十篇高质量的学术论文，并多次到国内外进行学术交流。

十年磨一剑。如今，亚伟的专著《天津“卍”字会及其慈善事业研究》即将出版，相信这不仅是他在相关研究领域取得的新进展，而且对中国近代宗教史、社会史、慈善史研究也有助益。至于书中的不足之处，恳请专家、学者、读者批评指正，助他在学术的道路上再攀高峰。

是为序。

侯　杰

2021 年 8 月 18 日于南开大学

序　二

青年学人侯亚伟君的大作《天津“卍”字会及其慈善事业研究》书稿置于我的案头已经有些时日了。这原是亚伟君的博士学位论文，在学位答辩时获得答辩委员会专家的高度认可，取得了优秀的成绩。这部书稿是又经过了几年的不断积淀，深入思索，反复修改后的成果。在即将付梓行世之际，亚伟君希望我能写一篇序，恭敬不如从命，我就说一说读过此稿后的若干感受吧。

前些年我曾做过中国古代民间社会方面的考察，而亚伟君这部书稿虽时代有别，主体内容却很有关联，因此我对此题目也颇感兴趣。这里主要想谈一谈其对于城市史学术研究的粗浅想法。

元明清时期，海运不断发展，天津作为北方一处濒海码头，由于地近京师，地位日益凸显。几百年间，伴随着海运业的发达，船夫水手、贩夫走卒之流及大批外来人口涌入这里，社会成分日益复杂，各种势力都在寻求生存和成长的空间，使天津的人员构成明显有别于传统北方城市。天津的城市建设与发展，又极具近代历史和社会发展特色。1860 年《北京条约》规定，增开天津为新的对外开放商埠，天津由此成为区域性最重要的通商口岸，很快发展成为北方最大的工商业城市。而西方列强纷纷在此设立租界，使之具有了浓厚的半殖民地色彩。此外，洋务派代表人物李鸿章等人在这里兴办新政，更加速了天津的近代化进程，如近代的警察制度即滥觞于此。进入民国以后，由于这座城市特有的性质，除原有的各色人等以外，下野的政客、失意的官僚、落败的军阀、前朝遗老等纷纷麇集于此，赋予了这座迅速崛起的大都会别具一格的时代特色，社会文化，人间世象，百态纷呈，丰富多样，堪称观察近代历史不可多得的窗口，而其时代晚近，更使其成为透视近代城市史颇为鲜活的绝佳样本。

我以为亚伟君的选题可谓颇具慧眼。他就读的南开大学位于天津，他攻读的专业又是中国近代史，对于抵近考察研究这一座近代超大城市的兴起发展与社会变化，具有得天独厚的优势。历史学本身就是一门人文学科，这一选题属于具体而微的社会史范畴，立意于宗教团体举办慈善事业，又是一项极富人文关怀的工作。城市人口本身具有阶层多样、构成复杂的特点，而这一课题的研究对象，类同于一个缩微版的社会。施予方的资金来源，除主办者的各种宗教活动收入及政府部门的资助之外，所涉其他人员有家产丰饶的工商业者，有衣食无忧的前文武显贵，更多的是家境一般而心存善念的普通民众。受惠者则是社会底层的极端贫困人口，以及为逃避各类天灾和绵延不断的战火而涌入天津这一方都会的大量难民，其结合虽有很强的临时成分，但这一随机性结成的群体管理和经营的复杂多样，无异于管理一个小型社会，除了财务、物资等外，还有大量烦冗的涉人事务，而这各色人等，地位悬殊，上至达官显贵，下至颠沛流离的游民，同时尚须从事与各个方面的协调工作，其难度可想而知。

慈善事业涉及对象相当广泛，明末陕西乡贤士大夫王徵，是陕西籍的第一位天主教徒，在居家期间尊奉“畏天爱人”之义，模仿天主教会的慈善组织创建了名为“仁会”的机构，以食饥者、饮渴者、衣裸者、顾病者、舍旅者、赎虏者、葬死者七端为要务。实则这也是古来官私救济的基本内容，而近代以来受到西方尤其是宗教慈善事业的影响，更具组织性、全面性和持续性，比如西式医疗体制的引入，而养老、育婴、教育等，又成为重要且经常性的方面。这些内容，在亚伟君的书稿中多有详尽的考察。

“卍”字会在中国大陆的存续时间，涉及时段大体为民国初年至1949年，正是近代中国历史天翻地覆的时代。这一时期天津的地方政府经历了多次易帜。书稿对各种势力统治下的天津政治经济及相关的治理模式多有探讨，既可以从一个微观的角度审视风云变幻对于基层社会的影响，也可以作为研究天津城市变迁的有力佐证。

前些年与一位其他学科的学界友人闲聊，他说他以为历史在人文学科中重视实证，最为接近理科，资料就相当于实验科学的实验材料，其研究方法亦如彼一般精细，而绝不容许向壁虚构，无根游谈。这一比喻是否切当姑且不论，但至少有一定的道理。治中国史者皆知，唐代以上，传世史料有限，赵宋以下则转详。而近代以来，由于时代晚近，特别是西方档案学的传入，原始资料收藏管理在科学理念的指导下，建立起科学的体系和规范，因而保存的全面和完好程度远超前代。天津的近代城市发展和管理日新月异，在档案建设的完备性方面，应该说为其他大城市所不及，档案材料极为充盈。这固然为近代史研究提供了几乎无限的第一手史料，但这些海量资料多未经过科学方法加以整理，利用颇为不便。亚伟君使用披沙沥金的功夫，从如山般的档案堆中甄选撷取相关材料，仔细地爬梳比勘，统计分析，科学使用，因而他所取得的认识均有丰富而翔实的史料支撑，我相信这一点会为读者们留下深刻印象。

还是回到亚伟君命题的本身。灾荒与人类相伴相随，中国古代很早就有灾荒赈济的认识和制度安排。由于天灾人祸的频仍，现代人类社会依然需要经常面对严重灾祸的救助难题。宗教信仰，一般皆具有关爱生命的内在因素，因而宗教团体成为古今举办慈善活动的一支重要社会力量。民间爱心人士在组织参与灾害的救援中，亦往往发挥着不容忽视的作用。凡此亚伟君已多有讨论，希望能够为当今救灾工作的实践提供某些思考和借鉴。

亚伟君初来我校，即对我提出与我合作进行博士后研究的想法，因我所从事的古文献学，与亚伟君的学术背景存在较大的跨度，令我颇感意外。但当得知他一直对民间信仰研究兴趣颇浓，而我也对之有一定研究，且他认为，文献学传统悠久，积累深厚，其若干基本观念和方法手段，是他的工作需要借鉴和掌握的，我便很乐意地接受他跟我做博士后研究。通过博士后期间的合作，我对亚伟君的视野开阔、思维敏锐、勤学刻苦、精益求精、基础坚实、训练有素等可贵品质和优长，有了更为深入的了解。在站工作期间及出站以后，他又以部分精力从事西安城市史等方面的研究，不长的时间内即取得了不俗的成绩。我相信，以亚伟君具备的学术能力和不懈追求精神，其学术生涯有望获得更为丰硕的成就。

贾二强

2021 年初秋于古长安

序　三

亚伟大作《天津“卍”字会及其慈善事业研究》剞劂问世之际，请我写上几句话作为序言，这是对我的一种尊重、一种信赖。我不想对亚伟的大作妄加置喙，相信学界自有佳评，只想谈谈隐藏在这部大作出版历程背后的那些鲜为人知的亚伟曾经的困惑、纠结和艰辛，以及经过多年的不懈奋斗，他终于迎来了收获的喜悦、宽慰和感恩。

我与亚伟结识，始自 2010 年。那时，他刚考入南开大学历史学院，攻读历史学博士学位。是年秋季的一天，他通过朋友介绍，登门向我求解民国时期世界红卍字会史及中国民间宗教史的相关问题。从此，他与我以师生相称，不断向我提出各种学术问题，我则尽量满足他诸如学术思想、学术观点、学术资料等要求，又带他参加学术研讨会，让他多与学界朋友交流互鉴。与此同时，亚伟一头扎进天津档案馆，在尘封了半个多世纪的故纸堆里，经过近三年的搜求寻觅，整理了大量的天津红卍字会、天津黄卍字会、天津蓝卍字会、天津白卍字会等民国时期民间宗教资料，为他撰写博士学位论文打下了坚实的资料基础。

2013 年夏季，亚伟以优异成绩如期毕业，入职陕西师范大学历史文化学院，并很快晋职副教授。在此后的五年里，我与他天各一方，通过邮件或电话，经常沟通学术研究心得。其中，我听到最多，也最令我焦虑的是他的学术研究成果不能顺利发表或出版。究其原因，不是他的学术论著水平不够，而是他的学术研究对象是民间信仰，有时会涉及政治敏感问题。我听到亚伟的这些信息后，劝慰他说：“我们要理解一般杂志社或出版社的同志们。你要扩大眼界，不耻下问，不厌其烦，多投寄杂志社，多联系出版社，总会有杂志社、出版社愿意发表或出版你的学术研究成果的。”亚伟按照我的建议做了，但一晃五年过去了，仍没有效果。

2018 年暮春，我被陕西师范大学人文社会科学高等研究院聘为特聘研究员，亚伟得知后，非常高兴。是年仲夏，我从故乡津门入住古都西安寓所。从此，我与他的交流方便多了。记得我寓居陕师大不久，亚伟对我说：“老师，我不想继续从事民间信仰学术研究了，发表论文、出版著作太麻烦了！”我听到后，非常理解他内心的困惑、纠结。我对他说：“我尊重你的选择。不过，我还是希望你沿着这条学术研究道路继续走下去！"

时光如白驹过隙，又是两年多过去了。2020年初冬，当我获悉他的大作在诸位师友的鼎力帮助下，将由科学出版社出版的消息后，真是从心里替他高兴。这就充分证明，亚伟自从那次对我敞开心扉说完心里话以后，并没有放弃自己的学术研究追求，而是经过艰辛的心灵搏斗，终于顿悟、解惑、明心，从而克服各种困难，顽强地坚持走下来。因此，我对亚伟的学术坚持深表赞赏！对亚伟的大作出版，衷心祝贺！

我一直认为，中国民间信仰总得有人研究，不能总让西方学者独占这个学术高地。因此，我们不仅要学习陈垣、陈寅恪、孟森、魏建猷、吴晗、李世瑜诸位前贤在中国学术研究领域披荆斩棘、不畏艰险的探索精神，更要将他们的学术研究传统发扬光大，在当代国际学术舞台上，拥有中国学者的话语权，发出中国学者的最强音。

习近平总书记说："历史研究是一切社会科学的基础，承担着'究天人之际，通古今之变'的使命。……重视历史、研究历史、借鉴历史，可以给人类带来很多了解昨天、把握今天、开创明天的智慧。"[①]习近平总书记还说："坚持问题导向是马克思主义的鲜明特点。问题是创新的起点，也是创新的动力源。只有聆听时代的声音，回应时代的呼唤，认真研究解决重大而紧迫的问题，才能真正把握住历史脉络、找到发展规律，推动理论创新。"[②]在当今世界百年未有之大变局的严峻形势下，应有一批中国学者研究中国民间信仰，认真总结历代统治者处理民间信仰问题的成功经验与失败教训，为政府"向前展望、超前思维、提前谋局"[③]提供一些支持，也为构建社会主义和谐社会和实现中华民族的伟大复兴，提供学术支撑和决策参考。

记得著名学者、思想家、文艺理论家王元化先生在2006年获得上海市第八届哲学社会科学优秀成果学术贡献奖典礼上说："我是一个用笔工作的人，我最向往的就是尽一个中国知识分子的责任。留下一点不媚时、不曲学阿世而对人有益的东西。我也愿意在任何环境下都能做到不降志、不辱身、不追赶时髦，也不回避危险。"[④]这才是当代中国学者追慕的楷模与

① 《习近平致第二十二届国际历史科学大会的贺信》，《人民日报》2015年8月24日，第1版。

② 习近平：《在哲学社会科学工作座谈会上的讲话》，《人民日报》2016年5月19日，第2版。

③ 习近平：《关于〈中共中央关于全面深化改革若干重大问题的决定〉的说明》，《人民日报》2013年11月16日，第1版。

④ 李平：《王元化与修辞》，《文汇报》2018年5月7日，第3版。

效法的范式。

我一直坚信，真正的学问永远行走在大地上，又始终笃守“直行终有路，何必计枯荣”。在此，我愿与亚伟共勉，更希望更多的年轻学者加盟、壮大中国民间宗教学术研究队伍，为践行习近平总书记提出的构建具有中国特色的哲学社会科学的学科体系、学术体系、话语体系尽心尽力，做出贡献。

濮文起

2020 年 11 月 28 日

目　　录

插 图 目 录

列 表 目 录

绪　论

大约2011年初，在天津档案馆，笔者发现了大量涉及世界红卍字会天津分会、世界黄卍字会、世界蓝卍字会、世界白卍字会、世界白十字慈善宏道会、无极道院的档案资料。这些卍字会自1922年开始陆续创立，中华人民共和国成立后基本都在中国大陆停止活动。在翻阅档案资料的过程中，笔者逐渐意识到，这些卍字会将救人、救己、救世与救心有机结合的慈善事业颇具典型性，如能将它们的慈善事业、运作机制、社会网络、慈善思想阐发出来，不仅对深入理解民国历史和社会，而且对当今民间慈善事业的健康开展，都应有一定的学术参考价值和实践应用价值。

通过对这部分档案资料的分析，笔者逐渐发现这些慈善团体具有较多相似之处：

第一，这些慈善团体多以“卍”名会，以红、黄、蓝诸色区分之，具有形式上的相似性、可比性，可合称为天津“卍”字会。天津白十字慈善宏道会、无极道院虽然没有以“卍”字名会，但无论其信仰理念，还是慈善事业，和上述红、黄、蓝、白诸卍字会都具有相似性。

第二，天津“卍”字会的会员，多是旧官僚、退伍军人、商绅，属于当时社会中的较富裕阶层。

第三，天津“卍”字会多以办理慈善事业为旨志，并均将慈善事业分为临时慈业和永久慈业两种。它们的慈善事业虽有所不同，但均主要在传统的范围内，与中国红十字会、中国基督教青年会等现代性较为明显、受西方影响较大的慈善团体相比，有很大区别。

第四，黄、蓝、白诸卍字会的创立，均受到天津红卍字会的深刻影响，或是创立者来自天津红卍字会，或是人员来自天津红卍字会，或兼而有之。

以此，可以将天津“卍”字会及其所从事的慈善事业作为一个整体进行研究。

一、研究动态

（一）世界红卍字会史

早在20世纪30年代，日本学者末光高义便在《支那的秘密结社与慈善结社》一书中，专章论述了道院及红卍字会，并且特别阐释了道院与日本大本教的关系。但在20世纪90年代以前，学术界对世界红卍字会的关注者寥寥。20世纪90年代中期之后，世界红卍字会的研究者们主要将注意力集中在该会的慈善事业方面（下文另述），对其创立、发展、分布、式微及思想研究尚显不足。进入21世纪，相关成果逐步增多。2002年，陆仲伟对世界红卍字会的创立、演变、组织活动、成员构成，以及与日本大本教往来的关系等问题都有讨论。[①]2004年，孙江《近代中国的“亚洲主义”话语》[②]把世界红卍字会的活动概括为一种实践的亚洲主义，并深入探讨了世界红卍字会与日本相关宗教的关系，值得重视。2007年，濮文起《民国时期的世界红卍字会》[③]是中国大陆学者较早对世界红卍字会进行全面钩稽之作。稍后，李光伟的三篇文章[④]，对山东红卍字会的文献资料、世界红卍字会的缘起与发展、衰亡原因进行了探索。李氏认为，道院组织发起人的文化认同与道慈救世理念，以及道院组织成员主体——商人的社会关系网络与商业活动，是该组织萌生并迅速发展壮大的内在深层次原因。其硕士学位论文《道院·道德社·世界红卍字会——新兴宗教慈善组织的历史考察（1916—1954）》[⑤]，是到目前为止中国大陆学者对世界红卍字会道院的基本活动进行的较完善的梳理。陈明华《扶乩的制度化与民国新兴宗教的成长：以世界红卍字会道院为例（1921—1932）》[⑥]一文，对扶乩这一世界红卍字会道院运行的基本方式进行了探究。在其博士学位论文[⑦]中，陈氏将世界红卍字会放到民国这一时代大背景之中，并和其他民间教派相

---

① 陆仲伟：《民国会道门》，福州：福建人民出版社，2002年，第107—124页。

② 孙江：《近代中国的“亚洲主义”话语》，《上海师范大学学报》（哲学社会科学版）2004年第3期。

③ 濮文起：《民国时期的世界红卍字会》，《贵州大学学报》（社会科学版）2007年第2期。

④ 李光伟：《民国山东道院暨世界红卍字会文献资料知见略说》，《山东图书馆季刊》2008年第1期；《民国道院暨世界红卍字会的衰亡原因与评价刍论》，《贵州大学学报》（社会科学版）2009年第1期；《民国道院暨世界红卍字会的缘起与发展述论》，《理论学刊》2010年第1期。

⑤ 李光伟：《道院·道德社·世界红卍字会——新兴宗教慈善组织的历史考察（1916—1954）》，山东师范大学2008年硕士学位论文。

⑥ 陈明华：《扶乩的制度化与民国新兴宗教的成长：以世界红卍字会道院为例（1921—1932）》，《历史研究》2009年第6期。

⑦ 陈明华：《民国新宗教的制度化成长——以世界红卍字会道院为重心的考察（1921—1937）》，复旦大学2010年博士学位论文。

联系进行考察，显示作者对世界红卍字会相关的问题深入探讨的学术自觉，较有新意。杜赞奇（Prasenjit Duara）将世界红卍字会称之为“救度团体”，并认为它继承了三教合一运动中的普世主义使命以及自我道德改造的宗旨，和较早的教派整合团体一样，与派系传统、民间神祇以及包括占卜、扶乩在内的灵媒活动保持联系，在宇宙观和社会整合过程中发挥重要作用[①]，对笔者有所启发。

2011 年 10 月 29—31 日，由山东大学主办，济南市社会科学院、山东师范大学城市研究中心、香港道慈基金会协办的“近代民间组织与社会救济”国际学术研讨会在济南五峰山召开。会议提交的论文中，中国学者梁家贵与张雁南[②]、刘平[③]、游子安[④]，日本红卍字会的黑川正备[⑤]、美国芝加哥大学的蔡俊亨（Jun Hyung Chae）[⑥]、韩国庆南大学俞长根[⑦]，均以世界红卍字会作为研究对象，一定程度上提高了学术界对世界红卍字会的认识，推动了相关研究的开展。

2013 年以来，学术界又涌现出了一些新的研究成果，如孙江研究了红卍字会在伪满洲国统治区域的生存境遇，展示了该会由“不论政治，不涉党派”的慈善团体，到放弃政治中立的立场，成为伪满统治附庸的过程。[⑧]孙江通过比较研究中国、日本政府对待世界红卍字会和大本教的态度，以及它们自身的主张与境遇，指出安置宗教问题是中日两国在建设近代国家时碰到的共同难题。[⑨]沿着孙江的思路，安特利亚·扬库相信，世界红卍

---

① 杜赞奇：《中国世俗主义的历史起源及特点》，《开放时代》2011 年第 6 期。

② 梁家贵，张雁南：《动荡时期的民间组织与社会救济——以民国时期的世界红卍字会为例》，《“近代民间组织与社会救济”国际学术研讨会》，济南，2011 年 10 月 29—31 日。

③ 刘平：《“恶之花”？“善之果”？——关于红卍字会的活动特点与历史评价等问题》，《“近代民间组织与社会救济”国际学术研讨会》，济南，2011 年 10 月 29—31 日。

④ 游子安：《道慈南洋：1930 年代以来世界红卍字会在星、马地区的推展》，《“近代民间组织与社会救济”国际学术研讨会》，济南，2011 年 10 月 29—31 日。

⑤ 黑川正备：《日本道院和红卍字会的建立及历史》，《“近代民间组织与社会救济”国际学术研讨会》，济南，2011 年 10 月 29—31 日。

⑥ 蔡俊亨：《从未灵论到普遍的儒学——道院信仰的转变》，《“近代民间组织与社会救济”国际学术研讨会》，济南，2011 年 10 月 29—31 日。

⑦ 俞长根：《二十世纪二十——三十年代初红卍字会的发展趋势与它的性质》，《“近代民间组织与社会救济”国际学术研讨会》，济南，2011 年 10 月 29—31 日。

⑧ 孙江：《救赎宗教的困境——伪满统治下的红卍字会》，《学术月刊》2013 年第 8 期。

⑨ 孙江：《危机与批评——近代语境下的大本教与红卍字会》，《开放时代》2021 年第 1 期。

字会道院是中国民族主义对国际人道主义组织的一种反应。[①]高鹏程从起源、组织、会员、运作机制、社会救助事业与政治关系等方面对世界红卍字会和红十字会这两个民国时期影响重大的慈善团体进行了比较研究。[②]王林认为世界红卍字会为了获得合法性，只能与南京国民政府的监督体制相妥协，以求获得各级党部的许可，进而在主管机关立案或备案。[③]陈明华则强调，世界红卍字会通过慈善救济这一平台争取军政官员的支持，并将自身与国民政府的救济体系相捆绑，完成“慈善机构化”。[④]刘泳斯梳理了吴清源与世界红卍字会的关系。[⑤]高鹏程、刘平通过对抗战时期沦陷区的红卍字会的研究，丰富了人们对抗战时期中国社会的整体认识。[⑥]汪旻从世界红卍字会旅顺分会旧址上的两通碑文着手，梳理了世界红卍字会旅顺分会的历史。[⑦]文星豪通过对 1936 年 4 月崇明发生的红卍字会悬挂红太阳旗事件的分析，认为南京国民政府对于具有慈善性质的会道门，即使承认其合法性，也始终对其心存戒备。[⑧]陈召正认为，成立于 1914 年的中华黄卍字会，受到了中国红十字会的直接影响，而世界红卍字会受到了中华黄卍字会的影响。[⑨]

（二）世界红卍字会慈善事业研究

学者们最早对世界红卍字会的研究，是从慈善事业开始的。较早注意到世界红卍字会慈善事业的是我国台湾学者宋光宇。1997 年，宋氏发表《民国初年中国宗教团体的社会慈善事业——以世界红卍字会为例》[⑩]，对世界红卍字会的慈善事业进行了概述。其后，他又发表《绅、商人与慈善——

① 安特利亚·扬库：《国际人道主义在中国：从 20 世纪初的灾赈谈起》，《史学月刊》2014 年第 4 期。

② 高鹏程：《近代红十字会与红卍字会比较研究》，合肥：合肥工业大学出版社，2015 年。

③ 王林：《论民国时期道院暨世界红卍字会的合法性危机及其应对》，《东方论坛》2018 年第 2 期。

④ 陈明华：《权力变迁与新兴宗教的应对——以世界红卍字会徐州分会会址纠纷为中心的考察（1921—1936）》，《浙江大学学报》（人文社会科学版）2014 年第 5 期。

⑤ 刘泳斯：《吴清源与红卍字会》，《中国民族报》2014 年 12 月 9 日，第 8 版。

⑥ 高鹏程，刘平：《抗战时期沦陷区的红十字会》，《安徽史学》2016 年第 2 期。

⑦ 汪旻：《世界红卍字会旅顺分会旧址及碑刻初探》，《大连近代史研究》2016 年第 1 期。

⑧ 文星豪：《危机与应对：世界红卍字会对“崇明事件”的处理》，《上海地方志》2020 年第 1 期。

⑨ 陈召正：《中华黄卍字会与红十字会、红卍字会关系探究》，《德州学院学报》2020 年第 3 期。

⑩ 宋光宇：《民国初年中国宗教团体的社会慈善事业——以世界红卍字会为例》，《文史哲学报》1997 年第 6 期。

民国初年一个慈善性宗教团体“世界红卍字会”》[①]，认为该会慈善事业的领导是士绅和商人阶层。2002 年的《慈善与功德——以世界红卍字会的赣赈工作为例》[②]，对世界红卍字会在江西的赈济事业进行了讨论。他还将世界红卍字会的慈善事业，放到中国与世界宗教互动的高度，从普济、普度和普觉三个方面进行分析[③]，颇显功力。

相比港台学者的研究，中国大陆虽起步略晚，但已呈后来居上之势。20 世纪末，邵雍对世界红卍字会的慈善事业已有涉及。[④]2000 年，张根福对抗战初期世界红卍字会在浙江的难民救济活动进行了初步探讨。[⑤]2005 年，赵宝爱别出心裁地讨论了作为世界红卍字会附属组织的山东女道德社的慈善活动。[⑥]同年，方竞、蔡传斌对世界红卍字会的慈善事业进行了综合性梳理，虽然较为粗疏，在中国大陆却尚属首次。[⑦]孙语圣研究了世界红卍字会中华总会与社会救济的关系。[⑧]自 2007 年开始，李光伟发表了一系列论文，对山东世界红卍字会，特别是对烟台、牟平分会的慈善事业进行了研究。[⑨]侯亚伟主要利用天津档案馆所藏档案，考察了天津红卍字会

---

① 宋光宇:《绅、商人与慈善——民国初年一个慈善性宗教团体“世界红卍字会”》,《辅仁历史学报》1998 年第 3 期。

② 宋光宇:《慈善与功德——以世界红卍字会的赣赈工作为例》,《宗教文化论文集》，宜兰：佛光人文社会学院，2002 年。

③ 宋光宇:《从中国宗教活动的三个主要功能看 20 世纪中国与世界的宗教互动》,《世界宗教研究》2000 年第 3 期。

④ 邵雍:《中国会道门》，上海：上海人民出版社，1997 年，第 182—187 页。

⑤ 张根福:《抗战初期世界红卍字会在浙江的难民救济活动述略》,《浙江大学学报》(社会科学版) 2000 年第 5 期。

⑥ 赵宝爱:《山东女道德社的慈善活动简论》,《中华女子学院山东分院学报》2005 年第 1 期。

⑦ 方竞，蔡传斌:《民国时期的世界红卍字会及其赈济活动》,《中国社会经济史研究》2005 年第 2 期。

⑧ 孙语圣:《红卍字会中华总会与民国时期的社会救济》,《安徽史学》2006 年第 2 辑。

⑨ 李光伟:《20 世纪上半叶中国民间慈善救助事业之典范——世界红卍字会烟台分会恤养院的历史考察》,《鲁东大学学报》(哲学社会科学版) 2007 年第 3 期；李光伟:《民国道院暨世界红卍字会的慈善医疗活动探析——以山东省为例》,《东方论坛》2009 年第 1 期；李光伟:《世界红卍字会牟平分会暨恤养院历史初探》,《鲁东大学学报》(哲学社会科学版) 2009 年第 2 期；李光伟:《近代中国本土第一个规模较大的民间慈善救助组织——世界红卍字会》,《文史月刊》2009 年第 11 期；李光伟:《烟台红卍字会及其慈善事业 1926—1935》,《鲁东大学学报》(哲学社会科学版) 2017 年第 5 期。

以救人、救己、救世为特点的慈善事业[①]，对天津红卍字会所开办的学校及其运转机制进行了深入的研究[②]，考察了天津红卍字会慈善事业的善款、善物来源问题。[③]梁家贵通过对民国时期世界红卍字会的研究，认为这一时期的民间组织很少出现任意挥霍甚至贪污善款的事件，与其重视对成员的教化、具有强有力的管理监督机制和精干的机构设置，并与政治保持一定距离等因素有关。[④]方乾坤关注了世界红卍字会在 1931 年水灾中对皖苏等省的赈济活动及其特点、成效与不足。[⑤]

高鹏程的《红卍字会及其社会救助事业研究（1922—1949）》是中国大陆最早出版的一部研究世界红卍字会慈善事业的专著。[⑥]该书大量利用了南京第二历史档案馆和上海档案馆的档案，对世界红卍字会社会救助事业进行分门别类的考察。遗憾的是，该研究所利用的资料仍然有限，特别是对山东、天津、北京等世界红卍字会重点活动区域的档案资料尚未充分挖掘，对道院与世界红卍字会之间的互动以及红、黄、蓝诸卍字会之间的分化组合的关注亦显不足。近年来，高鹏程又对世界红卍字会的医疗卫生活动、北泉慈幼院的难童教养进行了研究。例如，他通过对世界红卍字会医疗卫生活动的梳理，认为世界红卍字会的医疗慈善受到了来华基督教差会的影响，证明了该会是民国现代医疗卫生体系的构建主体之一，反映了该会对外来思想观念折中但并不保守的态度，颇有启发意义。[⑦]

2011 年 10 月 29—31 日的济南学术研讨会上，除一些对世界红卍字会

---

① 侯亚伟：《救人、救己、救世：天津红卍字会慈善事业探析》，《世界宗教文化》2012 年第 2 期。

② 侯亚伟：《天津红卍字会教育事业研究》，《教育史研究》2012 年第 2 期。

③ 侯亚伟：《天津红卍字会的善款（物）来源》，上海中山学社：《近代中国》第 28 辑，上海：上海社会科学院出版社，2018 年。

④ 梁家贵：《动荡时期的民间组织与社会救济——以民国时期的世界红卍字会为例》，《贵阳学院学报》（社会科学版）2012 年第 5 期。

⑤ 方乾坤：《世界红卍字会 1931 水灾救济研究——以皖苏为例》，《淮南师范学院学报》2018 年第 1 期。

⑥ 高鹏程：《红卍字会及其社会救助事业研究（1922—1949）》，合肥：合肥工业大学出版社，2011 年。

⑦ 高鹏程：《慈善组织与医疗卫生——民国红卍字会的医疗卫生活动述评》，《医疗社会史研究》2019 年第 2 期；高鹏程，许琰晗：《民国民办难童教养机构的实态运作与社会支持——以世界红卍字会北泉慈幼院为例》，《教育史研究》2020 年第 4 期。

历史研究的论文外，还有一批以慈善事业为研究重点的论文。主要有郭大松《源起齐鲁走出国门之数位一体宗教慈善组织论略》、高鹏程《民国红卍字会社会救助机构及其双重效能》、濮文起《红卍字会赈灾实录——以1929—1930天津红卍字会施粥为例》、孙江《地震的宗教学——关东大地震后红卍字会赈灾之旅与大本教》、王世永《台湾民间团体慈善事业之研究——以“世界红卍字会台湾总主会”发展六十多年为例》、危丁明《抗战时红卍字会的华南救济：以香港为中心》。这些论文推动了世界红卍字会慈善事业研究水平的提高。

除危丁明外，还有一些学者关注抗日战争时期世界红卍字会的慈善活动。高鹏程对民国南通红卍字会、世界红卍字会在南京大屠杀暨战争期间的活动①进行了考察。鹿璐、任超、曾桂林梳理、研究了卢沟桥事变之后世界红卍字会在平津地区开展的慈善救助活动。②黎霞梳理了世界红卍字会在淞沪抗战中的慈善事业。③孙江探讨了“一·二八事变”中世界红卍字会的掩埋尸体活动。④李云波讨论了“一·二八事变”中世界红卍字会的战地救护工作。⑤王林、祝介梅指出，随着战局的扩大，红卍字会的救济范围不断扩展，且形成了网络化的救济机制，故在难民救济中成绩显著，发挥了重要的作用。⑥

---

① 高鹏程：《双重视阈下民国南通红卍字会运作的实态分析》，《南通大学学报》（社会科学版）2010第2期；高鹏程：《南京大屠杀时期红卍字会活动的两面性》，《南京社会科学》2010年第6期；高鹏程：《民国时期红卍字会临时慈业的运作与效能——以战事和灾荒网络社会救助为中心的考察》，《东方论坛》2011第1期。

② 鹿璐：《七七事变中的世界红卍字会中华总会》，《中国档案报》2014年7月7日，第3版；任超：《卢沟桥事变后世界红卍字会的社会救济》，高福美主编：《北京史学论丛（2017）》，北京：社会科学文献出版社，2018年，第181—193页；曾桂林：《共赴国难：卢沟桥事变后平津地区的慈善救助——以世界红卍字会为例》，《湖南师范大学社会科学学报》2019年第5期。

③ 黎霞：《淞沪抗战救护与红卍字会》，《档案春秋》2015年第7期。

④ 孙江：《战场上的尸体——“一·二八事变”中红卍字会的掩埋尸体活动》，《江海学刊》2015年第2期。

⑤ 李云波：《兵燹济难：一·二八抗战中世界红卍字会的战地救护工作》，《民国档案》2016年第1期。

⑥ 王林，祝介梅：《论世界红卍字会在全面抗战初期的慈善救济》，《东方论坛》2017年第5期。

除此之外，曹礼龙[①]、向芳[②]、王振娜[③]、王琳琳[④]等人的硕士学位论文，也从不同方面对上海、济南、北京的红卍字会进行了研究，在资料的开掘方面，各有贡献。

关于黄、蓝等卍字会的研究，除李世瑜[⑤]、宋光宇[⑥]、濮文起[⑦]、高鹏程[⑧]等学者的相关著述略有提及外，只有侯亚伟对世界黄、蓝等卍字会的创立和社会关系、天津蓝卍字会校董会对私立中小学的管理进行了初步考论[⑨]，以及王娟等对北京诸“卍”字会慈善事业的初步勾勒[⑩]。

二、资料说明

本书所使用的资料，包括档案、报纸杂志、地方史志、文集、经书、训录等多种。内容涉及天津“卍”字会产生、发展和式微的各个时期及其慈善事业的基本情况。

（一）档案

天津档案馆存有与本书课题相关的大量档案资料。据统计，作为核心资料的天津“卍”字会相关的档案资料，便有1000余卷。其中包括天津红

---

① 曹礼龙：《修行与慈善——上海的世界红卍字会研究（1927—1949）》，上海师范大学2005年硕士学位论文。

② 向芳：《民间新兴宗教的财源及动作——以道院暨世界红卍字会、万国道德会为对象》，华中师范大学2012年硕士学位论文。

③ 王振娜：《近代济南慈善事业研究（1940—1949）》，山东大学2012年硕士学位论文，第54—57页。

④ 王琳琳：《青岛红卍字会研究（1922—1954）》，山东大学2019年硕士学位论文。

⑤ 李世瑜：《现代华北秘密宗教》，上海：上海文艺出版社，1990年。

⑥ 宋光宇：《民国初年中国宗教团体的社会慈善事业——以世界红卍字会为例》，《台大文史哲学报》1997年第6期。

⑦ 濮文起：《民国时期的世界红卍字会》，《贵州大学学报（社会科学版）》2007年第2期。

⑧ 高鹏程：《红卍字会及其社会求助事业研究（1922—1949）》，合肥：合肥工业大学出版社，2011年。

⑨ 侯亚伟：《世界黄、蓝等卍字会考论》，《世界宗教文化》2014年第2期；侯亚伟：《蓝卍字会校董会对私立中小学的管理》，《教育史研究》2020年第4期。

⑩ 王娟：《民国北京地区的卍字会系列慈善组织述略》，王岗主编：《北京史学论丛（2015）》，北京：群言出版社，2016年；王娟，王慰陈：《民国时期北京地区的诸“卍”字会》，《公益时报》2016年8月2日，第16版；王娟，许婉萍：《民国京津地区慈善事业互动关系初探》，《东方论坛》2017年第5期。

卍字会300余卷、天津黄卍字会近400卷、天津蓝卍字会200余卷、其他各团体不下100卷。这些资料数量庞大、包罗宏富、涉及面广，是写作的主体资料。

天津“卍”字会向以办理慈善事业为旨志。无论是在北京政府时期、南京国民政府前期、日伪时期、南京国民政府后期还是在中华人民共和国成立初期，它们与地方政府互动中所形成的档案，主要都与慈善事业有关。它们所办理的教育、医疗救济、灾害救济、恤嫠与冬赈等慈善事业，基本可以通过档案勾勒出来。

天津“卍”字会的运行机制，包括它们的组织管理、人员构成以及善款来源等，在档案中都有细致反映。由于天津“卍”字的慈善事业受到地方政府相关机构的管理，所以档案也详尽地反映了天津“卍”字会与不同时期地方政府之间的关系。特别需要强调的是，1928年到1949年的20余年中，慈善事业的主管机构是社会局，天津“卍”字会与之有着直接而频繁的关系。直接或通过市政府和社会局，天津“卍”字会还与警察局、财政局、卫生局、教育局产生了关系。除了政府机关之外，天津“卍”字会之间、天津“卍”字会与慈善团体联合组织、其他慈善团体也产生了广泛而经常的关系。所有这些，在档案资料中，都有清晰的反映。

除了与天津“卍”字会直接相关的1000余卷档案外，还有涉及各类“慈善团体”“慈善机构”的档案近300卷，天津佛教居士林、功德林、大悲院档案100余卷，天津青年会、天津女青年会、天津天主教青年会、救世军档案300余卷，理教档案近300卷，总计不下1000卷。若加上广仁堂、天津救济院、天津红十字会、黄十字会的档案，更是难以计数。这部分档案数量庞大、内容丰富，是深化研究天津“卍”字会的重要资料。

北京档案馆、青岛档案馆等档案馆也藏有一定数量的卍字会的资料。在研究的过程中，为了处理天津“卍”字会与总分各会的关系，也会酌量采用。

（二）坛训、经书、杂志资料

这部分资料种类庞杂、数量众多，是论文写作的另一部分主体资料。坛训方面，有《红卍字会母院坛训》（庚辰秋季）、《母院坛训》（辛巳、庚辰）、《天津训录》（丙子、丁丑、戊寅）、《镇坛五圣宝训》《济南训录》（戊寅、己卯）、《北京训录》（乙丑、丁卯），等等。因本书系以天津为中心，故《天津训录》（丙子、丁丑、戊寅）价值很大。从这些资料中，我们可以直观地看到道院与世界红卍字会之间的关系，以及通过降鸾扶乩进行领导的特殊方式。由于扶乩往往是通过济公、吕祖、关帝等神灵下凡的方式来进行的，使这些坛训具有一定的神圣性，有助于分析世界红卍字会的慈善思想。正因为如此，这些资料可以与世界红卍字会的经典《太乙北极真经》参照阅读。它们将和世界红卍字会等刊物一起，作为研究个人修行和救世思想的主要资料。世界红卍字会曾办有不少杂志刊物，比如《道德杂志》《道德月刊》《道院特刊》《卍慈月刊》等，所载资料，不仅涉及世界红卍字会历史发展过程，还包括一些扶乩降坛的材料和主要的慈善活动，可以全面反映世界红卍字会的活动情况。

值得一提的是，天津黄卍字会方面，有《世界黄卍字会年鉴（1940）》，历叙办会宗旨、宗教慈善思想、组织机制、人员构成、慈善事业诸方面，价值颇大。

（三）报纸杂志

报纸杂志在研究中也占有重要地位。民国天津，报馆林立，报纸杂志数量众多、种类多样。最突出的当属“民国天津四大报”，尤以《大公报》《益世报》更为关键。20世纪20年代中后期，《新天津报副刊》《庸报》《天津商报》《新天津画报》《北洋画报》也都陆续出版，它们的办报背景、立场不尽相同，可补《大公报》《益世报》之不足。

除此之外，不同时期的天津地方政府及其下属机关也曾主办过一些机关刊物。如《天津特别市市政公报》《天津特别市公署公报》《天津市社会局统计汇刊》《天津市社会局公报》《天津市社会局行政周刊》《教育公报》《天津经济统计月报》《天津特别市公署公处用汇刊》等。这些刊物在反映地方政府政策方面，不仅可补上述诸刊物的不足，更可补档案资料之不逮。

（四）地方史志、文集、小说、随笔等

地方史志资料方面，清代有康熙《天津县志》、乾隆《天津县志》、《津门保甲图说》、同治《续天津县志》、光绪《重修天津府志》、《天津政俗沿革记》、《天津志略》、《志余随笔》等。民国又有一些与旅游有关的著述，可以认为是对天津文化、历史具有速描性记录的新型志书，如《简明天津指南》①、《新天津指南》②、《天津指南》③、《天津游览志》④等。中华

① 齐尧封：《简明天津指南》，上海：中华书局，1936年。

② 甘眠羊：《新天津指南》，天津：绛雪斋书局，1927年。

③ 古修，孙学谦：《天津指南》，天津：华新印刷局，1922年。

④ 燕归来簃主人：《天津游览志》，上海：中华书局，1936年。

人民共和国成立之后，中国人民政治协商会议天津市委员会文史资料研究委员会及各区县又编辑了“文史资料”，其中不少具有口述性质，有一定的参考价值。

涉及本书的文集、随笔颇多。熊希龄、段祺瑞、王抑斋、郭则沄、赵元礼、严范孙、王守恂等人的文集或随笔，都值得参考。比如从郭则沄《洞灵小志、续志、补志》①中，可知民国天津民众对鬼神、扶乩、风水等的热衷，反映“迷信”②思想之根深蒂固。

晚清、民国时期，天津活跃着一些著名的小说家，如戴愚盦、刘云若、刘炎臣等，对当时社会风土人情有深刻理解。他们的作品，虽难入正史史料范围，却是民国天津社会风俗史研究的佐证。以刘云若（1903—1950）为例，其短暂的一生，却经历了晚清、民国各时期，活动舞台基本在天津。他一生著有近50种长篇小说，场景大都安排在天津，描述了当时天津市民的生活情况，虽难免有夸张的成分，但仍具有重要的参考价值。尤其是《春风回梦记》《旧巷斜阳》《小扬州志》《粉墨筝琶》《酒眼灯唇录》《红杏出墙记》等，更具典型性。

不过，这类资料相比前三种而言，更多地具有辅助意义，在讨论天津“卍”字会产生和活动的社会背景、时代原因、慈善思想形成过程时，主要具有参考价值。

综上，本书以档案资料及诸卍字会相关经典、训录和所办杂志，作为主要资料来源；又以大量的报刊、地方史志、文集、笔记、小说、随笔等

① 李庆辰（？—1897），字筱筠，别号醉茶子，天津人。今存作品《醉茶志怪》四卷、《醉茶吟草》四卷。其中《醉茶志怪》共346篇，为文言短篇小说集，深受《聊斋志异》《阅微草堂笔记》的影响，有齐鲁书社2004年出版金东点校本。

② 现代意义上的“迷信”一词于19世纪末由日语转译而来，在指陈民间信仰时，它和历史上的“淫祀”具有类似意义，反映社会各界对民间信仰持有的批评、贬视等态度。在近代历史上，该词具有强烈的符号性。在某种程度上，它和“科学”具有相对性，和西方的中国观、政治家和知识分子现代化的追求、传统文化等相互绞结。如今看来，当初被批评为“迷信”的不少方面，都有必要重新审视。正是因为该词内涵丰富，用“民间信仰”“民众信仰”等词未必具有对等性，为准确指陈近代被称为“迷信”的相关内容，故仍用此词。不过，需要强调的是，尽管使用该词，笔者对“迷信”在特定背景下的涵义，并不持特别立场。参见沈洁：《现代中国的“反迷信”运动：1900—1949》，中国人民大学2003年博士学位论文；沈洁：《“反迷信”话语及其现代起源》，《史林》2006年第2期；侯亚伟：《民国学者的扶乩研究》，《世界宗教研究》2017年第5期。

资料作为补充，以做到资料种类、来源的多样化，增加研究的客观性和说服力。

三、范式摭华

在学术研究中，吸取、利用前人的经验，具有“站在巨人肩膀上”的意义。在具体研究时，根据个人的兴趣、经验、知识储备、天赋和研究对象本身的特质，合理消化、借鉴某些理论、方法和范式是很有必要的。笔者采摭范式的准则，是希望在研究过程中，能够有助于总结天津“卍”字会独特的慈善思想，揭示隐含在慈善事业、内部机制、社会网络和慈善思想背后的结构。就本书来说，结构主义、功能论等理论范式，有助于深化思考。

（一）结构主义

作为一种时代思潮和思想体系，结构主义思想发端于索绪尔《普通语言学教程》。某种程度上说，它是人文社会科学界语言学革命的产物和重要推手，涉及语言学、人类学、心理学等人文社会科学。自 20 世纪 60 年代中期开始，它以法国为中心，迅速扩展到欧美各国，成为风靡全球的一股思潮。列维—施特劳斯是结构主义人类学的创始人和这一思潮最光辉的代表。他的大量著作，如《图腾制度》①等都是这方面的典范之作。他试图通过对亲属关系、原始人的思维形式、图腾、神话系统的研究，找到对任何民族和时代的人类心智普遍有效的思维结构和原则，他认为处于人类心智活动的深层的那个普遍结构是无意识地发生作用的。

他的结构主义有如下原则：对整体性的要求、整体优于部分、内在性、共时性。二元对立是结构分析的基础，本书便涉及如下几组二元对立：

第一，关于“救”的六组二元对立——救人—救己、救人—救世、救人—救心、救己—救世、救己—救心、救世—救心。它们之间的关系被笔者概括为三棱锥模型。这一模型与中国传统文化关系密切，是对中国传统文化的提炼。

第二，神圣—世俗。道院是一个非世俗性的机构，它以扶乩为主要表征的仪式活动充满着神圣性。其外围机构世界红卍字会，却充满世俗性，它所做的慈善事业更是以世俗性呈现出来的。对于民国历届政府来说，它们更愿意看到诸卍字会以世俗形象示人，不愿意其思想在民众中传播，尽

① （法）列维—斯特劳斯著，渠东译：《图腾制度》，上海：上海人民出版社，2002 年。

管这种传播也许不仅不会对政治造成困扰，甚至有可能成为政治统治的辅助工具。民国历届政府往往会有意无意地设置阻力，以防止诸卍字会非世俗性的一面蔓延。对普罗大众而言，慈善事业是最容易让他们感受到实惠的。在这种情况下，诸卍字会为谋求更好的生存条件，势必越来越偏向于世俗性强的慈善事业。但就是这种世俗性的慈善事业，同样充满着非世俗的思想。当然，不可简单地认为，神圣与世俗这二元是绝对对立的，二者之间不仅会随时转化，也会随时沟通，尤其在中国传统社会，二者未必有不可逾越的界限。

第三，政府—民间。显然，天津“卍”字会并不能完全自主地办理慈善事业，大多时候，政府都对天津“卍”字会的慈善事业进行强有力的监督领导。而天津“卍”字会不论出于何种心理，都对政府有着强烈的依赖和需要，政府也乐于对之进行管控，因为这意味着其权力能否正常行使。这里所体现的是传统社会政府和民间机构的互动模式，是传统社会权力运行模式的外化，不容动摇。

除此之外，还有临时—永久、中国—西方、传统—现代等几组二元对立，它们组成一个时而开放，时而封闭，时而某（几）种因素占优，时而另（几）种因素占优的结构（符号意义系统）。这种结构的深层次无意识系统需要结合传统文化的精神以及西力东侵的时代焦虑来认识。

于是，结构（符号意义系统）便需要被呈现出来。这种呈现表面看来是通过某种仪式，或是道院的扶乩，或是社会局与天津“卍”字会之间的公文往来，或是某次赈灾会议，而更深层的一面，却是传统文化之根深蒂固的一面，甚至与人类之天性有关。

（二）功能理论

功能主义是西方社会学、人类学传统的分析工具之一，自孔德、斯宾塞、迪尔凯姆等人以来，在西方社会科学研究中占有一席之地。在人类学的传统中，从迪尔凯姆开始，经拉德克里夫—布朗、马凌诺夫斯基、埃文斯—普里查德、玛丽·道格拉斯，发展成著名的功能主义学派。然而，这一学派的理论较多地强调正功能，往往忽略负功能的影响。在社会学的传统中，帕森斯通过对西方社会学思想传统的总结，发展出了具有思辨性的、宏大的结构功能主义的社会学。其后，又经默顿的改造，而蔚为大观。人类学家的功能论充满强烈的人文关怀，但往往忽视时空的变化，造成分析的片面性。在社会学家那里，功能论则多少带有科学化的倾向，默顿更发展了科学社会学。一般来说，帕森斯及以前的功能论往往都针对静态社会，没能解决动态社会中的功能分析。默顿对功能论进行了较大的改造，他把功能分为显功能—潜功能、正功能—反功能两对，还指出，若两两组合，可以形成显—正、显—反、潜—正、潜—反功能。

然而，默顿并未明确指出功能是处在复杂的、具体的、不断变迁的社会环境中，这里有时间、地域以及文化等三大维度。由于矛盾、冲突和变迁内在于任何社会之中，不论哪一种文化，都处在矛盾的境地，所以单纯谈论功能很是片面。只有在考虑了社会的矛盾、冲突的一面之后，功能论才有意义。一般而言，“冲突论是对社会进行结构分析，也就是反叛对社会进行单纯的功能分析的理论结果”①。由这三大维度构成的统一体，可以称作场域，任何具体问题都有其存在的场域。对任何问题的研究，都必须将之放到具体场域中，方有可能解决，本书亦是如此。在具体研究时，对社会功能的分析只有考虑到以上因素方显周全。那么，在社会变动中，正—反、潜—显功能是如何发生转化的呢？戴康生和彭耀认为：“一般说来，在社会平稳过渡时期，宗教的正功能总是大于负功能；但在社会发生变动或趋于失范、解体之际，宗教负功能的作用力就逐渐上升，有时甚至明显地压倒正功能。”②

但是，上述认识，似显机械。正—反、潜—显功能从来都是互相交织的，对何种功能占据主要地位的评估，首先需要确定功能正负的标准，然后再结合具体的场域来进行。J.M.英格指出：“场域论的探讨，并不假设系统的正常状态，它准备研究社会结构、文化及其性格影响之间的各自作用，同时也研究它们结为一体的作用影响。”③

也就是说，平稳、失范、解体等词汇，似乎意味着价值判断，这种判断往往造成“所知障”，使对问题洞见的能力减弱。事实上，即使能够如愿地做出判断，平稳与失范状态下的正负功能也不易确定。于是，问题便在于如何看待一种功能的正负与否，如果不能这样，理论上谈论功能便失去了意义。更何况，可能会存在着某种功能，它不易用一种文化的价值观进行判断，而是处于正负之间。至于显—潜功能问题，也面临着一些焦虑。显功能不难分析，但是，至于潜功能，又如何能轻易剥去那包裹它们的面纱呢？如果不能找到科学的解决方法，我们所说的潜功能难道不会遭到非

① 孙尚扬：《宗教社会学》，北京：北京大学出版社，2001年，第22页。

② 戴康生，彭耀：《宗教社会学》，北京：社会科学文献出版社，2000年，第191页。

③ （美）J.M.英格著，金泽等译：《宗教的科学研究》，北京：中国社会科学出版社，2009年，第133页。

议吗？

在本书之余论部分，借助上述理论集中分析了天津“卍”字会慈善事业的正反、潜显二组四对功能，讨论了这一事业在天津城市变迁、管理和发展中所起到的作用。

四、研究思路

（一）问题意识

本书需要解决四个层次的问题：

第一，作为民间慈善团体，天津“卍”字会在1922年至1949年间，办理了哪些慈善事业，它们与民国时期其他慈善团体相比有何特点。

第二，以天津“卍”字会为代表的民间慈善团体的运转模式，包括内部机制和社会网络两部分。内部机制方面，需要弄清天津“卍”字会的组织和领导方式、人员构成和善款（物）来源。社会网络方面，将分析天津“卍”字会与中央—地方政府的关系，而以其与社会局的关系为重点。

第三，天津“卍”字会以“救人”为表征的慈善事业，背后所隐含的是什么样的结构，这一结构在中国传统文化中有没有普遍性和适应性，体现出何种功能。

第四，天津“卍”字会的慈善事业，是如何对具体社会和时代产生影响的，这种影响对当今社会又有何启示？

这四个问题层层递进，每个问题不仅具有独立性，同时还要为解决其他问题服务。

（二）本书结构

以问题意识为中心，结合所搜集的资料，可将本书分为绪论、正文（五章）和余论三个部分。绪论交代研究动态、资料说明、范式摭华（理论范式、创新之处、研究方法）和研究思路等。

正文部分，第一章首先分析天津“卍”字会及其创生与活动的社会、文化背景。从时代背景、20世纪20—40年代天津社会的救助压力两个方面研究天津“卍”字会创生和活动的社会环境。然后从“迷信”的普遍性、扶乩盛行两个方面论述当时社会的文化传统。本章最后对天津“卍”字会的创立、源流以及各卍字会之间的关系进行梳理，因白卍字会、白十字会的重要性相对较低，主要以天津红、黄、蓝等卍字会为重点进行研究。

第二章研究天津“卍”字会的慈善事业。作为民间慈善团体，天津“卍”字会的慈善事业可分为永久慈业和临时慈业两种。它们曾兴办过不少中、小学，对近代天津基础教育的确立和发展发挥过重要作用。所谓孤、寡、残、病、死救济，是指孤儿收容、恤嫠、残疾救济、医疗救济、掩埋等几个方面，这些慈善事业对城市市容和卫生具有相当的影响。灾害救济是天津“卍”字会慈善事业的重要方面。无论兵灾还是自然灾害，都足以造成千千万万的难民。一年到头，夏季和冬季是贫苦民众最难熬的季节。夏季是疫病多发期，所以要进行夏赈，主要包括施茶、施水、施药几种。每到寒冬腊月、青黄不接之时，为了使无家可归、无饭可吃的民众不至于冻馁街头，天津“卍”字会还经常进行冬赈，发放棉衣、米、面进行接济，兴办粥厂、暖厂更是直接有效的方式。

天津“卍”字会的慈善事业，其背后有一套复杂的内部机制、社会网络和慈善思想。在正文的第三章至第四章中依次对上述问题进行研究。

天津“卍”字会慈善事业的内部机制。天津“卍”字会一方面均有一套运行高效的组织领导制度，一方面受到总会的领导。善款（物）的筹办是能否举办慈善事业的重要前提条件。天津“卍”字会的善款（物）包括会员会费、会员捐款、社会捐款、政府支持等几个方面，来源具有多样性。从人员构成来看，天津“卍”字会具有一些共同特征，如领导人物初以旧官僚、下野军政人物为主，后以商绅居多，属于社会中上等阶层，会员的年龄偏大等。会员的构成往往对天津“卍”字会所办理慈善事业的类型、筹款方式、慈善思想会造成影响。

天津“卍”字会慈善事业的社会网络。一方面要遵守政府的规章制度，一方面政府的支持、鼓励和领导也十分重要。民国时期，历届中央和地方政府都对慈善团体有专门的立法和组织制度。通过分析，发现天津“卍”字会有一个直接的领导机构——天津市社会局。它对天津“卍”字会的慈善事业进行监管，有时还出面协调各团体参加到具体的慈善事业中去。直接或通过社会局，天津“卍”字会还要与警察局、教育局、卫生局、财政局产生关系。和社会局相比，这些关系虽较为次要，却显示出兴办慈善事业的复杂性、政府的力量无所不在。在地方政府，特别是社会局的主导之下，不同时期还成立了一些慈善团体联合组织，它们直接对天津“卍”字会等慈善团体进行管理，对慈善事业进行统筹规划。报刊媒体不仅对天津“卍”字会的慈善事业发挥监督作用，也可能与天津“卍”字会之间发生一定的合作关系。

余论部分，探讨天津“卍”字会慈善事业的社会功能。通过借鉴社会学、人类学之功能理论作为分析框架，从正—反、潜—显两对四组功能入手，讨论天津“卍”字会慈善事业在民国天津城市管理及社会发展和文化整合中所发挥的独特作用，进而总结慈善团体及其慈善思想在历史的特殊时刻对国家、社会、民族所应负有的责任和担当。

第一章　天津“卍”字会及其创生与活动的社会、文化背景

近代以来，中国社会遭受严重的内忧外患，社会逐渐沉沦。虽然不乏仁人志士的奔走呼号，但仍然无法挽狂澜于既倒。1911 年的辛亥革命推翻了清政府，结束了长达 2000 余年的封建专制统治，建立了中华民国。但是，列强不仅没有停止对华侵略，甚至加剧了侵略的步伐；加之内部无休无止的军阀混战，肆虐不断的自然灾害，混乱不堪的经济形势，腐败至极的政府，整个社会处于风雨飘摇之中，民众命如蚁贱，衣食无着，朝不保夕，呈现出颓唐衰败之气。

在这种社会状态下，许多民间慈善团体，竞相办理慈善事业，以设法挽救当时衰败的社会。在这些民间慈善团体中，世界红卍字会处于突出地位，其活动网络遍布中国主要大中城市，并且在日本、美国等国设有分会。天津红卍字会是世界红卍字会最早设立的分会之一，具有独特地位，惜乎当今学术界研究尚不充分。与天津红卍字会相似并且关系密切的还有天津黄卍字会、天津蓝卍字会等民间慈善团体，它们以天津为主要活动舞台，以办理慈善事业为旨志，属于区域性的城市慈善团体。目前学术界对天津黄卍字会、天津蓝卍字会还缺少关注。

第一节　天津“卍”字会创生与活动的社会背景

19 世纪 40 年代以来，战争频仍、灾荒连年、政府腐败不堪，国家民族日益沉沦，陷入衰败之境。在世界红卍字会创立以前，无论是全国范围，还是天津一隅，整个中国社会均呈现出战乱和灾荒交乘的景象。战争方面，有应对外来侵略的战争，也有内部战争。应对外来侵略的战争方面，规模较大的有鸦片战争（1840—1842）、第二次鸦片战争（1856—1860）、中法战争（1883—1885）、甲午中日战争（1894—1895）、义和团运动（1899—1900）等。内部战争方面，较大的有太平天国运动（1851—1864）、陕甘回民起义（1862—1873）以及甲午中日战争之后由革命党人所发动的一系列起义。在

天津及其周边，1855 年太平天国北伐，曾攻下静海、独流和杨柳青，进逼天津。1858 年 3 月—1859 年 8 月的三次大沽口之战，1900 年 6—7 月的天津保卫战、1911 年 10 月 29 日的天津起义，都使天津损失惨重。中华民国建立之后，战争更加频繁。1911 年 12 月 29 日—1912 年 1 月 8 日的滦州起义、1912 年 2 月 29 日的京津保兵变、1917 年的张勋复辟、1920 年的直皖战争、1922 年 4—6 月的第一次直奉战争均与天津社会关系密切。

除战争外，灾荒也是连绵不断。仅在天津及其周边地区，便有 1867—1875 年的永定河 11 次决口，覆盖面包括山西、河北、河南、陕西、直隶、山东等省的丁戊奇荒（1877—1878 年），1899—1900 年的顺直水灾，1917 年的天津水灾，1919—1920 年华北五省大旱灾等规模较大的自然灾害。

到 1922 年，即天津红卍字会成立之年，虽然中华民国已经成立 11 个年头，整个国家、民族，特别是下层民众，仍然处境艰难……

一、时代背景：兵灾、自然灾害、匪祸

（一）兵灾

天津“卍”字会产生和活动的年代，以天津为中心的华北地区，仍然处于战争的深渊之中，无法自拔。1924 年的第二次直奉战争、1928 年的二次北伐、1930 年的中原大战、1931 年的便衣队暴乱、1937 年的卢沟桥事变及天津的沦陷、1946—1949 年的解放战争——特别是辽沈战役（1948 年 9 月 12 日—11 月 2 日）和平津战役（1948 年 11 月 29 日—1949 年 1 月 31 日），一波波地对天津及其周边地区造成严重的冲击。战争前后，除军队过境、驻防中经常发生的奸淫抢掠、抓车拉夫和溃兵游勇的骚扰外，“战争需要（的）粮食、车马、草料、修路、运输、民夫以及临时应用的战费等等，都是就地向农民勒索摊派”①。直至 1949 年 1 月 15 日天津解放，形势才逐渐稳定。以下从战祸和兵祸两个方面，讨论战争对民众生活造成的影响。

（1）战祸。连绵的战争给天津及其周边地区造成严重的灾荒。1923 年第一次直奉战争之后，天津县②公署查得天津受灾情况如下：

---

① 张明远：《玉田一带农民运动回忆》，《天津历史资料》1964 年第 1 期，第 60 页。

② 天津县，在今天津城郊四周。东邻宁河县，西与静海县接壤，南至大港区，北靠武清县。清雍正九年（1731 年）置，治天津市，属天津府。1912 年后属河北省。1930 年 10 月县治移咸水沽。1953 年 5 月 14 日撤销，改为津东、津北、津西、津南等四个郊区，1962 年改置东郊、北郊、南郊、西郊市区，即今东丽区、北辰区、西青区、津南区。刘玉麟主编：《中华人民共和国地名词典·天津市》，北京：商务印书馆，1994 年，第 442 页。

杨柳青等十村，践踏圆田三百零四亩，焚毁房屋二间，伤亡男妇四名，情形严重。又北仓等八村，青苗虽未完全毁坏，而田禾失获，收成竟减至三分之二，计地三顷七十三亩，内有菜园地二十一亩，损坏净尽，情形较次。又张家窝等六十三村，多因迁徙荒废农业，致碍收成，计地一千七百八十五顷二十三亩，情形又次。①

战争在天津周郊进行，造成大量庄稼遭到破坏，农业歉收。更为严重的是，天津北部一带村庄村民，在第二次直奉战争时即遭受兵燹之祸和溃兵的抢掠。奉军驻扎后，又不得已供给衣食等物，已致民不聊生的境地。1924 年 12 月，又有军队将发生冲突的传言，以致人心惶惶，惊疑莫定。28 日晚，民众忽然听到炮声隆隆，惊恐之下，“均乘夤夜纷往各处迁移，直扰攘一夜”②。直接导致周郊农民流离失所，涌进市区。

1933 年在天津东部发生战争。汉沽东沿海各村，本贫瘠之地，自被军队盘踞后，百姓或死或逃，情况十分残酷：

有某姓妇，年二十余，偕其两子（一三岁，一方满月）逃难，被一匪军瞥见，远远持枪追逐。少妇情急，抛却长子，独抱幼子狂奔。斯时烈日当空，炎热异常，加以生死关头，心惊胆战，甫数武即行栽倒气绝。有见者谓其长子守尸痛哭，幼子犹依依哺乳。……

又某村难民约百余人，同时结伙逃难，匪徒遥见，即鸣枪恫吓。难民久成惊弓之鸟，甫闻枪声，即吓得呼娘喊爹，各自狂奔。当时妇女之抱小孩者，皆纷纷抛入盐沟，以免累赘，其他老弱之辈被拥倒践，伤者更不知其数矣。

又一逃难老妪，中途为三匪所阻，恨其老不中用，扒下下衣，拔去阴毛，并在阴户旁用刺刀划一长口，始行放走。

又昨（六月二日）晨大部匪军，以海下人民逃尽，财物抢光，乃绕道汉沽东北，过蓟运河，直趋王鄚、茶淀、李庄、南涧沽等农村。□船民，久已闻风丧胆，得信之后，乃纷纷乘船，逃来河东，以避其锋。有李庄一船，载难民约百余人，方在偷偷前进时，枪声突响，船头两人应声而倒，时另一人惊慌落水，亦行毙命。又一小船，载难民二十余人，行至河心时，

① 《本埠兵灾损失之调查》，《益世报》1923 年 11 月 28 日。

② 《津北一带村民之惊惶》，《益世报》1924 年 12 月 30 日。

因船小量重，被压倾覆，结果只活得七人，余皆逐流而去。①

以上几例，皆系《津东战区殆成人间地狱》作者亲眼所见、亲耳所闻，读后使人恍如身历其境，对战争年代命如蚁贱的人民生存境况扼腕长叹，唏嘘不已。此等惨烈事件之发生，足见民众遭受战争之祸后，不仅田亩尽失，逃离乡土，且在逃离的途中，还难以保证生命财产的安全。

1937 年 7 月 28 日凌晨，抗日战争在天津打响。在警察局长李文田②的领导下，市保安队积极进攻东局子日军，一度取得优势。但以北平迅速沦陷、日军加派兵力，狂轰滥炸，当天下午，“形势急转直下，天津外围的日军迅速分三路突入”③，加之得不到有力增援，保安队迅速失败。当时，天津受到很大破坏：

特一区……有难民四万人，敌谓有保安队在内……欲投弹……河东大直沽因当地民众抢其粮台，遂大肆屠杀。河北一带更有日韩人率众劫掠，直同盗匪世界。河北及西广开各处，日军随意奸淫妇女，无异禽兽。④

① 《津东战区殆成人间地狱》，《益世报》1933 年 6 月 7 日。

② 李文田（1894—1951），字灿轩，河南浚县人，1936 年任国民政府军第 38 师副师长兼天津市公安局局长。抗战全面爆发后，7 月 29 日凌晨，他为代理师长指挥第 38 师主动出击，攻打天津东站、东局子机场、海光寺等日军据点，失败撤离天津。1949 年 3 月，任国民政府总统府参军处参军，1951 年殁于故里。参见天津市地方志编修委员会办公室编著：《抗日烽火在天津》，天津：天津人民出版社，2005 年，第 345—346 页。

③ 天津市地方志编修委员会编：《天津通志·军事志》，天津：天津社会科学院出版社，2001 年，第 553 页。

④ 《挥泪话天津》，《大公报》1937 年 9 月 22 日。民国时代，天津行政区划屡有变动，概括说来，共有四个阶段：第一阶段（1911—1927）——将原东、西、南、北、中五大区重新划分南、北两段，由巡警道与新练军分治。一战后收回了德、奥租界，又分别设立了特一区和特二区；1924 年收回俄租界，设立特三区。第二阶段（1928—1937）——1930 年将原东、西、南、北、中五区改为公安一、二、三、四、五区，另有三个特别区（即德、奥、俄租界）、四乡区，英、法、日、意、比五国租界。1931 年 1 月收回比租界，设特四区。第三阶段（1937—1945）——市区由原来的六个区划为九个区，加上三个特区（原特三、特四合并）和租界。第四阶段（1945—1949）——日本投降后，重新划定，改为 10 个区。1948 年共有 11 区和一个水上区。文中屡有出现某区字样，涉及不同时代天津行政区划的变迁。此处统一说明，不另述。参见刘玉麟主编：《中华人民共和国地名词典·天津市》，北京：商务印书馆，1994 年；付燕鸿：《近代城市贫民研究——以天津为中心的考察（1860—1937）》，南开大学 2012 年博士学位论文，第 92—93 页。

据《政界某氏之一封书》披露，天津及北平两地治安，“如北平西城一带，天津河北一带，民宅时受日韩人检查。掳掠奸淫，时有所闻，尤以遇壮丁辄指为共产党，或施戕杀，或受凌虐”①。反映入侵的日军对民众的杀戮奸淫更甚于军阀战争，城中亦不安全。

1949 年 1 月初，平津战役正在紧锣密鼓地进行，解放军积极准备攻城，城内国民政府军队也在争分夺秒地建设防御工事。因市区已有朝不保夕之势，9 日，城防司令陈长捷通饬西门外一带居民，立即迁出，以便拆烧房屋，扫清战场：

> 该居民等数十万人，奔走各法团，泣请速为挽救，倘稍迟缓，西门外变成一片焦土……则数十万灾民在冰天雪地之中，无衣无食，又无居处，势必挺（铤）而走险，激成绝大内变，军民争命，内外交哄，则灾祸演变，有不堪设想者。②

战争对人民生命财产的威胁达到了极点。为此，天津黄卍字会与耆年公忠爱国会、地方自治协进会联名呼吁，参议会、市商会、农工教应迅速联合召集各法团，收回拆烧民房的命令，寻求和平解决途径。15 日，天津解放，广大民众终于摆脱了战争的威胁。

（2）兵祸。在战前或战后，因驻军、溃兵等造成的兵祸亦十分严重，造成民众不堪其苦。据《大公报》披露：

> 近有直军溃兵窜至天津通□东各村……孙家庄距津十八里，住有第九师第十八旅兵四百余名，有营长二名，共有枪数十支……一切费用全由该村□□。又何家庄住有军人二百余名……孙家庄后金钟河内距该村一里，住有第三师两千余人……令该村每日准备玉米面一万斤，白菜三千斤，油盐柴草……稍一迟缓，即行枪决。③

此孙家庄住户不满 400 人，又遇到荒年，居民维持生计已十分困难，

① 《平津一带近状》，《大公报》1937 年 9 月 13 日。朝鲜于 1895 年甲午中日战争后沦为日本的保护国，1910 年与日本合并，侵华日军中有些原籍朝鲜士兵，不足为怪。

② 《为电请一致呼吁当局收回拆烧民房明令以全民命而安众心由》，1949 年 1 月 9 日，J0128-3-010142-009。

③ 《溃兵骚扰津东各村》，《大公报》1924 年 11 月 5 日。

军队又强令村民每日准备数目庞大的食用物资，令村民雪上加霜。

受第二次直奉战争的影响，海河一带村庄居民纷纷逃到市内避难，络绎不绝。据有从塘沽来者谈，"现在海河南北岸均见溃兵踪迹，并发生骚扰情事。居民惊恐非常，相率逃避，呼号颠沛，状至凄惨"[①]。是年 12 月 8 日，督办直隶军务公署发出布告称："近闻有不肖兵士，或市井无赖，冒充军人，到处滋扰，抢劫勒索各案，层见迭（叠）出。"[②]天津是华北地区的通商巨埠，中外观瞻所系，都会发生这种事情，其他地方，更不待言。

1925 年 12 月，奉系李景林军队败退时，西乡及海河沿岸各村，均被抢掠一空。乡民被溃兵枪击死伤者，不可计数。据城东附近各村调查：

> 大直沽死二名，贾家沽二名，吴家嘴一名，娄庄一名，河圈老妇一名，顾庄子一名，杜庄子房屋被烧十余间，受伤颇多。至黄朱各庄，即为李军备战之地，抢掠死伤，较以上各村尤甚。[③]

战争和兵灾有时会造成赤地千里的局面。1933 年各方军队麇集天津周郊，这些散兵游勇，除了肆意搜敛民财、榨骨取油、奸淫妇女外，还使役民夫，贻误耕作。"一年之计，时机错过，秋收无望，扰害殊巨，津郊各地几无一片干净（之）土。"[④]即使市内亦受到波及，"近日恒有服装不整之军人，类似散兵游勇，往往携带包裹游行街市，殊属有玷军誉"[⑤]。

以上各种境况，几乎无岁无之，有识之士甚至认为战祸虽烈，犹是一时，由是所造成之兵祸，尤酷于战祸：

> 距津东十六里大毕庄附近之徐庄子，住有农民某，年约六旬，生有三女。长者已逾花信，而次女、三女，亦俱双十左右年华，貌皆娟好。不料于日前（二十七日）午后七时许，正天气昏黑之际，突有身穿灰色制服，类似军人者五名闯入。进门后，即将双扉紧闭，并喝令某翁不准声张。该军人等原携有酒食，当即登床痛饮，并□令三女陪酒。各女因惧于淫威，忍辱相从。讵料溃兵黄汤入肚，兽欲大发，当晚竟将三女用

① 《海河南北岸之避难声》,《益世报》1924 年 11 月 1 日。

② 《督办署令查兵匪滋扰》,《益世报》1924 年 12 月 9 日。

③ 《海河各村人民之惨状》,《益世报》1925 年 12 月 30 日。

④ 《津郊赤地无人耕》,《益世报》1933 年 5 月 26 日。

⑤ 《津郊赤地无人耕》,《益世报》1933 年 5 月 26 日。

强硬手段，轮流奸宿。至翌晨始去，临行因某翁意图跟踪，被用刺刀刺毙。而三女鉴父亡身辱，愧恨万分，亦同时自谥（缢）身死。①

原来现代人只有在影视剧中才可以看到的惨剧，却真实发生过。事件发生后，由于社会混乱，法律陵夷，更无公道可申，普通民众，除了仰天呼号，一死了之，也只有感叹命薄，忍辱偷生。1933 年前后，逃难到天津的难民逐渐增多，他们逃难的原因，均是“图避战祸”，避免驻军的骚扰。这些驻军，往往予取予夺、奸淫掳掠、滥杀无辜，无恶不作，致使难民无家可归，甚至家破人亡。

（二）自然灾害

1922—1949 年，天津及其周边的自然灾害连年不断。1924 年的水灾、1928 年的华北大饥荒、1929 年的水灾、1931—1935 年的连年水灾、1939 年水灾，以及期间大大小小、不计其数的蝗灾、雹灾、旱灾等。这些自然灾害与兵灾或交替或同时出现，加剧了民众的生活困难。

（1）水灾。1924 年，华北发生了严重的水灾，整个直隶均受波及。“四道各县人民，因水灾流离失所，或殃及性命者，为数甚伙，困苦情形，不可言状，嗷嗷待哺，望赈孔殷。”②是年 10 月，据基督教美以美会传教士厚巴德的信件披露：

> 固安、霸县为今夏被水最烈之二县，共淹没五百十七村，灾民约二十万人。其中五分之四现已绝粮，食糠延命。此外五分之一虽尚有存粮，但亦仅足支持三月之久。各处冬麦，自无可耕种，尚有多处水尚未退，淹没至七八尺深者，则是来年春麦，又不能下种。目前霸县仍被水隔离，惟小舟可通。③

顺德府长老会毕克富牧师对任县、巨鹿、广宗、平乡、鸡泽五县进行了调查。除广宗不计外，统计四县区内，有四百村庄，或全区村庄之半数，均急待赈济：

---

① 《兵祸酷于战祸》，《益世报》1933 年 5 月 30 日。

② 《各县灾民待赈孔殷》，《大公报》1924 年 7 月 31 日。

③ 《无可告诉之直灾民》，《大公报》1924 年 10 月 20 日。

约计全数被水村庄内之户口，其三分之一二（约四五万人）均急待赈济。灾民现多离去本村，出谋工作。来日大难，饥鸟觅食，或更不计其数。各村田地……麦可收者，亦尚不乏，但大部分多未恢复；或仍被淹没，一时绝不能耕种。①

这场水灾，对直隶全省造成严重影响，许多村庄被淹，不仅粮食缺乏，且影响播种，不少难民因在本地无法生存，不得已外出谋生。

1939年8月，河北全境和河南北部、山东西部发生严重水灾，天津是这次灾害的重灾区。自是年8月20日起，直至10月，“四乡农村先被淹没，作物漂流殆尽。市区低洼处进水后，即漫（蔓）延（至）英、日租界。法租界所筑堤防，亦被水势击破，滔滔浊流满灌街衢”②。如图1-1，即使市内较高之处，“亦水深没胫，马路上车马行人，络绎不绝，舢板木筏亦掺杂其中，各种水陆交通工具具备，蔚为奇观”，包括“日界的中原公司，法界的劝业场、国民大戏院，大光明影院，华界的北洋大戏院”③等重要场所都受到严重破坏。据刘云若《粉墨筝琶》的艺术化再现：

水是下午发的，但情形还不太严重……哪知半夜骤然暴涨，深到五六尺。翥青④母子仓促避到楼上，楼下什物完全被淹，尤其食物丝毫未得取携。连自来水管也在楼下，被水淹没，无法取饮。因街道僻静，也不见有人有船经过。母子在楼上连渴带饿，直过了一天一夜。⑤

虽是小说家言，但以刘云若是这场水灾的当事人，对其来势之凶猛，令人猝不及防的刻画，应基本可信。

天津处于九河下梢，每有大雨，积水难泄，形成水灾。当时有人认为，水灾是“天心”，人事犹易挽救，天灾则难逃免。春木对之进行了强烈的批评，认为这是普通民俗的迷信之言。他指出：

① 《无可告诉之直灾民》，《大公报》1924年10月20日。

② 《天津大水灾》，《良友画报》1939年第147期。

③ 刘象州：《津水灾后北京的剧界新去向》，《十日戏剧》1939年第22期。

④ 《粉墨筝琶》男主人公。

⑤ 刘云若：《粉墨筝琶》，天津：百花文艺出版社，1987年，第9—10页。

图 1-1　1939 年水灾中的天津

资料来源:《天津大水灾》,《良友画报》1939 年第 147 期

> 掌水利者，平时苟能热心浚治河道，多筑堤防，稍遇霪雨，亦必无洪水泛滥之虞。或广植森林，高□雨水，被树木吸收，不致尽流入江河，则溃决之患自少矣。[①]

春木道出了水灾多发的根本原因，并非是降水过多、上天的惩罚，而是因为河道年久失修、地表植被被严重破坏等人为原因所造成的。可惜当时社会内忧外患严重，政局动荡不安，经济形势每况愈下，整修河道、防雨防灾之说，无疑侈谈。

（2）旱灾、雹灾、蝗灾。1923 年春季，天津干旱，雨水缺少，“津南麦田园圃，小站稻秧，均已歉收。而蝗蝻又繁生日伙，侵蚀禾稼”[②]。雪上加霜的是，到 6 月 7 日，虽然终于下了大雨，“又夹杂冰雹，致已出穗之麦，及成熟菜蔬，均行砸毁，而西乡杨柳青一带为尤甚”[③]，造成雹灾。无独有偶，是年 8 月初天气酷热，至 8 日下午三时许，乌云密布，雷电交加，不久即雨雹大至，大者如茶杯，小者如卵豆。这次雹灾破坏力十分惊人，“城西、城南、河东、河北及四乡各村庄之草房，坍倒无算，伤毙人畜甚伙，厥状之惨，令人酸鼻。南市各街水深四五尺不等。各戏园、游艺场，大受影响”[④]。

1924 年，宁河发生旱灾，自春至夏，一直未曾下雨，旱灾严重：

---

① 春木:《匪祸与水灾》,《大公报》1924 年 7 月 19 日。

② 《报告蝗蝻冰雹灾情》,《益世报》1923 年 6 月 9 日。

③ 《报告蝗蝻冰雹灾情》,《益世报》1923 年 6 月 9 日。

④ 《大雹灾中之见闻种种》,《益世报》1923 年 8 月 10 日。

> 麦苗均成枯槁。加以毒雾□风，滋生□虫，故虽上水园地，往年□□得收者，今亦高不盈尺，未实而黄，由黄而萎。今又发生蝻蝗，自县城东南各乡，直达苗家庄一带，连续不绝。新出小麦，一吃而尽。①

1929年东乡发生了严重的蝗灾，不数日间，蝗虫即将禾稼及行将成熟的麦子，尽行吃去，"现蝗幼仍复滋生不已，无论时间已晚不能再种，纵使再种，亦恐仍充蝗食。该乡十九村农民，无不叫苦连天，有衣无食，将为饿莩（殍）之惧"②。

如图1-2，1931年6月底至7月4日，沧县各处均发现飞蝗，"尤以城东各地为多，直至羊三木村，周方百余里，率皆蔽天盖日，飞蝗满地，高粱、谷子等皆被蝗食尽，只余光杆"③。这些蝗灾多是由水旱灾害引起，每当灾害来临，政府和社会团体虽然有所救济，粮食仍不免歉收，造成灾民遍野的景象。

图1-2 沧县西赵河村农民捕蝗情形

资料来源：《沧县蝗灾》,《大公报》1931年7月4日

（三）匪祸

除了兵灾和自然灾害之外，匪祸也十分严重。纷纭不断的战乱和频发的自然灾害，使广大民众生活困苦。在这种情况下，一些散兵游勇和无衣无食的贫民便不得已做了土匪。他们啸聚山林，强取豪夺，常为不法，为求一饱。这不仅加剧了社会动乱，还进一步危害到民众的生存及财产。

① 《宁河县天灾之惨烈》,《大公报》1924年6月5日。

② 《十九村田苗被蚀一空》,《益世报》1929年6月8日。

③ 《沧县蝗灾》,《大公报》1931年7月4日。

1924 年 7 月 19 日，春木在《大公报》上发表《匪祸与水灾》，对匪祸有专门讨论。他指出：

> 考匪之所由起，要不外乎为生计所迫，地方长官，平时苟能提创实业，奖励资本家多设工厂，救济平民生计，（使）饥者得食，寒者得衣，毋令人民穷无可归，则匪盗自少矣。①

"兵散为匪，匪聚为兵，实一而二，二而一"②，匪祸之所由来，实由当时社会灾害过于严重，民不聊生，不得已而为之。民国时期天津及其周边地区，是匪祸较为严重的地区。

20 世纪 20 年代的天津宁津，匪祸猖獗，竟在 1924 年 7 月的 11 天之内，接连发生抢劫案 6 起，当地军警亦无可奈何。"闻省长令饬十三师，前往剿灭，乃官军未发，匪乱又作。旧历本月上旬，竟发生抢劫绑票巨案共六起。"③反映土匪的势力强大，即使遇到军事当局的镇压，也未必可以完全达到目的，则普通民众，人单力薄，手无寸兵，其生命财产安全可想而知。

据《大公报》载，1924 年 8 月，商人刘瑞祥、杨贵、李庆春、魏济作及排长阎万义等 6 人，自饶阳县南京堂往天津办货。23 日，行至交河县城北高庄子，距天津市区 15 里之地，忽有两个穿着军装的土匪拦路：

> （二人）手持枪械，在树下厉声云："往何处去？"六人答往天津。土匪又云："你们不怕遇见土匪吗？"说毕，即持枪威吓云："你们见我们长官去。"六人方□疑问，忽来土匪三十余人，均穿军装持枪械，将六人包围。二匪指一小胡人云："我们是防土匪的，这是我们长官"云云。将六人搜查，劫去刘瑞祥现洋三百元，其余共二百余元。小胡见有阎万义穿军衣，问这个□瓜孙，应枪毙。六人跪地哀求饶命，跪至一时许，始未开枪。④

此则材料印证了"兵散为匪"的说法。这些土匪均穿着军装，且结成三四十人的小团伙，表明他们是溃兵。他们竟然在离天津仅有 15 里的地方，

---

① 春木：《匪祸与水灾》，《大公报》1924 年 7 月 19 日。

② 春木：《匪祸与水灾》，《大公报》1924 年 7 月 19 日。

③ 《宁津县土匪獗猖乃尔》，《大公报》1924 年 8 月 18 日。

④ 《交河县土匪横行》，《大公报》1924 年 8 月 25 日。

在光天化日之下施行抢劫，十分大胆，也印证了当时匪患的猖獗。

沧县南部一带，历来是匪祸严重之地，在第二次直奉战争之后，比以往更加严重。《大公报》记述了一位来自该地的友人的亲闻亲见：

（1）沧县孟村曾有一八十三岁之老头被匪拉去，因他家赎的慢一点，全身用锥子串，串成洞以后，又洒上煤油烧。赎回家之后，全身焦烂不堪言矣。

（2）南皮县某村有三岁男孩被索洋两万元，家中只凑了一万五千元，并托人向匪徒去说余五千实无法可借。该匪头接过一万五千元，当晚上把孩子给他送到家里去。当晚伊母亲听到孩子喊娘……赶快出来接。忽听孩子惨号□声，已从房上掉下来。抱到屋里一看，一只肩已用刀割掉，脑浆流出来。

（3）同村同时还掳去青年男子一名，亦是钱凑得不齐。一天晚上……当家人（面）枪毙。

（4）又掳了一个十七岁的女子，乡里人是重男轻女的，大半不去赎。匪徒就任意奸淫，最后脱了衣服去绑在树上冻死。①

1930年5月，县政府曾奉令调查沧州、盐山、庆云三县的青帮、红帮组织，有帮众“二千余人，散处津、沧、青、盐等县”②，人数之多，防不胜防。

总之，民国年间，匪祸猖獗，土匪众多，他们无法无天、杀人越货、不惧官府；不讲道德、奸人妻女、抢人财物。每至土匪出现，男女老幼无不大为惊慌：

每一村被劫，村内的人，及邻村的人，抱着被子不顾命的在野地里跑，多有藏坟墓附近。有一次是大雪之后，天气异常寒冷，事后野外竟是死尸遍野。③

二、20世纪20—40年代天津社会的救助压力

连年的战争和不断的灾荒，造成了民国时期天津民众的贫困化日益严重。

---

① 《沧南一带匪兵之蹂躏》，《大公报》1925年3月3日。

② 《青红帮两千余人散处各县》，《益世报》1930年5月23日。

③ 《续沧南一带匪兵之蹂躏》，《大公报》1925年3月4日。

据付燕鸿的研究，1926 年冬，八善堂冬赈救济会在城厢施放冬赈，共救济贫民 6.2 万户。1928 年社会局对天津市贫民进行调查，共有贫民 95700 余人，多是没有工作的失业者，全家都处于贫困境地。据此，社会局估计天津市有赤贫 10 万户，占全城 48 万户居民的 1/5。①

20 世纪 30 年代以后，天津贫民区的分布格局基本形成。当时面积较大的贫民区一般分布在老城区居住条件较差的地区、租界外或铁路沿线处等城市边缘区。较著名的几个贫民区位于南市的“老三不管”、河东地道外“新三不管”、河北新开河岸一带，以及城南谦德庄、小王庄等处。②随着贫困的严重化，贫苦民众也有增无减。据社会局调查，1930 年有贫民 30 余万人，占全市人口的 1/4。③是年 3 月 17 日，时任天津市政府秘书长的冯司直为查明市内贫民窟的真实情况，曾亲赴吕纬路视察。据他们亲眼所见：

> 此项土棚，林立于河岸，约一千余户，高仅及丈。矮者三四尺，仅可匍入，茅草粪土，污秽不堪，多系住户自搭……各户大半以贫老孤孀，无业乞食者居多。其拾煤者、拾粪者、拉车、捕鱼，亦颇不少，幼童及老妇尤多。④

1933 年，河南扶沟、西华等县约 4000 难民，“因本年灾祲频仍，无法维持生活，遂扶老携幼，乘平汉铁篷车北上”⑤天津。如此大批难民，突如其来，造成天津的社会救助压力骤增，使地方政府应付起来，颇感困难。当年，天津各慈善团体共设粥厂七处。以往年份，平均每日食粥人数即超过千人，当年每日更有约 2000 人。如黄十字会及红卍字会粥厂两日来吃粥人数为：“黄十字会二日计男女二千一百九十四人，三日计男女二千三百十四人……红卍字会二日计二千六百七十二人，三日计男女三千六百余

① 付燕鸿:《近代城市贫民研究——以天津为中心的考察（1860—1937）》，南开大学 2012 年博士学位论文，第 70 页。

② 付燕鸿:《近代城市贫民研究——以天津为中心的考察（1860—1937）》，南开大学 2012 年博士学位论文，第 94 页。

③ 《彻底救济贫民》,《益世报》1930 年 10 月 28 日。

④ 《贫民窟之写真》,《益世报》1930 年 3 月 18 日。

⑤ 卓寀谋:《豫省难民四千余人过津始末》,《河北月刊》1933 年第 1 期。

人。"[①]人数如此之多，反映民众的生活水平低下，难以获得足够多的食品。

1936 年，慈善团体联合会及明德慈济会设立暖厂四处，一厂有 3628 人，二厂有 2787 人，三厂有 8726 人，四厂有 6549 人。连同公善社、救世军两粥厂，达三万余。"又慈善会经办之东南西北四处粥厂，自去岁十二月五日分别开锅以来，迄昨已届一月。统计一月内入厂贫民达七十五万余，用款已至万数千元。"[②]人数之多，令人震惊！

天津沦陷之后，民众的生活更加困难。据刘云若追忆，1940 年农历正月初二（2 月 9 日）晚上，白玉霜[③]在北洋戏院唱《杜十娘》时，"有个扮丑婆的大喊着说：'这年头儿还惦记着小白脸儿哪，洋面都十一块钱一袋了！'十一块钱已经令人谈虎色变"[④]。太平洋战争爆发以后，日本厉行统制政策，"战争打到后来，物资也越来越不足了，尤其是粮食越来越紧张"[⑤]。在这种社会环境下，民众生活艰难，处于极端贫困化的境地。

抗战胜利之后，由于国民政府的腐败、战争以及通货膨胀的日益恶化，民众不仅没有摆脱原来的生活困境，且有更加严重的趋势。大小工厂纷纷倒闭、停工，致使民众大量失业，多数人们"只能出去拾些柴，捡些遗弃的食物充饥"[⑥]。受此影响，1947 年 1—2 月，天津粮食开始出现短缺。延至 4 月，粮荒越来越严重。粮食零售店关起门来，市民在市上买不到粮食，"小饭铺和饭摊也陆续停止营业……学生掀起了'反饥饿'运动"[⑦]。

当时，有人在对窝铺考察时发现：

> 他们住的土房子的墙被烟熏得漆黑，墙角上堆积破水缸、破罐子，

---

① 《领粥贫民数字惊人》，《益世报》1933 年 12 月 4 日。

② 《一月中食粥贫民达七十众万，赈款业已用罄》，《益世报》1936 年 1 月 6 日。

③ 白玉霜（1907—1942），原姓卢，名慧敏，生于天津，因幼年被卖给李卞氏做养女，改名李桂珍。她是著名的评剧表演艺术家，白派艺术的创始人，20 世纪 30 年代与刘翠霞、爱莲君、喜彩莲并称评剧"四大名旦"，有"评剧皇后"之称。万新平主编：《天津近代人物传略（三）》，天津：天津人民出版社，2017 年，第 4 页。

④ 刘云若：《粉墨筝琶》，天津：百花文艺出版社，1987 年，第 142 页。

⑤ 阿凤：《沦陷生活见闻录》，中国人民政治协商会议天津市委员会文史资料研究委员会：《沦陷时期的天津》，1992 年，第 220 页。

⑥ 《住窝铺的人们》，《天津市》1947 年第 7 期，第 13 页。

⑦ 杜建时：《从接收天津到垮台》，中国人民政治协商会议天津市委员会文史资料委员会：《天津文史资料选辑》第 5 辑，天津：天津人民出版社，1979 年，第 27 页。

储蓄的粮食只有墙上挂的几串的蒜头。就是破烂布条子，也堆聚着，算是“家私”。土坑上堆着没有布面的棉花被，被里埋着病人：子、瘤子、产后病妇、没营养者、不知名的病患者、不能起床，其中痨病最多。①

吃的是麸子面和谷子的混合物、住的是土房子、床上躺的是病人，家无长物，反映出当时民众已挣扎在死亡线上。

1948 年 2 月，南京国民政府决定，在天津、上海、北平、南京、广州五个院辖市实行民食配售。天津的民食配售由市社会局负责。但只进行了三个月，便因粮源不继而难以为继。自第四个月起，配售便有脱期现象，时距越拉越长，截至“天津解放时为止……脱期两个多月”②。不仅如此，煤荒也困扰着天津民众。由于经济、战争等原因，开滦煤矿减产，北宁路交通阻断，致使天津用煤逐渐紧张。到 1947 年底至 1948 年初，煤炭的获取已经非常困难。“在大街小巷中的垃圾山上，一大群人在（用）冻僵了的手指捡拾煤渣，男女老幼蓬头垢面，甚至为了争夺一点点目的物而大打（出手）。”③

到中华人民共和国成立前夕，天津民众的生活已达于极端困难。1 月 13 日，据曾在《中庸报》任编辑的周启纶记载，“一夜之间，绿兵船面粉每袋涨 180 元，售 1150 元，稻米每斤涨 4 元，售 26 元”④。在 1 月 6 日，绿兵船面粉每袋是 630 元，稻米每袋 13 元。仅仅一周的时间，居然涨价约两倍。

第二节　天津“卍”字会创生与活动的文化背景

传统社会，民众的思想世界受到中国本土宗教的深刻影响。以天津为例，鸦片战争前后共有各类庙宇 490 座（除极少清真寺外，基本全是中国本土宗教的庙宇），其中县城内有 34 座，东门外、西门外、南门外、北门

① 《住窝铺的人们》，《天津市》1947 年第 7 期，第 12—13 页。

② 孔令朋：《解放前天津民食配售始末》，中国人民政治协商会议天津市委员会文史资料委员会：《天津文史资料选辑》第 31 辑，天津：天津人民出版社，2014 年，第 107 页。

③ 景津：《粮荒煤荒袭击下的天津》，《经济周刊》1948 年第 1 期。

④ 周启纶：《解放前天津物价飞涨民不聊生纪实》，杨大辛，方兆麟主编：《天津历史的转折——原国民党军政人员的回忆》，天津：天津市政协文史资料研究委员会，1988 年，第 283 页。

外、东北城角、西北城角等城郊地区有 126 座，周围农村有 330 座。当时天津人口有 87 661 户，平均约 178.90 户合用一座庙宇，显示民众生活与宗教的密切程度。[①]在向近代过渡的过程中，经历了基督宗教对庙宇空间的争夺、庙改学堂、新文化运动、反迷信运动，庙宇数量有所减少，但民众的信仰生活并未根本改变。

一、“迷信”的普遍性

中国民众的生活以年为单位，从新年开始，经过元宵节、端午节、中元节、中秋节、腊八、祭灶，再到下一个新年，一直处于循环状态，在这种循环往复的过程中，民众信仰起到重要作用。

（一）传统节日中蕴含的“迷信”色彩

1921 年除夕，李琴湘[②]从九江乘船赴南京，因舟中无事，遂作《天津过年歌》，对天津的新年有形象的描述，1926 年除夕，李氏重读《天津过年歌》时，心有所感，又作《过年叹》。二诗以细腻的笔触描述了 20 世纪 20 年代天津的过年习俗，有不少都与民众信仰有关。

民国天津，有谚语“过了腊八就是年”“大寒小寒，又过新年”，所以腊八、小寒、大寒之后，便有了年的气氛。大街上卖年货的逐渐增多，必不可少的是“饭花门神还有灶王龛”[③]。农历腊月二十三日，俗称祭灶。“糖瓜祭灶，新年来到，灶王照例的要上天；恐怕上天不说好话，灶王的嘴所以要粘（黏）。”[④]除夕之夜，守岁过 12 点，新年便正式到来，要举行隆重的祭祀仪式：

> 又要祭神仙，祭灶的可提前。上供亦简单，清茶一碗，麸料一盘，草草的祭完。接大纸，仙神全；供三牲，排香案；磕头礼拜，加倍的心虔。一炷高香一挂鞭，仿佛似神灵在天。九天仙女、吏部天官，驾

---

① 侯亚伟，侯杰：《鸦片战争前后天津庙宇的空间分布——以〈津门保甲图说〉为中心》，《世界宗教研究》2012 年第 5 期。

② 李琴湘（1871—1948），讳金藻，初字芹香，后作琴湘，号择庐，以字行，天津人，近代著名教育家，曾任天津市教育局局长、河北省教育厅厅长等，一生为天津近代教育发展做出了杰出贡献，著有《择庐诗稿》《重阳诗史》《诗缘》《择庐联稿》《五雀六燕集》等。

③ 李琴湘：《天津过年歌》，天津：天津社会教育办事处，1921 年。

④ 李琴湘：《天津过年歌》，天津：天津社会教育办事处，1921 年。

云端，离不远，童男童女看得见，过来过去就在眼前。鞭炮有万千，上供又齐全，真不怕花钱。神仙焉能没有缘，管保你发财，管保你升官，管保你子孙万代，四季平安。①

到了正月十五元宵节，天津妇女要到天后宫去还愿，进香者塞途：

一来为儿女，二则求平安……庙里面人海人山，烧香妇女走中间。男子两旁站，如同站班，不得看，望里钻。巡警出力将人赶，只许老道周旋其间，这算是香火因缘。②

“十六走百病，是女子卫生第一篇”③，同时也意味着年节的结束。在《过年叹》中，李琴湘有一段总结：

人间闹魔鬼，天上过神仙，过年敬神，在所不免。要知道五大家，灰爷当权，诸神退位，不敢进前。漫说是胡黄白柳，便是张天师亦要躲在一边。敬财神虽是大典，你想财神手中那一鞭（财神骑虎举鞭），那能敌得他们腰间的六转。但是财神亦不能得罪，只好烧香化纸，暗地里周旋。倘若是明目张胆，便须有请活财神的到你门前。请神引鬼，两不合算，所以财神叫门是吉言。④

可以说，过年是民众信仰生活集中表达的重要时刻，在这神圣时间里，民众通过各种仪式集中展演其信仰生活。

年节之外，一年中的其他传统节日也具有类似特点。每逢清明节，“各家皆至祖墓上坟”⑤，天津士民纷纷去扫墓。在浙江义园，“每值清明祭扫之时，本园购备香楮，在义地冢前普为祭奠，以慰幽魂”⑥。1922 年端

① 李琴湘：《天津过年歌》，天津：天津社会教育办事处，1921 年。

② 李琴湘：《天津过年歌》，天津：天津社会教育办事处，1921 年。

③ 李琴湘：《天津过年歌》，天津：天津社会教育办事处，1921 年。

④ 李琴湘：《过年叹》，天津：天津广智馆，1926 年。

⑤ 萍：《津门的十二个月》，《中华画报》1933 年 2 月 1 日。

⑥ 《浙江义园章程》，转引自宁波市政协文史委：《宁波帮在天津》附录 B，北京：中国文史出版社，2006 年，第 286 页。

午节，王守恂[①]作诗：“一年容易又端阳，蒲艾青青插户香。漫道贫家无乐趣，白头夫妇饮雄黄。”[②]农历七月十五日为盂兰会，俗称鬼节，此日天津有拜鬼的习俗。“崇拜鬼者，于是日夜皆提竹篮，篮内盛线锭，至各义坟空地燃烧。家必上坟，有如清明。并以茶叶或瓜皮，上插□烛，放于河中，曰放河灯。”[③]每年中秋节夜晚，待月亮升高，各家各户便在庭院摆上供桌。“祭月均是妇女焚香跪拜。还有的妇女要将自己打扮得十分漂亮，特为稍晚时出门，去迎请（买）兔儿爷，拜请兔儿爷神像。”[④]农历十月初一，俗称十来一，是为亡故的亲人送寒衣的日子。这一日，“人们要以电光纸裁剪，糊制衣服，加上纸箔、银锭，封入封筒，为祖先记名，在自家门外焚化”[⑤]。

（二）神灵与世俗生活的交融

传统节日之外，还有一些地方性的神圣时间和空间。皇会为具有天津特色的庙会，旧时常于农历三月二十三举行，对当地民众影响较大。民国时期，惟1921、1936年举行过，尤以1936年的规模庞大。这次皇会从农历三月十六日开始，至二十二日结束，是一次空前盛事。[⑥]城隍皇会在农历四月，历年停学出会，视为当然之举。1921年规模尤其宏大。“灾旱之余，防疫之际，国家要政，尚多待举，津埠系中外之观瞻，学界为四民之模范，不谓竟停学办会，迷信荒谬若此，未免令人齿冷。”[⑦]南乡峰窝庙会，每年农历四月十五集会，至四月底止，“此半月中各处进香者，红男绿女，络绎不绝”[⑧]。农历五月十三日这天，若遇旱灾，便向关公求雨，

---

① 王守恂（1865—1936），字仁安，别号阮南，晚署拙老人，天津人。素负诗名，晚年参与组织城南诗社、崇化学会。著有《王仁安集》《天津政俗沿革记》《天津崇祀乡贤祠诸先生事略》等。参见中国人民政治协商会议天津市委员会文史资料研究委员会编：《天津近代人物录》，1987年，第22页。

② 王守恂：《次陈哲甫韵并序》其一，《仁安诗续稿》卷二《壬戌》，1937年金氏刻本。

③ 萍：《津门的十二个月（续）》，《中华画报》1933年2月6日。

④ 天津市地方志编修委员会办公室、天津市老城博物馆：《天津通志·民俗志》，天津：天津社会科学院出版社，2006年，第200页。

⑤ 天津市地方志编修委员会办公室、天津市老城博物馆：《天津通志·民俗志》，天津：天津社会科学院出版社，2006年，第200页。

⑥ 参见徐肇琼：《天津皇会考》，1936年。阳历为1936年4月7—13日。

⑦ 《灾荒声中迷信之庙会》，《益世报》1921年4月1日。

⑧ 《迷信者可以鉴矣》，《益世报》1917年6月16日。

俗称是日为关公磨刀赴会之期，一定下雨，故有"大旱不过五月十三"之谚。

除此之外，还有津南的宝辇会、妙峰山进香会等，都与民众的信仰生活直接相关。

民众在生病、占卜、求子之时，也充斥着中国本土宗教的影响。

在求医方面，有所谓"神来呓语听模糊，病不求医反信巫"①之说。这里的"巫"，在天津俗称姑娘子，自谓顶神，能看香头，治人疾病。所顶之神，非白老太太，即黄少奶奶，或称胡几姑，不外胡黄白柳灰五大家之类。

旧时民众喜看巫医：

> 治病时，焚香于炉，即喃喃作语，神即下降。治病之法，或给药丸或施圣水。病愈则以功自居，不愈诿为命尽，愈后任意需索香资药费。愚昧无识及小家眷属恒信之。②

胡即狐狸，黄即黄鼬，白即刺猬，柳即蛇，灰即老鼠，天津人信之弥笃。甚至牛痘有痘神，天花有花神。尽管有识之士认为"痘哥花姐本虚无"③，但仍有不少民众去求痘神、花神保佑。民众求神看病在当时是一个普遍现象，甚至有人借机骗取钱财。据《益世报》报道：

> 距津三十五里之贯家庄，近有妖言惑众之辈，假为人医病为名，设坛取利，愚弄乡民。以致远近愚夫愚妇，趋往焚香祷拜者，络绎不绝。而若辈又复装鬼扮神，大肆其蛊惑之手段，是故每日所获甚丰。第乡民之糜（靡）费金钱，尚不足惜，其因溺于迷信，耽误病症而断送生命者，亦不乏其人。④

当时已有不少人对这种现象表示不满，并认为义和团运动原是起自迷信，地方政府应该"负地方管理之责者，亦知设法取缔邪术，以维风化而

① 冯文洵：《丙寅天津竹枝词》，1934年铅印本。

② 冯文洵：《丙寅天津竹枝词》，1934年铅印本。

③ 冯文洵：《丙寅天津竹枝词》，1934年铅印本。

④ 《贯家庄之迷信宜禁》，《益世报》1922年10月9日。

正人心”[1]。职是之故，1931 年 8 月，警察局“特令饬该所各学警，严密搜捕市上女巫庸医，捕获一名，赏洋五十元，以资鼓励，藉便除害”[2]。

占卜亦甚普遍。“遍撒传单逐格尘，自夸卜相验如神；知君不是君平隐，介绍芳名尽伟人。”[3]1929 年初，河北省政府接到南京政府的训令，“限于三个月内办理，现在限期已过，办理仍未尽善”[4]。据解释，原因是占卜行业中多是老弱残疾之人，若立即勒令他们改业，他们便会立即失业，需要救济，政府又不能或不愿对他们负责。同时，这种情况也反映了占卜行业在民众中仍有很大市场，故政府训令，形同虚文。

甚至民众家里也经常供奉着神灵。1947 年 1 月，《住窝铺的人们》作者到第八区第 20 保调查时，就发现民众家中的情况：

> 住窝铺的……吃食没办法，希望只有建在神灵上。墙上贴着黄表纸，书写着“十方万灵真宰”。有关圣帝君，有进宝财神，还写着“敬神为在上，早晚一柱（烛）香”。有一家几案上供着许多牌位……同时八个香盆里，不断的燃着香。按他们所说的，“每日两次香，和吃饭一样”。[5]

这些民众，本已到了贫无立锥的境地，却仍然奉神不辍，信仰之笃，令人震惊。可见，迷信思想在他们心目中仍然占据着重要地位。

如此看来，在传统社会，民众一年到头，一生当中，无论是富比王侯，还是一贫如洗，神灵须臾不可离，神圣的信仰和世俗的生活完全交融在一起。

二、扶乩盛行

明清以来，扶乩一直在社会上盛行，天津亦不例外。清光绪年间天津人李庆辰作《醉茶志怪》，便收录《乩仙》《乩示题》《青灵子》《判官》《黄叶村》等涉及扶乩的故事。

---

① 《贯家庄之迷信宜禁》，《益世报》1922 年 10 月 9 日。

② 《女巫庸医》，《大公报》1931 年 8 月 14 日。

③ 冯文洵：《丙寅天津竹枝词》，1934 年铅印本。

④ 《卜筮星相送入救济院教养》，《益世报》1929 年 3 月 21 日。

⑤ 《住窝铺的人们》，《天津市》1947 年第 7 期，第 13 页。

民国年间，扶乩仍十分盛行。比如，在郭则沄所作《洞灵小志、续志、补志》[①]中，收录了《乩验》《西洋乩笔》《乩巧》《军阀恶报》等涉及扶乩的故事。

1934 年 6 月 21 日，有署名大白者作《扶乩之种类》一文，细致描述了扶乩的种类及方法：

（1）飞乩——为扶乩之最上品。法以乩空悬，下设沙盘，乩之两端系以绳，须特别长，绳之两端，握于扶着之手，左右趺坐，持咒焚符，不过借以作引，熟练者不必符咒也。迨两人心志合一，乩即飞动。

（2）双扶——以两人左右立，各持乩之一端，左立者右手，右立者左手，随乩所向，不得稍与乩相左。乩仙临时，突然有劲，如有所凭。

（3）单扶——平时以扶乩骗人者，大都为单扶。法以乩之一端悬空，而扶者以手握其一端，最易作伪。其乩仙率假名济公，用白话。[②]

另外，彼时还流行一种“科学灵乩”：

科学灵乩者，即一张石印之字纸。字之排列皆作环形，共十八圈。圈愈在内者，笔画愈少；圈愈在外者，笔画愈多。最外圈者为补遗字。用法则以小碟扣置中央。扶乩者共需三人，每人出一指扶碟上，其着力点各在一等边三角形之顶点上。如此经时少许，碟即移动。碟之边沿上预画一箭头，移动后，此箭头所指之字，谓即请求之神或鬼之答复。有时所答对所问者，意尚相符，有时竟不可解。[③]

这一时期，市面上甚至还流行着一些与扶乩有关的书籍。如当时香港科学游艺社发行的《科学灵乩》一书，在各大书局均有出售，反映这种扶乩方式的流行程度。

① 郭则沄著，栾保群点校：《洞灵小志、续志、补志》，北京：东方出版社，2010 年。

② 大白：《扶乩之种类》，《北洋画报》1934 年 6 月 21 日。

③ 大白：《骗人的“科学灵乩”》，《北洋画报》1934 年 1 月 30 日。

彼时民众，特别是中上层之知识人士，十分迷信扶乩。据高凌雯①记载：

> 有乩仙虎卧老人，不言姓名，但道于人世有五百年笔墨缘，善书工诗，不谈修（休）咎，不讲修炼。其降乩也，笔不停挥，文不加点，以天都程遥、汪若为之凭藉。②

反映文人士子对降鸾扶乩的热衷、崇拜之情。

无独有偶，具有军人和传统文人双重身份的吴佩孚亦雅好扶乩，甚至以之为日常功课。"无事则请关壮缪、吕纯阳下降，与之赋诗，并摄影甚多，印刷多张，分送部僚。因之开封各相馆，均照鬼像。"③在扶乩中，入乩者多为宗教人物，如济公、吕祖、观音，也有一些被神话了的历史人物，如关公、姜尚，甚至一些近代史上的名人或地方巨绅，如谭嗣同、赵元礼等人也会降乩。谭嗣同为戊戌变法的干将，戊戌六君子之一。他被杀次年，粤东某富户请乩，乩书"吾谭嗣同也"。并附有诗一首："亚陆已无华世界，轮回尚有汩泛滥；这回莫问人间事，渺渺大风送玉鸾。"④事虽荒谬，常为人所信然。

众所周知，民间宗教是融合了中国本土宗教中的固有文化因子而形成的新型教派，前提便要求民众处于此"迷信"之中。民国时期，民众的精神生活中仍然被"迷信"笼罩，无论社会上层，还是下层，大致如此，这是民间宗教产生和活跃的肥沃土壤。扶乩是民国时期民间宗教活动的重要方式。同善社、悟善社、道德学社、一贯道、一心天道龙华圣教会等均将之作为重要的宗教活动方式，天津红、黄、蓝等卍字会亦莫能外。实际上，在天津"卍"字会那里，慈善事业的开展、重大事务的决策，均与扶乩有关。诸卍字会通过或利用扶乩而形成的大量文献，成了我们进行研究不可多得的一手珍贵资料。甚至从某种程度上可以说，扶乩的盛行为天津"卍"字会的产生及活动提供了技术支持。

---

① 高凌雯（1861—1945）字彤皆，天津人。清光绪十九年（1893）举人。曾任国子监候补博士、学部普通司主事。主持修成《天津县新志》28 卷，为城南诗社、崇化学会的主要成员之一，著有《志余随笔》《毡推记》《天津士族科名谱》《一录》《天津文汇》《天津诗人小集》《刚训斋诗集》《刚训斋文集》等。

② 高凌雯：《志余随笔》卷三，1936 年。

③ 《吴佩孚之迷信易理，扶乩占卦几为日常之功课》，《大公报》1924 年 7 月 31 日。

④ 《谭嗣同升》，《新天津画报》1941 年 7 月 25 日。

综上，由于战乱、灾荒等原因，民国时期，在天津及其周边地区，民众普遍处于严重贫困化的状态中。如此的社会背景，再加上"迷信"思想仍然盛行，构成天津"卍"字会等民间慈善团体创生和活动的社会环境。

第三节　民国天津主要慈善团体暨天津"卍"字会[①]

针对民国时期日趋衰败的社会状态，社会各界纷纷进行救世活动。不少人更加现实地去关注社会的贫困问题，于是大量慈善团体如雨后春笋般地建立起来。如经济条件相对落后的湖南一省，在晚清有育婴堂 74 家、养济院 64 家、普济堂 13 家、同善仁堂 23 家，共 170 余家。[②]民国时期，上海有慈善团体 160 余家，宁波有 24 家，1929 年南京有 40 家，济南有 27 家，1942 年 6 月成都有 52 家。[③]

一、民国天津主要慈善团体

在民国天津，和全国其他地区一样，慈善团体众多，且呈现出相似的特点。除天津"卍"字会外，先后有慈善团体至少 44 家。天津红卍字会成立前共有 12 家，1937 年前共有 34 家，1939 年 6 月有善团 21 家，1942 年有 26 家，1947 年 19 家，1948 年 22 家，1949 年 23 家。[④]它们或先后，或同时存在，共同构成了民国天津慈善团体的基本面貌。这些慈善团体有以下特点：

第一，和全国一样，数量众多。除天津"卍"字会及其他 44 家之外，还有不少会馆、同乡会组织，亦具有慈善性质。到中华人民共和国成立初有各类

---

① 濮文起主编：《天津民间宗教史》，济南：山东画报出版社，2018 年，第 203—225 页。其第三章第二节"红黄蓝诸支卍字会"系笔者执笔。

② 熊秋良：《清代湖南的慈善事业》，《史学月刊》2002 年 12 月。

③ 许晚成：《上海慈善机关概况》，上海：龙文书店，1946 年；孙善根：《民国时期宁波慈善事业研究（1912—1936）》，北京：人民出版社，2007 年，第 361—363 页；《南京特别市市内公益慈善团体一览表》，《首都市政公报》1929 年第 39 期；《济南市公益慈善团体一览表》，《济南市市政月刊》1929 年第 1 期；《成都市慈善团体一览》，《社会调查与统计》1943 年第 4 期，第 136—138 页。

④ 《天津市慈善团体一览表》，1939 年 6 月，J0025-2-000136-021；《天津市慈善团体名册》，1947 年，J0025-2-002830-0050；《天津市慈善团体一览表》，1948 年，J0025-2-002850-013；《关于天津市慈善团体的调查工作综合报告》，1949 年 4 月 8 日，X0065-Y-000034-001。

慈善团体264家，另有与之有关的会馆、同乡会等共154家，两者相加有418家。[①]中华人民共和国成立初，天津共有社团 501 家，慈善及公益团体便占83.43%。

第二，民国天津，虽然官方亦主办一些慈善事业，如天津市救济院、天津市女救济院等，但民间慈善团体占据主要地位。除上述两个官办的慈善团体外，天津红十字会在抗战胜利后亦具有官方性质。表 1-1 中所列其他慈善团体，和天津"卍"字会一样，均是民间团体。由此可以认为，在民国天津的慈善团体中，以民间团体为主，官方团体占次要地位。

表 1-1　民国天津主要慈善团体（除天津"卍"字会）

团体	成立年月	会员数（个）	慈善事业	地址	备注
长芦育婴堂	1794	不详	恤孤	西门内邵家大门5号	
益善局	1873	9	不详	仙坛胡同2号	
广仁堂	1878	30（1942）	敬节所、施诊、教育	东门外南津街，城外西南太平村	
备济社	1879	7（1942）	恤嫠、施赈	特二区粮店孙家胡同7号	
济生社	1886	5（1942）	恤嫠、冬赈、施药	东门内石桥胡同	
引善社	1890	6（1942）	恤嫠、冬赈、矜孤	府署大街23号	葛如川
体仁广生社	1894.4	12（1942）	恤嫠、施赈	北门东小大院	
天津青年会	1895	不详	社会教育、赈济	东马路青年会	基督教
广济补遗社	1896	53（1942），45（1949）	济贫、教育、救灾、养老、恤孤	河北关下三官庙大街大王庙	
公善施材总社	1898	139（1942），105（1949）	施医药、钱、棉衣、恤嫠、种痘、掩埋	西老公所	理教
公善抬埋社	1899.3/1903	14（1942）	抬埋	西鱼市街德寿杠房内	
天津红十字会	1911.9	327（1942），82（1949）	战场救护、贫民医疗	河北三官庙大街114号	
天津女青年会	1913.3.25	600余（解放前）	冬赈、急赈、教育	城内三多街，意租界三马路，东门内文学东箭道，十区海大道264号	基督教
崇善东社	1919. 8	85（1942）	学校、救济被拐妇孺、恤嫠、济贫、施药、冬赈	尚师傅坟地	一贯道
佛教居士林	1923	92（1942），87（1949）	道场—断屠、粥厂	广东路145号，东南角	佛教
八善堂	1925	不详	兵灾救济、急赈	不详	
黄十字会	1926/1932.4	104（1942），66（1949）	施钱、施药、冬赈	北马路体仁广生社，中华路钱业公会，八区北门内大街职业公会	悟善社

① 《社团登记统计》，1950年1月25日，X0065-Y-0000592-002。

续表

团体	成立年月	会员数（个）	慈善事业	地址	备注
北善堂	1927	10（1942）	恤嫠、施药、施材、恤孤	西窑洼大街	李雅亭创立
积善社	1928.2	27（1942）	恤嫠、施药、冬赈	费家胡同后 8 号	南善堂改组
华北灾赈会	1928	不详	救灾	费家胡同	
显立文坛掩骨社	1930.2.7	不详	掩埋	西沽村公所街 15 号	
明德慈济会	1932/1934.12	350（1942），38（1949）	施钱、施茶、施医药、冬赈、救灾、恤嫠	日租界桃山街红卍字会转（1942），一区归绥道 57 号	悟善社
乐善堂	1933.12	不详	救灾、恤嫠、育婴、冬赈	特别一区开封路	1936.10 结束
显广文慈院	1934	59（1942）	冬赈、施医、恤嫠	大舞台忠厚里 12 号，鼓楼南 50 号	
同善抬埋会第一分会	1934.6	不详	抬埋掩骨	东南小红桥帝君庙前 2 号	
道德学社	1935.9.9	无法统计	不主张做任何救济	不详	儒教
正宗救济会	1936.5/1937	58（1942），41（1949）	施医药、冬赈	鼓楼北大街 230 号张公祠内	律师，先天老祖
北京正字慈善会天津分会	1937.7	437	救济灾患	南开大街西 8 号	
一心天道龙华圣教会	1937.12	137（1942）	不详	杨家花园东西大街 47 号（1942）	民间宗教
慈慧普济同善会	1940.5.8	86（1942），98（1949）	育幼、施茶、衣物、医药、恤嫠、冬赈、教育	北门内老和顺当后 7 号，十区林森路 204 号，十区新华南路 240 号	布行，南海大士
正字普济会	1940	119（1949）	施水、施医、药、冬赈	南门西路北 233 号（1942），南开三马路 194 号	布行，关圣帝君
普济慈善会	1942/1944.6	31（1942），93（1949）	施茶、水、医药，冬赈	河北元纬路三马路 244 号	律师，先天老祖
贫民救济协会	1942	43（商 41）	不详	不详	
华北国际教济委员会	1945	无会员	不详	不详	基督教
三圣济世社	1946	43（1949）	不详	西沽小十字街	粮行，老君、济公、佛爷
中华道德慈善会（一贯道）天津分会	1947	82（1949）	小学一处	二区三民道 52 号	一贯道
联合国儿童急救工作审议委员会	1948.7	无会员	不详	不详	胡梦华，基督教
天津天主教青年会	不详	不详	难民教济、冬赈	不详	天主教
救世军	不详	不详	冬赈	不详	基督教

续表

团体	成立年月	会员数（个）	慈善事业	地址	备注
金顶妙峰山京津全体联合总善会	不详	408（1942）	不详	东马路国民戏院	佛教
妙峰山灵感观音寺下院	不详	2（1942）	不详	日界松岛街 23 号	佛教
慈济佛学研究处	不详	36	不详	特二区粮店后街孙家胡同 17 号	佛教
华北基督教联合促进会天津分会	不详	36（1942）	不详	东马路青年会	基督教
天津基督教布道团	不详	不详	宣扬宗教	英界 22 号路 15 号	基督教
理教联合会	不详	284	不详	西老公所	理教
妇女理教联合会	不详	80（1942）	宣扬理教，戒除烟酒	东门内道署西箭道 2 号	理教
华北道教总会天津分会	不详	44（1942）	不详	宫北玉皇阁	道教
中国佛教青年会	不详	81（1942）	不详	北门内沈家胡同	佛教
中国回教总联会华北联合部天津区本部	不详	10 万余（1942）	对外宣扬和平，对内团结教胞，解救疾苦	西关大街 91 号	伊斯兰教
万国道德会天津总分会	不详	84（1942）	不详	特一区中央戏院对过	民间宗教
安清道义建设家庙委员会	不详	184（1942）	人类互助、东亚和平	河北新大红桥西常关	
功德林	不详	不详	不详	不详	佛教
普善社	不详	53（1942）	保存古迹、宣扬宗教、办理慈善	西北城角城隍庙	
同济慈善会	不详	35（1942）	施材、恤嫠、赈济	侯家后庙家胡同	
公议抬埋会	不详	35（1942）	施材掩埋	河北新大红桥北自卫防险水会内	
同意抬埋会	1926	29（1942）	施材掩埋	南市东兴市场	地藏菩萨
乐仙镜义园	不详	不详	施材	河北邵公庄后	
贫病教济会	不详	不详	不详	一区辽宁路裕丰大楼	

资料来源：《天津市慈善团体一览表》，1939 年 6 月，J0025-2-000136-021；《社团调查材料》，1949 年 4 月至 10 月，X0065-Y-000034；《天津市慈善团体名册》1947 年，J0025-2-002830-0050；《天津市慈善团体一览表》，1948 年，J0025-2-002850-013；任云兰：《近代天津的慈善与社会救济》，天津：天津人民出版社，2007 年，附表 B；《清代至民国时期天津慈善团体一览表》；兴亚宗教协会：《华北宗教年鉴》，北京：兴亚宗教协会，1941 年，第 568—573 页

这些民间慈善团体，如依其来源，可以分为外来慈善团体和中国本土慈善团体。前者包括天津青年会、天津女青年会、天主教青年会、救世军、华北国际救济委员会、联合国儿童急救工作审议委员会等。后者除天津“卍”

字会外，还包括天津佛教居士林、公善施材社、崇善东社、黄十字会、明德慈济会、正宗救济会、一心天道龙华圣教会、北京正字慈善会天津会分会、慈慧普济同善会、正字普济会、普济慈善会、三圣济世社、中华道德慈善会天津分会等。

如果依其性质，可以分为世俗性慈善团体和宗教性慈善团体。民国天津，大部分民间慈善团体均具有宗教性质，它们多与佛教、道教、民间宗教或基督宗教有关，特别是其慈善思想多有宗教性来源。

职是之外，妙峰山下院、功德林等虽不像天津青年会、天津佛教居士林那样有明确的慈善事业，但仍然具有慈善性质，可视为广义的慈善团体。

二、天津“卍”字会

在民国时期的天津，除上文提到的诸慈善团体之外，本书所要研究的天津“卍”字会占有重要地位。如表 1-2，天津“卍”字会包括天津红卍字会、天津黄卍字会、天津蓝卍字会、世界白卍字会慈善总会、天津市白卍字会、天津白十字会、无极道院、世界无极佛教院。成立时间最早、持续时间最长、办理慈善事业最突出、影响最大者为天津红卍字会。黄、蓝卍字会虽然成立时间稍晚，也曾做过较多的慈善事业，影响较大。其他诸卍字会，多数成立较晚，规模甚小，虽也办理慈善事业，但影响比较有限。

表 1-2　天津“卍”字会简表

慈善团体	成立年月	人数	所属行业	主要慈业	地址	历任会长	备注
天津红卍字会	1922.10	83（1942） 103（1949）	绸缎行、当铺行	完小 2，孤儿院 1，残疾院 1，诊疗所 1	日租界桃山街	徐世光、刘炳炎、毕培德、张锡元、乔兆蕭	道院领导：称主会，下有天津县分会、女道德社等
天津黄卍字会	1926	579（1942） 164（1949）	叫卖行、货栈、公司	小学 3，中学 1	望海楼后胡同，二区三民道二纬路 2 号	焦天斌、薛兰亭、张雁宾（代）	道院领导，市内有三分会，北京有分会
天津蓝卍字会	1935.1.29	517（1942） 162（1949）	木行	完小 4，中学 1，另有残疾 22 名	东马路凯记转，八区东门内经司胡同 8 号	朱绍亭、宋耀曾、刘元忠、李瑞亭	北京有分会
世界白卍字会慈善总会	1927	137（1942）	不详	1946—1947 年冬眠	河北三马路同春里 16 号	刘玉权（1942）	1943 年名存实亡，1947 年后复活动
天津市白卍字会	不详	60（1942）	不详	久无工作	特一区大安街 14 号	刘恩源（1942）	

续表

慈善团体	成立年月	人数	所属行业	主要慈业	地址	历任会长	备注
无极道院（佛学研究社）	1939	不详	商人，帮会	1939 年曾办理水灾救济事业，灾后成立	七区治安大街四 12 号	高学川	佛教为主，并以无极与道教相混杂，初一、十五聚会
天津白十字会	1943/1944.8	120（1949）	颜料行	施粮、茶、衣物、种痘、防疫、施医药、冬赈	北门内仓敖街杠房胡同 1 号	李育坤	又称世界白十字会天津总会；信仰五教合一，会员多曾入红卍字会/信佛
世界无极佛教院	1949 年后申请成立，旋解散	不详	商人	除烧香磕头，拜佛念经外，无其他业务	一区山东路天祥里 13 号	冀盘新	会员多曾入红卍字会，敬奉无极、太极老祖

资料来源：《天津特别市慈善团体名称地点一览表》，1942 年 12 月，J0025-2-000213-020；《为订正民众团体致天津慈善团体联合会的通知（附列表一份）》，1942 年，J0025-2-000213-017；《为转市公署令依照法令规定办理灾歉手续等事致市各慈善团体便函（附各慈善团体清单）》，1941 年 3 月 28 日，J0025-3-000115-009；《为各慈善团体应将捐款用途收支情形报核等事致胡局长签呈（附表）》，1945 年 11 月 16 日，J0025-3-003820-001；《为限期填报人民团体登记表致各慈善公益团体通知（附慈善团体名册）》，1946 年 2 月 18 日，J0025-3-005319-002；《为报本市慈善团体详情表事致社会部谷部长呈（附表）》，1946 年 10 月 26 日，J0025-2-005242-004；《天津市慈善团体名册》，1947 年，J0025-2-002830-005；《本市各慈善团体一览表》，1948 年，J0025-2-003655-003；《为催报发放贫蓌救济物资种类数量及分配办法致各慈善团体的训令（附本市慈善团体一览表）》，1948 年 11 月 2 日，J0025-3-006430-034；《天津市慈善团体名册》，1950 年，X0065-Y-000170-003；兴亚宗教协会：《华北宗教年鉴》，北京：兴亚宗教协会，1941 年，第 568—573 页

（一）天津红卍字会

天津红卍字会创立于 1922 年，是世界红卍字会最早成立的三个分会之一。世界红卍字会发源于山东济南，前身是道院。道院于 1915 年发源于山东滨县，当时驻防营长刘福缘、县长吴福永和一些文人骚客经常开坛扶乩，后随刘氏调任而传到济南。在济南，刘福缘与杜秉寅、洪士陶一起，共同经营，声势逐渐壮大。刘福缘等人通过扶乩，演成道院暨世界红卍字会的主要经典《太乙北极真经》。老祖传经后，即于 1921 年 2 月 9 日降训正式成立道院。不久，作为道院的一个下属机构，世界红卍字会在济南成立，随后即设立北京、天津、济宁三大分会。当年总会迁往北京，称世界红卍字会总会。

天津红卍字会隶属于天津道院，地址在日租界桃山街。该会在会内称天津主会，或世界红卍字会天津分会，其下又设有天津县分会、杨柳青分会等。

天津红卍字会第一任会长是徐世光，徐氏去世之后，由刘炳炎继任，

其后是张锡元、毕毓桂，乔兆瓛为最后一任会长。早期成员多系旧官僚和退伍军人，以及太太小姐（如张宗昌四太太）①，如徐世光便是曾任中华民国大总统的徐世昌之弟。他们与北京政府关系密切，据说段祺瑞、曹锟等人都对之表示过支持②，故在北京政府时代境遇较好。1928 年北伐成功，新成立的南京国民政府及其天津地方政府，与旧官僚、旧军人关系相对较淡，天津红卍字会的人员构成，特别是领导成员发生了较大的变化，开始向以商绅为主过渡。南京国民政府从一开始便厉行反对封建迷信，并将道院也作为封建迷信组织对待，如河北省政府民政厅接奉省政府和内政部的命令：

> 道院及悟善社两迷信机关设坛开乩，谣言惑众……概令查禁，并妥善处理其财产，作慈善公益之用……仰转饬所属，迅将道院、悟善社、同善社先行查禁，并查明各迷信机关现有财产总额，报由该厅，妥拟保管及处理办法，呈候核夺，并经该厅训令各县一体遵照。③

当然，天津道院实际上并未被禁止，反而以天津红卍字会的形式扩大了规模。不久之后，天津红卍字会的境遇便得到改观，顺利获得地方政府的立案。到 20 世纪 30 年代，日本积极侵略中国，继九一八事变占领东三省之后，又积极策划华北事变，发动便衣队暴乱。此时，天津红卍字会也成为日本人拉拢的对象。《庸报》是民国天津四大报之一，1935 年前后，有一些天津红卍字会的头面人物主持《庸报》，并办有宣扬世界红卍字会道院的专栏——《道慈专刊》。1937 年 7 月之后，日本占领天津，该报也很快被日本人收买，成为日本在天津以至华北推行侵略计划和殖民统治的喉舌。在日伪统治时期，“卍会曾不断与其勾结，凡手戴红卍字的可以不受日人检查问讯，所以当时因此而入会的大有人在”④。甚至某些领导人还为日本人工作，如“李春阳给日本作翻译，王玉生给日本搞外汇，吸收日本会员，并在朝鲜、新加坡设立分会”⑤。种种迹象表明，在日伪统治时期，天津红卍字会与日伪政府保持较为密切的关系，参与了大量由伪政府主持

---

① 《关于天津市慈善团体的调查工作综合报告》，1949 年 4 月 8 日，X0065-Y-000034-001。

② 《关于天津市慈善团体的调查工作综合报告》，1949 年 4 月 8 日，X0065-Y-000034-001。

③ 《民政厅再催查禁道院》，《益世报》1928 年 12 月 3 日。

④ 《天津市各慈善团体调查初步总结》，1950 年 10 月，X0065-Y-000153-008。

⑤ 《关于天津市慈善团体的调查工作综合报告》，1949 年 4 月 8 日，X0065-Y-000034-001。

的慈善事业。这时的天津已经完全被日本占领，伪政府秉承日本的意旨行事。作为民间慈善团体，天津“卍”字会和其他一些民间慈善团体，若想有所作为，不和伪政府维持较为良好的关系，显然困难重重。

当然，亦不可否认，在外敌入侵、国破家亡的危急时刻，包括红、黄、蓝等卍字会会员在内的许多国民，或者受敌胁迫而被动，或者为求一官一饭而主动出卖国家利益，甘当汉奸。对于此一问题，应放到当时社会背景之中，进行具体分析、讨论，方始有可能认清事实，警示后人。

1945 年 8 月日本战败，10 月 6 日天津光复。此后的三年多，天津红卍字会与国民政府关系较为密切，是其发展的黄金时期。这一时期地方政府救济压力十分艰巨，对包括天津“卍”字会在内的民间慈善团体依赖加大。

天津红卍字会的慈善事业包括永久慈业和临时慈业两种。经常性的包括完小两所、孤儿教养院一所、残疾院一所、诊疗所一个。卍慈第一小学①在西广开，规模宏大，设备完善，经费靠学费支持 60%，天津红卍字会补助 40%。卍慈第二小学②在新唐家口，规模相对较小，经费靠学费及会里补助各半。孤儿教养院也设在新唐家口，经费需教会补助 50%。残疾院在红卍慈二小内。诊疗所设于会内，每天门诊二三十人，赤贫免费，其他半价。

据解放初的调查，天津红卍字会的财产包括动产和不动产两部分。不动产方面，有四区新唐家口育幼所及红卍慈一小房屋两所，十一区西广开红卍慈二小房屋一所，六区闽侯路 1 号楼房一所，一区归绥路 20 号卍字会楼房一所，18 号卍慈第二分校及总会驻津办事处楼房一所，陕西路 8 号妇女部楼房一所。另外，还有四区新唐家口义地十余亩，静海县周家楼村有四十余亩公墓。动产方面，有华新纱厂股票 75 股，糖厂 3 股（每股 100 元）。还有一些机器，如红卍慈一小的磨坊内有电粉机、电磨米机各一台，育幼所内有织布机 5 架，缝纫机 3 架，织袜机十数架。③

天津红卍字会原在十一区设一办事处，1937 年 4 月将办事处扩大成县分会（图 1-3）。其成立原因，据 1950 年的调查，如下几点：

① 以下简称“红卍慈一小”。

② 以下简称“红卍慈二小”。

③ 《关于天津市慈善团体的调查工作综合报告》，1949 年 4 月 8 日，X0065-Y-000034-001；《天津市各慈善团体调查初步总结》，1950 年 10 月，X0065-Y-000153-008。

（1）当时办事处的人看出办理慈善事叶（业）名利只能由市卍字会得去，办事处得不到好处。

（2）市分会的一般会员，大都是退职军阀与官僚，气焰很高，而在办事处地区的会员大都是商人，彼此气势不同。

（3）一般的会员，想在投机倒把盈利万千之余，拿出一些剥削人民血汗的钱，提高自己的名誉地位及势力联络，同时再多赚一些造孽钱，无非是互相利用，互相勾结。

（4）当地有许多人想入会，但不能直接从办事处这方面入，而得到市分会去申请。

（5）在同一市区内，同一单位的团体，不允许有两个。

（6）藉宗教迷信的力量，笼络会员，约束他们的身心，使他们拿出钱来，例如孙仲洲的“以慈为心，以善为本”的话，正是这个意思。①

图 1-3　世界红卍字会天津县分会丁丑年（1937 年）纪念图章

透过上述具有特定色彩的表述方式可以发现，天津县红卍字会的成立应有以下原因：第一，办事处虽参加办理慈善事业，但以有市会在，难获好名声，名不正，则言不顺，言不顺，则事不成。第二，旧官僚、旧军人和商绅之间的矛盾使然。第三，办事处附近人士申请加入红卍字会困难重重，不利于世界红卍字会在天津的发展。第四，政府政策的支持。因此，陆云章、程宝青、陆云彤等人便觅得鼓楼附近作为会址，由会员捐钱，买下了房子，在天津县登记成立县分会。

①　《天津市各慈善团体调查初步总结》，1950 年 10 月，X0065-Y-000153-008。

天津县分会初实行会长制。日本投降后改为理事制，陆锐田任理事长，常务理事有孟继昌、王学甫、李德印、孙中洲四人，全是义务职。经常到会办公的理事只有孟继昌、孙中洲二人。会员方面，到1950年前后，仅剩下88人，但他们大多很少到会。

慈善事业方面，永久性的有慈佑学校及其分校，并附设妇女部识字班。另在分校内设有施诊所一处。临时性的慈业，遇有各种兵灾与市会联络办理救济，其余尚有施药、施米及冬赈等。

会产包括板桥胡同大神庙7号慈佑学校的房产，曾是天津县分会的妇女部，约14间，另有在鼓楼西大街180号的慈佑分校校产。慈佑学校还有一校产，为已故慈佑学校校董程宝书家属捐赠。当时指定两项房产收入，作为学校基金。其一是竹林村兴仁里的房屋，有330余间，每间按7斤小米/月[①]收租。东郊村茂叶里的房产260余间，每间月收7、13、18斤小米不等。

（二）天津黄卍字会

天津黄卍字会（图1-4），全称世界黄卍字会天津总会，成立于1926年，是一个以天津为中心的，以叫卖行、货栈、公司成员为主的行业性的民间慈善团体。1947年5月4日，以社会部认为该会仅是地方性慈善团体，遂改名天津市黄卍字会。[②]会长先后有焦天斌（或作“彬”）、薛兰亭、李实忱、张雁宾（代）等人。会址初在望海楼后胡同，约1947年前后迁到二区二号路2号。天津黄卍字会由马献光首先发起，他曾参加过天津红卍字会。马献光认为，要想个人无病，必须设法救人；要想个人致富，必须舍财。但因受到经济条件的限制，他只能以舍药治病为主。1933年，经会员王宝光、刘肅臣的介绍，薛兰亭加入黄卍字会。薛氏曾服务于政界多年，后转而经商。入会以后，因焦天斌年老多病，遂改选为会长。当年11月上旬，申请政府备案成功。当时署名的发起人有马献光、李以年、邱景山、薛兰亭、刘肅臣、李筱山等人。

---

① 1949年前后，由于通货膨胀严重，南京国民政府币制改革的失败，以及频仍而激烈的战争影响，在一些地方出现以物易物的现象。当时在日常交换和支付房租、工资时，往往以谷物作为货物的替代品使用。天津地处华北，多以小米结算。

② 《为声明本会确系社团，并数年办理慈善救济事业致天津市社会局胡局长呈（附黄十（卍）字会报社会部呈）》，1947年5月，J0025-3-005160-014。

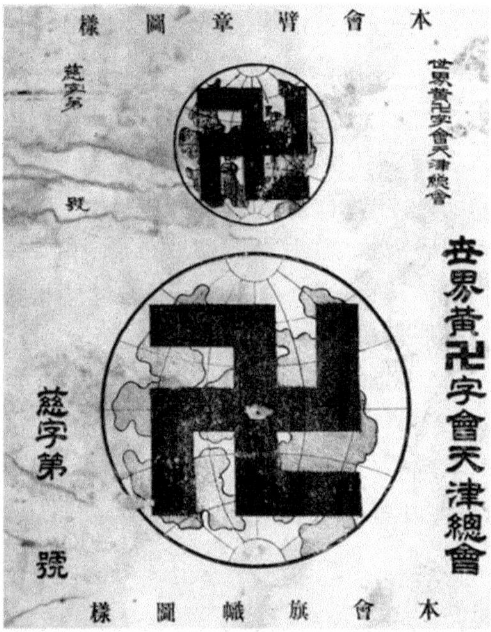

图 1-4　天津黄卍字会臂章、旗帜图样

资料来源：天津黄卍字会：《世界黄卍字会年鉴》，1941 年

该会在天津有分会三处。第一分会设在营门，由刘鸿鼎（字鼐臣）、周联科（字捷三）先后负责。第二分会设在鼓楼西，由张湘洲、刘凤池负责。机构非常简单，会长以下有救济与事务两方面组织。天津县第一分会由吴少怀负责。另有一分会在北京，不详其情。1947 年 5 月 4 日，在遵令改为“天津市黄卍字会”的同时，第一分会保留，更名为天津市黄卍字会第一办事处，“第二分会及天津县大张庄分会[①]、本市中心办事处并驻平办事处，一律暂行结束”[②]。天津解放后，因周捷三患病，第一分会无人照应，亦形解散。

薛兰亭入会后，正式拟定组织机构，使天津黄卍字会的组织正规化。1943 年，薛兰亭介绍李实忱入会，李系薛之师长，曾在伪政府时代担任过军政要职，素有声望。薛兰亭本意藉李之名望，以求取得会务的开展。1947 年，改选李实忱为理事长，但仅是名誉职位，实际仍由薛兰亭负责。中华人民共和国成立后，因薛兰亭患病，不能到会，又公推张雁宾为代理理事

① 即县分会。

② 《为声明本会确系社团，并数年办理慈善救济事业致天津市社会局胡局长呈（附黄十（卍）字会报社会部呈）》，1947 年 5 月，J0025-3-005160-014。

长。张雁宾 1947 年入会，原为志成货栈经理。天津黄卍字会初成立时，有 40 多人，其后逐渐发展，到抗战前夕将 100 余人，1942 年甚至达到 579 人，解放之初，仍有 164 人。到 1950 年，仅剩下 40 多人，且经常到会者，只有 6—7 人。这种现象的出现，有以下原因：

> 一个是在……对政府的政策不太了解，再加以受一贯道之影响，有所恐惧，另一个是近一二年来，由于经商不得意，对会务多不感兴趣。会员中多是货栈经理和洋行跑街者。他们以慈善之外衣，而在社会上谋取更多的利润及博得社会上之信仰及会誉。[①]

该会在民国时代还有干事二人、工友二人。中华人民共和国成立后，仅有马献光和家属驻会办理之。

天津黄卍字会的慈善事业基本在市内及郊区，中华人民共和国成立前经常之业务为施药、施茶、防疫及恤嫠。起初受到救济之寡妇约有百余户，后增至 300 户，彼时每人约可得救济金 5 元。其次还附设树人小学三所[②]，经费完全由会方负责筹措。到中华人民共和国成立前后，仅余下树人一小一所，且会内对之只补助了一学期，也曾将救济难民剩余之 42 包小米全部交树人小学校董会。后来只负责该校之房租，对学校经费不予补助。

临时事务方面，该会有时受地方政府的通知，办理一些贫病、老弱、救济，有时奉警察局通知，掩埋浮棺及葬埋无地可埋之人。中华人民共和国成立前，也曾办过粥厂，发放棉衣。1948 年该会曾协同各慈善救济团体，办有二个难民收容所，以救济逃津东北难民。在解放战争期间，还曾救济过宜兴埠之难民，并对伤病士兵做过一般性救护工作。天津解放后，曾协助政府举办乞丐收容所（仅出人力）。1949 年天津市发生水灾时，曾筹备了一些帐篷，以备灾民住宿。是年冬季还协同四区区政府举办金刚寺粥厂（厂长为区长，副厂长为马献光），由会员等募集棉衣 50 套、现款 100 万元。50 万直接交给粥厂，其余一半交给区政府，以作将来生产救灾之用。之外，还协助卫生局作了一些种痘防疫工作，经常施舍一些小儿科及妇科

---

① 《天津市各慈善团体调查初步总结》，1950 年 10 月，X0065-Y-000153-008。此处所言“受一贯道之影响”，指天津解放之初即开始的取缔会道门运动，其中同是白十字会会长的一贯道点传师李育坤之被捕影响尤大。

② 以下简称树人一小、树人二小、树人三小。

之丸药。

该会的经费来源，分临时募集和会员交纳会费两部分。最初，会员仅需缴纳一元会费，随着通货膨胀的加剧，至中华人民共和国成立前，每人每月缴纳金圆券 22 元，但缴纳者仅有 20 余人，每月约为 200 余元，除去会内职工水电等项开支外，几无盈余。当该会成立时，曾募得基金 2000 元，存放银行生息。后因通货膨胀，法币贬值，此笔款项于无形中被蒸发掉。若遇有救济事项，会方便向各会员劝募。劝募之款由捐助人自己负责支配办理救济事业，会方不加干涉过问，每年募集的款项约能买 40 余包小米。中华人民共和国成立后，规定会员每人每月交会费 5—10 斤小米，但实际交纳者，仅 5—6 人而已。①

据解放初的调查，天津黄卍字会共有墓地三处，为固定资产。一处在陈林庄，约 10.7 亩，多系周捷三捐助；一处在李明庄，约 3 亩；一处在大捎直口的蒋景村，约 2.73 亩，后二处为薛兰亭捐助。各墓地有专人看管，如大稍直口的金福、陈林庄的陈得超。

（三）天津蓝卍字会

天津蓝卍字会成立于 1935 年，初称蓝卍字会，1943 年 6 月改称蓝卍字会总会，抗战结束后，按照社会部的规定，以之实为一城市慈善团体，复改称天津市蓝卍字会（图 1-5）。

图 1-5　天津市蓝卍字会会所——聚真楼

1928—1929 年，朱绍亭（天津东站西货厂厂长）、李佑烈（河南中国

① 《天津市各慈善团体调查初步总结》，1950 年 10 月，X0065-Y-000153-008。

银行经理）、杜少乔（口泉大同煤栈经理）、郝焕章（义兴轮船公司经理）等人纠合各行业（以木业为主）的商绅，集资准备创立蓝卍字会。筹备处先后设在河东东天仙戏院后及日法租界交界处（即一区锦州道德邻里），但未能正式成立。1935 年正式成立，首任会长为朱绍亭，其后宋耀曾、贾长仁、刘元忠、李瑞亭等人继任之。1941 年，用会员捐款购建东门内经司胡同 8 号作为会址，称聚真楼（如图 1-5）。该会址原为文庙藏书阁，始建于明正统元年（1436 年）。另外，蓝卍字会在北京还有分会，发起人有宋文祥、康振普、宋华卿、鲍少洲、李竹勋、萧悦亭、张伯良、石同翰、李绍舫等人，会长为宋文祥（后称董事长）。地址初在西单报子街 75 号，后迁至西总布胡同 14 号。初称办事处，1935 年 11 月 28 日正式成立，称北平蓝卍字会。该分会初期有会员 40 人，其中 62.5%均为天津及其郊县人。①

财产方面，有固定资产三处。其一是经司胡同会址所在地，有房 40 间，另有慈泽中学及蓝卍慈第四小学，有房 55 间。

天津蓝卍字会的慈善事业包括经常性和临时性两种：

经常性慈善事业。天津蓝卍字会曾自行办理冬赈，施棉衣、赈粮及开办粥厂。尤其是 1939 年天津水灾时施棉衣 2000 余套，粥厂每日施粥数达 2500—4000 人。夏季施茶水（后改姜水）、暑药（藿香正气丸、千滴水、济生丹等）及恤嫠。抗战胜利后，曾协助地方政府发放救济物资。以后业务逐渐减少，中华人民共和国成立后，曾协助政府办理冬赈。曾办有中学（慈泽中学）一所、蓝卍慈一至四小四所②。

临时性慈善事业。1935 年赈济河南、山东水灾。1937 年七七事变，与天主教慈惠堂联合办理收容难民，发放赈粮。1939 年天津水灾时，曾备船 21 只救护灾民供给食粮。天津解放时，积极参加收容难民，救护伤病，掩埋尸体。天津解放后，慈善事业逐渐停顿，只有学校五所，除自给自足外，有时仍由各理事捐款。

（四）其他卍字相关团体

除了红、黄、蓝卍字会外，天津还有白卍字会（图 1-6）、白十字会、无极道院（佛学研究社）、世界无极佛教院等“卍”字相关民间慈善团体。

---

① 《北平市蓝十（卍）字会呈简章、发起人名册、迁移会址地点、会员名册、职员名册、会员证书等》，1935 年 11 月，北京档案馆档案，档案号：J181-014-00088。

② 天津蓝卍字会所办小学在下文中简称蓝卍慈一小、蓝卍慈二小、蓝卍慈三小、蓝卍慈四小。

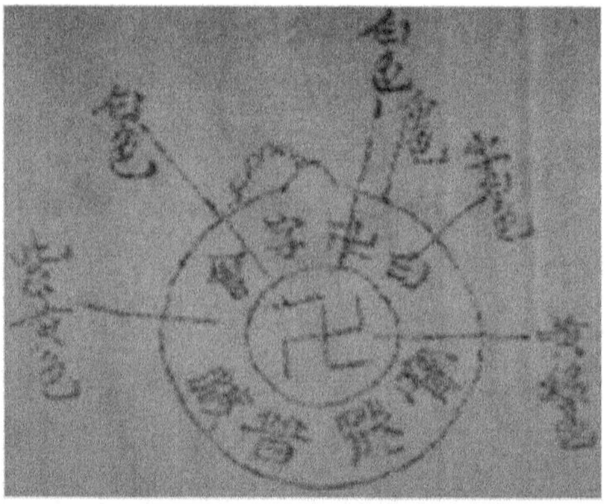

图 1-6 白卍字会证章样式

资料来源：《北京特别市警察局关于发白卍字会徽章、车牌徽章学生赴日证明书、小额铜元等式样的证明》，北京市档案馆档案，档案号：J184-002-21188

（1）白卍字会。全称世界白卍字会慈善总会，在北京、烟台、哈尔滨等地有分会。该会初称中国慈善联合总会，以“慈善救济事业并宣扬我东亚固有文化道德及佛慈为宗旨”①，总会地址在河北三马路同春里 16 号。1931 年在市政府备案，1932 年在哈尔滨设立办事处，因有美国总领事及各国领事官参加，称名誉会长，遂改名世界慈善会联合总会。1939 年天津水灾，“本会护救难民车船，以白卍字会为标帜（志），复改为世界白卍字慈善总会”②。会长初为黎元洪，任职直至 1928 年逝世，由刘玉权继任。袁乃宽曾任名誉会长。1942 年约有会员 137 人。1943 年，刘氏病故于哈尔滨，出现群龙无首的局面，因此拟改组，一直迁延未果。1946 年冬，以有不少贫穷百姓到其门前呼吁求救，彼时主要成员有冯觉灵、薛荫午、程性原、李韵庄、赵继先、赵肃臣、纪观州、张子良、王文蔚、张大裕、赵锦波、郭沛然、孙子明、宋朝义、李辅周、阎东甲、刘鸿宝等人③，发起赈济事宜。12 月 31 日，上书社会局，历叙救济过程，并请求改组：

> 本年冬令……讵料一般缺衣乏食苦胞在此严冬之际，投函乞讨，以及扶老携幼叩门待哺者，每日络绎不断……发起人等不忍坐视……自动集资施放临时急赈，由发起人自愿由个人生计收入内匀出若干为

① 《天津特别市慈善团体一览表》，1942 年，J0025-2-000213-007。

② 《为拟集资施放临时急赈并更名改组事致世界白十（卍）字慈善总会批（附原呈）》，1946 年 1 月 20 日，J0025-3-006309-006。

③ 《为请准予定期在本会施放临时急赈事致社会局呈》，1947 年 3 月 18 日，J0025-2-003648-047。

> 赈费，多寡不限。既不劝捐，更不外募，纯以个人自有资财，情愿乐施，以俟集齐，定期一次施放……暂救燃眉之急……此赈施毕，继则联合旧部人员，实行改组，更用创始中国慈善会联合总会名义，重加整顿，在事实上乃旧会。①

天津市社会局同意了办理急赈的请求，至于改组事宜，则要求另案核办。②据 3 月 18 日白卍字会给社会局的呈文，共募集善款 80 万元，议定查放贫民 200 户。“择以鳏寡孤独，残老无力谋生，极贫者为标准。”③定于 3 月 22 日上午 10 时至下午 2 时在白卍会字会门前领赈。当天，社会局派张鸣銮赴会监督发放，据张氏签呈：

> 该会本次施赈对象为三区、八区、九区赤贫及嫠妇，款共八十万元，发出赈条二百户，分甲乙丙三级。甲级每户六千元，乙经四千元，丙级二千元，平均每户四千元。原拟在本会发放，以八、九等区距离过远，临时定在九区赵家场，借地办理。三区各户于下午一时在本会办理……同往九区赵家场查看发放情形，尚属良好。下午……发放结果亦甚圆满。④

经以上分析，可知白卍字会的慈善事业，规模甚小，且不常举办。由于一般不向外界募款，仅靠会员捐助，善款来源不广，限制了其慈善事业的发展。

白卍字会在天津另有分会，称天津市白卍字会，成立时间不详，1942 年有会员 60 人，会长刘恩源，地址在特一区大安街 14 号。⑤和总会一样，分会亦以慈善事业为旨志，但目前资料很少看到其办理慈善事业的成绩。⑥

---

① 《为拟集资施放临时急赈并更名改组事致世界白十（卍）字慈善总会批（附原呈）》，1946 年 1 月 20 日，J0025-3-006309-006。

② 《为世界白十（卍）字会办理急赈事的签呈》，1947 年 1 月 7 日，J0025-3-006309-005。

③ 《为请准予定期在本会施放临时急赈事致社会局呈》，1947 年 3 月 18 日，J0025-2-003648-047。

④ 《为参加白十（卍）字会施放赈款经过情形事致本局局长呈》，1947 年 3 月 22 日，J0025-2-003648-048。

⑤ 《天津特别市慈善团体名称地点一览表》，1942 年 12 月，J0025-2-000213-020。

⑥ 《为报本市慈善团体详情表事致社会部谷部长呈（附表）》，1946 年 10 月 26 日，J0025-3-005242-004。

（2）天津白十字会。全称天津市白十字慈善慈宏道会，又称世界白十字会天津总会，地址在北门内仓敖街杠房胡同 1 号，为一个城市民间慈善团体，1949 年约有会员 120 名。该会成立于 1943 年（一说 1944 年 8 月 24 日），发起人李育坤、庞守诚、张君辅，最得力者为会长李育坤。该会会员多曾参加过天津红卍字会，也有信佛或参加一贯道者（如李育坤）。[①] 如表 1-3，1946 年，参加天津白十字会夏季防疫救济委员会的组长共有 46 人，应是骨干成员。

表 1-3　1946 年天津白十字会夏季防疫救济委员会组长名册

序号	姓名
1	陈玉峰
2	郑吉明
3	刘元善
4	李锦章
5	彭岩峰
6	张泽民
7	翟仙舟
8	李擎世
9	苏超群
10	张静轩
11	温玉甫
12	秦绍波
13	刘恍西
14	王朝卿
15	岳寿山
16	杨丹坡
17	王中魁
18	庞守诚
19	张序庭
20	仝迓东
21	董恩登
22	刘国忱
23	李学俭
24	高鸿园
25	田诚秀
26	孙孝庭
27	刘宝山
28	沈树滋
29	李兆元

① 《一贯道首恶李育坤坑害李邦栋等家破人亡》，《天津日报》1951 年 4 月 2 日。

续表

序号	姓名
30	王纪五
31	马荫棠
32	李汉卿
33	门腾瑞
34	何呈祥
35	刘子才
36	彭岚峰
37	王占一
38	高文锦
39	刘悦西
40	刘之扬
41	秦□波
42	汪秋泉
43	邢华庭
44	耿龄
45	魏子文
46	刘润斋

资料来源：《为安设施水亭兼施暑药准予备案致天津白十字慈善宏道会指令（附宏道会呈及地点表）》,1946年8月12日,J0025-3-003884-004;《本会施茶及施放地点清册》,1946年,J0025-3-005384-001;《为送夏令防疫委员会组长名册的函（附名册）》，1946年7月8日，J0025-3-005385-001

天津白十字会的慈善事业包括施粮、施茶、施衣物、种痘、防疫、施医药、冬赈等，但规模相对较小。1946年夏，天津白卍字会召开夏令防疫救济委员会，决定参加夏季施放药茶活动：

> 值兹酷暑暴虐……劳动贫胞奔波炎日之下，时有渴极中暑、染疾之患……除已由各理事自动……担任施舍藿香茶水外，亟应购置暑药……藉以展开防疫工作。业经常务理事会议决筹备办法，仍照往年旧例，由理事乐助及会员集款筹措之，概不外募。筹措办法，分组举行，由各组组长领导之，务希群策群力，努力完成……以符救济本旨。①

该会的善款来源亦是由会内自筹，故所办理慈善事业亦很有限。这次活动时间从1946年6月1日至8月29日，前后持续3个月时间，在小宜门口等10处地方进行施放，总计施放621天，用款173万元（表1-4）。

① 《为送夏令防疫委员会组长名册的函（附名册）》，1946年7月8日，J0025-3-005385-001。

表 1-4　1946 年夏季天津白十字会施药情况表

	姓名	茶号	地点	施—停日期	天数（天）	每日需款（元）	需款总数（万元）
施放药茶	李育坤、王纪五	1	北门东狮子胡同口瑞生祥	6.1—8.1	60	4500	27
	翟仙舟	3	北大关桥北	6.24—8.28	64	4000	25.6
	朱士珍	5	河北大街中间合春永	7.1—8.29	59	2000	11.8
	魏正文	7	张庄大桥天津全门前	6.7—8.27	80	5000	40
	田诚秀、董恩登	9	南大道 45 保门前	6.14—8.14	60	2000	12
	杨鹤如	2	第一区兴安路 298 号	7.20—8.20	30	2000	6
	李汝恒	4	小宜门口	6.14—8.28	74	2000	14.8
	陈玉峰	6	西关街大酒缸胡同口	6.14—8.28	74	2000	14.8
	李兆元	8	西南角二纬路 51 保门前	6.14—8.14	60	2000	12
	高文锦、李金章	10	小王庄大街中间	6.14—8.14	60	1500	9
		合计			621		173
施舍暑药	平安散	痧药		十滴水	藿香正气丸	夏令□疾药膏	

资料来源：《为安设施水亭兼施暑药准予备案致天津白十字慈善宏道会指令（附宏道会呈及地点表）》，1946 年 8 月 12 日，J0025-3-003884-004；《本会施茶及施放地点清册》，1946 年，J0025-3-005384-001；《为送夏令防疫委员会组长名册的函（附名册）》，1946 年 7 月 8 日，J0025-3-005385-001

若届冬天，天津白十字会常会举办冬赈，1946 年 10 月，冬天将临，天津白卍字会按往年成例发动理事捐款，预备冬赈：

> 严冬将临，一般苦难贫胞，正在焦虑啼饥号寒……济困扶危，为仁人君子博爱之心，拯饥救溺，乃本会同人夙具之志，职责所在，岂容坐视先人之忧而忧，亟宜预为筹措。①

此次冬赈规模不详。1947 年以后，通货膨胀、百业不振，天津白十字会自顾不暇，陷于停顿，此后再未见办理慈善事业。

（3）无极道院。又名佛学研究社，1939 年成立，主办人高学川，地址在七区治安大街 42 号。该会会员，包括高学川在内，原多系天津红卍字会会员。初成立时，“曾与本市佛教居士林合伙”②，过了二年多始分开，反映该会与佛教关系密切。将佛堂设于主办人高学川家中，开堂

---

① 《为协办例赈外本会发放冬赈一次事致市社会局函》，1946 年 10 月，J0025-3-005386-001。

② 《天津市佛教、会道门慈善团体参考材料：对理教门初步了解材料》，1949 年 10 月，X0065-Y-000034-003。

授教，招收信徒，并在伪社会局备案。该会主持人之一崔仲铭曾以“家理”[①]关系，与北平行辕主任李宗仁关系甚密切，并帮助招安华北各地土匪组织，以“剿匪兴佛”，任平北支队司令兼第二处专员，曾聚众百余人，先后驻防通县（今通州）一带，后以与解放军作战失败，崔氏逃往锦州一带，下落不明。除偶尔办理施茶外，该会很少办理慈善事业。

三、诸卍字会之关系[②]

天津红卍字会、天津黄卍字会、天津蓝卍字会、白卍字会、天津白卍字会、天津白十字会、无极道院等民间慈善团体，在民国（天津）慈善史上有一定地位。虽然它们及其慈善事业，规模不一，侧重点也不尽相同，仍有若干相同或相似之处。

第一，各会多以“卍”名会，以红、黄、蓝、白诸色区分之，具有形式上的相似性、可比性。即使像天津白十字会、无极道院等不以“卍”命名者，因信仰的本质相同，仍与红、黄、蓝、白等卍字会体现出实质的相似性。如 1945 年 11 月 27 日，天津黄卍字会给社会局的呈文提到：“属会办理慈济事业，向以黄卍字命名，宗旨正大，与本市所有之红、白、蓝等卍字会善团名义皆同，其异者，仅为颜色上之区别。”[②]

第二，在信仰上，各会均主张五教合一，信仰太乙老祖，反对战争，达到世界大同，修炼方法是内修外行，注重扶乩。天津红卍字会以道院为基础，主张“合五统六”，以扶乩为日常功课。天津黄卍字会的道院称普济道院，和天津红卍字会一样，黄卍字会也认为道院是修道的处所，“何谓道，日之常行者是也”[③]。该会亦以“五教合一为中心信仰”[④]，供奉老祖、济公及观音菩萨等像，按时念经扶乩。天津白十字会“抱着宣扬道德，办理救济，博爱人群，服务社会……信仰五教，即佛、儒、释、道、耶教”[⑤]。无极道院每逢旧历初一、十五，信徒即来道院，先拜各神像，然后全体向

---

① 即青帮。相同的说法如“萧队长没有顾上回答老孙头的话，放低声音，忙对李大个子说：‘你加点小心，留心是不是有坏人活动？好好瞅着粮户和他们的腿子，还有那些不愿献出“海底”的“家理”头子，都给他们划地为牢’”。周立波：《暴风骤雨》，北京：人民文学出版社，1952 年，第 177 页。

② 侯亚伟：《世界黄、蓝等卍字会考论》，《世界宗教文化》2014 年第 2 期。

③ 《关于道院之研究》，天津黄卍字会：《世界黄卍字会年鉴》，1941 年，第 4 页。

④ 《天津市各慈善团体调查初步总结》，1950 年 10 月，X0065-Y-000153-008。

⑤ 《天津市各慈善团体调查初步总结》，1950 年 10 月，X0065-Y-000153-008。

北跪拜，“拜毕，全体高声诵经，诵完经再焚香拜临坛神位，然后有扶乩、医病、占卜、收徒等”①。

第三，人员构成上，多是旧官僚、退伍军人、商绅。红、黄、蓝卍字会的情况参见第三章《人员构成》，此不赘述。白卍字会的早期领导人袁乃宽是扶袁世凯称帝的“十三太保”之一、会长黎元洪是辛亥革命首义领袖，曾两任中华民国总统，天津分会的刘恩源曾任张绍曾内阁的财政总长、盐务署督办、冀察政务委员会的顾问。后期的冯觉灵、薛荫午等人，多是天津本地商绅。天津白十字会的发起人李育坤为瑞生祥化学厂经理、庞守诚为银号经理、张君辅为华记永号经理，大部分会员都是颜料行的商人。无极道院的高学川，其兄高伯良是民国时期下野官僚，他自己“有房四五十间，银号两处，药房一处，为中等资产阶级……于日本时期，任天津连保主任”②。崔仲铭在 1937 年之前曾任褚玉璞的军法处长、镇江警察厅署长、天津市自治第一区区长，日伪政权统治时期，任天津联保主任、镀玻璃工业同业公会会长。解放战争时期曾任北平行辕第二处专员、平北支队司令。其他如王文政是华兴印刷局主人，李敬修是公平米庄主人，等等。

第四，各“卍”字会多以办理慈善事业为旨志，并均将慈善事业分为临时慈业和永久慈业两种。一般来说，临时慈业主要有夏赈、冬赈、灾荒赈济、战后赈济等，永久慈业主要有办学、残疾院和恤嫠等。这种划分方法，和同时期的世界红十字会、华洋义赈会、中华基督教青年会等慈善团体相比，具有明显特点。

第五，黄、蓝、白诸卍字会的创立受到天津红卍字会的深刻影响，或是天津红卍字会的模范作用，或是人员来自天津红卍字会，或者兼而有之。

天津红卍字会成立及其慈善事业的扩展，使许多人踊跃入会。据解放初调查，“该会为天津慈善团体成立最早而规模最大的一个，为其他慈善团体、佛教团体、会道门的鼻祖。以后成立的这些团体，大部由该会分出来的，或由该会会员组成”③。长于医术，笃信神佛，常给一般贫苦者治病的天津黄卍字会的创始人马献光，曾加入天津红卍字会。但因早期的天津红卍字会会员多为旧官僚、旧军人掌握，马氏认为自己是商人，“与官僚在

① 《天津市佛教、会道门慈善团体参考材料》，1949 年 10 月，X0065-Y-000034-001。

② 《天津市佛教、会道门慈善团体参考材料》，1949 年 10 月，X0065-Y-000034-001。

③ 《关于天津市慈善团体的调查工作综合报告》，1949 年 4 月 8 日，X0065-Y-000034-001。

一起，不大合适，遂有脱离天津红卍字会，组织黄卍字会之动机"[①]。史载天津蓝卍字会的成立原因是，几位创始人看到"天津红、黄卍字会在社会上很活跃，不甘落后，纠合各行业（以木业为主），集资创立蓝卍字会"[②]。白十字会的会员，"多数曾参加过红卍字会或者信佛者"[③]，如会长李育坤，便曾是天津红卍字会会员。无极道院的主办人高学川亦有类似情况：

> （他）原为世界红万（卍）字会天津分会会员，在抗战初期，因为他和红万（卍）字会主脑人争夺领导地位，发生龃龉，而被排挤下台，高即……独树一帜，于民（国）廿八年纠合一部同道，另组该会，名为无极道院。[④]

据说道院原拟设红、黄、蓝、白、黑五支卍字会，"互相联系而各成系统，均奉老祖，共宣教化"[⑤]。但天津"卍"字会应是各自独立的民间慈善团体：

第一，黄[⑥]、蓝、白各卍字会的总会均在天津。虽然它们在少数城市亦有分会，如北京的黄、蓝卍字会，但一则无法和总会相提并论，一则总会和分会之间也鲜见统属关系。

第二，天津黄、蓝、白各卍字会的慈善事业基本限定在天津，是名副其实的城市民间慈善团体，与世界红卍字会有相当差别。

因此，更合理的解释是，在民国天津，因为有天津红卍字会慈善事业的示范作用，引起了不少热心慈善人士的效仿，遂用黄、蓝、白等颜色以资区别。

---

① 《天津市各慈善团体调查初步总结》，1950年10月，X0065-Y-000153-008。

② 《天津市各慈善团体调查初步总结》，1950年10月，X0065-Y-000153-008。

③ 《天津市各慈善团体调查初步总结》，1950年10月，X0065-Y-000153-008。

④ 《天津市佛教、会道门慈善团体参考材料》，1949年10月，X0065-Y-000034-003。

⑤ 中国人民政治协商会议烟台市委员会文史资料委员会：《烟台文史资料选辑》第9辑，1988年，第141页。

⑥ 在天津黄卍字会成立以前，1914年2月，上海曾有"黄卍字会"，参见《红十字会与黄卍字会》，《申报》1914年2月27日，第10版；另外，王一亭等在1937年2月20日曾于上海成立中华黄卍字会，参见《佛教名流发起黄卍字会成立》，《申报》1937年1月21日，第15版。两个"黄卍字会"似均系佛教性质的慈善团体，与天津黄卍字会似无关系。

“卍”来自佛教，传统文化内涵丰富，和来自西方文化的“十”相对，以某颜色命名，再加以“卍”字，便在形式上获得了和红十字会竞争的可能性。1926年世界红卍字会在《世界红卍字会呈政府文》中提到，其宗旨“仿照万国红十字会办法，办理慈善事业，救济水旱灾害；遇有战事发生，即组织救济队，前往战区救济伤兵、难民”①。史载天津白十字会的创立者李育坤，家庭富裕，其父在世时便是一善人，每年在王庄子窝铺一带施舍玉面一次。其父死后，李育坤欲创办一“世界性慈善团体，以红十字会之成绩为目标，自定为白十字，表示忠诚坦白，更称系中国人创……与……红十字会等区别之意”②。一方面传递了与红十字会分庭抗礼的愿望和决心；另一方面亦反映该会受到红十字会之直接影响。

和天津红、黄、蓝卍字会相比，世界白卍字会、天津白卍字会、天津白十字会、无极道院的成立较晚、规模较小，所办理慈善事业成绩有限，影响不大。这些慈善团体的慈善事业，已集中在本章中交代，下文将集中讨论天津红、黄、蓝卍字会的慈善事业。

本章小结

近代中国，兵灾、自然灾害、匪祸不断，造成了中国民众的日渐贫困化，即使在“通商巨埠”的天津及其周边地区亦是如此。这一情况日益加剧，逐渐成为严重的社会问题，成为影响社会安定与发展的关键因素之一，引起社会各界有识之士的关注。在这种社会背景下，全国各地，尤其是大中城市，出现了许多慈善团体，致力于慈善活动，规模较大的有华洋义赈会、中国红十字会、世界红卍字会、中华基督教青年会等。在天津，包括天津红十字会、天津青年会、天津佛教居士等数十家慈善团体，纷纷行动起来，致力于办理慈善事业。

虽然经历了外来思想和历次运动的冲击，近代社会仍然处于“迷信”状态。和历史上一样，民国时期，中国民众在日常生活中，求神问卜、祭祀祖先、降鸾扶乩十分普遍。这种文化背景深刻地影响着民众的生产生活，是民间宗教产生和活动的肥沃的社会土壤。这一时期，天地门教、理教、世界红卍字会、世界黄卍字会、蓝卍字会、救世新教、一贯道、一心天道

① 周秋光主编：《熊希龄集》下册，长沙：湖南人民出版社，1996年，第1756页。

② 《天津市佛教、会道门慈善团体参考材料：对理教门初步了解材料》，1949年10月，X0065-Y-000034-003。

龙华圣教会、道德学社、万国道德会等民间宗教，十分活跃。处于中西文化交织之中，联结东北、华北各省的近代天津，是世界红卍字会、理教、一贯道等民间宗教较为集中活动的地区。

世界红卍字会应是中国土生土长的慈善团体中事业最为显著者。在天津，世界红卍字会的分会——天津红卍字会在 1922—1949 年期间十分活跃，以办理慈善事业为旨志。天津黄、蓝、白等卍字会，适应具体的社会环境，又在天津红卍字会等慈善团体的影响下，亦以办理慈善事业为己任，在民国天津这个独特的场域下展开活动。

第二章　天津“卍”字会的慈善事业

自 1922 年天津红卍字会成立，到 1949 年中华人民共和国成立，在近 30 年的时间里，天津“卍”字会举办了大量慈善事业。长久举办的慈善事业，受时间的影响较小，可统称为永久慈业①。自然灾害、兵灾救济、冬赈等是根据具体情况举办的，一旦情况发生变化，便停止举办，可统称为临时慈业。如图 2-1 所示：

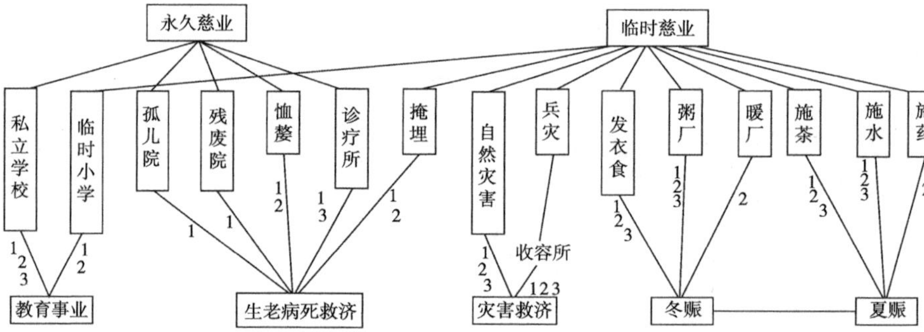

图 2-1　天津“卍”字会所办慈善事业示意图

注：1 指天津红卍字会。2 指天津黄卍字会。3 指天津蓝卍字会

依《世界红卍字会天津分会章程》，天津红卍字会的永久慈业有：

> 各级普通学校及专门职业学校，新闻暨杂志；恤养院、宏慈院、启慈院、慈济院、孤儿院、残废（疾）院，育婴堂、幼稚园、恤产局、恤嫠局、平粜局、因利局，医院、施诊所、施药所，贫民工厂、习艺院；贷济所、栖流所。②

---

① 这里所说的“永久慈业”，是相对于“临时慈业”而言的，不应理解成永远存在并坚持下去的慈善事业，而是就具体慈善团体来说，能够或希望长期坚持的慈善事业。

② 《世界红卍字会天津分会章程》，《为另拟该会章程等事致世界红十（卍）字会天津市分会批示（附乔兆萧呈）》，1947 年 5 月，J0025-3-005179-003。

临时慈业有“关于天灾之患急赈事项，关于平时举办施粮、施衣、施药、施粥、施款、施棺各事项，关于组织救济队、办理难民收容、治疗、资遣、掩埋、消防各事宜”[①]。这里的永久慈业，除学校、孤儿院、残疾院、施诊所外，其他均没有办理，临时慈业则基本得以办理。

天津黄、蓝二卍字会的永久慈业主要为教育事业，临时慈业则和天津红卍字会相似。以下折冲考虑两类慈善事业，从教育事业、生老病死救济、灾害救济、夏赈与冬赈四个方面进行讨论。

第一节 教育事业[②]

天津红、黄、蓝卍字会均十分重视发展教育事业。民国时代，国民教育的水平还很低，不仅在农村，甚至在城市，仍然有大批儿童上不起学。为此，天津红、黄、蓝卍字会纷纷举办学校，以对那些上不起学的孩子们进行救助。和临时慈业相比，这是一种较为积极的慈业。它虽然立足于当下，却着眼于未来——要想使未来国民摆脱当代社会所遭受的残酷现实，首先必须使他们具备一定的知识和技能，方可具有摆脱当下境况的资本。

天津“卍”字会的教育事业，大致可分为两种。其一是具有永久性质的中小学，如表 2-1，共有 13 所。天津红卍字会举办有卍慈第一、第二小学及其分校、慈佑学校及其分校五所小学，天津黄卍字会举办树人第一、第二、第三小学，天津蓝卍字会举办卍慈一、二、三、四小学和慈泽中学。其二是临时教育，包括难童补习（识字）班、妇女识字班。

---

① 《世界红卍字会天津分会章程》，《为另拟该会章程等事致世界红十（卍）字会天津市分会批示（附乔兆肃呈）》，1947 年 5 月，J0025-3-005179-003。

② 有学者以为教育事业不能算做慈善事业。民国时期，陈达作《教育为大慈善说》，认为“慈善亦有小有大，救人之身，慈善之小者也，救人之心，慈善之大者也；泽及一时，慈善之小者也，泽及万世，慈善之大者也。以手援天下，以道援天下，犹徒杠舆梁之于乘舆济人，其孰大孰小，不待智者而决，此吾所为重有望于今之教育家也。”（陈达：《教育为大慈善说》，《大成会丛录》1927 年第 18 期）言下之意，教育事业是比一般慈善事业更重要的慈善事业。陈达所谓的教育事业，是指一般的教育事业。而天津“卍”字会的教育事业，系由慈善团体主持办理，慈善家捐款，多数学校减免学费，甚至提供衣食书本。其立意在于为贫苦子弟提供读书的机会，俾小者可以有自谋之道，大者可以救国救民。毋庸置疑，天津“卍”字会的教育事业为慈善事业之一部分。

表 2-1　天津“卍”字会举办学校一览表

创办单位	学校	创立年月	董事长	历任校长	地址	备注
天津红卍字会	卍慈第一小学	1923	张兆莆	李世超、张建业、孙文元、孙星桥、苗漪	新唐家口	初名道院国民学校，1940年6月改，1950年上半年仍存在
	卍慈第二小学	1942	毕毓桂	孙星桥、于中南	西广开	1950年上半年仍存在
	卍慈第二小分校	不详	不详	倪坦	归绥道18号	1950年上半年仍存在
	慈佑学校	1937	不详	胡延年、高凤观	鼓楼西板桥胡同东大神庙7号	1952年由政府接办，改称七区廿六小学，1956年改称西门里小学，1961年改称鼓楼西小学
	慈佑分校	1948	不详	不详	鼓楼西大街180号	非完小
天津黄卍字会	树人第一小学	1938.11	薛兰亭李实忱	刘寿松、韩鹤卿、胡干之	新大路东三经路赵公祠旁	1950年上半年仍存在，但校董会已基本不提供经费支持
	树人第二小学	1934	不详	王佐卿、韩义亭	不详	非完小，1939年前称育文小学，1948年改名私立进修第二小学
	树人第三小学	不详				
天津蓝卍字会	卍慈第一小学	1939.9	韩善培	王仲驰、刘瑞府、赵柏年	西头梁家嘴	1950年校址为市立十三小学占用
	卍慈第二小学	1938.8	刘元忠	曹振华	河东李家台谦祥里	解放初仍存在
	卍慈第三小学	1940.3	刘元忠	赵柏年	河北营门外公益大街	解放时已停止
	卍慈第四小学	1941	贾寿山、杨露亭	孟石如	第六区徽州道	1952 年改称私立先进小学，1956年由政府接管，改称徽州道小学，1960年并入绍兴道小学
	慈泽中学	1941	贾寿山、杨露亭	孟石如	特一区三义庄	天津“卍”字会兴办的唯一一所中学

资料来源：《为该校及校董会呈请立案事给私立卍慈学校校董会的指令（附原呈立案表及章程等件）》，1946年6月22日，J0110-1-000532-001；《为准予立案事给私立卍慈第二小学校董会指令（附呈及立案表册章程等）》，1946年4月11日，J0110-1-000524-001；《天津市各慈善团体调查初步总结》，1950年10月，X0065-Y-000153-008；《为所报学校立案应按所颁规定处理事致私立树人第一小学校董会指令（附原呈）》，1946年5月21日，J0110-1-000478-001；《为调查私立蓝卍慈一小学校立案情形致郝局长呈（附调查报告书）》，1946年7月，J0110-1-000569-002；《为调查私立蓝卍慈三小学校立案报告书》，1946年7月8日，J0110-1-000570-002；《为调查私立蓝卍慈四小学校立案情形致郝局长呈（附调查报告书）》，1946年7月6日，J0110-1-000570-005；《呈为呈请准予立案（附呈各表册）》，1946年5月2日，J0110-1-000715-001

一、教育事业的基本情况

（一）天津红卍字会所办学校[①]

红卍慈一小创办于 1923 年，即天津红卍字会成立之次年，初名道院国民学校，1940 年 6 月改名卍慈小学校。该校设于新唐家口，占地约 4.21 亩，土地及房产均为会产，附近多为贫苦住户。1935 年扩充教室；1939 年水灾，校舍被冲毁；1940 年 6 月重建，建筑费 80 000 元，次年秋季开学；1942 年添设高级班。到 1946 年 6 月，共有“课室五座，计十五大间，传达室一间，储藏室一间，厨房一间”[②]，另有寄宿舍二间。1946 年在报请教育局备案时，即以“卍慈小学校”之名报请，但据教育局复查，“卍慈小学校有两校，该校应于‘卍’下另加‘第一’字样，以资区别”[③]。解放之初，该校“大部房子破乱不堪……急需修理，仍有许多学生要求入校，但是无法容纳，需要增加课室”[④]。

红卍慈二小创办于 1942 年，地址在西广开，房产亦为会产。1945 年 4 月，在伪教育局立案，1946 年 8 月，重又在教育局立案。以当地学校仅市立四十二小学校一处，以致学龄儿童入学困难，故决定在此开办学校。当年 3 月，校董会成立时，便积极建筑校舍，购置校具：

> 去岁冬季洽购窃校南邻房地一亩五分，以为扩充校舍之需。自去岁成立房地契后，即开始腾房、购料等工作。今年六月中，开始兴建，八月末落成。计新建教室三座，礼堂、会议室、预备室各一所，宿舍及其他房屋十余间……并斟添篮球、滑梯、吊环、跳高架等运动器械。[⑤]

该校于 1942 年 10 月 10 日开学。但创办之初，并不顺利，“因市间仪器缺少，购买困难，故将款项暂存校董会内，一俟仪器到津，当即陆续尽

① 侯亚伟：《天津红卍字会教育事业研究》，《教育史研究》2012 年第 2 期。

② 《私立卍慈学校呈请立案调查报告书》，《为该校及校董会呈请立案事给私立卍慈学校校董会的指令（附原呈立案表及章程等件）》，1946 年 6 月 22 日，J0110-1-000532- 001。

③ 《天津市私立卍慈第一小学校呈天津市教育局》，1946 年 6 月 29 日，J110-1-00532-003。

④ 《世界红卍字会天津市支会》，《天津市各慈善团体调查初步总结》，1950 年 10 月，X0065-Y-000153-008。

⑤ 《为报送开学例报表册等事致天津市政府教育局郝局长呈》，1947 年 9 月 12 日，J0110-3-002576-016。

量购买"[①]。至于教学方面，若遇需要仪器试验时，常常向市立二十六小学校及市立第一小学校借用。该校另在归绥道 18 号设一分校，设立日期、校舍、招生、运转等情况均不详。

慈佑学校创办于 1937 年，地址在鼓楼西板桥胡同东大神庙 7 号，以前是世界红卍字会天津县分会的妇女部，有房 14 间，1949 年 4 月由已故慈佑学校校董、"县分会发起人程宝书的家属"[②]捐赠。分校成立于 1948 年，地址在鼓楼西大街 180 号，有房舍 40 余间。

据天津红卍字会一份给社会局的呈文反映，1948 年中，因市内中学学杂费太高，辍学者众，曾准备创办卍慈中学，"俾一般贫苦失学之学子，有继续求学之所"[③]，并附上捐启 80 份。捐启送上之后，得到社会局的响应，但以大战在即，政府无暇顾及，遂不了了之。中华人民共和国成立之后，一系列有关调查，亦未提到有一卍慈中学，故该校应未正式成立。

（二）天津黄卍字会所办学校

天津黄卍字会创办有树人一、二、三小学校，树人三小情况不详。树人二小创建于 1934 年，初称育文小学，1939 年 6 月更名为树人第二小学校。[④] 1948 年 1 月，树人二小呈请教育局，因此前校董会改称天津市私立进修第二小学董事会，"学校名称自当连带变更，今后……既改称天津市私立进修第二小学"[⑤]，获得批准，此后活动情况不详。只有树人一小规模较大，勉强维持。

树人一小创办于 1938 年 11 月 1 日，因日本侵华，人民流离失所，市内贫苦失学儿童众多，天津黄卍字会"本慈济之旨，醵资创办义校，以资救济，而培国本……租得本市新大路东三经路赵公祠傍（旁）坪林山庄旧

---

① 《为准予立案事给私立卍慈第二小学校董会指令附呈及立案表册章程等》，1946 年 4 月 11 日，J0110-1-000524-001。

② 《红卍字会天津县分会》，《天津市各慈善团体调查初步总结》，1950 年 10 月，X0065-Y-000153-008。

③ 《为创办万（卍）慈中学募集捐款及捐启盖印事致世界红十（卍）字会天津分会指令（附天津分会呈）》，1948 年 6 月 17 日，J0025-3-006373-013。

④ 《建字第 3429 号指令私立育文小学校董会》，1939 年 6 月 29 日，《天津特别市公署公报》，1939 年第 14 期，第 38 页。

⑤ 《为私立黄卍字会树人第二小学改称事给私立进修第二小学董事会的指令（附原呈及名册）》，1948 年 2 月 5 日，J0110-1-000533-004。

址房屋一所，正式开学授课”①，定名为私立黄卍字会树人第一小学校。1946年8月，在教育局立案。该校“地近新站，周近多铁路员工子弟及贫民住区”②，面积为583.9平方米。但该地地势低洼，“每过夏季，雨水连绵，院内及各教室水深没胫，无法宣泄，不惟贻误学生课业，而水退之后，室内潮湿，尤于卫生大有防（妨）碍”③。当年7月17日，教育局的调查报告又提到，“现所有树人第一（小学校）虽亦嫌简陋，而经费或较易筹，校具足敷用，尤以课室狭小，未能充分利用”④。以此，1947年6月8日，时任校长胡干之呈请校董会，希望转请市政府及敌伪产业处理局或中信局，准将该房全部拨借本校，以资迁移开课：

> 兹查本市河北昆纬路十号有空房一所，地势宽敞，房舍约二十余间。该房在七七事变前，为乐仁学校校址，津市沦陷后，经日寇占据，曾设日本小学校……胜利后，经中信局接收……空闲至今……如利用该房舍为校址，稍加修葺，即可开学。⑤

时任校董会董事长薛兰亭随即提出申请。经过一番周折后，到10月底，为市政府明令拒绝。

1948年8月24日，突然有数百名军人闯入学校，声言为联勤总部31大队，迫令学校立即将房子腾出。虽然经过双方交涉，大部军人退出，但仍“有数十人强行进驻（学校）……虽经宪兵队劝解，亦不允迁出”⑥，使该校校务一度陷于停顿。后经多方纾解，这些士兵始于9月21日离去。但此

---

① 《为所报学校立案应按所颁规定处理事致私立树人第一小学校董会指令（附原呈）》，1946年5月21日，J0110-1-000478-001。

② 《为所报学校准予立案应按所颁规定处理事致私立树人第一小学校董会指令（附原呈及调查报告等）》，1946年7月31日，J0110-1-000478-002。

③ 《为核办黄卍字会附设小学校，借用敌产扩充校舍事给教育局指令（附该局及黄卍字会呈）》，1947年7月7日，J0110-3-000297-004。

④ 《为所报学校准予立案应按所颁规定处理事致私立树人第一小学校董会指令（附原呈及调查报告等）》，1946年7月31日，J0110-1-000478-002。

⑤ 《为核办黄卍字会附设小学校借用敌产扩充校舍事给教育局指令（附该局及黄卍字会呈）》，1947年7月7日，J0110-3-000297-004。

⑥ 《为树人小学校舍被军人强占事致警备部代电（附树人学校呈）》，1948年8月26日，J0110-3-000324-016。

期间，不惟校务工作基本停顿，又与房主发生房租纠纷，自本年 8 月开始，到 11 月仍未解决。其后因战事频仍，销烟纷飞，结果如何，不得而知。

这一事件的发生，不仅耽误了学生正常上学，亦使本就步履维艰的树人一小，处境更加困难。乱世倡学，其难至斯！

（三）天津蓝卍字会所办学校[①]

在天津“卍”字会的教育事业中，天津蓝卍字会的成绩最为突出。它开办有卍慈一、二、三、四小学校和慈泽中学。据 1950 年天津地方人民政府的调查，“慈一教员落后，成绩不大，慈二较有发展，慈三校长把持经济，对学校教学情况，亦不愿积极改善，保守、无成绩，自今年起，有所改善”[②]。

蓝卍慈一小创办于 1939 年 9 月，当年即在伪教育局立案，1946 年复在教育局备案。校址位于西头梁家嘴，人烟稠密，多贫苦人民。“惟附近垃圾堆及秽水沟甚多，卫生情形太差。”[③]全部校舍“由蓝卍会捐赠，计课室三间，办公室、储藏室、厕所各一间，共计六间”[④]。无操场，上体育课时只能借用附近煤厂空地。1950 年，“因附近学校大多迁入会所，原址房子由市立十三小学校占用”[⑤]，学校遂无形解体。

蓝卍慈二小创建于 1938 年 8 月，同年 10 月开始建筑校舍，花费 4000 元。次年 1 月正式开学。该校是否在伪教育局立案，不详；但 1946 年 8 月 1 日在教育局立案。校址在河东李家台谦祥里，占地 1.5 亩，有教室六间，另有预备室、校长室、校役室、储藏室各一间。校舍一部分为租赁，一部分为赁地皮自盖房屋，无操场。因离市区较远，附近多为贫民，交通颇为方便。

蓝卍慈三小创办于 1940 年 3 月，1942 年 8 月在伪教育局立案，1946 年复在教育局立案。校址在河北营门外公益大街，校舍系租赁，1950 年初，租金为 32 斤小米。“有教室六间，办公室二间，共八间；有简易的操场，

---

① 侯亚伟：《蓝卍字会校董会对私立中小学的管理》，《教育史研究》2020 年第 4 期。

② 《天津蓝卍字会》，《天津市各慈善团体调查初步总结》，1950 年 10 月，X0065-Y-000153-008。

③ 《为调查私立蓝卍慈一小学校立案情形致郝局长呈（附调查报告书）》，1946 年 7 月，J0110-1-000569-002。

④ 《为调查私立蓝卍慈一小学校立案情形致郝局长呈（附调查报告书）》，1946 年 7 月，J0110-1-000569-002。

⑤ 《天津蓝卍字会》，《天津市各慈善团体调查初步总结》，1950 年 10 月，X0065-Y-000153-008。

尚可作游戏之用，但上体育课嫌小。”[①]周围住户多系平民，卫生条件较差，但因无市声喧扰，反有利于教育。

蓝卍慈四小创办于1941年，当年9月2日正式开学。校址在第六区徽州道，附设于慈泽中学内，无单独校舍，场地与慈泽中学合用，占地约8亩。据天津市教育局1947年7月6日的调查，“该校校舍完整，清洁，设备齐全，更兼校长尽责改善，创办仅五年，一切均具规模”[②]。

天津蓝卍字会还办有慈泽中学，这是天津“卍”字会创办的唯一一所中学。该校创办于1941年8月，次年4月购买了校舍一座。1946年6月21日在天津市教育局备案，1948年7月14日，在教育部备案。学校地址在特一区三义庄，以前是农村，居民人数较多。因缺乏中学，高小毕业生，升学十分困难。有鉴于此，天津蓝卍字会乃于1936年拟创设中学一处，以资救济。但以卢沟桥事变的发生，功亏一篑，可他们并没有放弃：

> 抗战期间，沦陷区域物价腾昂，生活高涨。且加敌寇摧残教育，一般青年求学艰苦愈烈。非困于经济无力，则蹙于学额所限，因而失学者，不可胜计。长此以往，深恐我国文化将渐消于无形矣。乃于敌伪势力之下，不避一切艰难，继续努力，以图挽救。本诸慈善教育之旨，救济沦陷区域一般失学青年，以期保存民族精神，贯（灌）输青年国家观念。[③]

在克服重重困难，毅然创设慈泽中学后，1941年6月间，在特一区花园路购妥平房一处，计58间，占地二亩有余，改建校舍。后又在附近购得空地七亩多，修建了体育场。

二、教员、学生

1936年以前，红卍慈一小的校长为李世超。张建业于1936年8月6日接任校长，任职至1946年8月底，此后改为孙文元，中华人民共和国成立前后为孙星桥。学校创建之初，只有教员1人，1946年2月增至10人，分别为张建业、李曜蕴、穆庆瑞、穆庆熙、萧云岐、徐宝珍、刘惟舜、丁

---

① 《为调查私立蓝卍慈三小学校立案报告书》，1946年7月8日，J0110-1-000570-002。

② 《为调查私立蓝卍慈四小学校立案情形致郝局长呈（附调查报告书）》，1946年7月6日，J0110-1-000570-005。

③ 《呈为呈请准予立案（附呈各表册）》，1946年5月2日，J0110-1-000715-001。

藻芬、薄玉林、刘琢如。是年 5 月向教育局备案时，减至 8 人，如表 2-2 所示：

表 2-2　1946 年 5 月红卍慈一小教职员名册

职务	姓名	薪俸（元）	性别	年龄（岁）	籍贯	学历	经历	专/兼任	科目
校长	张建业	义务职	男	50	密云	国立陆军大学	红卍字会会长	专任	不任课
事务员	李曜蕴	义务职	男	46	密云	民塾	现任红卍字会庶务	兼任	不任课
校务主任	穆庆瑞	20 000	男	48	河间	天津师范完全科	河间县立第一小学校长	专任	算术、图画、习字
教员	张瑞芬	16 000	男	30	河间	河间中学	天津市私立瀛洲小学教员	专任	
	穆庆熙	16 000	男	38	河间	北平市求实中学校	献县第五区区立小学教员	专任	国语、算术、常识、劳作
	励聿修	16 000	女	28	武清	衡水县立简易师范学校	天津市私立秀山小学校教员	专任	国语、算术、图画
	吴淑贞	16 000	女	20	天津	天津市私立进修中学	天津市私立新民小学教员	专任	国语、算术、图画
	王鸿宾	16 000	男	38	天津	天津县立师范讲习所	天津市市立第八十六小学教员	专任	国语、算术、体育、图画

资料来源：《为该校及校董会呈请立案事给私立卍慈学校校董会的指令（附原呈立案表及章程等件）》，1946 年 6 月 22 日，J0110-1-000532-001

之后不久，又增加单世伟一人。中华人民共和国成立初有 10 人。学校最初有学生 60 人，1935 年开始招收一至四年级学生，规模应已扩大数倍。到 1942 年，随着入学人数的增加，增加校舍和师资力量迫在眉睫。本年一份上呈教育局的文件反映了这种情况：

> 查本校本学期招收新生及插班生人数增多，尤以一年级学生人数超过定额……故扩充教室一间，将该级分为两班上课……增聘级任及科任教员各一人，分别担任各班课程。此外，于女职员宿舍增添女工役殷文芳一人。①

当年还增加了高级班。1946 年呈请立案时，仍是初级班四，高级班一，共 226 人，反映此期间该校规模并未显著扩大。天津解放初，该校有学生 400 人，分 8 班，另有工友 2 人。“免费生占总数三分之一，教职员薪金二

① 《天津市私立卍慈第一小学校呈天津市教育局》，1942 年 4 月 9 日，J110-1-000532-004。

七〇斤小米，工友一七五斤小米。"①

红卍慈二小在创建之时，校长为孙星桥，他长时间担任这一职务，直至中华人民共和国成立前后才改为于中南。1947 年，除校长为义务职，张文臣、刘吉堃离职，杨椿年改任事务，张守芝改为科任外，又新聘杨杰、张树言、刘桂云、曹桂欣为级任教员，张树林、贾万钟、贾玉瑛为科任教员。1948 年，职教员方面，"除校长仍为义务职，及刘樟荫等六人为科任……并新添校役张文治一人"②。但不久张文臣、刘垚堃、刘璋荫三位相继离职。天津解放之初有教职员 18 人，其中工友 5 人。该校刚刚创办之时，仅设初级班。1943 年增设高级班。1947 年学级编制扩为九级，计一、二、三年级各编甲、乙两学级，四、五、六年级仍各为一班，共有九学级学生 486 人，"并新添工役祝凤举一人"③。1948 年后，因东北战事不断，大量难民涌入天津，造成学校所在地区，人口大量增加。有鉴于此，乃于本学期增加一年级一班，"学级之编制，扩为十班，计一年分三组，二、三年各分甲乙二组，四、五、六年仍为各一班"④，规模超过红卍慈一小。中华人民共和国成立初，"教职员十八人……学生共七百七十三人……分十三班"⑤。分校前期情况不详，1950 年有"教员十人，工友三人，学生三八九人，分八班。"⑥。当时代理校长于中南曾再三要求扩充班次，增加校舍及职员宿舍，但以校董会资金投入较少，未能实现。

之所以出现此种情况，是因为中华人民共和国成立前后，天津红卍字会及其县分会的活动大感局促。一方面，由于它的宗教信仰，以及历史上与日伪、国民政府的关系，使人民政府对之颇为防范，便难获得承认和支

① 《世界红卍字会天津市支会》,《天津市各慈善团体调查初步总结》, 1950 年 10 月，X0065-Y-000153-008。

② 《为私立卍慈第二小学呈报开学例报表及扩充班资事给该校指令（附该校原呈）》, 1948 年 4 月 12 日，J0110-3-002576-036。

③ 《为报送开学例报表册等事致天津市政府教育局郝局长呈》, 1947 年 9 月 12 日，J0110-3-002576-016。

④ 《为私立卍慈第二小学呈报开学例报表及扩充班资事给该校指令（附该校原呈）》, 1948 年 4 月 12 日，J0110-3-002576-036。

⑤ 《世界红卍字会天津市支会》,《天津市各慈善团体调查初步总结》, 1950 年 10 月，X0065-Y-000153-008。

⑥ 《世界红卍字会天津市支会》,《天津市各慈善团体调查初步总结》, 1950 年 10 月，X0065-Y-000153-008。

持，无心也无力办理慈善事业。一方面，由于此时该会会员多为地方商绅，经营商业，而随着中华人民共和国成立之初经济形势的严重恶化，他们的收入也大打折扣，势难继续投入相当资金用于维持学校运转和其他慈善事业。

1937 年，慈佑学校校长为高凤观，有教员 2 人，学生 25 人。①1945 年 11 月，代理校长为朱泽生，33 岁，南开中学毕业，义务职。有教员 4 人，工役 1 人。待遇方面，最高 1800 元/月，其他 1550 元/月、1500 元/月各一人。②后实行委员制，主任委员为胡延年，月薪 370 斤小米。1950 年，教职员共 11 人，“月薪二百九十斤（小米）、二百八十斤（小米）、三百斤（小米）、二百二十斤（小米）的各一人，三百六十斤（小米）、二百五十斤（小米）的各二人”③。学生方面，1949 年 392 人，次年增至 484 人，“分一、二、三年级三班，分校分一、二年级及四、五、六年级五班，两校共八班”④。

自 1941 年 2 月开始，树人一小校长即由刘寿松担任，直至 1946 年 11 月病逝。之后由韩鹤卿暂代。旋以韩要到财政部任职，改为胡干之，他任职直至 1950 年。1946 年呈请备案时，该校有教员 9 人。待遇方面，校长 24 000 元/月，事务员 20 000 元/月，一般教员 20 375 元/月。据 1950 年调查，该校校领导、教职员、工人及待遇如下：

> 校长一人，教导主任一人，教员六人，工友一人，校长每月薪给是三百斤（小米），教导主任是二百七十斤（小米），教员是二百五十斤（小米），工友是一百八十斤（小米）。⑤

1946 年 3 月报请立案前，该校有学生 306 人，一至六年级分别为 87、56、56、46、40、21 人不等。1950 年初有 240 余人。

树人二小在 1945 年底有教员 6 人，工役 2 人。1948 年以后，校长为

① 郭凤岐主编：《天津通志·基础教育志》，天津：天津社会科学院出版社，2000 年，第 129 页。

② 《本市私立卍慈第二慈育及慈佑小学职教员暨工役一役表》，1945 年 11 月，J0110-3-003273-015。

③ 《红卍字会天津县分会》，《天津市各慈善团体调查初步总结》，1950 年 10 月，X0065-Y-000153-008。

④ 《红卍字会天津县分会》，《天津市各慈善团体调查初步总结》，1950 年 10 月，X0065-Y-000153-008。

⑤ 《天津市各慈善团体调查初步总结》，1950 年 10 月，X0065-Y-000153-008。

韩义亭。解放初，有教员6人，工役1人，其他不详。

蓝卍慈一小校长初由蓝卍慈三小校长兼任。1946年2月19日以前是王仲驰，3月7日开始，改为赵柏年。1947年7月，赵因事离职，校董会推选李仲瑜担任，遭到全校教职员的一致抵制，他们联名上书教育局：

> 该李仲瑜，前为某集团军潜逃军人，潜来津市，经人介绍，在职校任临时代课教员，并无校长聘书。查该李仲瑜品行、学历均不合格：(一)未经钧局甄审检定合格，(二)未领有立案院校毕业证件，(三)出身为军人，未在平津院校教育机关服务……又加品行粗暴……不合继任教育首长职务。①

由于全校教职员的一致反对，致使校董会的任命被市教育局否定。

1948年9月以后，校长为刘逢龙。该校在1946年6月申请备案时，有教职员5人。待遇方面，最高10 000元/月，最低8000元/月，平均9000元/月。学生编制人数，一年级66人，二年级56人，三年级43人，四年级25人，五年级20人，六年级12人，共222人。②上午一年级上课，下午二年级上课。三年级以上，人数较少，故三、四年级合班，五、六年级合班。1948年底有教员5人，工役1人，学生144人。此前曾短暂停课，复课时只剩下135人③，流失严重。1950年有教员6人，工役1人，学生739人④，较1948年规模增加5.47倍。

蓝卍慈二小校长曹振华，自1939年8月任职，直至1950年。1946年申请备案时，有教职员9人，待遇最高15 000元/月，最低3000元/月，平均9000元/月⑤。1946年有学生368人，设有初级、高级班两种。1950年有教员7人，工役2人，学生218人。⑥据教育局1946年7月3日派黄振镛的复查，该校“学生在课外组有学生图书馆，书由学生自备，彼此交换

---

① 《为制止更易校长事致天津市教育局郝局长呈》，1947年7月13日，J0110-1-000569-011。

② 《为送各项表册及章程立案事致天津市政府教育局呈（附立案表册及章程）》，1946年6月21日，J0110-1-000569-001。

③ 《本市第八区私立蓝卍慈（小学）年前复课情形调查表》，1949年，J0110-3-003274-024。

④ 《天津蓝卍字会》，《天津市各慈善团体调查初步总结》，1950年10月，X0065-Y-000153-008。

⑤ 《为调查私立蓝卍慈二小学校立案情形致郝局长呈（附调查报告书）》，1946年7月6日，J0110-1-000569-005。

⑥ 《天津蓝卍字会》，《天津市各慈善团体调查初步总结》，1950年10月，X0065-Y-000153-008。

阅读。并组有书法研究会，由教员吕德林指导……四年级以上学生大小楷皆极工整可观"①，反映此校虽处境极为艰苦，却很有特色。

蓝卍慈三小校长赵柏年，1940 年 2 月开始担任，直至 1950 年。1946 年报请备案时，有教员 8 人，另有工役 2 人。教员待遇最高 12 000 元/月，最低 8000 元/月，平均 93 750 元/月。学生方面，一年级 93 人，二年级 67 人，三年级 53 人，四年级 36 人，五年级 21 人，六年级 14 人，共 284 人。1950 年有教员 7 人，工友 2 人，学生 206 人。②

蓝卍慈四小校长孟石如，自 1942 年 6 月开始担任，直至 1950 年。1946 年有教职员 7 人，另有工役 1 人。③1947 年 6 月有教员 11 人，工役 2 人。④建校之初，设有"高级一、二年级各一班，初级一、二、三、四年级各一班，共计六班，有学生二百七十四人"⑤。1950 年有教员 5 人，工役 1 人，学生 248 人。⑥据 1947 年 7 月 6 日教育局对该校的调查，"学生活泼、焕发而无浮嚣之气，训导自属有方"⑦。

慈泽中学的校长孟石如，与蓝卍慈四小相同。孟氏自 1941 年开始担任校长，直至 1950 年。1945 年底有教员 22 人，1948 年 8 月增至 38 人，是天津"卍"字会所办各学校中规模最大者。如表 2-3 所示，1948 年该校有教员 30 人，工役 8 人。这些教员除一人为女性外，其他均为男性。他们多毕业于国内重要高校，且有丰富的教学经验，对教学质量是一有力保证。

表 2-3　1948 年 8 月慈泽中学教职员一览表

姓名	年龄（岁）	籍贯	学历	经历	职务	担任学科	到任年月
孟石如	46	天津市	北平郁文大学	三义庄女子小学校长	校长		1941.8

① 《为调查私立蓝卍慈二小学校立案情形致郝局长呈（附调查报告书）》，1946 年 7 月 6 日，J0110-1-000569-005。

② 《天津蓝卍字会》，《天津市各慈善团体调查初步总结》，1950 年 10 月，X0065-Y-000153-008。

③ 《为调查私立蓝卍慈四小学校立案情形致郝局长呈（附调查报告书）》，1947 年 7 月 6 日，J0110-1-000570-005。

④ 《天津市私立蓝卍慈四小学校、私立谦德小学校及私立达仁小学校教职员工请领小米报核清册》，1947 年 6 月，J0110-3-003075-006。

⑤ 《呈为呈报职校开学日期及年级、班次，仰祈鉴核由》，1946 年 11 月 1 日，J0110-1-000570-008。

⑥ 《天津蓝卍字会》，《天津市各慈善团体调查初步总结》，1950 年 10 月，X0065-Y- 000153-008。

⑦ 《为调查私立蓝卍慈四小学校立案情形致郝局长呈（附调查报告书）》，1947 年 7 月 6 日，J0110-1-000570-005。

续表

姓名	年龄（岁）	籍贯	学历	经历	职务	担任学科	到任年月
苏定昌	52	河北清苑	中国大学政治系	特一中学教务主任	教员	国文公民	1948.2
祝福元	45	河南固始	燕京大学	南开中学，省立女中教员，志达训育主任	教员	国文公民	1946.2
卓星槎	67	四川华阳	北洋大学采矿冶金系	奉天工业学校主任，耀华中学教员	教员	国文化学	1942.8
赵效实	28	天津市	中日学院		教员	国文算学	1943.8
张士瀛	35	天津市	燕京大学		教员	英语	1946.8
詹槐甫	27	江苏吴县	中国大学化学系	立人学校教员	教员	英语	1948.8
陶继昌	35	江苏嘉定	辅仁大学	木斋广东中学教员	教员	数学	1946.8
宫以智	26	天津市	师大物理系		教员	理化	1948.8
许炳南	27	天津市	辅仁大学		教员	历史地理	1946.8
成保得	37	河北大名	北平朝阳大学	进修中学教员	教员	公民地理	1948.2
蔡南生	29	广东增城	北京师范大学	中正中学教员	教员	生物动植物	1947.10
朱静斋	52	江苏六合	苏州医专	省立女中校医教员	教员	生理卫生	1948.2
高毅	40	天津市			教员	体育	1946.8
王克伦	36	天津市	美术专门学校	美专助教	教员	图画劳作	1948.2
马骐昌	46	天津市	天津市国术馆师范班	省立女中教员，广东中学教员	教员	体育	1948.8
张云臣	30	河南汝南	汝南县立师范	排长、连长、营长	教员	军训教官	1948.2
王瑞生	26	四川潼南	国立体专		教员	音体	1947.8
李光璞	45	天津市	德华学院		教员	国文	1941.8
马志道	45	河北定县	北京师范大学	省立师范教员	教务主任		1941.8
王复我	46	河北高阳	北京朝阳大学	市立师范教员	教务主任	公民	1946.2
刘文华	42	天津市	工商学院		事务主任		1942.2
李幕权	30	天津市	民国大学	三义庄事务主任兼教员	事务员		1945.8
胡志千	38	天津市	河北省立第九中学		训育员		1941.8
赵哲珪	30	天津市	市立师范毕业		教务员		1942.8
杨士英	26	天津市	慈泽中学高中肄业		事务员		1948.2
贾秀春	28	天津市	工商学院		会计		1943.8
张捷三	50	天津市	北洋大学肄业		图书管理员		1943.8
王秉枢	33	天津市	省立第一中学		仪器管理		1946.2
潘庆和	35	河北青县	觉民中学		书记		1948.2
刘珣	59	天津市			夫役		1941.8
康锡荣	55	河北深县			夫役		1947.8
董凤岐	35	天津县			夫役		1946.8

续表

姓名	年龄（岁）	籍贯	学历	经历	职务	担任学科	到任年月
王玉堂	47	河北通县			夫役		1946.2
王祥	55	天津市			杂役		1945.8
孟广和	55	河北通县			杂役		1948.8
张景程	36	天津市			杂役木工		1948.8
刘作芝	26	天津市			杂役		1946.8

资料来源：《呈为呈报本学期教职员一览表，仰祈鉴核由》，1948 年 8 月，J0110-1-000695-0012

教员待遇方面，1946 年最高 838 000 元/月，最低 814 000 元/月，平均 821 000 元/月。1941 年 8 月第一届“录取初中一年级男生二班，女生一班，合计一百三十余人；男女生分班教学，迄今四载有余。逐年递增班级”①。到 1945 年底，该校班级及学生人数为：

> 男生八班，计初中一年级三班，二年级二班，三年级及高中一、二年级各一班。女生三班，计初中一、二、三年级各一班。合计男女生共十一班……约四百八十人。②

1946 年“有十班学生，计初中一年级四班，初中二年级二班，初中三年级二班，高中一、二年各一班”③。据统计，初一 206 人，初二 96 人，初三 73 人，高一 39，高二 17 人，共 431 人。④1947 年 6 月，蓝卍字会又印发捐启，准备扩充女校⑤，但未成功。1950 年有教员 25 人，工役 5 人，学生 430 人。据当年天津地方人民政府的调查，该校学生素质程度及秩序不好，中华人民共和国成立后“曾逮捕三青团份子……目前学生多为小贩及工农成份（分），惟校舍太小，且无指导体育场及实验室，前途发展

① 《呈为呈请准予立案（附呈各表册）》，1946 年 5 月 2 日，J0110-1-000715-001。

② 《呈为呈请准予立案（附呈各表册）》，1946 年 5 月 2 日，J0110-1-000715-001。

③ 《私立慈泽中学校呈请立案调查报告书》，《呈为呈请准予立案（附呈各表册）》，1946 年 5 月 2 日，J0110-1-000715-001。

④ 《天津市私立慈泽中学学生一览表》，《呈为呈请准予立案（附呈各表册）》，1946 年 5 月 2 日，J0110-1-000715-001。

⑤ 《呈为扩充女校，兴筑校舍，拟印发捐启人事劝捐，仰祈鉴核准予备案由》，1947 年 6 月 25 日，J0110-1-000715-005。

困难”①。这反映中华人民共和国成立后天津地方人民政府对慈泽中学的基本认知，这种认知深刻地影响着该校的前途。

三、临时教育

除永久性的学校外，天津“卍”字会还举办一些临时性的教育，如难童补习班、妇女识字班等。相比正规学校，这些教育场所存在时间较短，设备较差，师资短缺，招收学生较少。

（一）难童补习班

1948年下半年，天津红卍字会在凌家庄开办难民收容所，到是年9月已收容难民440余名，内有学龄儿童100余名。天津红卍字会认为，这些儿童，如“不能加以基本的教育，不仅贻误其将来，并感影响国家造（就）第二代优秀之国民”②，故决定创设临时小学校。当月30日，天津红卍字会将设立情况上呈社会局：

> 前经属会筹备教室与临时桌凳，购置学生应用课本，聘请优良教员三人，业于八月廿日正式开学。共有学生一百十三名，计分一、二年级。惟以教室稍小，暂用上、下午二部教学制。每日每班授课四小时……由属会随时派员督导该教员注意造就儿童智、德、体三育健全。③

该校的三名教员，均于8月20日到岗任职。胡儁民，男，36岁，安徽无为人，浙江省立师范毕业，曾任哈尔滨市立第一小学教员。王宾淙，男，22岁，辽宁沈阳人，安东省立师范毕业，曾任安东市立第一小学校教员。吴凤兰，女，28岁，黑龙江哈尔滨人，滨江省立师范毕业，曾任哈尔滨市立第七小学教员。该校虽系临时性质，教员均来自正规师范学校，实为难得。最初有学生113人（一年级90人，二年级23人），到11月16日，增至132人，12月底增至135名。但教员待遇较差，“如不设法补助……儿童定受影

---

① 《天津蓝卍字会》，《天津市各慈善团体调查初步总结》，1950年10月，X0065-Y-000153-008。

② 《为凌家庄难民收容所设立临时小学事致世界红卍字会天津分会指令（附呈及名册）》，1948年10月18日，J0025-3-006262-017。

③ 《为凌家庄难民收容所设立临时小学事致世界红卍字会天津分会指令（附呈及名册）》，1948年10月18日，J0025-3-006262-017。

响”[①]。学生也缺衣少食，“兹值严冬，仍光头露脚，情极可怜，如不救济，不惟有碍儿童将来体格之发育，并影响国家造就第二代优秀之国民”[②]。

1946年11月，天津黄卍字会呈请市教育局，免费招收失学儿童补习班。[③]1947年上半年，又在树人一小开设贫童义教班，但“入学儿童异常拥挤，生多室少，颇感无处容纳，影响教育前途”[④]。1948年11月，在第四区河东兴亚村宏佛金刚寺成立难童识字班，有6岁至8岁之难童120名，“并承《益世报》之赞助，所有校舍校具等筹备大部完成”[⑤]。据校董会董事长11月6日的呈文，就难民中选拔潘毅、戴子芬二教员；复遴选“树人一小校长胡干之为该班主任，助教苏在钧担任义务训导员”[⑥]。

（二）妇女识字班

天津县红卍字会曾在慈佑学校开办过妇女识字班，具体情况不详。

1947年底，天津黄卍字会曾欲在树人一小附设妇女识字班，在一份给教育局的呈文中提到：

> 本区域内之妇女率多目不识丁，欲受教育而无机会，实有急待推进社会教育之必要……兹值钧局办理社会教育……拟请钧局在本校附设妇女识字班一处，以资救济……失学妇女。[⑦]

随呈附上《天津市私立树人第一小学校拟设妇女识字班计划草案》，主要内容为教室暂向树人一小借用，名额50人，招收对象为15—35岁的不识字的健康妇女，不收学费，修业4个月，以分期扫除妇女文盲为主旨，

---

① 为请发放面粉救济难童临时小学教员事致天津市政府社会局的呈》，1948年11月13日，J0025-3-006316-008。

② 《为请发给闽侯路栖留所难童临时小学帽子手套袜子等事致天津市社会局的呈》，1948年12月7日，J0025-3-006294-016。

③ 《为免费招收失学儿童补习班事致市树人学校校董会的指令（附该校呈）》，1946年12月5日，J0110-3-001127-007。

④ 《为核办黄卍字会附设小学校借用敌产扩充校舍事给教育局指令（附该局及黄卍字会呈）》，1946年7月7日，J0110-3-000297-004。

⑤ 《为成立难童识字班事给树人小学指令（附呈）》，1948年11月13日，J0110-3-000324-028。

⑥ 《为成立难童识字班事给树人小学指令（附呈）》，1948年11月13日，J0110-3-000324-028。

⑦ 《为报设立妇女识字班事给私立树人小学校指令（附呈）》，1947年11月29日，J0110-3-000324-012。

以能写普通信札、日用簿记以及简易之四则算术、珠算为最高目标，经费来源为教育局和地方筹款。书上之后，教育局批令“填报本局规定各种表格后再夺”①，不久即批准。至 1948 年 1 月，“以物价高涨，经费陡形拮据……爰裁撤教员二人……致教员不敷分配……迄今尚未招生”②，实际没能成功举办。

和永久性中小学相比，天津“卍”字会所办临时教育，规模小、时间短，影响有限，不占重要地位。但因教育对象系针对受灾难童和容易被忽略的妇女，仍值得关注和肯定。

第二节 孤、寡、残、病、死救济

孤儿、寡妇、残疾人、病人均是社会的极弱势群体，天津“卍”字会也程度不同地投入到对这部分人群的慈善救济事业中去。这种事业，和永久性的教育事业一样，都有固定的场所，需长期坚持下去，也是永久慈业。如果说教育事业有助于改变儿童的生活现状，从积极的角度培养未来国民的话，孤、寡、残、病、死救济，则是在已经出现问题的情况下，从消极层面进行的社会救济。不过，这种救济，虽然消极，却更显迫切。因为教育事业之不实行，其害虽重而缓；此部分弱势群体若不及时救济，立有向隅之泣，生命之忧。故天津“卍”字会积极投入到对孤、寡、残、病、死的救济中去，更能体现这些团体之悲天悯人的救世心态，值得重视。当然，也应看到，与教育事业相比，各卍会所办之孤儿院、残疾院、恤嫠所、诊疗所的规模和在其整个事业中的重要性均相对较低。

在诸卍字会中，天津红卍字会更加重视对孤儿、嫠妇、残疾人的救济工作，据 1946 年一份给社会局的呈文，在历叙本会成绩之后，天津红卍字会提出了办理恤养院的设想，并请帮助解决房舍问题：

> 除施诊所、小学校仍旧分办外，将其他各项分立之（永久）慈业，宜作一集中之计划，筹组恤养院，内分育婴（幼稚）、孤儿、恤嫠、恤产、残废（疾）、老羸六部。远征《礼运》……之规，近遵……民生主义……之旨……教养兼施，使之各得其所，并注重工艺，使之各

① 《为报设立妇女识字班事给私立树人小学校指令（附呈）》，1947 年 11 月 29 日，J0110-3-000324-012。

② 《为调查树人学校妇女识字班情形事致市教育局呈》，1948 年 10 月 7 日，J0110-3-000324-014。

有技能。既为国家培养元气，复为社会增益生产……惟是规模较大，亟须有适当之基址……现值物资、工价均极昂贵，欲从（重）新建筑，实感力有未腾……因思本市自日本投降……所有以前学校及工场，没收之处颇多，拟恳钧府指拨一处……以资推进，而维慈业。①

该文上呈之后，虽获得天津市社会局的表扬，但未允拨借房舍。无奈之下，拟将残疾院扩充为恤养院，"嗣以筹款关系，决定先成立孤儿院"②。残疾院原本就有，则原拟成立之六部，实际上只成立了二部。

受到战争、瘟疫等原因的影响，民众死亡率经常居高不下，天津"卍"字会时有进行掩埋工作。该项工作虽属临时性质，但与孤儿院、残疾院、恤嫠所、诊疗所等慈善事业一样，同属生老病死救济，故总撮一处，以便讨论。

一、孤儿院

天津红卍字会孤儿院约成立于 1946 年 10 月，院长王永悟（玉生），地址在新唐家口残疾院中。这里邻近工厂，"房屋稀疏，地势空旷，院子里耘着菜畦，已略带乡村意味"③。

该院章程主要内容如下：

第一条　本院孤儿部份（分）以收养六岁以上十二岁以内，家中贫苦无父或母及其亲族戚友，属确无抚养能力之男女孤儿，施以相当教育及工艺，养成健全国民为宗旨。

第二条　本院所收孤儿，身无恶疾，并有正式保证为限。

第三条　本院男女孤儿之居处，分为两部，不得混杂。

第四条　本院孤儿，除由地方官厅函送入院收养外，其他须先由介绍人来院接洽，取具妥实保人填具保证书，经本院调查后，方予收养。

第五条　孤儿入院后，查有与院章不符，或其亲属及其他关系人欲中途领出者，须会同原保证人到院说明理由，方可立据领出。

第六条　有愿领孤儿作养子养女者，须具领状，并觅取殷实铺保

---

① 《呈为指拨房舍作抚养院院址》，1946 年 1 月，J0002-3-000583。

② 《世界红十（卍）字会天津分会育幼所领受救济物资人名册、关于该公会残废院施诊所概况的报告、〈监督慈善团体法〉和体仁广生社简章》，1948 年 4 月，J0025-3-005194。

③ 《孤儿乐园：红卍字会育幼所》，《天津市》1947 年第 2 期，第 11 页。

二家，经本院调查属实，始得准领。后倘有虐待或转卖情事，除将所领儿童收回外，并将领主保人，一并送交法庭究办。

第七条 前项领出之儿童，本院得随时访查验视。

第八条 孤儿入院后，至出院之日，不论何人，不得来院干涉，如有疾病、死亡或遇其他不测情事，亦不得向本院作任何之要求。

第九条 本院所收盲哑孤儿，在本院盲哑学校未成立以前，得转送其他盲哑学校教育之。

第十条 孤儿出院年限，以年满十八岁以上为标准，并应介绍以相当职业。

第十一条 本院须依次设立小学及工厂，各就其性之所近，而教育之。

第十二条 本院之孤儿，由小学毕业后，倘有优秀份（分）子，得送入红卍字会总会之中学，中学毕业，转送国立或私立之大学，以期深造。其资质钝者，可专习工艺，以造谋生之技能为止。

第十三条 本院孤儿，每周内由医士检查身体一次，以防疾病。

第十四条 本院孤儿遇有疾病时，须留意检查，随时送入医疗室诊治之。①

根据该章程，收养孤儿年龄应在6—12岁之间者、无病史、有确凿保证者。育幼所对孤儿“以相当教育及工艺，养成健全国民为宗旨”，对“资质钝者”教以一般的工艺技能，确实成绩优良者，可送入中学、大学深造，以为培养未来国民尽一份心力。天津红卍字会曾拟创办孤儿学校，似未成功。对盲哑孤儿，天津红卍字会也尽量将他们安排进盲哑学校，以让他们能够学习些基本的生活技能。对孤儿之身体状况，每周检查，以保证身体健康。

到1946年底，该院有职员9名，1947年有职员18名，1948年有教员1人，夫役2人，女仆2人。

该孤儿院的成立及运转与地方政府关系密切。1946年3月23日，市党部第九部党政记者会召开，准备与天津红卍字会合作，于唐家口设立收容100名乞儿规模的教养院，“收容六岁至十二三岁，施以义务教育”②。

① 《世界红卍字会天津分会私立恤养院育幼所章则》（1946年11月），《为报所设备概况及目前困难准予补助事致红十（卍）字会育幼所指令（附函及开支表）》，1947年，J0025-3-004000-001。

② 《行总平津分署将设乞儿教养院》，《益世报》1946年3月24日。

另外还设立托育部，"每日冲乳粉三次，以供无乳及缺乏营养之幼童食用"①。则此育幼所应是政府与天津红卍字会合办的。不过，在尚未正式设立之前的3月20日，即有资料反映该院已开始收容儿童。

孤儿院的经费一直都很困难，只能勉强维持。据1946年11月20日该院致社会局的呈文：

> 自本所成立以来，寝室内每人增添被褥各一床，枕一个，被单一条，讲堂增设桌椅、黑板、书籍等文具，病室增添内外科应用药品。此外，增辟体育场，安设双杠一架，并拟添设蓝（篮）球架、排球网、单杠、转塔等体育器械。且各处屋顶因年久失修，多已损坏，早宜拆改或修理。唯目前只限经费困难，未便轻易动工。②

与此文一起上呈的，还有10—11月份的开支报表。如表2-4所示，恤养院对儿童的菜钱、衣服、燃料、医药费都有很好的规划，但因开支巨大，仍然入不敷出，倘无政府的帮助，很难继续维持。

表2-4　1946年10—11月天津红卍字会私立恤养院育幼所开支表

（金额：万元）

月份	10月		11月	
项目	金额	备注	金额	备注
食粮	280.5	儿童80人，工役厨房共5人，共食85袋，每袋3.3	114.6	白面10袋，每袋3.3，计玉米面3200斤，每斤255元
儿童菜金	15.327	青菜、生油、花椒佐、味材料	17	青菜、生油、花椒、佐味材料
儿童衣履费	56	棉鞋80双，每双7000元	400	棉衣80身，单制服80身
儿童燃料费	60	烟煤40吨	375	烟煤15吨，每吨25
儿童医药费	2.9		3	
杂项	12.21		18	
购置	7.58		25	炉子、烟筒及一切冬季应用什物
职员薪金	31		31	
职员菜金	15.26		20	
儿童文具	13.353	毛笔、铅笔、橡皮、墨海、算盘、油墨、蜡纸、报纸两领	5	

资料来源：《世界红十（卍）字会天津分会恤养院育幼所呈报目前困难》，1947年，J0025-3-004000

① 《行总平津分署将设乞儿教养院》，《益世报》1946年3月24日。

② 《为报所设备概况及目前困难准予补助事致红十（卍）字会育幼所指令（附函及开支表）》，1947年，J0025-3-004000-001。

11 月 23 日，以战争频仍、物价腾昂、物资奇缺，育幼院和广仁堂幼女教养所、天主教堂孤儿院等 11 家孤儿院联名向天津市社会局申请“配售食粮燃料”：

（1）请代向煤焦供应委员会交涉特别廉价配售煤斤。因育幼各机构燃料需用量较其他机关为多，除平时炊爨及冬季取暖之外，夜间婴孩尚须喂养补品，冲食奶粉，炉火不能间断。且幼儿耐寒力较成人薄弱，故取暖炉火尤为重要。

（2）请代向中央信托局交涉，援各学校职教员公役购买白面之例，准予各育幼机构职教员公役购买。所有孤儿，亦请按住校学生，或优待贫户办法，准予廉价购买或赈济，以示体恤。

（3）请代向市政府请求援照拨发市立各机关学校及私立学校冬季燃煤炉按（安）装费之成例，拨发各育幼机构冬季炉火费，以重善举。

（4）请代向冬赈委员会连（联）络，请将赈款或赈粮拨出一部，赈济各育幼机构贫儿，以资救济。①

该申请报上之后，26 日即获得社会局的批准。是年 12 月 10 日，以美国援华救济联合会拨款 1 亿元，并“会同天津市社会局、善后救济分署各派代表一人，组织临时审议会，负责选择决定应受补助之机关”②。王永悟遂呈文社会局，详细列出孤儿院申请补助情况，并制成《天津红卍字会孤儿院请求补助申请书》（表 2-5），请求批准。天津市社会局也了解到该所的困难，在回复中强调：“俟有专款拨到，当尽先予以补助。”③甚至孤儿院的职员自身生活状况也很困难，不得不接受政府的接济。1946 年 11 月 23 日，孤儿院“申请配售食粮燃料”，便有为职员申请之意。又如 1947 年曾专门为申请职员配售面粉，自院长王永悟以下，各部主任，所有职员，均不例外。④

① 《为廉价配售食粮燃料事致红卍字会育幼院等的批（附原呈）》，1946 年 11 月 28 日，J0025-3-001270-020。

② 《为申请补助事致市社会局呈（附申请书）》，1946 年 12 月 14 日，J0025-3-006247-041。

③ 《为报所设备概况及目前困难准予补助事致红十（卍）字会育幼所指令（附函及开支表）》，1947 年，J0025-3-004000-001。

④ 参见《为送配售面粉职工名单事致天津市平价售粮办公处函（附本所职工名册）》，1947 年 6 月 11 日，J0025-2-003010-002。

表 2-5 1946 年 12 月天津红卍字会孤儿院请求补助申请书

<table>
<tr><th>项目</th><th colspan="6">内容</th></tr>
<tr><td rowspan="4">业务范围与概况</td><td colspan="6">本所收容流落街头，无依之丐童，加以抚养与教育，现有儿童 80 人，除授以与国民学校相同之课程外，再授以相当之技能</td></tr>
<tr><td colspan="6">其超过学龄儿童，授以职业教育</td></tr>
<tr><td colspan="6">现在计有初级一、三年级复式一班，初级二年单式一班，及送入本会附属之小学校高级肄业 5 人</td></tr>
<tr><td colspan="6">工做部门现有刺绣一科儿童 30 余人，业余补习班一班</td></tr>
<tr><td>经费总数之来源与支出</td><td colspan="6">全部经费之来源，均由红卍字会董事会捐助，事业费占 80%，行政费占 20%</td></tr>
<tr><td rowspan="6">工作人员之名额及简历</td><td>职务</td><td>姓名</td><td>简历</td><td>职务</td><td>姓名</td><td>简历</td></tr>
<tr><td>院长</td><td>王永悟</td><td>隆记公司经理</td><td>教员</td><td>王增淼</td><td>北平市立第一女中毕业</td></tr>
<tr><td>总务主任</td><td>罗静一</td><td>北平大中中学毕业</td><td>教员</td><td>花惠秀</td><td>沧县县立师范毕业</td></tr>
<tr><td>教务主任</td><td>孙文元</td><td>女师学院毕业</td><td>导师</td><td>陈彤安</td><td>贞记刺绣学社毕业</td></tr>
<tr><td>家事主任</td><td>杨韵琴</td><td>辅仁大学毕业</td><td>医师</td><td>陈骧</td><td>新医学校毕业</td></tr>
<tr><td>事务员</td><td>刘子中</td><td>省立天津中学毕业</td><td></td><td></td><td></td></tr>
<tr><td rowspan="4">申请补助之用途</td><td colspan="6">拟增设缝纫一科，需技师二人，缝纫机三架，裁缝案架四座，需用二百三十万元，并拟增设机织一科，计有袜子及毛巾两项，各需技师二人，及各项设备需用三百万元。对于上述各项技术人员，拟调整其待遇，各增原薪之一倍</td></tr>
<tr><td colspan="6">拟与儿童增设团体卫生之设备，计拟添设沐浴室及养病室，连其中盥漱、沐浴更改及医疗等一切设施共需用三百万元</td></tr>
<tr><td colspan="6">为使儿童之身体得以充分发育起见，拟增添体育器械，计得篮球架、排球架、单杠、吊环、滑梯、乘板等需用二百万元</td></tr>
<tr><td colspan="6">增设音乐器械，计鼓号及弦乐器等需用一百万元</td></tr>
</table>

资料来源：《为申请补助事致市社会局呈（附申请书）》，1946 年 12 月 14 日，J0025-3-006247-041

该院 1946 年收养孤儿 35 人①，以后陆续增加。如表 2-6 所示，到 1948 年 4 月，有孤儿 131 名，院内 87 名，院外 44 名，内有战乱流亡儿童 41 人，贫苦无依儿童 90 人。年龄层次上，除 12 人不详外，最小者 9 岁，最大者 16 岁。那些流浪儿童，"进来的时候是叫张小狗、李小四，到院里才按培明、育慧、成秀、达良、纯洁、正直、端庄、朴实，互相排列起了名字"②，逐渐过上正常的生活。育幼所成立不久，主任孙文垣指着会客室里一张大照片告诉前来采访的记者：

（那）是今年③四月四日他们成立一周年的全体合影。现有男女儿童八十多人，小的八九岁，大的十五六，原来都流浪街头的花儿乞

① 《为准拨发孤儿院结余谷子致社会局训令》，1946 年 3 月 20 日，J0002-3-002052-002。

② 《孤儿乐园：红卍字会育幼所》，《天津市》1947 年第 2 期，第 11 页。

③ 即 1947 年。

丐，经他们劝说进来养育的。男孩子居多数，女孩子多半是贫苦人家送来寄养的。①

表 2-6　1948 年 4 月世界红卍字会天津分会私立恤养院育幼所领受救济名册

姓名	年龄（岁）	受灾种类	姓名	年龄（岁）	受灾种类	姓名	年龄（岁）	受灾种类	姓名	年龄（岁）	受灾种类	姓名	年龄（岁）	受灾种类
王培大	14	A	于成新	10	B	杨成端	12	B	解培霭	14	B	李良华	12	B
萧明清	14	A	徐成润	12	B	郭成庄	9	B	徐培厚	14	B	刘良清	13	B
林明新	15	A	郑成福	10	A	宋成实	10	B	路培仁	12	B	辛慧庄	12	A
李明禄	16	A	张秀华	16	A	赵秀正	9	B	吕培诚	12	B	张育实	13	A
李育清	15	B	王秀新	16	B	刘秀直	9	B	潘培忠	15	B	倪育庄	12	A
张育华	16	A	张秀福	15	B	李秀端	9	B	李良庄	13	B	武育端	9	A
邢育禄	16	A	关秀禄		B	班秀实	12	B	刘良正	13	B	李育直	12	A
段育昌	14	A	杨培实		B	于达纯	13	B	许良洁	12	B	张育直	12	A
王慧清	13	A	张明直		B	董达洁	14	B	赵达芙	13	A	靳树芳	13	B
王慧华	13	A	张明端		B	贾达正	10	B	徐达庄	12	A	薛友忠	10	B
许慧福	14	B	张明庄		B	高达直	12	B	赵达端	10	A	高全昌	13	B
王达清	13	B	张明朴		B	苏达朴	13	B	刘秀朴	9	A	张树全	9	B
吴达华	13	B	吴明实		A	时良纯	10	B	刘秀庄	9	B	果明正	10	B
王达新	14	B	梁明洁		A	陈良直	12	B	魏秀纯	11	A	陈明洁	10	B
黄达润	14	B	齐育纯		A	李良端	13	B	齐秀洁	14	A	任达禄	13	B
曹达福	13	B	齐育洁		B	李良朴	9	B	王成朴	10	B	王秀昌	12	B
侯良润	15	B	刘育朴		A	陈良直	11	A	王成纯	9	B	宋秀大	13	B
陈良禄	14	B	马慧纯		B	张培慈	9	A	顾慧朴	9	B	刘秀润	15	B
张良昌	13	B	沙慧洁	16	B	万培祥	9	A	阎明纯	10	A	吕秀清	14	B
王培纯	13	B	沙慧正	14	B	曹培和	14	A	宣培朴	10	A	张成昌	13	B
王培洁	12	B	张慧直	10	B	那明忠	10	B	李培庄	12	A	耿成大	15	B
刘培直	11	B	田慧端	12	B	赵明诚	12	B	李培端	12	A	刘成禄	16	B
吕慧禄	14	B	朱慧实	13	A	李明仁	13	B	佟培正	12	B	柳慧润	10	B
张慧大	14	B	李成洁	13	A	张明原	13	B	常良大	11	A	王慧新	11	B
高慧昌	14	B	李成正	10	A	宋明慈	12	B	单良福	13	A	刘育大	12	B
徐成清	15	B	姚成直	11	A	陈育福	15	B	王良新	13	B	马明祥	10	B
于成华	11	B												
合计	131 名													

注：（1）详细地址：第四区新唐家口 4 号。（2）领受数额：大米 60 斤/人。（3）受灾种类：A 表示战乱流亡、B 表示贫苦无依

资料来源：《世界红十（卍）字会天津分会育幼所领受救济物资人名册》，1948 年 4 月，J0025-3-005194

① 《孤儿乐园：红卍字会育幼所》，《天津市》1947 年第 2 期，第 11 页。

有一个 14 岁孩子许慧福，已读五年级，比别的孩子显得安静懂事又聪明。母亲因肺病已死，其父是军官，前赴南京，一直没有消息，便被寄养于此。又一个 12 岁的孩子说话两手发抖，据说亲眼看见父母被日军用刺刀杀死，骇出来的疾病。

育幼所成立之时，所有孤儿棉衣被褥均为新制。育幼所对之照顾、教育颇为细心：

> 每日并由教员一人，分别教授识字。饮食及卫生方面尚称整洁。另有女仆二人，专任洗涤缝纫工作。该院现正计画（划）设备各种简易手工，以便使孤儿工读互习，将来得有谋生机会。①

遗憾的是，由于经费短缺，孤儿院之规模难以扩展。所里办事人员十分热心，在一次采访中，孙文垣很兴奋地说：“只要他们书读得好，院长还要送他们上中学甚至大学。此地卍慈没有中学，北平有卍慈中学，我们可不愿把孩子送了去，路那么远，不放心。”②

这则材料反映出院管理人员对关爱孩子之心。正因为如此，虽然育幼所创立时间短暂，但各方面考虑周全齐备，孩子们也能得到一定的培养：

> 木工室里有一二十个孩子作木工，他们能做桌椅和儿童玩具。刺绣室里摆满了刺绣架……也有男孩子，女孩子占多数……缝纫室有十架半新的缝纫机……他们……能做制服和衬衣。学缝纫的人较少，都是男孩子。年岁小的便教他们读书识字，比较优秀的送到对面卍慈小学去读书。③

客观说来，这种培养儿童的理念、方法和水平，是难以培养出符合期待的未来国民的。但是，力所能及地教给孩子一些基本的工作技能，总比让他们流浪街头、孤苦无依要好得多。再者，教给他们木工、刺绣、缝纫等技能，也可使孩子长大之后，可以凭以谋得一份工作，这或许是最实用、最接地气的“授人以渔”的方法。

---

① 《世界红十（卍）字会天津分会育幼所领受救济物资人名册、关于该公会残废院施诊所概况的报告、〈监督慈善团体法〉和体仁广生社简章》，1948 年 4 月，J0025-3-005194。

② 《孤儿乐园：红卍字会育幼所》，《天津市》1947 年第 2 期，第 11 页。

③ 《孤儿乐园：红卍字会育幼所》，《天津市》1947 年第 2 期，第 11 页。

二、恤嫠

天津“卍”字会中，红、黄卍字会均曾举办过较小规模的恤嫠事业。据笔者查阅资料的数据显示，天津红卍字会举办恤嫠事业的资料较多，天津黄卍字会举办恤嫠事业的资料较少。

天津红卍字会虽然也举办恤嫠，但投入相当小。1935 年，天津各慈善团体恤嫠人数总计 1415 人，其中天津红卍字会有 50 人，仅占 3.53%。恤嫠总户数为 2510 户，天津红卍字会有 30 户，约占 1.20%。[①]虽然由于资金等现实原因，恤嫠在其慈善事业中并不具有突出的地位，但仍发挥了重要作用。天津红卍字会妇女分会曾举办过恤嫠事业[②]，不详其情。1937—1938 年的兵灾救济中，天津红卍字会曾参与救济，当时恤嫠 20 人，由董灵濬、吴道权负责。[③]1948 年 1 月的开支款项中有恤嫠一项，每人 20 000 元[④]，2 月 1695 万元，有嫠妇 256 户。

1948 年 5 月 25 日，天津红卍字会召开缝织生产合作社创立会，由常务理事鲁惟间临时主持。据鲁氏报告，“该会恤嫠部均属一般孀妇，过去实施救济工作，仅为临时给与赈款，未能启发嫠妇自立之基础”[⑤]。则天津红卍字会之恤嫠部的救济工作，在此前均甚消极，即尽量保证嫠妇最低生活水平。但 1948 年的天津，通货贬值，物价飞涨，恤嫠工作遇到相当大的阻力，有难以为继之感，故拟教养兼施，促成自救。“由该会赞助下，并得救济院之支持，组织缝织生产合作社，以期获有成效。”[⑥]并通过了社章，“由杨平坤、刘绛雯、王平光、鲁融石、周淑光五人当选理事，鲁淑石、高惠芳候补，由庄云山、重积石、张慧如当选监事，王融祥候补”[⑦]。

---

① 天津市社会局：《天津社会局统计汇刊》，1931 年。

② 《世界红卍字会天津县妇女分会一览表》，《世界红十（卍）字会天津县妇孺公会呈为设立分会请备案》，1945 年 3 月，J0052-1-000957。

③ 世界红卍字会天津主会：《世界红十（卍）字会天津主会临时救济总报告（附征信录）》（1937 年 7 月 29 日—1938 年 2 月 28 日）甲编，出版时间不详，第 9 页。

④ 《本会民国三十七年一月份工作报告表》，1948 年 4 月，J0025-2-003655-024。

⑤ 《为召开合作社创立会事致天津市政府社会局胡局长呈》，1948 年 5 月 22 日，J0025-2-002916-003。

⑥ 《为召开合作社创立会事致天津市政府社会局胡局长呈》，1948 年 5 月 22 日，J0025-2-002916-003。

⑦ 《为召开合作社创立会事致天津市政府社会局胡局长呈》，1948 年 5 月 22 日，J0025-2-002916-003。

有关天津黄卍字会恤嫠事业的资料较少，目前仅在《世界黄卍字会年鉴（1941 年）》中见到两幅与天津黄卍字会恤嫠有关的照片。其一为天津黄卍字会发放恤嫠金及训话的摄影，其二为天津黄卍字会全体嫠户摄影，如图 2-2。从图 2-2 中可知，天津黄卍字会恤嫠约 80 余人。联想到 1935 年天津红卍字会恤嫠 30 户，50 人，则当时天津黄卍字会的恤嫠工作，在规模上应与天津红卍字会持平或略高。

图 2-2　天津黄卍字会全体嫠户

资料来源：天津黄卍字会：《天津黄卍字会年鉴》，1941 年

三、残疾院

在天津“卍”字会中，只有天津红卍字会办有残疾院，以收容和照顾那些无法自理的伤残人士。残疾院成立于 1924 年，地址设在新唐家口。

1931 年前后，天津红卍字会每年用于残疾人士的经费支出，仅次于贫民救济院和广仁堂，排名第三。其支出额为 2929 元，占当地相关支出总额的 1.27%。[①]截至 1935 年，世界红卍字会在北平、济南、天津、济宁等地的分会，均设立残疾院，“先后收养 1169 人，能工作者，授以简易工作，并附设盲哑学校，令其练习识字”[②]。表明天津红卍字会的残疾人事业，和总会及一些分会有一定关系。

抗战以后，因粮价高涨，购买物品遇到严重困难，天津红卍字会残疾

① 天津市社会局：《天津社会局统计汇刊》，1931 年。

② 《道慈纲要卍字篇》，香港：宗母总驻港办事处，2005 年，第 246 页。

院的工作有难以为继之感。1946年3月13日，该院呈文天津市社会局，“前次代办新唐家口干粥厂，现已结束，结余谷子七百四十二包，拟请俯赐酌拨若干，以维慈业，而济残孤”①。希望能够获得政府资助，渡过难关。

1947年6月12日，天津市政府平价售粮办公处办理平粜工作结束，剩有余粮，为此通知残疾院。残疾院遂开列清单，“职员四人，廉修诚、姜梓龄、郑华沣、杨告卿，工友三人，郭有全、崔赞默、李秋胜，共七人”②。

据天津市社会局1948年的调查：

> 现共收养贫苦无依之残废人计五十五人（内有由日回国盲目战俘二十七人）……除正副院长外，共有职员三人，医士一人，夫役四人。关于设备方面，因房舍所限，稍嫌简略。关于待遇情形，所有残废人，每年由院方各发给布衣、单裌、棉衣各一套，鞋袜各二双，棉被褥各一床，冬令并给棉大衣一件。饮食虽为粗粮，颇堪温饱。管理方法，还尚有秩序。该院以前曾教授残废人以简易手工，如制鞋、制毛刷、毛线等，嗣以原料缺乏，无形取消。该院所有一切经常费用，均由红卍字会会员捐助。过去收容最多时，曾逾百人，近年因物价高涨，经费难筹，不敢尽量收容，仅维持现状而已。该院现在亟需食粮衣服。③

天津红卍字会所办的残疾院，以经费所限，物价高涨等原因，规模一直很小。解放战争期间，受到战争和经济崩溃的影响，残疾院维持更加艰难，不得已压缩规模。与天津红卍字会所办多数慈善事业相比，该项事业的成绩并不显著。不过，在当时天津诸多慈善团体中，能独立承办残疾院的屈指可数，天津红卍字会勉力而为，虽属杯水车薪，但已不易。

四、施诊

民国时期，医疗水平还相对低下，医疗设施也十分短缺，不少人有病没处医，没钱医，甚至只能求助于巫医。天津“卍”字会创办施诊所，并

---

① 《为拨给结余谷子事致张市长签呈》，1946年9月，J0002-3-002052-001。

② 《为送配售面粉职工名单事致天津市平价售粮办公处函（附本院职工名册）》，1947年6月12日，J0025-2-003010-001。

③ 《世界红十（卍）字会天津分会育幼所领受救济物资人名册、关于该公会残废院施诊所概况的报告、〈监督慈善团体法〉和体仁广生社简章》，1948年4月，J0025-3-005194。

积极施治，这对那些贫苦民众而言，亦具有重要意义。

天津红卍字会施诊所成立于 1924 年，地址在一区桃山街，为其最早开展的永久性慈善事业之一。最初，“该所纯为西医，所长以下，内科医士一人，外科医士一人，助理二人，调剂一人，练习生三人”①。后来，逐渐分中医施诊和西医施诊。中医施诊不收号金，有医生两名，每天上午 10—12 点接待病人。西医施诊有医药师及助手共 5 人，在下午 2—4 点，酌量收取号金 2 分。施诊所还在每周二、五两日上午 10 点，施种牛痘。同时免费施放防暑药、安胎药等成药 10 余种。以暑药为例，每到夏季，天津红卍字会便会有意识地配购大量暑药。在 1937 年四月十五日（5 月 24 日）立夏坛上，曾有专门交代：

> 现下气候日暖，暑药急应准备，着按往年之成例，酌为配制暑药若干。至于药之种类，可……自决。惟救济水为治时疫之圣药，必须多配若干。②

到 1947 年，每日求诊贫苦病人，平均约有 140—150 人。所有内外科一切医药，“均不收费，仅收挂号费，普通号每人十元，特别号每人卅元（随时诊治）”③，获得了社会各界的赞许。但以物价腾昂，西药价格上涨厉害，买药困难，该所维持起来，颇感困难。

1937—1938 年天津红卍字会所办收容所中，有不少轻重伤患者，亟待医治。除第一收容所系由德国籍医生柏大夫每日会同医士数人到所治疗一次，第二收容所由天津县分会“延聘医士，购置药品组织临时施诊所，每日常川在所负责治疗”④。因彼时交通梗阻，天津红卍字会暂停施诊所，并派全体医务人员，每日赴其他各收容所巡回治疗，“至各难民中遇有重伤，须用大手术者，复经商请马大夫医院之同意，均送往该

① 《世界红十（卍）字会天津分会育幼所领受救济物资人名册、关于该公会残废院施诊所概况的报告、〈监督慈善团体法〉和体仁广生社简章》，1948 年 4 月，J0025-3-005194。

② 世界红卍字会台湾主院：《天津训录 · 丁丑四月十五日立夏坛》，1980 年，第 13 页。

③ 《世界红十（卍）字会天津分会育幼所领受救济物资人名册、关于该公会残废院施诊所概况的报告、〈监督慈善团体法〉和体仁广生社简章》，1948 年 4 月，J0025-3-005194。

④ 世界红卍字会天津主会：《世界红十（卍）字会天津主会临时救济总报告（附征信录）》（1937 年 7 月 29 日—1938 年 2 月 28 日）甲编，出版时间不详，第 27 页。

院免费医治”①。

1945 年抗战结束后不久，经常有从秦皇岛到来的因病被革的国民党士兵，他们“多为川籍人士，身罹疾苦，乡远难归”②。天津红卍字会积极投入，为之治病。“当经本会施诊所予以治疗，并暂为安置于所属残废院内。”③但以施诊所没有病房，医生又少，难于应付，不得已商请天津市社会局和卫生局，允准将病人送到市立医院医治，红卍字会则承诺负责病人的饭费。

天津黄卍字会在 1948 年办有 2 个难民休息站。6 月 22 日，由于第一休息站以及三经路附近道旁难民众多，时值酷热，难民因中暑泻痢，前往天津黄卍字会求诊求药者，络绎不绝。“连日以来，所存药品，殆已完全施罄……而难胞需药时间，又不许可”④，便向天津市社会局申请，迅速拨发药茶藿香正气丸、香连化滞丸等药品各二百包，以资接济。面对泰山将崩之时局，社会局亦苦无办法，26 日的回函不过空言鼓励，难以提供实际帮助。

1949 年 1 月 12 日，距离天津解放仅有 3 天。因战火逼迫，连日被炮弹炸伤之市民，为数甚多，均被陆续救出，送至临时诊疗所妥为治疗。唯以伤患之人，日有增加，“所需绷布、纱布、黄碘、双氧水、220 药水、药膏等异常缺乏，肆间购买多遭碰壁，伤患呻吟，需要迫切”⑤。天津黄卍字会虽勉力维持，奈药品缺乏，只有函请天津市卫生局帮助，但天津市卫生局也是药品奇缺，无法提供。

天津蓝卍字会虽没有设立施诊所，仍积极为病人施诊。如表 2-7 所示，仅在 1947 年 1 月，天津蓝卍字会便施诊 62 人次。1941 年，天津蓝卍字会会所便迁到了东门内经司胡同，表中所列的病人，多数便来自经司胡同及其邻近地区，反映天津蓝卍字会的施诊基本局限于会所周围之地，范围不广。还应注意到，前来就医的病人以女性居多，如称某某氏者超

---

① 世界红卍字会天津主会：《世界红十（卍）字会天津主会临时救济总报告（附征信录）》（1937 年 7 月 29 日—1938 年 2 月 28 日）甲编，出版时间不详，第 27 页。

② 《为患病国军来津住院治疗及其饭费事致天津市政府社会局的呈》，1945 年，J0025-3-003831-001。

③ 《为患病国军来津住院治疗及其饭费事致天津市政府社会局的呈》，1945 年，J0025-3-003831-001。

④ 《为请赐拨暑药事与市社会局往来代电》，1948 年 6 月 22 日，J0025-3-004251-006。

⑤ 《为拨发药品药布事致天津市卫生局函》，1949 年 1 月 12 日，J0116-1-000961-004。

过 30 人，可以确定她们为女性。另有侯玉珍、姜桂珍、郑淑兰等属于女性命名传统。综合考虑，女性病人占大多数。这种情况，反映出当时女性疾病较为严重，也体现了天津蓝卍字会施诊的特色。

表 2-7　1947 年 1 月天津蓝卍字会施诊受益人数清册

姓名	住址	姓名	住址	姓名	住址	姓名	住址
侯玉珍	西北角朱家胡同	杨子高	北海楼后铁厂	郭杨氏	乡祠 3 号	张王氏	大舞台 108 号
洪王氏	卞家胡同	姜桂珍	城内丁公祠 8 号	刘苏氏	东门内卢家胡同	赵英臣	育德庵
张王氏	旧津道 2 号	王马氏	南城角 4 号	阎梁氏	城内杠章胡同 4 号	郝张氏	江苏会馆
郝张氏	经司胡同	陈丁氏	经司胡同	杨王氏	北马路安家胡同 8 号	李严氏	同聚木行
李翠玲	菜桥子西 76 号	张辅臣	旧津道 2 号	李严氏	复诊	苏王氏	复诊
魏鸿林	经司胡同	王金荣	弥勒庵	魏鸿林	复诊	郭连氏	经司胡同
李严氏	小闸口同聚木行	邓士元	江苏会馆	邓士元	江苏会馆	郑淑兰	二道街 32 号
王史氏	经司胡同	朱李氏	城内东箭道 7 号	邵琴生	城内荣家胡同	魏鸿林	复诊
张青亭	三义庙 6 号	邵庆生	城内荣家胡同 22 号	井夏氏	鼓楼西堂子胡同	李俊玉	本会
宋惟益	双井街	王张氏	东门内西箭道	邵琴生	复诊	尚文轩	北海楼后铁厂
苏王氏	东门内 75 号	李振青	梁家咀谷家胡同	李严氏	小闸口木行	苏王氏	复诊
李瑞亭	北海楼后 4 号	朱李氏	东箭道 7 号	王陈氏	弥勒庵	孙玉璐	蔡桥子
骆王氏	同聚木行	朱高氏	双井街	宋惟益	双井街	杨子高	北海楼后
李大生	经司胡同 2 号	王陈氏	弥勒庵	李严氏	小闸口同聚木行	刘士琪	县□北实胡同 1 号
陈丁氏	经司胡同	杨春元	三义庙	王刘氏	崇仁宫 6 号		
曹于氏	南马路药王庙 3 号	李春来	小闸口同聚木行	苏王氏	东门内 75 号		

资料来源：《为民国三十六年一月份工作月报表所支经费数字填明事致蓝卍字会总会训令（附报表）》，1947 年 3 月 31 日，J0025-2-003623-006

五、掩埋

近代中国，自然灾害与社会灾害频发，致使哀鸿遍野、饿殍遍地，许多人死于街头野外，无人掩埋。在这种情况下，出现了不少以掩埋尸体为主要事业的慈善团体，这在现今社会是难以想象的。在民国时期的天津，这样的慈善团体主要有公善抬埋社、公善施材总社等，天津红、黄卍字会均曾办理掩埋尸体的工作。

天津红卍字会只在抗战初期做了些掩埋死尸方面的救济工作。1937年7月29日，天津沦陷。战争的进行，致使不少士兵和贫民死亡，天津红卍字会于8月1—9日期间，派出三个救济队，四出救济灾民，其中的一项任务便是掩埋尸体。如表2-8，此三个救济队，分别在河北、南市、河东等地进行掩埋工作，共9天时间，掩埋尸体221具。

表2-8　1937年8月1—9日天津红卍字会掩埋尸体统计表

（单位：具）

村别	日期	尸数	掩埋地点	何队掩埋	村别	日期	尸数	掩埋地点	何队掩埋
河北一带	8.1	45	新开河下洼	第三队联合救济队一队	南市一带	8.2	16	三不管西开洼内	第三队联合救济队二队
河北一带	8.2	7	旱桥旁	第一队	河东凤林村	8.3	9	村外洼地内	第一队
河东唐家口、地道外	8.4	67	附近义地内	第一队	四马路及市政府造币厂等处	8.4	15	地道外	第二队
沈王庄	8.7	7	庄外空地	第一队	郭庄子	8.7	6	村外洼地	第一队
复兴庄	8.7	5	村外洼地	第一队	法政学校一带	8.8	23	法政大桥下	第一队
新开河两岸及总站铁桥	8.8	20	附近洼内	第一队	中日学校对过	8.9	1	南开洼内	第一队
总计	221								

资料来源：世界红卍字会天津主会：《世界红十（卍）字会天津主会临时救济总报告（附征信录）》（1937.7.29—1938.2.28）甲编，出版时间不详，第4—5页

天津黄卍字会有三处墓地，一处在陈林庄，约10.7亩；一处在李明庄，约有3亩；一处在大捎直口蒋景村，约2.73亩。天津黄卍字会所掩埋的尸体大都在这里。

缺衣少药，卫生条件差，致使天津黄卍字会难民收容所的难民死亡率很高。如表2-9，1948年5月3日—7月16日，共有20人死亡，其中最小者2岁，最长者74岁。

表2-9　1948年5月3日—7月16日天津黄卍字会第一难民休息站死亡人数表

姓名	性别	年龄（岁）	籍贯	遗族	来处	死亡日期	死亡原因
马孟氏	女	72	山东	马才良	沈阳	5.3	疮娄兼新病
金全学	男	17	莱州	金辉文	鞍山	5.4	吐血病
魏宗臣弟	男	23	山东	魏宗臣		5.6	老病复发

续表

姓名	性别	年龄（岁）	籍贯	遗族	来处	死亡日期	死亡原因
张龙富女	女	3	山东	张龙富	沈阳	5.7	吐泄
王国兴	男	43	山东	王闵氏	沈阳	5.11	咳嗽痰喘
无名男子	男	20	山东	无亲友	沈阳	5.29	数日不省人事
孟庆贵	男	74	营口	孟范玉	营口	6.2	汴泄不止
赵鸿标	男	56	山东	无亲友	四平	6.3	老病痰喘
尹汪氏	女	67	塘沽		鞍山	6.5	泄痢数载
徐展全	男	57	曹州	无亲友	四平	6.7	老病复发
李王氏	女	48	临渠	李化缘	沈阳	7.11	虚粥症
无名男子	男	56	山东	无亲友	沈阳	7.11	痰喘
无名男子	男	34	山东	无亲友		7.11	急症
无名小孩	男	4	佚名	无亲友		7.11	急症
齐化国子	男	5	烟台	齐化国		7.12	痢疾
赵和平	男	3	长春	赵王氏	长春	7.15	肺炎
胜练文	男	4	沈阳	胜福昌	长春	7.16	疹后痢
孙太宗	男	5	山东	孙佩楼	沈阳	7.16	泄泻
宋寰	女	14	山东	宋方仁	辽阳	7.16	喘嗽
孟昭才	男	2	宁津	孟耕余	长春	7.16	肺炎

资料来源：《为死亡难民备棺掩埋事致社会局胡局长代电（附死亡难民清册）》，1948 年 7 月 17 日，J0025-3-004264-002；《为报定期死亡人数姓名清册事致黄卍字会指令（附原代电）》，1948 年 7 月 21 日，J0025-3-004264-005

分析这些难民的籍贯，可见以从东北前来的山东籍难民居多。这首先是因为受到辽沈战役的影响，东北民众大量向关内逃亡。同时，这似乎也意味着，20 世纪 30 年代以后，至辽沈战役结束前，因为东北战事频仍，原闯关东的山东民众，出现了回流潮。

这些难民多患有一些小病，但因医疗条件差，而断送了性命，尤以老人、孩子的死亡率十分高。而且，“在炎天溽暑，火伞高张之下，晚雨日曝，热气蒸腾，遇有死亡，不外急性霍乱，深恐易于传染”[①]，甚至来不及呈报法院查验，只能赶快埋葬，免得发生疫疠。以此，在获得政府部门的同意之后，天津黄卍字会便在自己的墓地自行掩埋。

① 《为死亡难民备棺掩埋事致社会局胡局长代电（附死亡难民清册）》，1948 年 7 月 17 日，J0025-3-004264-002。

第三节　灾害救济

面对频发的自然灾害和兵灾，天津“卍”字会积极投入其中，举办大量临时慈业，以拯救处于水深火热之中的灾民、难民。

一、自然灾害救济

在天津“卍”字会中，黄、蓝二卍会较少参与自然灾害救济，红卍字会对之则较为注重。每当天津及其周边地区发生自然灾害时，天津红卍字会便会组织赈济队，捐款捐物，赴灾区查放赈粮。有时甚至借给灾民牲口，赠送种子，以便农民可以正常耕作，恢复生产。

1923 年初，直隶南部发生水灾，受灾地区达 20 余县。彼时天津红卍字会成立不久，在会长徐世光领导下，“约同旅津鲁人吕镜宇诸公，广为劝募”①。这次活动共“募集赈银二十余万，活灾民五万余口”②，其后，又“补助洋一万元，以工代赈，而济民生”③。这是天津红卍字会办理赈济工作的较早尝试。

1924 年，直隶、京兆一带发生水灾，在总会领导下，天津红卍字会参加“组织各省水灾联合振济队，筹募振款十余万元。采购米粮、面粉、棉衣、药品等物”④。

1926 年，在总会的指导和配合下，天津红卍字会与济南红卍字会一起，在杨柳青、静海、青县、唐官屯等处“施放振粮万有余石，棉衣五千套，救济灾民五万七千五百余人，并借给籽种牛价每户五十元”⑤，允诺可待秋收后无利偿还。这种救济活动不仅帮助当地灾民渡过了难关，还为迅速恢复当地的生产生活尽心尽力。

1928 年，河北、山东、河南、山西、陕西等省暴发历史上罕见的旱灾，总会决定参与救灾，天津红卍字会积极响应。这次救灾活动分为三个区，第三区“由总会联合津、保及东北、西北各会合组之各区筹办振灾处”⑥，

---

① 《卍字月刊·道慈纪实》1938 年第 3 期，第 1 页。

② 《贞惠先生家传》，《贞惠先生逝世三周纪念征文启》，北平：东亚印书局，1932 年。

③ 《卍字月刊·道慈纪实》1938 年第 3 期，第 1 页。

④ 《道慈纲要卍字篇》，香港：宗母总驻港办事处，2005 年，第 225 页。

⑤ 《卍字月刊·道慈纪实》1938 年第 3 期，第 2 页。

⑥ 《卍字月刊·道慈纪实》1938 年第 3 期，第 4 页。

共同负责灾赈工作。

1929年一年，河北灾情几乎遍及全省，水、旱、蝗多灾并发，尤以大名、广平、肥乡、成安、密云等县较为严重。总会委托天津分会，积极救灾：

> 一面派员前往大名等处调查，一面与华北灾振会协商，分任查放大名一带灾振。除大名归华北灾振会散放外，其广平、肥乡两县，由总会拨款交津会派员前往整理。共放赈粮五十四万六千九百余斤。①

1929年，在总会领导下，组织了三支救济队。除总会负责两组外，“津东一带及涿县、满城、良乡、固安等处水灾急赈，则由天津分会派员前往查放”②。以当年河南旱灾严重，受灾人口众多，就食困难，天津红卍字会还参加了协助河南移民工作。该项工作最初由“旅平河南赈灾会举办，继由卍会东北主会谈道垣会长提议，迁移内地灾民，到东北就食”③。并曾于1929年秋，在天津召开临时会议，议定章程，但不久因已届冬季，移送灾民诸多不便，复经集议，“暂将河南赈灾会已召集之灾民，先行协助移送出关，俾资救济”④。当时，世界红卍字会总分各会在丰台、天津、唐山设立移民办事处三所，其中在天津的办事处由天津分会负责。

1931年6—8月，以江淮为中心，发生了百年罕见的水灾，受灾省份达16省之多。“由世界红卍字会中华总、分会筹办水灾急赈联合办理处，专办此次水灾急赈”⑤，天津红卍字会亦有参加⑥。

1939年天津水灾期间，天津红卍字会积极参加急赈工作，在大王庄公庆成、义租界德源盛购置“小米十一万四千四百六十九斤，合七百十五包，暂时运存于河东义租界华中印刷局内”⑦，以备施放。

---

① 《道慈纲要卍字篇》，香港：宗母总驻港办事处，2005年，第234页。

② 《道慈纲要卍字篇》，香港：宗母总驻港办事处，2005年，第236页。

③ 苏新留：《1929年河南灾民移垦东北述论》，《史学月刊》2004年第9期。

④ 《道慈纲要卍字篇》，香港：宗母总驻港办事处，2005年，第237页。

⑤ 《道慈纲要卍字篇》，香港：宗母总驻港办事处，2005年，第241页。

⑥ 《世界红卍字会中华总分各会历年赈济工作一览表（1931年12月）》，《道慈纲要卍字篇》附表，香港：宗母总驻港办事处，2005年。

⑦ 《(天津市财政局牙税稽征所)关于世界红十(卍)字会购买小米赈济准予免税》，1939年8月21日，J0061-1-000182。

1932年5月7日，天津黄卍字会开始起运从东局子一带漂流的浮棺。因水灾救济工作已取得较大进展，天津黄卍字会获得了一系列的好评。救济过程中，负责救济的队长何志清殉难。如图2-3，在哀悼何氏的题词中有：

昊天降凶，滔滔洪水，直下津沽，万井摧毁，桓桓何公，义薄层霄，奋髯振臂，出入波涛，桑渡迷筏，极溺援手，澜翻电激丧此白叟，舍生救死，可泣可咏，□□勒石，千古不历。

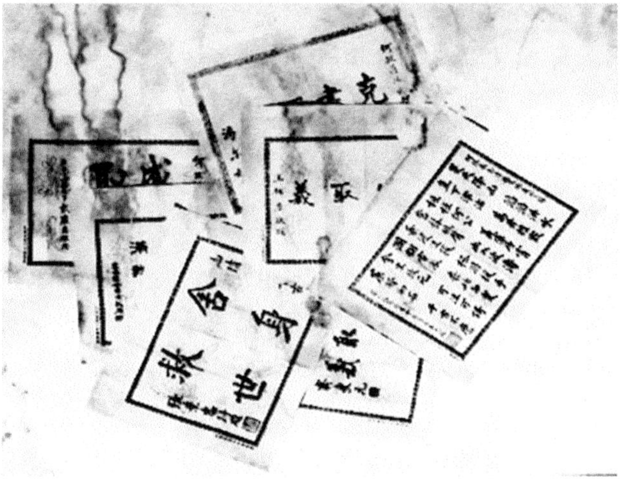

图2-3　何志清荣哀集锦

资料来源：天津黄卍字会：《世界黄卍字会年鉴》，1941年

虽不乏溢美之词，以救灾而致身死，其志其力，确亦令人感佩。

二、兵灾救济

民国年间，每有战争，往往导致士兵伤亡枕藉，人民流离失所。天津红、黄卍字会主动承担了对伤兵和流民的救济工作，掩埋尸体，收容妇孺，疗治伤病兵民，付出了艰辛的努力。“比岁以来，中国不幸，战祸频仍，灾祲叠告……卍会以救济灾患为天职，每遇战事发生，则有救济队之组织。”①在投入救济时，“所有队长员夫，均须自具愿书，诚心救护，倘遇危险，与会无涉。并须遵照救济队章程、医院及收容所简章与战时国际公例办理”②。这则材料展现出了当时救济队无畏的牺牲精神和良好的工作

① 《道慈纲要卍字篇》，香港：宗母总驻港办事处，2005年，第201页。

② 《道慈纲要卍字篇》，香港：宗母总驻港办事处，2005年，第201页。

秩序。

（一）天津红卍字会的兵灾救济

1924年直奉战争，京、津、榆关及长江流域先后发生战事。以战事孔亟，天津红卍字会“亦急筹组织救济队，并设妇孺收容所及临时医院。业向当局立案，并向各战区司令部请发通行证，不日即将整队驰往各战地，实施救护”①。经议定：

> 首由本会及南京分会公同组织第一、第二两救济队分途出发，昆山、浏河、宜兴、嘉兴、上海、丹阳、常州、杭州、京津、榆关、杨村等处救护，并于北京天坛、南京下关、天津、镇江相继设立临时医院，共计两队。治疗伤兵七千余名，收容伤兵八千余名，掩埋死尸三千余具，其各处分设收容所五十余处，收容妇孺两万五千余名。②

时已68岁的天津红卍字会会长徐世光，“与同人组织救济队驰赴战区”③，并在天津设立临时医院，治疗、收容伤兵、妇孺，掩埋尸体。救济队每队均分“救护、医药、运送、掩埋四组，队长、员若干人，夫役若干名，驰赴战区，实施救济伤兵难民”④。其中医疗队“对于伤兵治疗，极其救济之能事，日前已随国民军开往北京”⑤。

天津红卍字会还制定了救济队简章：

> 第一条　本救济队依据世界红卍字会救济队简章第二条甲项组织之。
>
> 第二条　本救济队尊重世界红卍字会慈悲之规约，以救护战区伤兵伤民及被难妇孺等为宗旨。
>
> 第三条　本救济队直接受世界红卍字会指挥，定名为世界红卍字会救济队。
>
> 第四条　本救济队设总监察一人，总理全队一切事宜。

① 《红卍字会组织救济队》，《大公报》1924年11月2日。

② 《道慈纲要卍字篇》，香港：宗母总驻港办事处，2005年，第202页。

③ 《贞惠先生家传》，《贞惠先生逝世三周纪念征文启》，北平：东亚印书局，1932年。

④ 《道慈纲要卍字篇》，香港：宗母总驻港办事处，2005年，第201页。

⑤ 《红卍字会医队赴京》，《大公报》1924年11月11日。

第五条 本救济队分为四队，每队设队长一人，医士二人，队员六人，给旅费，队士得支给工食费。

第六条 本救济队不自劝募款项，所有一切用费，均由卍字会支给。如有各善团及各善士愿助款项者，亦请与卍字会接洽办理。

第七条 本救济队所救护之妇孺及老弱男丁，均随时分别送交卍字会所议（设）之妇孺救济会及临时收容所。至救护之受伤兵民人等，亦随时送至卍字会所办之临时医院医治。

第八条 本救济队在战区施行救护时，须先知照战区司令官保护，以免危险。

第九条 凡救济队队员执行职务时，应属遵卍字会定章办理，不得涉及救济范围以外之其他事项。①

此简章反映了天津红卍字会对救济队分配、费用筹集、医院与收容所之设置，以及与军事当局的关系，均有妥善安排。

1925年，长江一带及直鲁豫各省发生战事，北京总会及济南、南京、天津、大兴、京兆等各分会，纷纷组织救济队（31队），分途前往各战区，实施救济。“经计救护受伤兵民不下十一万五千九百余人，掩埋五千余名，收容五万余名。”②1926年，冯玉祥与吴佩孚、张作霖之间的军阀战争在京汉、京奉、津浦各路及南口进行。天津红卍字会救济队，分东西两路联合救济。③这支救济队后于当年12月“由南京至杭州、桐庐、富阳、衢州一带折回南京，会同南宁救济队，出发江宁镇、秣陵关等处”④，救护伤兵难民共15 250余人。

1928年，北伐战争在天津周边地区进行。天津红卍字会在天津、杨柳青、静海、沧县组织救济队，“收容难民数达十万人，疗治受伤兵民人数共计一万一千二百余人”⑤。天津红卍字会又和北平红卍字会组织联合救济队，“留驻德州一带三月之久，诊治受伤兵民一万五千八百四十五人”⑥。当年天津红卍字会与无锡、常州等分会还“协助赈款红粮、面粉等项，共

① 《红卍字会组织救济队》，《大公报》1924年11月2日。

② 《道慈纲要卍字篇》，香港：宗母总驻港办事处，2005年，第203页。

③ 《道慈纲要卍字篇》，香港：宗母总驻港办事处，2005年，第204页。

④ 《道慈纲要卍字篇》，香港：宗母总驻港办事处，2005年，第208页。

⑤ 《卍字月刊·道慈纪实》1938年第3期，第4页。

⑥ 《卍字月刊·道慈纪实》1938年第3期，第4页。

计合洋五万三千元”①。

1930 年中原大战，“总会联合天津、保定、济南等分会组成联合救济队，出发徐州一带实施救济”②。1933 年榆关事变，滦东、平北、热河等处均有战事。天津红卍字会和总会一起，先后组织 20 余支救济队分赴各战区，实施救济。又“于平、津、察设立后方医院五所，收容所四十余所，并设立监察队以巡视各队工作，运输队以运送难民、伤兵”③。

1937 年 7 月，全面抗战打响。天津红卍字会于 7 月 14 日召开会议，议决：

> 遵照总会章程，成立世界红卍字会第三联合救济队第一、第二两队，并公推张君泽灏为第一队长，陈君妙超为副队长，徐君云航为第二队队长。④

7 月 28 日夜，战争在天津打响。天津红卍字会会员遂分别出发，实施各项救济工作。为了能够尽量救济广大难民，除挨户调查施放外，为顾及一般流落难民及零星求赈者起见，组织巡救队，以期普及赈济，即于“每日派遣巡救队员四人，携带赈票赈款及各种药品，分乘自行车在市郊各处巡回救济”⑤。

自 7 月 29 日始，天津红卍字会还在市内举行广泛的募捐活动，以吸引社会各界的参与。本次募捐活动成果显著，至次年 2 月 28 日，共募款 76 144.17 元。战火暂息后，由于“市内一般炮火孑遗或房舍焚如，或谋生路断，若不亟施赈济，势恐多成饿殍”⑥，天津红卍字会筹集巨款，采购了大批赈粮，并派救济队员，分赴市内各灾区及大沽等处，查放急赈：

---

① 《道慈纲要卍字篇》，香港：宗母总驻港办事处，2005 年，第 232 页。

② 《卍字月刊 · 道慈纪实》1938 年第 3 期，第 5 页。

③ 《卍字月刊 · 道慈纪实》1938 年第 3 期，第 7 页。

④ 世界红卍字会天津主会：《世界红十（卍）字会天津主会临时救济总报告（附征信录）》（1937 年 7 月 29 日—1938 年 2 月 28 日）甲编，出版时间不详，第 1 页。

⑤ 世界红卍字会天津主会：《世界红十（卍）字会天津主会临时救济总报告（附征信录）》（1937 年 7 月 29 日—1938 年 2 月 28 日）甲编，出版时间不详，第 28 页。

⑥ 世界红卍字会天津主会：《世界红十（卍）字会天津主会临时救济总报告（附征信录）》（1937 年 7 月 29 日—1938 年 2 月 28 日）甲编，出版时间不详，第 9 页。

> （天）津市统计查放一万一千余户，施出赈米三十一万余斤。此外，又赴保定、静海、大城各县及独流镇、王家口等处施放急赈。以上各地共放出赈米十五万余斤，棉衣七千五百余件。①

1937—1938 年天津红卍字会在市内施赈情况参见表 2-10、表 2-11，以 2—4 人为一组，投入救济工作之中。除了自行举办急赈之外，天津县政府又"先后函送玉面条十一万斤及义剧余款一千四百六十八元二角（代购玉面二万一千九百三十斤），委托查放津县四乡急赈。"②

表 2-10 1937—1938 年天津红卍字会查放县属各区急赈一览表

区别	村名	户数（户）	人口（人）	玉面斤数（斤）	村名	户数（户）	人口（人）	玉面斤数（斤）	村名	户数（户）	人口（人）	玉面斤数（斤）
第二区	刘快庄	498	2638	5510	姚家庄	189	1104	2180	芦新河	159	690	1590
	辛候庄	84	533	835	韩盛庄	76	330	755	何家庄	118	544	1180
	小朱庄	29	148	290	李辛庄	73	366	725	小马庄	36	173	360
	大张庄	143	646	1425								
第三区	李家楼	64	332	830	谢家庄	92	500	1160	马家庄	139	664	1510
	刘家码头	83	345	940	李家房子	182	747	1980	沟尾堡	119	524	1290
	东沟子	41	150	430	白大寺村	107	445	1220	铁锅店	248	1129	2940
	大柳滩	279	1224	3090	碾头咀	118	497	1590	杨家咀	100	426	1120
	刘家房子	178	707	1900	韩家墅	348	1496	3940	西姜井村	88	408	910
	大卞庄	201	1108	2170	小卞庄	13	69	150	赵家庄	94	457	1000
	大稍直口	127	623	1380	东姜井村	89	457	930	三元村	54	249	540
	汪家庄	69	326	720	邢家庄	35	86	380	曹家庄	232	1058	2320
	疙疸村	41	189	530	王家庄	68	311	880	大梁庄	172	784	1840
第四区	小倪庄	34	164	460	高家庄	38	170	480	大倪庄	37	211	580
	大黎园坨	101	497	1510	西营门	79	363	1080	王家台	43	278	630
	边家村	56	378	670	于家台	71	449	1080	陈家村	107	681	1400
	邓家店	53	300	660	曾家台	13	89	170	门道口	73	335	750
	张道口	76	362	770	大寺村	228	1088	2690	王家村	128	651	1370
	卢北口	234	1163	2420	张家窝	160	747	1760	赵家庄	60	307	660

① 世界红卍字会天津主会：《世界红十（卍）字会天津主会临时救济总报告（附征信录）》（1937 年 7 月 29 日—1938 年 2 月 28 日）甲编，出版时间不详，第 9 页。

② 世界红卍字会天津主会：《世界红十（卍）字会天津主会临时救济总报告（附征信录）》（1937 年 7 月 29 日—1938 年 2 月 28 日）甲编，出版时间不详，第 9 页。

续表

区别	村名	户数（户）	人口（人）	玉面斤数（斤）	村名	户数（户）	人口（人）	玉面斤数（斤）	村名	户数（户）	人口（人）	玉面斤数（斤）
第四区	周李吴庄	83	375	930	古佛寺	81	356	940	辛家院	55	362	790
	吴家台	18	105	270	前杨家楼	11	49	130	后杨家楼	29	152	320
	凌家口	30	187	340	蔡家台	25	116	270	王姑娘庄	37	187	480
	小黎园坨	53	242	680	王蓝庄	53	315	720	侯家台	69	336	900
	华庄	33	174	350	杨五庄	47	251	520	董庄	63	281	810
	妙米店	115	558	1280	王家庄等	349	1408	4,260	姚家村	128	703	1,470
	潘家楼	70	446	730	郭家村	78	396	870	小刘庄	62	402	675
	马家寺	91	483	935	高家村	213	1112	2400				
第五区	威水沽	118	597	1200	南洋码头	436	2160	4440	吴家稻地	80	391	800
	北洋码头	483	2262	4980	二道桥	197	970	2000	东家庄	151	662	1520
	大孙庄等			9000								
第六区	葛沽一带	402	1334	5000								
第七区	东大沽	496	2581	5000	西大沽	500	2606	5000				
本市	西头等	24	131	240								

注：该庄因交通不便由该管警区要求代放，未据报入口户数

资料来源：世界红卍字会天津主会：《世界红十（卍）字会天津主会临时救济总报告（附征信录）》（1937.7.29—1938.2.28）甲编，出版时间不详，第 11—12、17—26 页

表 2-11　1937—1938 年天津红卍字会临时急赈一览表

村（街）别	户数（户）	赈粮数目（斤）	施放人员
复兴庄	2153	58 790	张景灏、余灵泌、傅涵谷
旺道庄	775	21 440	李永抱、李曜蕴
唐家口东街	308	8640	陈妙超、李永深
新车站福缘里	26	740	尚世冲、李曜蕴
善因里	36	890	尚世冲、余灵泌、李曜蕴
新唐家口一带	243	8630	张辰章、李永深
新庆里及耀德里一带	222	7210	陈妙超、傅涵谷
大王庄	51	1495	余靖安、翟坚成、余灵泌
忠德里	33	890	余靖安、傅涵谷、翟坚成、余灵泌
运兴里	150	4670	陈妙超、李永深、王邦英

续表

村（街）别	户数（户）	赈粮数目（斤）	施放人员
云善里	39	920	张辰章、李永深、傅涵谷
营门口	73	2285	张辰章、李永深、陈妙超
凤林村一带	629	13 370	陈妙超、李曜蕴、吴道权
六里台	21	570	余靖安、吴道权
八里台	39	1950	孟博诚、高春东
炮台庄	821	15 660	陈妙超、傅涵谷、李曜蕴
南开马集一带	132	3140	王春瑾、傅涵谷、隋惟渔
兴隆街一带	348	7740	李曜蕴、吴道权、王邦英
河北一百间房	489	9025	陈妙超、李曜蕴、吴道权
新开河一带	678	12 350	倪笃慈、张建业、王通冲、李曜蕴
法政大桥一带	326	5445	陈妙超、吴道权
中日交界南市一带	619	13 680	张建业、陈妙超、孟博成、吴道权
中日交界六吉里等处	232	3560	陈妙超、吴道权
西关街一带	948	15 480	陈妙超、鲁惟闾、王春瑾、吴道权
大沽	2548	98 740	余靖安、翟坚成、吴道权

资料来源：世界红卍字会天津主会：《世界红十（卍）字会天津主会临时救济总报告（附征信录）》（1937.7.29—1938.2.28）甲编，出版时间不详，第11—12、17—26页

（二）天津黄卍字会的兵灾救济

《世界黄卍字会年鉴》提到：

战地工作多似非常工作，并特救护已失战斗力之残废伤兵及灾民，用以补助卫生队及野战病院之不及，且从事将无主之尸体掩埋标签注明，以待认领，而重人道。①

为防范战时慈善工作之危险计，天津黄卍字会又拟定了《战时救济之工作常识》，其中有：

我们慈善团体救护人员，从事救护工作，非先具有防空的知识和技

① 《世界黄卍字会天津总会救济队总编制草案》，天津黄卍字会：《世界黄卍字会年鉴》，1941年，第49页。

能，是不能达到目的底，不然救护自己尚恐不及，又哪能救他人呢。①

《战时救济之工作常识》又指出，防空应与防毒并重，“假使遇变的时候，在精神方面第一要镇静，应先认清飞机和毒弹的种类，并须预知其性能，然后分别设计，从容实施救护”②。其中，还介绍了四种飞机、五种毒弹和其他炮弹的情况。

天津黄卍字会于抗战期间曾在天津市内组织救济队七队，几乎在市内每个角落均有分布。遗憾的是，以目前所见资料，没有太多直接反映赴各战场进行战时救济的资料。相反，其战时救济工作，更多是当战争发生后，大量难民逃入市内，因无处栖身而举办的难民收容所。

（三）天津蓝卍字会的兵灾救济

虽无法和天津红、黄卍字会相提并论，天津蓝卍字会也积极投入战时救济工作中去。

自1937年7月28日开始，因为抗日战争在天津打响，各地被难情形，十分严重。若不设法救济，势必影响社会安宁。为此，天津蓝卍字会也开始办理急赈，“先从调查入手，组织救济队一队，出发各灾区，实地勘查。所有队长、队员等，佥由本会会员中遴选充任”③。他们穿着特殊制服，上衣为白色，裤为蓝色，并带着白底蓝色的卍字会章，赴各灾区救济，看上去十分显眼。救济队队长为王少圃，副队长吴柄槐，主任队员鲍砥中，医士徐蟥痿，队员有胡敬安、王子光、刘金城、张宝琳、江弘超、沈世昌、孟昭麟、杜文彬，共12人。④

三、难民收容所（休息站）

所谓难民收容所，又称难民休息站，多在大战发生之后举办，主要救济因战争而失去家园的难民。他们人数众多，无依无靠、缺衣乏食、居无定所、疾病缠身、举目无亲、老幼相扶，流落天津之后，对城市的卫生、治安等均造成严重不良影响。对这些难民的安置，无论是慈善团体，还是

① 《战时救济之工作常识》，天津黄卍字会：《世界黄卍字会年鉴》，1941年，第52页。

② 《战时救济之工作常识》，天津黄卍字会：《世界黄卍字会年鉴》，1941年，第52页。

③ 《关于组织救济队及队长队员名单及本队简章，请备案颁发护照呈文》，1937年9月，J0001-3-000294-001。

④ 《救济队队长、队员名单》，J0001-3-000294-002。

政府，都是亟须重视和解决的问题。目前资料显示天津蓝卍字会没有举办难民收容所。天津红卍字会举办难民收容所的历史较长。早在1937年，即在市内举办9所难民收容所，其后在1939年、1947—1949年等年份亦有举办。天津黄卍字会在1948年下半年举办了两所难民收容所，主要收容东北难民，规模较大。1937年7月，全面抗日战争爆发之后，天津蓝卍字会曾“联合法国教堂文主教[①]等组设难民收容所五处，嗣因市面恢复常态，一律资遣回籍，收容事宜暂告结束”[②]。但具体事宜不详，且以后也再未见举办。

（一）天津红卍字会难民收容所

卢沟桥事变之后，天津岌岌可危，战争已呈山雨欲来之势。这里是日本华北驻屯军司令部所在地，自事变以来，日军加速准备攻占天津。面对迫在眉睫的威胁，1937年7月28日夜，中国军队主动对日军进行攻击，但以众寡悬殊，中国军队伤亡惨重，次日天津便沦陷。29日晨，市内各处难民，即扶老携幼，纷纷向各租界和特别区逃避。“但比时因形势紧张，各租界均断绝交通。”[③]天津红卍字会乃于英租界张圆照公馆设立临时办事处，并请准各租界发给通行证，始得出发救济。

如表2-12，1937年7—8月，以事出仓猝，天津红卍字会乃于难民麕集之处，觅定处所，建立难民收容所9处，共收容难民18 354人。此外，英租界内尚滞留难民五六百人，“惟以该租界内寻觅广大处所极为不易，几费周章，终无相当地址，故未能在该租界内成立收容所”[④]。在此期间，天津红卍字会对于此项难民，“施以临时振济，每日按名发给馒首二次”[⑤]。

---

① “文主教”指文贵宾（Jean de Vienne de Hautefeuille，1877—1957），又名文若望，生于法国北部城市杜埃市，庚子事变期间来华传教，1923年起担任天津教区主教，时有“圣人”之称，1951年5月28日被驱逐出境。参见杨大辛：《驱逐法籍主教文贵宾记事》，《津门古今杂谭》，天津：天津人民出版社，2015年，第202—205页。

② 《关于组织救济队及队长队员名单及本队简章，请备案颁发护照呈文》，1937年9月，J0001-3-000294-001。

③ 世界红卍字会天津主会：《世界红十（卍）字会天津主会临时救济总报告（附征信录）》（1937年7月29日—1938年2月28日）甲编，出版时间不详，第3页。

④ 世界红卍字会天津主会：《世界红十（卍）字会天津主会临时救济总报告（附征信录）》（1937年7月29日—1938年2月28日）甲编，出版时间不详，1937年，第3页。

⑤ 世界红卍字会天津主会：《世界红十（卍）字会天津主会临时救济总报告（附征信录）》（1937年7月29日—1938年2月28日）甲编，出版时间不详，1937年，第3页。

表 2-12　1937 年 7—8 月天津红卍字会难民收容所一览表

所别	所址	收容日期	收容人数（个）	结束日期	结束时人数（个）	遣散发给米数（斤）	遣散发给钱数（元）	附记
一	特一区十八号路徐家大楼	7.29	6273	8.13	1332	15 904	961.50	结束时每大口发给白米 20 斤，国币 1 元，小口减半
二	特二区平安街鲍家大楼	7.29	5285	8.14	627	9150	413.50	结束时每大口发给白米 20 斤，国币 1 元，小口减半
三	特一区三义庄小学校	7.29	3654	8.9		无		由救世军供给饮食
四	城内福仙戏园	7.29	737	8.8	49	无		8 月 8 日并入第五收容所
五	城内玉皇阁	7.29	996	8.10	875	4950	425.50	结束时每大口发给白米 20 斤，国币 1 元，小孩减半
六	西马路宣讲所	7.29	423	8.6		无		
七	北大关宣讲所	7.29	315	8.8		无		
八	河东贾家大桥	7.29	387	8.6		无		
九	北营门北天仙	7.29	284	8.7	26	无		8 月 7 日并入第五收容所
总计			18 354		2909	30 004	1800.50	

资料来源：世界红卍字会天津主会编制：《世界红十（卍）字会天津主会临时救济总报告（附征信录）》（1937 年 7 月 29 日—1938 年 2 月 28 日）甲编，出版时间不详，第 4—5 页；《附设临时难民收容所负责人名单》，1949 年，J0116-1-000963-010；《天津水灾暨河北各灾区赈救总报告》甲编《工作报告》；董桂平：《1939 年天津水灾及赈济述论》，天津师范大学 2007 年硕士学位论文

天津红卍字会的 9 个难民收容所均成立于 1937 年 7 月 29 日。到 8 月中旬，因战争渐止，市内治安逐步恢复，各收容所遂先后结束，难民也被分别遣散，综计各收容所历时 9—17 天不等。各所收容人数，少则 284 人，多则 6273 人不等，以“特别一区徐家大楼第一收容所及特别二区鲍家大楼第二收容所收容难民最多”①。到遣散时，第一、二、五收容所每大口发给“白米二十斤，国币一元，小口减半”②。除第三收容所的赈款赈物由救世军供给外，其他 8 处均是天津红卍字会筹募而得。

1939 年水灾，天津红卍字会及其县分会亦积极行动，参与到救灾行动中去，办理了大量难民收容所。本次救灾，天津官方和民间慈善团体共开办收容所 80 处，天津红卍字会及其县分会就办有 11 所（表 2-13），占

① 世界红卍字会天津主会：《世界红十（卍）字会天津主会临时救济总报告（附征信录）》（1937 年 7 月 29 日—1938 年 2 月 28 日）甲编，出版时间不详，第 27 页。

② 世界红卍字会天津主会：《世界红十（卍）字会天津主会临时救济总报告（附征信录）》（1937 年 7 月 29 日—1938 年 2 月 28 日）甲编，出版时间不详，第 3 页。

13.75%。在天津红卍字会开办的这些收容所中，以模范小学校收容所、打包公司收容所和省中立收容所收容难民为多，尤其是打包公司收容所，收容难民人数最多时达到 75 640 人。

表 2-13　1939 年 8—10 月天津红卍字会难民收容所一览表

<table>
<tr><th>设立时间</th><th>所名</th><th>地址</th><th>人数（个）</th><th>馒首/窝头（个）</th><th>结束日期</th><th>主办</th><th>备注</th></tr>
<tr><td>8.20</td><td>福仙收容所</td><td>北门内福仙茶园</td><td>3373</td><td>1600</td><td>8.24</td><td>天津红卍字会</td><td></td></tr>
<tr><td>8.20</td><td>模范小学校收容所</td><td>西门内中营</td><td>16 752</td><td>11 500</td><td>8.26</td><td>天津县分会</td><td>20 日后，水已涌至南门一带，逃难男女无处可归，县会当派杨永洹会商区属设立，26 日奉令解散</td></tr>
<tr><td rowspan="5">8.21</td><td>山西会馆收容所</td><td>山西会馆</td><td>412</td><td>420</td><td rowspan="3">8.23</td><td rowspan="5">天津红卍字会</td><td>由天津卍字会救济队副队长鲁惟间、吕永抱等会商与政府设立，办理三日后，奉令将难民遣送唐山</td></tr>
<tr><td>第二八小学收容所</td><td>第二八小学</td><td>494</td><td>450</td><td></td></tr>
<tr><td>第二九小学收容所</td><td>第二九小学</td><td>214</td><td>254</td><td></td></tr>
<tr><td>中国大戏院收容所</td><td>中国大戏院</td><td>771</td><td>771</td><td>8.28</td><td></td></tr>
<tr><td>打包公司收容所</td><td>英租界广东路</td><td>75 640</td><td>88 960</td><td>10.20</td><td>该所有应租界天津水灾临时救济会的工部局之同意，会同木业工会设立，管理由工部局负责。食粮方面，有救济会与天津卍字会分担</td></tr>
<tr><td rowspan="3">8.21</td><td>福音堂收容所</td><td rowspan="2">西门内大街</td><td>233</td><td>不详</td><td rowspan="2">8.22</td><td rowspan="3">天津县分会</td><td>该二所县会派员设立后，因地灌溢水，霎时盈尺，故开办一日即全部移并模范收容所</td></tr>
<tr><td>市十二小学收容所</td><td>333</td><td></td><td></td></tr>
<tr><td>省中立收容所</td><td>西头河北省第一中学</td><td>67 272</td><td>54 150</td><td>10.5</td><td>20 日，县会派灵浚等与当局接洽成立，并荷该校教职员之协助，秩序良好。至 10 月 5 日，奉令解散时，乃按口发给小米大口 10 斤，小口 5 斤，现款大口 1 元，小口 0.5 元。共放赈米 12 115 斤，赈款 1258.5 元</td></tr>
<tr><td>10.2</td><td>大陆收容所</td><td>西北城角大陆戏院</td><td>7200</td><td>8600</td><td>10.16</td><td></td><td>原由新民会办理，10 月 2 日，县会承委接办，15 日后，按照社会局计划，将难民全数送小王庄粥厂，遂各发三日食粮解散</td></tr>
</table>

资料来源：世界红卍字会天津主会：《世界红十（卍）字会天津主会临时救济总报告（附征信录）》（1937 年 7 月 29 日—1938 年 2 月 28 日）甲编，出版时间不详，第 4—5 页；《附设临时难民收容所负责人名单》，1949 年，J0116-1-000963-010；《天津水灾暨河北各灾区赈救总报告》甲编《工作报告》；董桂平：《1939 年天津水灾及赈济述论》，天津师范大学 2007 年硕士学位论文

1947 年 12 月中旬，因各地逃津难民甚多，时值冬季，难民生活状况极为糟糕。此后的 1948 年，战火扩大，天津红卍字会又大力举办难民收容所。如表 2-14 所示，自 1947 年底到 1949 年初，大约一年多的时间里，天津红卍字会共举办 6 所难民收容所。

表 2-14　1947—1949 年初天津红卍字会难民收容所一览表

所别	所址	负责人	所别	所址	负责人
第一收容所	卍慈第一小学	孟傅诚、李永抱	第二收容所	卍慈第二小学	孙暄平、刘正因
第三收容所	闽侯路栖流所	刘暘堃、夏锡五	第四收容所	火神庙慈佑小学	李捷臣、贾毓廷
第五收容所	铃铛阁省一中	刘协玄、刘暄翙	第六收容所	河北天纬路 9 号	赵垣澄、赵春欣

资料来源：《（世界红卍字会天津分会）附设临时难民收容所负责人名单》，1949 年，J0116-1-000963-010；《天津水灾暨河北各灾区赈救总报告》甲编《工作报告》；董桂平：《1939 年天津水灾及赈济述论》，天津师范大学 2007 年硕士学位论文

1947 年 12 月初，天津红卍字会致函社会局，拟于闽侯路一号院内“搭盖窝铺五十至一百座，临时收容此项难民，以资救济，而免冻毙之虞”①，获得首肯。5 日，市内难民仍然众多，各暖厂又先后结束，致无处栖止者颇多。有鉴及此，天津红卍字会“拟于该院内再行搭盖窝铺六十座，以便继续收容，而资救济”②。其后，因天气渐暖，住宿、谋食压力渐小，人口也大量减少，7 月 10 日，遵照天津市社会局的指示，停止发粮，于 15 日以前结束。

据 1948 年 1 月 16 日统计，该所收容 320 人③；至 2 月 4 日，增至 500 人④；2 月 8 日，减至 180 人⑤；4 月初，“施粥五百人，住所者二百余名，内有儿童一百一十六名”⑥；到 5 月 15 日，还有难民 39 户，140 人，包括

① 《为在闽侯路一号搭盖窝铺准照章动工给红卍字会训令（附呈）》，1947 年 12 月 15 日，J0025-3-004231-012。

② 《为继续收容各地逃津难民于六区闽侯路院内再搭窝铺事致天津市政府社会局呈》，1948 年 4 月 5 日，J0025-3-004236-027。

③ 《本厂难民数目表》，1948 年，J0025-3-006255-017。

④ 《为报食粥难民册一份请备查致天津市社会局社会福利科呈（附难民清册）》，1948 年 2 月 7 日，J0025-3-004237-037。

⑤ 《河北省各难民受领救济款销清册》，1948 年 5 月，J0025-3-004237-024。

⑥ 《为将闽侯路难民收容所卫生教育交由该会负责办理事致天津市红卍字会训令》，1948 年 4 月 3 日，J0025-3-004236-021。

男性75人，女性65人①。至迟到6月底，已计划结束收容所。据6月30日的统计，闽侯区难民收容所还剩余13户，48人②，他们均自愿垦荒。在社会局的安排下，7月2日，天津红卍字会将他们迁往凌家庄居住。

如表2-15、表2-16所示，这次收容的难民多数来自河北省各县。特别是在1月16日收容的320名难民中，几乎全数来自河北省各县。至2月4日，有400多位难民亦均来自河北，主要是沧县、河间、献县、交河四县。从两次的统计结果也可以看出，河间、沧县、献县、交河等地的难民较多，反映出这些地方受战争波及较为严重。同时，还说明作为一个中心城市，河北各地与天津关系密切，天津具有较强的吸纳难民的能力。

表2-15　1948年1月6日天津红卍字会闽侯区难民来源人数统计表（单位：个）

县别	男口	女口	总计
河间	32	12	44
献县	33	25	58
东光	2	0	2
宁津	19	10	29
景县	2	2	4
南皮	2	1	3
天津	3	4	7
赞皇	3	0	3
无棣	2	0	2
沧县	50	40	90
清河	5	3	8
遵化	1	1	2
交河	25	24	49
宝坻	2	1	3
肃宁	3	3	6
东光	2	2	4
德平	3	3	6
总计	189	131	320

① 《为本所难民移交红卍字会负责管理事致天津市政府社会局呈（附移交清册及收据）》，1948年5月15日，J0025-3-004236-046。

② 《为闽侯路等收容所志愿垦荒难民迁往凌家庄居住事致红卍字会训令》，1948年7月2日，J0025-3-004241-006。

表 2-16　1948 年 2 月天津红卍字会闽侯区难民来源人数统计表（单位：个）

县别	男口			男口合计	女口			女口合计	统计
	老年	中年	少年		老年	中年	少年		
	45—80 岁	15—45 岁	3—15 岁		45—80 岁	15—45 岁	3—15 岁		
沧县	17	21	30	68	10	27	17	54	122
献县	23	18	14	55	5	17	9	31	86
天津	2	4	5	11	5	4		9	20
宝坻	2	1	5	8	3	4	1	8	16
南皮	4	1	3	8	3			3	11
青县	1	4	2	7	2	2	1	5	12
肃宁	2		1	3		1	2	3	6
海夏			2	2	1	1	2	4	6
冀县		1		1		1	2	3	5
无棣	2	1		3					3
清河		1	1	2			1	1	3
武清	1			1		1		1	2
河间	26	8	21	55	5	17	9	31	86
交河	1	7	12	20	3	7	9	19	39
宁津	4	3	3	10		2	2	4	14
东光	2	2	5	9		4	2	6	15
静海	1	3	2	6	2	3	4	9	15
文安	1	2	3	6	1	2		3	9
德平			3	3		1	2	3	6
景县	1	1		2	1	1	1	3	5
滦平		1	1	2		1	1	2	4
顺义									
赞皇		2	1	3					3
济南	1			1					1

资料来源：《（天津第六区闽侯路红卍字会粥厂）本厂难民数目表》，1948 年，J0025-3-006255-017；《（天津市第六区闽侯路红卍字会粥厂）为报食粥难民册一份请备查致天津市社会局社会福利科呈（附难民清册）》，1948 年 2 月 7 日，J0025-3-004237-037

（二）天津黄卍字会举办的难民休息站

相比天津红卍字会，天津黄卍字会虽仅在 1948 年举办过两座难民休息站，但它们规模均很大。

（1）第一难民休息站。1948 年 5 月 31 日，以东北战事逐渐展开，大量难民开始逃入天津。他们下车后，因无亲可投，多露宿东车站附近及二区二、三经路一带。虽经天津地方政府和慈善团体设法安置，因人多地隘，流落街头者，为数甚众。"又值阴雨连绵，妇孺号泣，令人闻之酸鼻。"①目睹此种惨状，天津黄卍字会在东车站附近设立临时水亭，施予药品，供给饮用。同时，天津市社会局也运来帐篷 20 余架，以供难民休息之用。以难民众多，6 月 2 日，天津黄卍字会呈文社会局，"鉴于难胞遭受雨淋，不忍坐视，乃有临时休息站之办法"②，希望办理难民休息站事宜，获得批准。于是天津黄卍字会开始在二区三经路建设难民休息站，这便是天津黄卍字会第一难民休息站。该休息站初称"东北难胞临时休息站"，待第二休息站开建后，始称第一休息站。主任马献光，副主任王春霖，助理韩瀛，看水亭夫役李玉庆，巡回施水夫役马东珍。③天津黄卍字会拟建设帐篷 23 座，每个帐篷容纳 30 人，总共可容纳 690 人。以此时只有难民 500 人，尚较充裕。天津黄卍字会又搭盖厕所，设立施水亭等配套设施，以保证难民基本的生活需要。④6 月 11 日，第一难民休息站基本建设完毕。

到 7 月 21 日，该休息站共设帐篷 29 座，收容难民近千人，"站外窝铺数十座，收容约数百人；而露宿街头，栖止无常者，为数约有千余人"⑤。到 9 月 23 日，院内搭有帐篷 31 座，边道上搭有 112 座，"收容人数总计一五四五名，内有成年男子五三一名，女子七一二名，幼儿三〇二名，成年男子中有残废二名"⑥。住于院内帐篷中者计 774 名，另有 771 名住于边道窝铺之中。

（2）第二难民休息站。难民蜂拥而来，使第一难民休息站迅速人满为患，天津黄卍字会又积极筹划第二难民休息站，地址在第四区兴亚村宏佛金刚寺附近空地，主任曲棣华，副主任李筱山，干事张长则。计划在该处暂搭 100 座芦席窝铺，"收容陆续来津及露宿街头之难胞，使其暂有栖身之所，勉尽救济同胞之谊"⑦。截至 7 月 24 日，计由第一休息站道路两旁

① 《为救助东北逃来难民事致天津市社会局代电》，1948 年 5 月 31 日，J0025-3-004251-003。

② 《为安置难民并派员临场管理事致市社会局代电》，1948 年 6 月 2 日，J0025-3-004251-004。

③ 《为请指示遣送难民方案事与市社会局往来代电（附服务人员姓名表）》，1948 年 6 月 21 日，J0025-3-004251-010。

④ 为报查黄十（卍）字会难民人数等事致市社会局长呈》，1948 年 6 月，J0025-3-006324-031。

⑤ 《为陈述难民休息站救济难民应行报告及请求事项事致天津市社会局胡局长的快邮代电》，1948 年 7 月 21 日，J0025-3-006266-026。

⑥ 《赴天津黄卍字会第一休息站视察报告》，1948 年 9 月 23 日，J0025-3-006267-016。

⑦ 《为准予搭盖窝铺收容难民事致黄卍字会指令》，1948 年 8 月 4 日，J0025-3-004251-001。

遣送至第二休息站难民 320 人[①]，可知该休息站最初计划开办，应在 7 月中下旬，到 24 日，才建有近 10 座帐篷，离 100 座的计划尚远。到 8 月 14 日，该休息站已收容难民 1000 多人，8 月 23 日 1284 人，9 月 5 日 1787 人，7 日 1770 人。据调查，9 月 24 日，寺前寺后及寺右，共有窝铺 261 座，帐篷 1 座，“总计（收容）一四四七名，内有成年男子五七六名，女子五一六名，幼儿三五五名，成年男子中有残废三名”[②]。

（3）被救济难民分析。天津黄卍字会主办休息站之难民来源，以山东籍为多，去向也多是山东各地，尤以青岛者最多。以第一休息站为例，如表 2-17 所示，当时该站共有帐篷 19 座，收容难民 134 家，籍贯在山东的 108 家，约占 80.60%，东北 10 家，约占 7.46%，河北省及天津市周围地区 13 家，约占 9.70%，上海市 2 家，约占 1.49%，河南省 1 家，约占 0.75%。他们投奔的方向，河北省 1 家，约占 0.75%，山东省 122 家，约占 91.04%（到青岛的 111 家，约占 83.58%），上海市 11 家，约占 8.21%。他们籍贯多为山东，目的地多为山东，尤其是青岛。从对比亦可发现，投奔山东者，有些原籍不在山东；原籍上海者仅 2 家，却有 11 家投奔上海，由此反映出难民投奔目的地还受到其他因素影响。

表 2-17　1948 年 6 月 26 日天津黄卍字会东北逃津难胞第二区第一难民休息站登记清册

棚号	姓名	籍贯	来处	去处	家属	棚号	姓名	籍贯	来处	去处	家属	棚号	姓名	籍贯	来处	去处	家属
1	尹中庸	山东	长春	青岛	大 2 小 3	7	张少兴	山东	沈阳	青岛	大 2 小 2	14	于树文	山东	长春	青岛	大 2
	齐华国	山东	沈阳	青岛	大 2 小 4		刘玉群	山东	沈阳	青岛	大 2 小 2		魏子安	山东	长春	青岛	大 2 小 3
	王松峰	山东	沈阳	青岛	大 3 小 1		冯禅林	山东	沈阳	青岛	大 1		王天鹄	山东	长春	青岛	大 2
	王本忠	山东	沈阳	青岛	大 1		董福堂	山东	沈阳	青岛	大 3 小 1		刘宝贤	吉林	长春	青岛	大 2 小 3
	李宝忠	山东	沈阳	青岛	大 1 小 1		梁庆荣	山东	沈阳	青岛	大 5	15	王升山	吉林	长春	青岛	大 2
	雷孙氏	京西	河北	青岛	大 2 小 2	8	杨廷芳	上海	沈阳	上海	大 4		刘景秘	吉林	长春	青岛	大 1 小 1
	刘恩轩	河北	阜县	青岛	大 2 小 3		唐贵臣	上海	沈阳	上海	大 3 小 1		胡世湧	山东	长春	青岛	大 2 小 2
	吴漪	河北	北平	青岛	大 1 口		王玉堂	山东	沈阳	青岛	大 3 小 2		张永花	山东	长春	青岛	大 1
2	高盛义	山东	营口	青岛	大 2 口		王才	东北	沈阳	上海	大 2		李树堂	山东	长春	青岛	大 3 小 3
	王鸿义	河北	吉林	河北	大 2		吴树民	山东	沈阳	青岛	大 2		孙玉峰	松北	长春	青岛	大 2 小 1
	张起山	河北	吉林	青岛	大 2 小 2		冯文堂	山东	沈阳	青岛	大 3 小 2		王九升	松北	长春	青岛	大 1
	王学华	山东	长春	青岛	大 2 口		王炳伦	山东	沈阳	青岛	大 2		高庆德	山东	长春	青岛	大 3 小 1

① 《为收难民赈名册报局备核事致黄卍字会指令（附代电）》，1948 年 8 月 3 日，J0025-3-004251-012。

② 《报告赴天津黄卍字会第二休息站视察情形》，1948 年 9 月 24 日，J0025-3-006267-015。

续表

棚号	姓名	籍贯	来处	去处	家属	棚号	姓名	籍贯	来处	去处	家属	棚号	姓名	籍贯	来处	去处	家属
3	孙文兴	山东	长春	青岛	大 3 口	8	刑秉文	盘山	沈阳	上海	大 1 小 1	15	徐德正	山东	长春	青岛	大 2
	韩作发	山东	沈阳	青岛	大 5 口		杨宏涛	山东	沈阳	上海	大 2 小 1		杨吉兆	山东	长春	青岛	大 1
	王少英	山东	沈阳	青岛	大 1 口		李有年	山东	沈阳	山东	大 3 小 2		朱锡三	山东	长春	青岛	大 1
	张治举	山东	沈阳	青岛	大 1 口	9	倪春阁	山东	沈阳	山东	大 4 小 2	16	李忠义	山东	长春	青岛	大 2 小 2
	李殿森	山东	沈阳	青岛	大 2 小 3		袁世昌	山东	沈阳	山东	大 2 小 3		武文林	山东	长春	青岛	大 2
	董显柔	山东	沈阳	青岛	大 1 口		田相廷	山东	沈阳	山东	大 4 小 4		王云祥	山东	长春	青岛	大 2 小 3
4	赵振山	山东	沈阳	青岛	大 2 小 2		于明雨	山东	沈阳	山东	大 2		王桐轩	山东	长春	青岛	大 3 小 1
	李家才	山东	沈阳	青岛	大 2 小 2	10	宁福鸿	山东	长春	青岛	大 3 小 2		冯四海	山东	长春	青岛	大 4
	李孝生	山东	沈阳	青岛	大 2 小 2		王恩圣	山东	长春	青岛	大 2 小 1		苗福珍	山东	长春	青岛	大 2
	庞景堂	山东	辽阳	青岛	大 2 小 6		于鸿魁	山东	长春	青岛	大 2 小 4		纪振升	山东	沈阳	青岛	大 2
	董义春	山东	沈阳	青岛	大 2 小 1		王玉财	山东	长春	青岛	大 2	17	刘福祥	山东	沈阳	青岛	大 2 小 1
	王崔氏	宁河	大连	青岛	大 3 小 2	10	张锡恩	山东	长春	青岛	大 2	17	程业盛	山东	沈阳	青岛	大 2 小 2
	徐凤楼	宁河	大连	青岛	大 3 小 3		吕永洲	山东	长春	青岛	大 2		丛秀玉	山东	沈阳	青岛	大 2
5	张学吉	山东	沈阳	青岛	大 3	11	管恩成	山东	安山	青岛	大 2 小 3		于洪泰	山东	沈阳	青岛	大 1
	孟昭忠	山东	沈阳	青岛	大 1		徐春旺	山东	安山	青岛	大 2		程小五	东北	沈阳	上海	大 1
	孔祥珍	山东	沈阳	青岛	大 2 小 1		盖明新	山东	安山	青岛	大 2 小 2		王福元	山东	沈阳	青岛	大 3 小 2
	李文英	山东	沈阳	青岛	大 2 小 4		盖为新	山东	安山	青岛	大 3 小 4		程华荣	山东	沈阳	青岛	大 2 小 2
	孔范成	山东	沈阳	青岛	大 2 小 3		朱先爱	山东	安山	青岛	大 1 小 1		李玉海	山东	沈阳	青岛	大 1 小 1
	孟宪章	河北	沈阳	青岛	大 2 小 3		唐云明	山东	安山	青岛	大 2 小 1		宋方仁	山东	沈阳	青岛	大 2 小 4
	孟宪武	河北	沈阳	青岛	大 3 小 2	12	朱恩富	山东	安山	青岛	大 2	18	刘本吉	山东	沈阳	青岛	大 7 小 1
	刘国辅	河北	长春	青岛	大 2 小 2		孙汝富	山东	安山	青岛	大 3 小 1		康刘氏	山东	沈阳	青岛	大 1 小 2
6	李德盛	山东	四平	青岛	大 2 小 3		李花勤	山东	安山	青岛	大 3		祝森	山东	沈阳	青岛	大 4 小 1
	杜明伦	山东	四平	山东	大 2 小 1		冯永贵	河北	长春	青岛	大 2 小 2		王成玉	山东	沈阳	青岛	大 2
	刘先秦	山东	沈阳	山东	大 2 小 4		胡广珍	河北	长春	青岛	大 1		关国盛	山东	沈阳	青岛	大 3 小 1
	高坤凤	山东	沈阳	山东	大 2		王占魁	河南	沈阳	上海	大 2	19	刘泰顺	山东	安山	青岛	大 3 小 2
	程俊和	山东	沈阳	山东	大 2 小 2		赵青山	山东	沈阳	上海	大 2 小 2		张如香	山东	长春	青岛	大 1
	徐成元	山东	沈阳	山东	大 2 小 2		刘建章	山东	长春	青岛	大 3 小 4		郝福祥	山东	长春	青岛	大 3 小 1
	尹正轩	山东	沈阳	山东	大 3		夏元廷	山东	长春	青岛	大 2 小 3		崔汉乐	山东	长春	青岛	大 2 小 1
7	范增明	山东	沈阳	青岛	大 3 小 2	13	钱白氏	山东	长春	青岛	大 2 小 2		张松言	山东	长春	青岛	大 2 小 2
	秦富官	山东	沈阳	青岛	大 3 小 1		李郭氏	山东	长春	青岛	大 3		张鸿泰	山东	长春	青岛	大 2 小 2
	秦乔氏	山东	沈阳	青岛	大 2		贾贵林	吉林	长春	上海	大 1		周庆森	沈阳	长春	上海	大 1
	李贵	山东	沈阳	青岛	大 2 小 2		邓兆林	山东	长春	青岛	大 2 小 2		李庞氏	沈阳	长春	上海	大 1
	李柱来	山东	沈阳	青岛	大 5 小 1		盖德善	山东	长春	青岛	大 4 小 3						
总计	大 305，小 173																

资料来源：《东北逃津难民登记清册》，1948 年，J0025-3-004235-004

对天津黄卍字会和市政府来说，只有使难民尽早离开天津，或在天津有生计，才算真正完成任务。故除展开难民救济外，天津黄卍字会还积极安排难民离津：

于赴青岛乘轮难胞轮船公司方面……无保证者，不准购票。而难胞逃津，举目无亲……滞留津门，难免流为饿殍。本会服务救济，向以方便为本，虽暂由会方盖章保证，以便早日疏散回籍，减少市内食住之威胁……但轮船公司……尚多顾虑，当经饬知……停止盖章担保。除日遣送者外，人数尚多，亟应速筹遣送方策，并向轮船公司连（联）络……尽量予以便利。①

但因为轮船公司不认可天津黄卍字会的盖章担保，只能停止遣离难民。1948 年 6 月 28—7 月 31 日，遣赴上海者 173 人，青岛者 70 人，烟台者 5 人，共计 248 人。依照社会局规定，赴上海者，“每人发给路食赈米五斤，赴青岛、烟台者，每人发给路食赈米三斤之规定，共领到赈米一千三百一十斤，共发放赈米一千零九十斤”②。

除遣离外，还有以工代赈的方法，安置难民。难民休息站所收容之难民，均系有眷属者，那些独身者，考虑到不便与前者杂处，便没有收容。8 月 7 日，天津黄卍字会与时任华北救济委员会主委的丁懋英③洽商，想利用这些人做扫除工作：

当经本会就第一休息站附近独身难民中，挑选精壮四十名，除以十二名分配第一休息站担任煮水、输送、清洁、扫除等工作（外），另以八名分配第二休息站……以十二名交由警察二分局清洁第二分队支配，担任本区内清洁工作……此外，由第二休息站挑拨壮丁十名，担任该休

① 《为请指示遣送难民方案事与市社会局往来代电（附服务人员姓名表）》，1948 年 6 月 21 日，J0025-3-004251-010。

② 《为本会办理难民遣送人数及领发赈米数目造具表册请备查致天津市社会局代电》，1948 年 8 月 21 日，J0025-3-006283-022。

③ 丁懋英（1891—1969），女，上海人。著名中医丁甘仁之女。民初就读于天津严氏女学，受严修爱重。后得严氏资助，赴英学医。归国后加入天津公立女医院（水阁医院），并任院长。1935 年创立天津女医院（在今成都道）。日本投降后，曾在联合国救济总署、国民政府行政院救济总署华北国际救济会工作。丁氏还曾担任天津女青年会董事，参与慈善事业。1949 年以后，去香港，后定居美国。参见中国人民政治协商会议天津市委员会文史资料研究委员会：《天津近代人物录》，1987 年，第 3 页。

息站左右地方暴露之尸骨浮棺掩埋工作……定于本月九日开始工作。[①]

然而，这项工作亦不轻松。天津黄卍字会无力支付工人工资，丁懋英仅允暂拨麸面每日每人发给 3 斤，限 20 人，而“利用难胞挖河工作……每日所得之工价，不足一人一餐之费，生活难以维持”[②]。故欲使此项工作得以实行，只能请天津市社会局提供支持。

第四节 夏赈、冬赈

一年四季，春暖夏热秋凉冬寒，四季虽有不同，却是自然之规。然对于贫苦民众来说，意义大不相同。夏季太热，容易饥渴、中暑、发生疫病；冬季太寒，需厚衣服御寒，大量食物充饥。民国时期，不少民众只因太过贫穷，遂使水、茶、药、衣、食，均成了奢侈品。故而每到夏季、冬季，以天津“卍”字会为代表的慈善团体往往集中开展赈济活动。“赈”的方式多样，一般来说，夏赈以向贫苦民众施予水、药为主，规模较小；冬赈则以发放衣食和开办粥厂、暖厂较为普遍。

一、夏赈：施水、施茶、施药

所谓夏赈，指每年夏季，因天气过热，各慈善团体为使民众有解渴之所，降暑之方，而举办的临时性慈善事业。由于旧时天津城市卫生条件较差，每值“溽暑薰蒸，关于贫民健康卫生等，自应特别注意”[③]。这一时期往往疾病传染较为迅速，为此，天津“卍”字会经常举行施茶、水、药活动，以保护城市卫生、减少传染、帮助贫苦民众安稳度夏。

1938 年 6 月 28 日，天津红卍字会致函警察局第一区署长张显刚：

敝会每至夏令，筹设水箱施舍茶水，历有年所。现届溽暑，亟应继续施行。查本市德华医院等处，隶属贵署管界之内，已定于七月一

---

① 《为挑选独身难民以工代赈事致天津市社会局胡局长代电》，1948 年 8 月 7 日，J0025-3-006223-018。

② 《为送本年八月八至十二日实施工作日报表事致市社会局呈（附表）》，1948 年 8 月 14 日，J0025-3-006246-051。

③ 《为定于六月十五日开始施送茶水，请查照备案由》，1942 年 6 月 15 日，J0218-3-005108-021。

日安设水箱，相应函请饬属随时保护。①

可知天津红卍字会夏季经常举办施茶、施水活动。次日，张显刚将函转呈警察局，得到肯定答复。此次施茶、施水的地点在德华医院（南马路荣业大街口）、大德亨玻璃庄（北门东）、华中印刷局（北马路）、成记纸庄（东北城隅）、谦祥厚玻璃庄（东北城隅）、凤祥鞋店（东门南）等几个地方。

天津黄卍字会也积极举办施茶、施水、施药等救济工作。1938 年 4 月 21 日，天津黄卍字会上呈天津市社会局社会福利科，报告当年施茶、水、药的情况。当年共有 5 座施水亭，分别设于一区、七区、八区等处，11 座施茶处，分布地点相对施水亭较为广泛。参与施茶者，如表 2-18 中的薛兰亭、赵秉政、周捷三等人，均是天津黄卍字会的主要领导，可见重视之一斑。施药方面，共施有藿香正气丸、普度药水、十滴药水、香连化滞丸、时莲化滞丸等，主要用来预防或治疗夏季常见之痢疾、吐泻等疾病，详见表 2-19。1948 年 8 月，天津黄卍字会于第二区老车站设立茶缸一处，于 25 日开始施送开水，社会局承诺拨发烟煤一吨，以便维持。至于“不足之数，由该水铺乐予捐助”②。至 9 月 15 日一月期满结束。

表 2-18　1938 年 4 月天津黄卍字会施茶情况表

项目	姓名	茶缸口数	性质	设置地址
施茶	赵秉政	1 口	自认	第二区民生路交通货栈门前
	郭松林	1 口	自认	南门西美利斯叫卖行门前
	刘绍周	1 口	自认	第二区黄家花园德生煤厂门前
	薛兰亭	1 口	自认	大口沿河马路华北搪瓷公司门前
	黄卍字会分会	1 口	自认	第六区大营门前本会门前
	振记颜料庄	1 口	自认	东楼大街桥南
	王云涛	1 口	自认	东门外袜子胡同内本宅门前
	周捷三	1 口	自认	第六区小白楼魁昌洋行门前
	于锡九	1 口	自认	第四区地产外永大叫卖行
	张雁宾	1 口	自认	第一区滨江道河沿余庆栈门前
	蒋耀庭	1 口	自认	第十区菜市前

① 《第一警署呈为世界红卍字会天津县分会函，安设水箱施舍茶水，请保护》，1938 年 6 月 28 日，J00218-3-00005-04270。

② 《为报办理夏季施茶等事致天津市社会局的呈》，1948 年 9 月 27 日，J0025-3-006212-037。

表 2-19　1938 年 4 月天津黄卍字会施药情况表

项目	类别	数量	主治
施药	藿香正气丸	600 付	
	普渡药水	200 付	四时不正，一切时令等症
	十滴药水	500 瓶	吐泻、腹痛
	香连化滞丸	400 付	
	藿香正气丸	500 付	四时不正，吐泻
	时莲化滞丸	200 付	痢疾

注：以上各项临时规定约计数额，倘随时尚有捐助或指定施送者，再行附表施送之

资料来源：《为报民国三十七年度夏季设立施水亭地点及施药数目列表等事致市社会局社会福利科的呈（附施水茶缺地点表等）》1948 年 4 月 21 日，J0025-3-006212-008；《为报本年夏季施茶亭地址事致市社会局福利科的呈》，1948 年 4 月 18 日，J0025-3-006212-009；《本会民国三十六年暑期施药清单》，1947 年 9 月 2 日，J0025-3-006367-014

1931 年 7 月 3 日，警察局发给天津蓝卍字会训令，内附其致警察局的呈文：

本会暑期施送茶药，历经举办有年，深荷各界人士赞许，成绩蔚然。兹拟定于国历七月一日开始，施送茶水、暑药，以资救济。①

此材料反映了天津蓝卍字会此前亦经常举办施茶、施药活动。

当年施茶架安设地点如下：

一、东北城角凯记公司门首，二、北门西同祥涌玻璃庄门首，三、东南城角华利成自行车行门首，四、官银号同丰自行车行门首，五、南市松竹楼饭庄门首，六、广益大街南口正阳春饭庄门首，七、北大关隆昌海味店对过桥口，八、西南城角永安茶庄门首，九、河北（区）大胡同济世药房门首，十、特二区兴隆街东口颜承忠麻袋庄门首，十一、河东天宝戏院门首；十二、河东地道外同生布铺门首，十三、特别一区山西路口，十四、天津铁路局东货厂内五处，十五、河北（区）三条石东口天合兴铁工厂门首，十六、南关下头华鑫制革厂门首，十

① 《市局关于万（卍）字会施送茶药、鱼类营业税征收商号一律入会等杂项训令（第一卷）》，1931 年 7 月，J0218-3-007341。

七、广益大街北口仁利成自行车行。[1]

以上活动地点共 17 处。当年所施之药品，有救急水、外治虎疫药、痢疾散、普济急救丹、藿香正气丸、慈航仙丹等，均是夏季常备药品。

1938 年 6 月 15 日开始，天津蓝卍字会开始施茶。当年施茶地点有 7 处。[2]自 1942 年 6 月 15 日开始，天津蓝卍字会亦举办施茶、施药。当年地点为 22 处。[3]施药种类，有十滴水、藿香正气丸、金衣去暑丸、慈航仙丹、痢疾散等夏季常用药。

从表 2-20 可知，1947 年夏季，天津蓝卍字会共施药 12 次，7 月 4 次，中、下旬各 2 次，8 月 6 次，上、中、下旬各 2 次，9 月仅上旬 2 次。所施药品，和天津黄卍字会所施药品相仿，多为夏季防暑药。这些药品虽然常见，但对贫困民众来说，仍十分难得。

表 2-20　1947 年天津蓝卍字会暑期施药清单

日期	施药	车费	日期	施药	车费
7.11	正气丸 40 付，十滴水 30 瓶，无极丹 15 包，避瘟散 8 包	18 500 元	8.11	慈航仙丹 30 包，化滞丸 5 包，去暑药，去暑单 5 丸	16 000 元
7.12	正气丸 25 付，十滴水 20 瓶，无极丹 10 包，避瘟散 8 包	17 000 元	8.12	慈航仙丹 18 包，化滞丸 25 包，去暑单 3 包	21 000 元
7.21	正气丸 15 付，十滴水 18 瓶，化滞丸 25 包	19 000 元	8.21	慈航仙丹 31 包，化滞丸 12 包	17 000 元
7.22	十滴水 25 瓶，化滞丸 25 包	19 500 元	8.22	慈航仙丹 17 包，化滞丸 12 包	19 000 元
8.1	十滴水 15 瓶，化滞丸 18 包，去暑药 5 包	18 000 元	9.1	慈航仙丹 16 包，化滞丸 18 包	22 000 元
8.2	正气丸 16 付，化滞丸 15 付，去暑药 10 丸，平安散 5 包	19 000 元	9.2	慈航仙丹 14 包，化滞丸 16 包	18 500 元

资料来源：《为报民国三十七年度夏季设立施水亭地点及施药数目列表等事致市社会局社会福利科的呈（附施水茶缺地点表等）》1948 年 4 月 21 日，J0025-3-006212-008；《为报本年夏季施茶亭地址事致市社会局福利科的呈》，1948 年 4 月 18 日，J0025-3-006212-009；《本会民国三十六年暑期施药清单》，1947 年 9 月 2 日，J0025-3-006367-014

1947—1948 年夏，天津蓝卍字会举办了施茶活动，地址如表 2-21。一般来说，天津蓝卍字会施茶活动的地点都相对固定，这些地方应与天津蓝卍字会关系密切。如曾任会长的刘元忠为同聚木号的董事长，慈泽中学为天津蓝卍字会所创办的中学。

---

① 《市局关于万（卍）字会施送茶药、鱼类营业税征收商号一律入会等杂项训令（第一卷）》，1931 年 7 月，J0218-3-007341。

② 《蓝卍字会为夏令施茶缸架安设地点请予保护》，1938 年 6 月，J218-3-5-4270。

③ 《为定于六月十五日开始施送茶水，请查照备案由》，1942 年 6 月 15 日，J0218-3-005108-021。

表 2-21 1947—1948 年天津蓝卍字会夏季施茶亭地址

单位	地址	单位	地址	单位	地址
同聚木号	河北三条石小胡同	凯记公司	东北城角	利源银号	第一区杨福荫路
同祥湧玻璃庄	北门西	三昌号砂石厂	第一区张自忠路	信和隆油行	罗斯福路芦庄子口
通德裕货栈	河东民生路	天合兴铁厂	河北三条石	慈泽中学校	第六区徽州道
蓝卍字会	东门内经司胡同南口				

注：1947 年，共 9 处，7 月 1 日开始施水，1948 年共 10 处，多慈泽中学一处，另利源银号一处于 6 月 21 日前后移于哈尔滨道中国大戏院门前

资料来源：《为报民国三十七年度夏季设立施水亭地点及施药数目列表等事致市社会局社会福利科的呈（附施水茶缺地点表等）》1948 年 4 月 21 日，J0025-3-006212-008；《为报本年夏季施茶亭地址事致市社会局福利科的呈》，1948 年 4 月 18 日，J0025-3-006212-009；《本会民国三十六年暑期施药清单》，1947 年 9 月 2 日，J0025-3-006367-014

二、冬赈：粥厂

相对于以施茶、施水、施药为代表的夏赈来说，对许多慈善团体和广大难民来说，冬赈更加重要。冬赈的方式多样，有直接发放粮食、衣物，也有开办粥厂、暖厂。

直接施放粮食衣物。1937 年冬，由战争所引致的救济问题仍在持续。是年冬，需要赈济的灾民、难民比以往更多。如表 2-22、表 2-23 所示，刚刚办完急赈，天津红卍字会便在西营门、四座坟、城里赵家胡同等 16 处办理冬赈，“施出赈米十六万九千一百斤，玉面一万五千余斤，赈款一千三百八十元，棉衣二千七百余件”①。赈衣的数目按实际需要进行发放，未必每家都有。

表 2-22 1937—1938 年天津红卍字会冬赈人数、赈品一览表（一）

地址	户数（户）	赈粮数目（斤）	赈衣数目（件）
西营门	402	4450	47
河东于家地	450	4500	292
海会寺大街	1214	14 265	274
西广开	1288	13 455	158
大药王庙	920	10 320	262
谦德庄	1275	13 555	103
城里赵家胡同	959	10 810	168
习艺所前	1203	14 020	194
中营东西	162	2275	34
联兴里	1268	14 255	225

① 世界红卍字会天津主会：《世界红十（卍）字会天津主会临时救济总报告（附征信录）》（1937 年 7 月 29 日—1938 年 2 月 28 日）甲编，出版时间不详，第 9 页。

续表

地址	户数（户）	赈粮数目（斤）	赈衣数目（件）
万德庄	1165	12 170	115
四座坟[2]	987	11 050	399
宣家楼	220	2200	32
南大道后街	1056	12 395	271
老三不管	1743	18 040	105
北营门	1015	11 340	88
总计	户数：15 327 户；赈粮数目：169 100 元；赈衣数目：2767 件		

注：（1）施放人员：鲁惟阁、陈妙超、董灵濬、王春瑾。（2）施放人员：张泽灏、王通冲、余灵秘、温春瑞，除此之外，其他地方未标施放人员

表 2-23　1937—1938 年天津红卍字会冬赈人数、赈品一览表（二）

地点	户数（户）	人口（个）	玉面斤数（斤）	赈款数目（元）	施放人员	备注
城内三官庙等处	100		1280		李曜蕴、吴道权	此系零星求赈
城北西沽村等处	76		1285		李曜蕴、吴道权	此系本市文贫孀妇自求
河北小王庄等处	483		3000		吴道权、鲁惟阁	
河北狮子林等处	109		1265		陈妙超、王春瑾	
河北小王庄等处	535			138.50	傅涵谷、吴道权	
南大道李家楼	37			30.00	李曜蕴、吴道权	此系文贫妇孺自求
本会粥厂贫民		6193		619.30	鲁惟阁、陈妙超	
河东养鱼坑	1149			583.20	傅涵谷、吴道权	
河东养鱼坑	87		870		王晹礽、余灵秘	总计
河东沈庄子	122		1450		李曜蕴、吴道权	
谦德庄	115		1100		王晹礽	
万德庄	21		250		王晹礽	
本会残废人		90		9.00	鲁惟阁、陈妙超	
本会恤嫠部	70		2000		董灵濬、吴道权	
瞽目三皇会		240	700		孟博诚	
零星施赈	80		1000		杨旸调	
救济文贫		94	1680			
总计	户数：2984 户；人口：6617 个；玉面斤数：15 880 斤；赈款数目：1380.00 元					

资料来源：世界红卍字会天津主会：《世界红十字会天津主会临时救济总报告（附征信录）》（1937 年 7 月 29 日—1938 年 2 月 28 日）甲编，出版时间不详，第 13—16 页

天津红卍字会又在河东沈庄子等 11 处救济难民，并对自己所开办粥厂的难民、残疾院难民等亦进行救济，共计 2984 户、6617 人，发玉面 15 880 斤。天津红卍字会成员李曜蕴、吴道权、陈妙超等为此次施放的主要成员。

不过，更重要、影响更大的还是开办粥厂，它是天津“卍”字会冬赈的主要方式。民国年间，各种自然灾害和社会灾害经常发生，造成的灾民难民众多，加之此时贫民数量同样众多，每年冬季，他们往往求食困难。在这种情况下，开办粥厂便成了解决广大贫民、难民基本生活问题的有效方式。为此，或者在以天津市社会局为中心的政府机构的领导下，或者自发组织，天津“卍”字会常于冬季开办粥厂，解决贫苦民众的燃眉之急。

（一）天津红卍字会粥厂

根据《天津红卍字会己巳年冬施粥厂征信录》，如表 2-24，1929 年 12 月 10 日至 1930 年 3 月 9 日，天津红卍字会共施粥 90 天。食粥人数少则每天 1550 人，多则每天 6364 人，数量巨大。所施放粮食有小米、谷物等数种，根据穷困情况决定发放粮食数量。

表 2-24　1929—1930 年天津红卍字会施粥情况

施粥日期	食粥人数（个）	用米斤数（斤）	用煤斤数（斤）	用水担数（担）	施粥日期	食粥人数（个）	用米斤数（斤）	用煤斤数（斤）	用水担数（担）
1929年12月10日	1704	680	320		1929年12月11日	1777	987	480	
1929年12月12日	2976	1175	640	120	1929年12月13日	2330	875	800	100
1929年12月14日	2943	1190	980	140	1929年12月15日	3235	1400	1120	160
1929年12月16日	3212	1478.5	1190	170	1929年12月17日	3178	1312.5	1250	150
1929年12月18日	4030	1575	1300	160	1929年12月19日	3851	1575	900	160
1929年12月20日	4424	1700	900	170	1929年12月21日	3887	1530	800	160
1929年12月22日	4675	1870	950	187	1929年12月23日	4433	1785	900	190
1929年12月24日	4535	1870	920	190	1929年12月25日	4675	1870	1000	210
1929年12月26日	4903	1955	1050	220	1929年12月27日	5246	2125	1130	250
1929年12月28日	5300	2125	1250	260	1929年12月29日	5850	2210	1350	280
1929年12月30日	5090	2040	1200	260	1929年12月31日	5800	2210	1300	290
1930年1月1日	5613	2210	1300	280	1930年1月2日	5120	1920	1200	280
1930年1月3日	5172	1940	1250	260	1930年1月4日	4911	1980	1300	260
1930年1月5日	4284	1485	1200	240	1930年1月6日	5292	1980	1300	260
1930年1月7日	5109	1980	1300	260	1930年1月8日	5280	1980	1350	270
1930年1月9日	5462	1980	1350	280	1930年1月10日	5532	1980	1350	280
1930年1月11日	5505	1980	1350	270	1930年1月12日	5720	2145	1450	280
1930年1月13日	5768	2145	1450	280	1930年1月14日	6364	2227.5	1550	290
1930年1月15日	5782	1980	1400	270	1930年1月16日	5917	2145	1450	270
1930年1月17日	6128	2145	1500	275	1930年1月18日	5893	2062.5	1450	270
1930年1月19日	5968	2145	1500	270	1930年1月20日	5970	2145	1500	270
1930年1月21日	5916	2145	1500	270	1930年1月22日	5897	2145	1500	270

续表

施粥日期	食粥人数（个）	用米斤数（斤）	用煤斤数（斤）	用水担数（担）	施粥日期	食粥人数（个）	用米斤数（斤）	用煤斤数（斤）	用水担数（担）
1930年1月23日	5862	2145	1500	270	1930年1月24日	6000	2062.5	1450	270
1930年1月25日	5600	2062.5	1450	270	1930年1月26日	5835	1980	1450	270
1930年1月27日	5720	1897.5	1450	260	1930年1月28日	4030	1815	1400	250
1930年1月19日	4050	1237.5	1300	220	1930年1月30日	1550	660	1300	100
1930年1月31日	2140	825	1300	150	1930年2月1日	3163	1320	1450	180
1930年2月2日	3070	1320	1450	200	1930年2月3日	3410	1485	1500	230
1930年2月4日	3450	1485	1500	230	1930年2月5日	3550	1650	1500	235
1930年2月6日	3230	1650	1500	235	1930年2月7日	3631	1485	1450	220
1930年2月8日	4000	1650	1450	235	1930年2月9日	4020	1650	1450	235
1930年2月10日	4260	1732.5	1450	240	1930年2月11日	4110	1732.5	1450	240
1930年2月12日	4808	1815	1450	265	1930年2月13日	3845	1650	1400	240
1930年2月14日	3540	1567.5	1350	240	1930年2月15日	3469	1567.5	1350	240
1930年2月16日	3990	1732.5	1400	250	1930年2月17日	4017	1815	1450	250
1930年2月18日	4490	1925	1500	260	1930年2月19日	4320	1897.5	1500	260
1930年2月20日	4800	1980	1500	265	1930年2月21日	4541	1980	1500	265
1930年2月22日	4470	1980	1500	270	1930年2月23日	4010	1650	1350	230
1930年2月24日	3235	1485	1400	215	1930年2月25日	3467	1485	1350	215
1930年2月26日	3455	1650	1400	225	1930年2月27日	4063	1650	1400	225
1930年2月28日	4426	1897.5	1700	250	1930年3月1日	3888	1650	1550	225
1930年3月2日	4320	1732.5	1600	235	1930年3月3日	3688	1815	1550	235
1930年3月4日	4128	1980	1650	255	1930年3月5日	4385	2062.5	1700	275
1930年3月6日	4450	2062.5	1650	275	1930年3月7日	4590	1980	1650	270
1930年3月8日	4857	1980	1650	270	1930年3月9日	6010	2310	1850	310

资料来源：《天津红卍字会己巳年冬施粥厂征信录》，1929年

1939年，在天津市社会局的督促下，天津红卍字会在新唐家口开设粥厂。11月21日，在致天津市社会局的一份公文中反映，该粥厂“食粥人数每日规定五千人……每日煮粥最少需煤一吨”①。设立百日，共需煤100吨。因需煤数量巨大，自身又无力负担，只能靠天津市社会局接济。

据1946年3月14日天津红卍字会向天津市社会局的报告，当年1月10日—3月8日，天津红卍字会和天津红十字会合作在新唐家口举办干粥厂，具体施粮情况如表2-25、表2-26所示。

① 《世界红十（卍）字会函报设立粥厂》，1939年11月，J0132-1-000082。

表 2-25　1946 年天津红卍字会施粮数量旬报表

日期	原存粮数（市斤）	现放人数（个）	现放粮数（市斤）	实存粮数（市斤）	备注
1月12日	小米：29 340，谷子：621 000	3242	小米：12 157.5	小米：17 182.5，谷子：621 000	
1月13日	小米：17 182.5，谷子：621 000	4056	小米：15210	小米：1972.5，谷子：621 000	
1月14日	小米：1972.5，谷子：621 000	526，1103	小米：1972.5，谷子：6893.75	谷子：614 106.25	
1月22日	谷子：614 106.25	3175	39 687.5	574 418.75	
1月23日	574 418.75	4400	55 000	519 418.75	
1月24日	519 418.75	1387	17 337.5	502 081.25	每口计 200 两
2月11日	502 081.25	4568	28 550	473 531.25	
2月12日	473 531.25	3452	21 575	451 956.25	
2月13日	451 956.25	870	5437.5	446 518.75	
2月21日	446 518.75	4479	59 987.5	386 531.25	本次系 5、6 两次合并
2月22日	386 531.25	3477	43 462.5	343 068.75	放每口计 200 两
2月23日	343 068.75	681	8512.5	334 556.25	未领者计 43 口
2月23日	334 556.25	58	1450	333 106.25	补 1 至 4 次
2月23日	333 106.25	37	693.75	332 412.5	补 2 至 4 次
2月23日	332 412.5	83	518.75	331 893.75	补第 4 次
3月2日	331 893.75	4876	60 950	270 943.75	
3月3日	270 943.75	3957	49 462.5	221 481.25	
3月4日	221 481.25	167	2087	219 394.25	200 两计放 9000 口
3月4日	219 394.25	15	375	219 019.25	补 1 至 4 次
3月4日	219 019.25	1	187.5	218 831.75	补 2 至 4 次
3月4日	218 831.75	27	168.75	218 663	补第 4 次
3月4日	218 663	43	537.5	218 125.5	补 5 至 6 次
3月5日	218 125.5	5238	65 475	152 650.5	
3月6日	152 650.5	3144	39 300	113 350.5	
3月7日	113 350.5	405	5062.5	108 288	未领者计 213 口

资料来源：《为报新唐口干粥厂施放情形致天津市政府社会局胡局长呈（附施粮旬报表）》，1946 年 3 月 14 日，J0025-3-006342-005

表 2-26　1946 年 1—3 月天津红卍字会现放人数、粮数、实存粮数总计

日期	现放人数（个）	现放粮数（市斤）	实存粮数（市斤）
1 月 12—14 日	8927	小米：34 261.25，谷子：1972.5	谷子：614 106
1 月 22—24 日	8962	112 025	502 081
2 月 11—13 日	8890	55 562.5	446 518.75
2 月 21—23 日	9135	114 625	331 893.75
3 月 2—4 日	9083	113 768.5	218 125
3 月 5—7 日	8787	109 837.5	108.287.5

注：本会此次代放粥米，除所领小米 280 包（均数约 14 670 千克）已按每口每日 6 两施放，共放 7824 人，领讫无存外。其谷子一项，计 4340 包（均数约 310 500 千克），亦已分 10 次（每次 9000 口），按每口每日 10 两施放，领讫外（计 3698 包），净余谷子 742 包

资料来源：《为报新唐口干粥厂施放情形致天津市政府社会局胡局长呈（附施粮旬报表）》，1946 年 3 月 14 日，J0025-3-006342-005

1948 年初，天津红卍字会西广开粥厂经费 1.2 亿元。[①]1 月 11 日，粥厂开锅，最初 3000 人/天，到 17 日左右，约至 6000 人/天。至于粥厂的情况，1948 年 1 月 23 日，杜建时曾邀请《大公报》记者一道前去参观桃园村、西广开、西车站屠宰场三座粥厂。西广开粥厂为天津红卍字会主办，市政府救济委员会委托办理，是当年最大的粥厂之一。该粥厂有 12 个大锅，可供给 6000 人吃粥，从阴历腊月一日起，已发出粥票 5500 张。"领粥的人站在屋外排成一条长蛇阵，他们冻缩着脖子，耸着肩膀，静静地等待轮到自己领粥的时候。"[②]

（二）天津黄卍字会粥厂

1946 年，天津黄卍字会市第一分会和慈慧普济同善会合作在第六区开办干粥厂，到 3 月 14 日结束。如表 2-27、表 2-28、表 2-29 所示。

> 同善会共放三八七八名，黄卍字会共放四三四四票，以六区票额九千人计算，尚余七七八票。其未能如期缴回者，同善会八八票，黄卍字会七九票。[③]

① 《为送玉米面售出单据等事给世界红十（卍）字会天津分会批令（附呈件）》，J0025-3-006324-023。

② 《随杜市长看粥厂》，《大公报》1948 年 1 月 24 日。

③ 《为会衔呈报本两会干米粥厂结束情形及日期由》，1946 年 3 月 21 日，J0025-3-006235-010。

表 2-27　慈慧普济同善会、天津黄卍字会第一分会办理第六区粥厂工作情形一览表

<table>
<tr><td rowspan="6">调查</td><td colspan="4">日期</td><td colspan="5">从 1945 年 12 月 20 日起始</td></tr>
<tr><td rowspan="2">区域</td><td colspan="3">慈慧普济同善会</td><td colspan="5">佟楼、谦德庄、东西南北楼、桃园村、小河沿、旧英租界</td></tr>
<tr><td colspan="3">世界黄卍字会天津分会</td><td colspan="5">三义庄、土城、贺家口、宜楼、掛甲寺、陈塘庄、杨庄子、前后尖山村、纪庄子</td></tr>
<tr><td colspan="4">人数</td><td colspan="5">同善会：3878 人，黄卍分会：4344 人，共 822 人</td></tr>
<tr><td colspan="4">未能如期收回粥票</td><td colspan="5">同善会：88 张，黄卍分会：79 张，共 167 张</td></tr>
<tr><td colspan="4">缴回未用粥票</td><td colspan="5">同善会：622 张，黄卍分会：156 张，共 778 张</td></tr>
<tr><td rowspan="2">提粮</td><td>日期</td><td colspan="3">1945 年 12 月 27 日—1946 年 2 月 14 日</td><td>次数</td><td>共 5 次</td><td>种类</td><td colspan="2">小米、谷子</td></tr>
<tr><td>量数</td><td colspan="3">小米：14 670 千克；谷子：30 500 千克</td><td colspan="3">存储地点</td><td colspan="2">五十一小学内</td></tr>
<tr><td>施放</td><td>日期</td><td>1946 年 1 月 11 日—3 月 14 日</td><td>分组</td><td>每 10 日一组，轮次施放</td><td>呈报</td><td>1946 年 1 月 10 日</td><td>余粮</td><td colspan="2">1236 包，折合 83 856.25 千克</td></tr>
<tr><td>结束</td><td>日期</td><td>1946 年 3 月 14 日</td><td>实领人数</td><td>167 人</td><td>呈报</td><td>1946 年 3 月 21 日</td><td></td><td>结束手续</td><td>1946.3.15 起</td></tr>
</table>

表 2-28　慈慧普济同善会、天津黄卍字会第一分会第六区粥厂提取赈粮数量、次数

施粮仓库	种类	数次	日期	数量	善团负责人	经手人
平衡仓库	小米	一	1945.12.27	14 670 斤	邵受言、周捷三	房克昌、李玉铮
东站南货仓	谷子	二	1945.12.29	3 万斤	邵受言、周捷三	房克昌、李玉铮
东站南货仓	谷子	三	1945.12.30	4 万斤	邵受言、周捷三	房克昌、李玉铮
东站南货仓	谷子	四	1946.1.14	10 万斤	邵受言、周捷三	房克昌、李玉铮
东站南货仓	谷子	五	1946.1.24	14.05 万斤	邵受言、周捷三	房克昌、李玉铮

注：交下提单 20 张，实用 5 张

表 2-29　慈慧普济同善会、天津黄卍字会第一分会第六区粥厂施放赈粮数量、次数

<table>
<tr><td>日期</td><td>1 月 11—20 日</td><td colspan="2">1 月 21—30 日</td><td>2 月 11—20 日</td><td>2 月 21 日—3 月 2 日</td><td>3 月 3—12 日</td></tr>
<tr><td>种类</td><td>小米</td><td>小米</td><td>谷子</td><td>谷子</td><td>谷子</td><td>谷子</td></tr>
<tr><td>次数</td><td>1</td><td>2</td><td>3</td><td>4、5</td><td>6</td><td>7、8、9、10</td></tr>
<tr><td>人数</td><td>7859</td><td>129</td><td>8059</td><td>7991</td><td>8059</td><td>8223</td></tr>
<tr><td>粮数</td><td>14 714.25 斤</td><td>241.875 斤</td><td>50 178.125 斤</td><td>49 868.75 斤</td><td>25 184.375 斤</td><td>10.141 25 万斤</td></tr>
<tr><td>备注</td><td></td><td colspan="2">2、3 两次并放小米，实亏 241.875 公斤</td><td>4、5 两次并放</td><td></td><td>7、8、9、10 四次并放</td></tr>
</table>

资料来源：《为报开设粥厂工作情形一览表事致天津市冬令救济委员会的呈》，1946 年 3 月 21 日，J0025-3-006320-024;《为报两会代办第六区粥厂提取赈粮及施放赈粮数量等表致天津市冬令救济委员会呈（附收支部提粮存根等件）》，1946 年 3 月，J0025-3-006342-013

从所发粥票来看，当年该粥厂食粥人数 8000 余人。1947 年 12 月 12 日，经天津黄卍字会第一分会主任周捷三的呼吁和筹募，择定第六区西楼村支搭席棚，设立粥厂一处。“在成立之初，暂以每日领粥人一千名为限。”[①]27 日，天津市社会局训令天津黄卍字会，要求开办粥厂。[②]次年初开办于河北体育场，开办日期不详，每天约有 1471 人，3 月 22 日结束。[③]

1948 年初，天津市社会局希望天津黄卍字会在小王庄附近旱桥一带择地设立粥厂。据社会服务处干事张廷吉于 1948 年 3 月 30 日的报告，当月 27 日上午，西楼村黄卍字会粥厂发放粗毛毯。该粥厂共领到粗毛毯 500 条，按照规定：

> 每二人一条，应领人数为一千人，而该厂实际人数为一千零二十人，计三月廿七日领物人数为九百三十六人，放出毛毯四百六十八条，二十八日补领人数为十二人，放出毛毯六条。[④]

前后共计发放粗毛毯 474 条，实领人数为 948 人，尚余 26 条。

（三）天津蓝卍字会粥厂

1939 年 9 月 11 日，天津蓝卍字会致函华北救灾委员会天津分会，准备开办粥厂，“地点仍为放生院旧址，领粥人数额定二千人为限，振米由敝会自行担负”[⑤]。可知此前天津蓝卍字会已经多次在放生院举办粥厂。本年因发生了特大水灾，举办粥厂更加刻不容缓。11 月 7 日，又呈上《天津蓝卍字会主办放生院粥厂组织简章》：

> 第一条　本厂依照历年市立粥厂办法组织之。
>
> 第二条　本厂为蓝卍字会自力主办，但须承受天津特别市冬振委员会监督指挥办理之。
>
> 第三条　本厂设立主任一人，秉承蓝卍字会总会意旨，综理全

---

① 《为择地筹设粥厂备案事给黄十（卍）字会指令（附呈件）》，1947 年 12 月 12 日，J0025-3-006324-013。

② 《为择地筹设粥厂备案事给黄十（卍）字会指令（附呈件）》，1947 年 12 月 27 日，J0025-3-006324-013。

③ 《为报本会发放物资情形及清册等事致市社会局胡局长呈（附清册）》，1948 年 4 月 6 日，J0025-3-004209-001。

④ 《为查西楼村黄卍字会粥厂发放救济物资事致市社会局胡局长呈（附清册）》，1948 年 4 月 3 日，J0025-3-004226-001。

⑤ 《函报设立粥厂情形》，1939 年 11 月，J0132-1-000097。

厂一切事务。

第四条 本厂设副主任一人，辅佐主任办理全厂一切事务。

第五条 本厂于主任、副主任下设左列四组：

一、事务组关于文书、会计、庶务等事项；二、施放组关于施粥秩序之维持及监督煮放等事项；三、保管组关于振米及煤水等收发保管事项；四、调查组关于贫户之调查登记及发放领粥证等事项。

第六条 每组各设组员若干人，分别办理各该组事务。

第七条 每日放粥人数限定二千人为止。

第八条 凡贫户如有需要领粥者，得先期登记，听候调查。

第九条 凡经调查合格者，发给领粥证，每日凭证领粥。其领粥证每月更换一次，每证限定三十天，每日于放粥后按证列日期，随时注销，以资考核。

第十条 凡领粥者须自带碗罐，以便携出厂外食用。

第十一条 每日需用煤米等数量，须按日列表，分报蓝卍字会总会暨天津特别市冬振委员会备查。

第十二条 每日放粥时间规定上午十时至十二时。

第十三条 管理员须常川驻厂，不得远离，以重公物。

第十四条 关于厂内消防设备，力求周密，以防危险。

第十五条 关于厂内卫生清洁等事宜，督促夫役认真办理。

第十六条 厂内职员除按规定上下班时来厂服务外，得须留人分值日夜两班，以重厂务。

第十七条 本简章如有未尽事宜，得随时提请常会修正之。①

1947年1月3日，天津蓝卍字会之李唐民、刘元忠、张幼丹等人呈请社会局，拟在第四区河东李公楼筹设粥厂一处，以1500人为度，开办时长60天。需用小米33 750斤，每日每人需米六两，“需用开滦原煤十八吨，每日粥厂需煤六百斤”②。米、煤、电、水，拟请天津市社会局酌予补助；搭棚、大灶、厂役，以及购置一切用具，由天津蓝卍字会自行解决。1月8日，天津市社会局答应可暂补助1000万元，以后若不敷使用时，再酌予补助。施粥限制1000人/天，补助开办费2000万元。③当年天津蓝卍

① 《函报设立粥厂情形》，1939年11月，J0132-1-000097。

② 《为筹办粥厂备案事致市社会局》，J0025-3-006324-003。

③ 《为筹办粥厂备案事致市社会局》，J0025-3-006324-003。

字会原拟在二区小树林设立粥厂，后由面粉业公会办理。天津蓝卍字会见第四区贫户有 9500 余户之多，"若将小树林粥厂改设于李公楼，亦属切要"①。到 1 月 20 日，天津蓝卍字会理事长刘元忠呈请冬令救济委员会，于四区李公楼、九区南竹林村等二处粥厂，贫民众多，请准各增加 500 人。

在获得冬令救济委员批准后，从 1947 年 2 月 2 日开始陆续增加食粥人数。其施粥保别、人数、拟加人数如表 2-30。从表 2-30 可见，在 16 个保中均有增加食粥人数，总计 350 人。

表 2-30　1948 年 2 月天津蓝卍字会南竹林粥厂施粥人数一览表（单位：人）

保别	人数	拟加人数	保别	人数	拟加人数	保别	人数	拟加人数	保别	人数	拟加人数	保别	人数	拟加人数
1	5		3	3		3	15		7	13		9	1	
10	2	238	11	42	12	12	125		14	386		15	155	50
16	17		17	2		18	14		19	176	50	21	12	
22	16		23	16										

注：共计 17 保；第十保系第九区公所来函请求

资料来源：《蓝十（卍）字会施粥保别人及拟加人数一览表》，1948 年 2 月 2 日，J0025-3-004183-003

1948 年 6 月 5 日，李唐民、刘元忠上呈社会福利救济事业审议委员会，"窃等目睹该逃难来津之僧道尼等，实属怜悯。市内各庙均有难以供应之势，甚或尚有露宿街头者，如与一般难民杂处，殊有未便"②，请求于寺内"增设粥厂，以资救济僧道尼及贫民等人，以收普遍救济之旨，而免生计之艰"③。职是之时，在东北，国共大战的阴云正呈山雨欲来、黑云压城之势。以天津是由东北南下的枢纽，逃来难民人数众多，慈善团体较为注重救济学生以及普通难民，往往忽视了僧道尼等中国本土宗教人士。在彼时的社会状态下，这些人（特别其下层）处于绝对弱势的地位，生活困苦，更需要救济。天津蓝卍字会系中国本土民间慈善团体，自然较为关注这批人，并为救济他们做出了特殊的贡献。

冬季之外，其他季节天津黄卍字会偶也开办粥厂。1948 年 4 月 26 日，天津黄卍字会上呈天津市社会局，准备于 5 月 1 日开始，预算需要法币 3500

① 《为设粥厂地址事致市社会局呈》，J0025-3-006324-004。

② 《为设立粥厂事致社会福利救济审议委员会呈》，1948 年 6 月 5 日，J0025-3-006324-011。

③ 《为设立粥厂事致社会福利救济审议委员会呈》，1948 年 6 月 5 日，J0025-3-006324-011。

万元。规定“每日上午八时起始施放，至十时结止”①。一般粥厂均在冬季寒冷时节开办，但这次粥厂却在春夏之交开始，直至炎夏时节，反映其特殊性——战争频仍，逃津难民人数众多，这些人缺衣少食，无处投止，故必须进行救济。开办粥厂是难民收容所外的另一种方式。据天津黄卍字会是年 7 月 3 日致天津市社会局的呈，这次施粥从 5 月 1 日开始，至 6 月 29 日，共计 60 天，食粥人数 1000 名/日。从天津市社会局“领来白米一百六十三包，计一万五千二百二十七公斤，合毛重三万零四百五十四市斤”②，其中施粥用米 29 874 斤，损耗 158 斤，剩余 55 斤。至于烟煤，除从社会局领的 15 吨外，由天津黄卍字会垫购 3 吨，共计用 18 吨。“用水系由济安自来水公司施助，共计用水四千二百担。粥厂电表已于六月三十日，由冀北电力公司拆回。”③

三、冬赈：暖厂

所谓暖厂④，指冬季专为流落街头，缺衣乏食者设置的庇寒之处，故又称庇寒所⑤。

1945 年 12 月上旬，白十字会和天津黄卍字会联名呈文天津市社会局，以冬季来临，准备筹设暖厂一处，地址在天津市河北区金钟桥北 14 号前伪市政府积谷仓库，专收容妇女幼童。定于是年 12 月 1 日起，至次年 3 月 10 日结束。“每日由下午六时进厂，八时关门，次晨六时启门外出就

---

① 《为拨经费等事给黄十（卍）字会指令（附函）》，1948 年 4 月 27 日，J0025-3-006324-022。

② 《为所西楼村粥厂结束施粥事给黄十（卍）字会指令（附函）》，1948 年 7 月 3 日，J0025-3-006324-024。

③ 《为所西楼村粥厂结束施粥事给黄十（卍）字会指令（附函）》，1948 年 7 月 3 日，J0025-3-006324-024。

④ 任云兰认为暖厂为粥厂的相关设施，“在为下层贫民提供果腹的米粥以外，提供住宿的地方和遮体的衣服也是当务之急，因为食粥者中有为数不少的流浪乞讨者，有的即使有住所，也是不能挡风避雨的简陋泥屋或窝铺。”（任云兰：《近代天津的慈善与社会救济》，天津：天津人民出版社，2007 年，第 90 页。）食粥者有不少流浪者，他们在冬季可能住进暖厂或窝铺，诚是。但若认为暖厂是粥厂的相关设施，似未必恰当，种种迹象表明，暖厂是相对于粥厂而独立开设的。不仅流浪者会住进暖厂，那些有家可归，但冬季缺乏煤炭燃料者，为度过严冬，亦可住进暖厂。

⑤ 如 1945—1946 年天津黄卍字会和白十字会暖厂便被改名为庇寒所。（参见《为筹设暖厂事给黄十（卍）字会天津总会及白十字会天津总会的指令》，1946 年 1 月 16 日，J0025-3-006320-007。）

食。”[①]并附上《经办暖厂用款预算清单》《世界黄卍字会天津总会、世界白十字会天津总会经办暖厂简章》。其《经办暖厂用款预算清单》如下：

> 用煤每天四百斤，一百天共计四万斤，合二十吨(请由政府拨给)；用电每天三十码，一百天共计三千码，计电灯二十盏（请由公用局饬电灯公司，免费供给）；电料临时添补约需款六千元；稻草四千斤，每斤约二十元，合计八万元；秫秸二十个，每个七百元，合计一万四千元；苇席五十领，每领四百元，合计二万元；劈柴二千斤，每斤七十元，合计十四万元；火柴二包，合计一千六百元；开水每天四担，每担二百元，一百天约需八万元。以上开办费除煤电外，约用三十四万一千六百元。
>
> 夫役二人，每天五百元，合计十万元；预备费，计十五万元。以上夫役费、开办费，合计五十三万一千六百元。所拟开办暖厂预算费用，请由市政府补助若干。其不足，由两会担负之。[②]

清单详细开列了开办暖厂所需物品及人力，除煤、电请求市政府补给外，其他费用合计 53.16 万元，耗资巨大。

《世界黄卍字会天津总会、世界白十字会天津总会经办暖厂简章》[③]规定，该暖厂以白十字会和天津黄卍字会董监事负责组织，互相推举董事二人，轮流监督，并选任正副主任各一人，负责管理厂务，均为义务职。雇用夫役二人，轮流巡更守夜，工资由两会共同担负。厂务管理规则由正副主任另定。每日须将收容人数分别呈报冬令救济委员会、警察局备案。规定开厂 100 天，实际只有 50 天。

通货膨胀、物资奇缺，使暖厂的举办步履维艰。为正常开办，1946 年

---

① 《为筹设暖厂收容贫苦妇孺事致天津市政府社会局胡局长的呈》，1945 年 12 月，J0025-3-006320-005。1946 年 1 月 29 日，天津黄卍字会上呈卫生局，请求帮助救助暖厂生病妇孺时，提到本暖厂的起讫日期为 1946 年 1 月 20—3 月 10 日，为期 50 天，故知此前暖厂并未开办。参见《为请市立各医院遇有我会证明患者随时赐予义务接生及诊疗事致天津市政府卫生局函》，1946 年 1 月 19 日，J0116-1-000719-020。

② 《为筹设暖厂收容贫苦妇孺事致天津市政府社会局胡局长的呈》，1945 年 12 月，J0025-3-006320-005。

③ 《为筹设暖厂收容贫苦妇孺事致天津市政府社会局胡局长的呈》，1945 年 12 月，J0025-3-006320-005。

1月16日，以厂址所在地现正由令五金制造业公会占用，在白十字会和天津黄卍字会的请求下，天津市社会局训令五金制造业公会，“迅将该仓库腾出，交由该两会应用为要”①。

煤亦是一大问题。按照白十字会和天津黄卍字会的设计，用煤问题应由社会局负责解决。据双方最初的议定，天津市社会局答应解决用电问题，至于需煤一节：

> 经查十一月二十二日筹设暖厂谈话会议记录，该两会出席人当场情愿自办暖场一处，并未申请补助煤斤，似可置之不理。惟查核所呈暖厂预算，煤电在外，已需五十三万（元）。若再自购煤斤，担负未免太大。拟即准如所请，由开发作业班贮煤所现存数内，拨给二十吨应用。②

到1月10日，用煤一事，仍无着落，白十字会和天津黄卍字会又联名呈文天津市社会局：

> 究竟煤炭有无办法……属会等因静候多日，其他赈务在在需款……如荷准予设立暖厂，则开办期间，一切经费，恐成问题，尚须仰赖赐予补助经费，始克完成此项任务。并所需煤炭，能否照拨，以及厂内秩序之维持，消防之守护，产妇、病儿之疗养，各关系机关能否充分协助，统祈明白指示。③

12日，天津市社会局回复：“迭经传饬该会来局，允予设法廉购，而始终未据该会正式答复。”④反映出此时天津已出现用煤紧张的状况。加之正值寒冬之际，筹办煤炭一事，对天津市社会局压力亟大。

---

① 《为黄十（卍）字会等联名筹设暖厂事给天津市五金制造业公会的训令》，1946年1月16日，J0025-3-006320-006。

② 《为筹设暖厂收容贫苦妇孺事致天津市政府社会局胡局长的呈》，1945年12月，J0025-3-006320-005。

③ 《为所报选址筹设暖厂请支援煤炭事，给白十字会天津总会及黄十（卍）字会总会的指令》，1946年1月，J0025-3-006320-008。

④ 《为所报选址筹设暖厂请支援煤炭事，给白十字会天津总会及黄十（卍）字会总会的指令》，1946年1月，J0025-3-006320-008。

11 日，暖厂开办在即，但比照 1945 年 12 月的价格，铺地所用秫秸或芦席，需款又增加数倍，以前的预算，与实际情况相差悬殊。经白十字会和天津黄卍字会的调查，南营门姜家台庆民祥草绳工厂，存有日军留下的 10 000 余个草帘。历经炎夏，这些草帘经雨水浸蚀，已经不能再作装载什物之用。白十字会和天津黄卍字会遂请求：“如能移作暖厂铺地，利用取暖，不惟废物利用，且可省却若干花费。”①天津市社会局收到请求之后，令两会自行洽办。21 日，白十字会和天津黄卍字会复呈文报告，已派定孙士贤为该所正主任，高中山为副主任，张自新、孙文彬为正、副管理员，于 24 日开始收容，25 日正式开所。但以煤斤未到，暖厂寒冷，入所者寥寥，请求尽量拨发，并请社会局依照章程，分别函请警察、卫生两局暨地方法院予以配合。②当天，白十字会、天津黄卍字会不仅向社会发出通告，并在市内主要报刊上刊登，以广宣传。如《益世报》的宣传为：

> 津市黄卍字会及白十字会，以时值严冬，朔风凛冽，本市贫苦无依流离失所之妇孺为数甚伙，冻毙堪虞。为谋救济，特在河北（区）大王庙十四号，会同组织广大庇寒所一处，昨已正式成立，开始收容。该所规定晚间收容庇寒投宿，清晨开门外出谋生。凡贫苦失所之妇孺，可至北门内沈家栅栏及河东旧特三区三马路一号该两善团登记，领取投宿证云。③

天津市社会局收函后，复将白十字会、黄卍字会、公善施材总社等的开所事宜，通知地方法院、卫生局、警察局、经济部接收华北电业天津办公处，请随时保护。“对于该两所所用电流，免予收费，以维善举为荷。”④1 月 27 日，开滦矿务局致函社会局，在历叙了煤斤异常缺乏之后，勉强答应“捐烟煤二百吨，块、末各半，分二月一日及三月一日，两次拨发。每次一百吨，

① 《为调用庆发祥草绳工厂存敌寇草帘铺地事给白十字会天津总会及黄十（卍）字会天津总会的指令》，1946 年 1 月 21 日，J0025-3-006320-009。

② 《为拨煤开设暖厂事致天津市政府社会局胡局长的呈（附通告）》，1946 年 1 月 21 日，J0025-3-006320-012。

③ 《庇寒所成立》，《益世报》1946 年 1 月 27 日。

④ 《为白十字会、黄十（卍）字会及公善施材总社分别报庇寒所开所日期事 致天津地方法院等机关的函》，1946 年 1 月，J0025-3-006320-015。

均在河东煤厂交货”①。2 月 9 日，经济部接收华北电业公司天津分公司亦致函社会局：

> 敝公司自奉令接收以来，一切均在整顿时期，对于各机关之优待办法，北平总公司方面，正在统（通）盘计划中。至于黄卍字会所请，所有燃电，按最低度收费一切，暂时碍难照办。②

15 日，天津市社会局将相关情况通知天津黄卍字会。③不久，在白十字会和天津黄卍字会呈请社会局的一份文件中，交代了自当月 24 日至 3 月 10 日，已用和拟用煤斤情况，在庇寒所和办公室内各安放煤炉一个，“除二月十八日用煤七十五市斤，每天用煤六十五市斤，合计四十六天共用煤三千市斤”④。

本章小结

天津“卍”字会所办理的大量慈善事业，有诸多相同性方面：

第一，天津“卍”字会的慈善事业有临时慈业和永久慈业之分。永久慈业以教育事业为代表。这一事业针对生活贫困、无力就学的适龄人员。经过一定的培养，无形中提高了他们的生存能力，是一种具有积极性的救济方式。临时慈业包括灾害救济，办理粥厂、暖厂等。这些事业往往是在灾害发生之后，或者民众衣食无着的情况下实行的救济，相对较为消极。不过，我们应该看到，此“临时”和“永久”之分，在某种程度上，只有相对意义：

其一，天津红、黄、蓝等卍字会活跃在民国这一特定的时空背景中，自身的生存都举步维艰，更何况其所称之永久慈业。

其二，各永久慈业不仅有一起讫时间，在举办时，也因具体情况之不

---

① 《为捐烟煤事致天津市政府社会局的函》，1946 年 1 月 27 日，J0025-3-006320-018。

② 《为世界黄十（卍）字会请按最低价交纳电费事致天津市政府社会局的函》，1946 年 2 月 9 日，J0025-3-006320-019。

③ 《为按最低价交纳电费事给黄十（卍）字会天津分会的指令》，1946 年 2 月 15 日，J0025-3-006320-020。

④ 《为送庇寒所煤斤消费表事给世界黄十（卍）字会、白十字会总会的指令》，1946 年 2 月 26 日，J0025-3-006320-021。

同而发生变化。粥厂、暖厂等临时慈业，一般均在青黄不接之时举办，且只要资金允许，多数年份都有举办。从这个意义上说，它们也具有“永久”性质。

其三，天津“卍”字会之施药等事业，有时由施诊所负责；收容所等临时慈业，经常会将其儿童送到所办学校中就读，如此，则永久慈业和临时慈业之间又具有交互合作性质，并非泾渭分明。

第二，虽然天津“卍”字会均积极举办慈善事业，但以身份、规模、与政府关系等原因，成绩似显有限；虽然主观愿望宏大，却无可奈何地与其救心、救世的理想渐行渐远。尤其是 1937 年以后，在政治力量的干预下，红、黄、蓝等卍字会不得不与地方政府加强关系，渐渐地为政府所控制，无形中削弱了其自主性和理想性。1946 年以后，在政府的压力下，黄、蓝卍字会纷纷以“天津”冠名，这使它们即使在名称上也地方化了。这种“地方化”同时也可能造成筹款（物）规模缩小，造成善款（物）来源受到很大挑战，影响了它们办理慈善事业的规模。

第三，天津“卍”字会之慈善事业基本是以天津为中心的活动，因此它们属于城市民间慈善团体。天津红卍字会前期曾到天津以外办理慈善事业，不过主要在天津活动。黄、蓝二卍字会虽然名义上称作是世界黄卍字会天津总会、世界蓝卍字会天津总会，且在北京等地也有分会，但据笔者目前掌握的资料来看，二卍字会与北京分会很少联系，其慈善事业也基本没有走向天津以外。

虽然天津“卍”字会的慈善事业有诸多相同点，也应该看到它们的不同：

首先，天津红卍字会的慈善事业无论从持续时间上，还是规模上，均较黄、蓝二卍字会要突出。从时间上来说，天津红卍字会自 1922 年成立后，便开始举办慈善事业，黄、蓝卍字会虽在天津沦陷之前已经成立，但大规模的慈善事业却是从日伪政府统治时期才开始的。从规模上说，天津红卍字会举办的永久慈业有教育、施诊、恤孤、恤残、恤嫠等，临时慈业有冬赈、夏赈、急赈等多方面，黄、蓝卍字会的永久慈业基本只有教育一项，临时慈业持续时间较长者，也不过是施茶、施水、施药及粥厂之类，且规模有限。

其次，各卍字会的慈善事业，侧重点各有不同。天津红卍字会的慈善事业较全面，无论“永久”或“临时”，均较重视。永久慈业方面，较为关注教育事业；临时慈业方面，更多地重视兵灾救济和开办粥厂。天津黄卍字会在永久慈业方面，较为重视教育事业；临时慈业方面，以 1948 年前后所开办之难民收容所成绩较为突出。天津蓝卍字会的慈善事业，主要是教育方面，它开办了四所小学和一所中学；对于其他事业，虽也参与，规模均很小。即使共同重视的慈善事业，成绩也各有不同。以教育事业为例，红、黄、蓝卍字会虽也重视，但天津蓝卍字会的成绩更为突出。

在慈善团体林立的民国天津，天津“卍”字会的慈善事业，与同城的其他慈善团体的慈善事业相比，还具有一定的独特性：

第一，和不少中国本土宗教影响下的慈善团体相比，天津“卍”字会的慈善事业已具一定的近代意义。在民国天津，与天津“卍”字会类似的慈善团体众多。除天津“卍”字会外，天津佛教居士林和公善施材总社的慈善事业也较为突出。天津佛教居士林经常举办道场—断屠，并开办粥厂；公善施材总社的慈善事业以施材掩埋为主，同时也举办恤嫠、粥厂、冬赈、医疗救助。天津佛教居士林本质上是一个居士佛教团体，主要功能不是慈善事业。道场—断屠虽然广义上为慈善事业，但立基于佛事活动，只有粥厂才具有和天津“卍”字会所办慈善事业类似的性质。公善施材总社的慈善事业，以施材为主；其他如恤嫠、粥厂、冬赈、医疗救助等，相对次要。从某种程度上讲，公善施材总社具有传统善堂的特色，即更多的是被动的“救”，而非考虑长远。与它们相比，天津“卍”字会重视教育事业，算是一重要特点，反映了其受现代慈善观念影响的痕迹。

第二，和基督民间慈善团体相比，天津“卍”字会的慈善事业相对较为传统，更多地受到中国传统文化的影响，较少接触到西方文化和慈善思想。也正因为如此，天津“卍”字会和基督宗教慈善团体无论在慈善思想上还是在举办慈善事业的类别上均有所区别。即使共同举办的教育事业，也有较大差别。一般说来，天津“卍”字会所开办的学校，较为传统。如表2-31，天津“卍”字会主要小学所开设的课程，各学校均开设的有国语和算术两种，公民、历史课除树人一小外，也均有开设，其他还有学校开设体育、音乐、劳作、美术（图画）、书法等课程。相对于科举时代儿童仅读四书五经，确实有了很大的进步，体现了天津“卍”字会在教学内容上力图跟上时代的步伐。但当东西交通大开，天津又为东西交通窗口的情况下，竟没有一所学校开设英语课，以及物理、化学、生物等自然科学课程，不能不说是一大遗憾。与之形成鲜明对比的是，天津青年会举办的社会教育，却是注重英语和德、智、体、群的教育，具有更鲜明的现代性色彩。[①]

① 侯亚伟：《近代中国塑造健全儿童的理念和行动——以天津青年会为例》，《基督教学术》2015年第1期。

表 2-31　1946 年天津“卍”字会所办部分学校课程表

学校	科目												
红卍慈一小	国语	常识	算术		历史	自然	地理		公民				
红卍慈二小	国语	常识	算术		历史	自然	地理		公民				
树人一小	国语	常识	算术					体育		劳作	图画	唱歌	
蓝卍慈一小	国语		算术		历史			体育	公民		美术	音乐	
蓝卍慈二小	国常		笔算	珠算	历史	自然	地理	体育	公民	劳作	美术	音乐	书法
蓝卍慈三小	国语		算术		历史	自然	地理	体育	公民	劳作	美术	音乐	
蓝卍慈四小	国常		算术		历史	自然	地理	体育	公民	劳作	图画	音乐	写字

资料来源：《为该校及校董会呈请立案事给私立卍慈学校校董会的指令（附原呈立案表及章程等件）》，1946 年 6 月 22 日，J0110-1-000532-001；《为所报学校准予立案应按所颁规定处理事致私立树人第一小学校董会指令（附原呈及调查报告等）》，1946 年 7 月 31 日，J0110-1-000478-002；《为送各项表册及章程立案事致天津市政府教育局呈（附立案表册及章程）》，1946 年 6 月 21 日，J0110-1-000569-001；《为送各项表册及章程立案事致天津市政府教育局呈（附立案名册及章程）》，1946 年 6 月 21 日，J0110-1-000569-004；《为送各项表册及章程立案事致天津市政府教育局呈（附表册及章程）》，1946 年 6 月 21 日，J0110-1-000570-001

第三，和世俗慈善团体，尤其是和天津红十字会相比，天津“卍”字会的慈善事业也并不逊色。可以说，在 1922—1937 年 7 月 29 日，天津红卍字会的慈善事业是可以和天津红十字会分庭抗礼的。在此之后，直至天津解放，则全面超过天津红十字会。另外，作为一个世俗性慈善团体，天津红十字会对事务性方面强调较多，其慈善思想也不如天津红卍字会丰富深刻。

第三章　天津“卍”字会慈善事业的内部机制

对天津“卍”字会等慈善团体的运转情况，可以从两个方面进行考察。其一，内部机制，即慈善团体自身的运转情况。它包括道院领导、组织管理、人员构成、善款（物）来源等四个方面。其二，社会网络，即各慈善团体赖以生存和活动的社会关系。因天津市社会局在多数时候，均是慈善团体的管理者，故将以之为中心进行考察。另外，天津“卍”字会还与教育局、警察局、卫生局、财政局等地方政府机关发生关系，与慈善团体联合组织、天津商会、报纸杂志以及其他民间团体也经常有所往来。内部机制和社会网络一内一外，充分保证了天津“卍”字会慈善事业的正常运转。

以下将从组织管理、人员构成、善款（物）来源三个方面展开论述，首先考察天津“卍”字会运转的内部机制，并以天津“卍”字会所办各学校为案例，进行重点分析。

第一节　组织管理

天津“卍”字会都有较为严密的组织管理机构。各卍字会均以董事制（或理事制）作为基本的组织原则，由会长负责对整个机构进行管理。会员大会是最高权力机关。各卍字会都有具体的慈善事业的领导机构和一系列的制度规定。在特殊时期，或办理慈善事业时，还有具体的章程或者规定。

一、组织机构

（一）组织制度

天津红卍字会早期实行会长制，以会长为最高领导。日伪时期，在此前的基础上又实行了理事制。会员大会为最高权力机关，由它“选出十五人为理事会，另有后（候）补委员五人，由理事会中推出常务理事五人”①，

① 《关于天津市慈善团体的调查工作综合报告》，1949 年 4 月 8 日，X0065-Y-000034-001。

组成常务理事会。理事长一人，由常务理事会推选，综理各项事务。理事会下设总务、救济、教育、联络、储计、生产六部，分掌会务。据《世界红卍字会天津分会章程》第四章规定，“在会员大会闭幕期间，由理事会代行其职权”①。各理事、候补理事、监事、候补监事，均为义务职，任期三年，可连选连任。若理、监事有以下三种情况，应予解职：

（1）因不得已事故，经会员大会准其解职者。

（2）旷废职务，经会员大会令其退职者。

（3）职务上违反法令或有其他重大不正当行为，经会员大会议决，令其退职，或由主管机关令其退职者。②

理事会之职权为：

（1）对外代表本会；（2）对内处理一切事务；（3）召集会议；（4）执行会员大会议决案；（5）核准会员入会；（6）办理监事会移付执行事件。③

常务理事之职权主要有“（1）执行理事会决议事项；（2）办理日常事务；（3）召集理事会”④。监事会的权限有“（1）监察会员履行职务事项；（2）经费稽核事项；（3）办理其他有关监察事项”⑤。理事会、监事会每三个月开会一次，常务理事会每月开会一次，必要时均得举行临时会。

天津黄卍字会实行董事制，“由会员大会选举董事十五人，候补董事七人，监事七人，候补监事三人，再由会长二人襄理一切事务，分会长三

---

① 《世界红卍字会天津分会章程》，《为另拟该会章程等事致世界红十（卍）字会天津市分会批示（附乔兆鼐呈）》，1946 年 7 月，J0025-3-005179-003。

② 《世界红卍字会天津分会章程》，《为另拟该会章程等事致世界红十（卍）字会天津市分会批示（附乔兆鼐呈）》，1946 年 7 月，J0025-3-005179-003。

③ 《世界红卍字会天津分会章程》，《为另拟该会章程等事致世界红十（卍）字会天津市分会批示（附乔兆鼐呈）》，1946 年 7 月，J0025-3-005179-003。

④ 《世界红卍字会天津分会章程》，《为另拟该会章程等事致世界红十（卍）字会天津市分会批示（附乔兆鼐呈）》，1946 年 7 月，J0025-3-005179-003。

⑤ 《世界红卍字会天津分会章程》，《为另拟该会章程等事致世界红十（卍）字会天津市分会批示（附乔兆鼐呈）》，1946 年 7 月，J0025-3-005179-003。

人，由董事中推选之”[①]。任期均为四年，每二年抽签改选半数，可连选连任。为表示对会务的重视，若有董事出缺，则由候补董事递补。会长的权力很大，“一切对内对外事宜，应由会长秉承董事会决议，偕同副会长督饬各部执行办理之”[②]。如 1946 年 7 月的会员大会，由出席各会员用记名连选法选举李永年等 21 人为理事，马献光等 7 人为候补理事，邱景山等 7 人为监事，江敏斋等 3 人为候补监事，并由监事中互选刘午樵为常务监事。复由全体理事中“票选李实忱、薛兰亭、赵秉政、李鹤亭、周捷三、刘鼐臣、翟雪民等七人为常务理事，并就常务理事中票选李实忱为理事长”[③]。天津黄卍字会还设有名誉会长一人，“襄助会务，指导救济改善方针，以利进行之权宜”[④]。一般聘请在天津名望高者担任，如曾任中华民国总理、天津佛教居士林林长的靳云鹏，曾任社会局局长的胡梦华均曾被聘为会长。[⑤]

正、副会长以下分设总务、慈济、保管、交际四课，每课设干事长 1 人，干事数人，秉承会长意旨，办理本课事宜。他们“均由正、副会长于会员中遴选，提请董事会通过聘任之”[⑥]。

总务课下分四股，职掌如下：

（1）总务股：关于编辑发行刊物等项，以及不属于其他各股之事务。

（2）文牍股：关于文件选稿、缮写、收发及保管事项。

（3）会计股：关于会内一切财政、出纳、薄（簿）记及表册事项。

① 天津黄卍字会：《世界黄卍字会年鉴》，1941 年，第 44 页。

② 天津黄卍字会：《世界黄卍字会年鉴》，1941 年，第 44 页。

③ 《为报送选举结果会员名册及章程备案事致天津市政府社会局呈》，1946 年 7 月 30 日，J0025-3-005159-018。

④ 天津黄卍字会：《世界黄卍字会年鉴》，1941 年，第 44 页。

⑤ 《天津市黄卍字会总会函聘局长为该会名誉会长》，1938 年 9 月，J0115-1-000681。胡梦华(1903—1983)，字昭佐，安徽绩溪人。南京国民政府时期曾任河北省政府秘书长，河北省代主席、天津社会局局长兼民食调配处处长。在天津解放的过程中发挥了一定的作用。中华人民共和国成立后曾任天津市政协委员。中国人民政治协商会议天津市委员会文史资料研究委员会：《天津近代人物录》，1987 年，第 274—275 页。

⑥ 天津黄卍字会：《世界黄卍字会年鉴》，1941 年，第 44 页。

（4）庶务股：关于会内购置、保管器具及杂物事项。①

其中，总务股协助会长、副会长处理会内之总体事项。

慈济课负责处理慈善事业。保管课下分保管和稽核二股，前者负责"保管会内一切财产及施济物品"，后者负责"稽核会内保管各项表册"②。交际课下分交际和宣传二股，分别负责联络各慈善团体及会内招待事务和宣传慈善事宜，倡导救济以及劝募物品、款项等事宜。

天津蓝卍字会实行董事制，由会员大会选举董事 15 人，候补董事 7 人，并由董事互选会长 1 人，副会长 2 人，组织董事会，办理一切事务。当董事出缺时，即以候补董事依次递补。

和天津黄卍字会一样，天津蓝卍字会还聘请名望素著、热心公益者若干人为名誉会长，"赞助本会，指导会务之进行"③，以便增加本会的名望，推进会务。会长和董事任期一般为三年，可连选连任。天津蓝卍字会实行会长负责制，即由"会长综理本会一切对内对外事宜，副会长辅助会长襄理之"④。会长、副会长以下，分设总务、救济、储计、联络四组。每组组长、干事职权及聘任情况如下：

每组设组长一人，禀（秉）承该管组组长分别登记该系事务。

每组设干事若干人，禀（秉）承该管组组长分别办理各该系事务。

凡各组组长以及干事等，均由会长、副会长于会员中遴选，提请董事会通过聘任之。⑤

总务组下设会员、文书、会计、庶务四系，各系之职掌如下：

甲、会员系：（1）关于会员进退及登记等事项；（2）关于会员联络

① 天津黄卍字会：《世界黄卍字会年鉴》，1941 年，第 44 页。

② 天津黄卍字会：《世界黄卍字会年鉴》，1941 年，第 44 页。

③ 《蓝卍字会总会章程》，《拟将原有名称改为蓝卍字会总会》，1943 年 6 月 30 日，J0218-3-005108-011。

④ 《蓝卍字会总会章程》，《拟将原有名称改为蓝卍字会总会》，1943 年 6 月 30 日，J0218-3-005108-011。

⑤ 《蓝卍字会总会章程》，《拟将原有名称改为蓝卍字会总会》，1943 年 6 月 30 日，J0218-3-005108-011。

事项。

乙、文书系：（1）关于编辑发行劝善刊物，贫民教育及不属于其他各系之事项；（2）关于文件撰拟、缮写、照抄、保管事项；（3）关于职员任免登记事项；（4）关于会议纪（记）录事项。

丙、会计系：关于保管会内一切财政出纳簿记收支表册等事项。

丁、庶务系：（1）关于会内购置保管器具及杂务事项；（2）关于公役、进退、考勤等事项。[①]

救济组负责慈善事项。储计组下分储计和统计二系，前者负责"一切设施、物品存储及本会经营之生产事业管理事项"[②]，后者负责"统计会内各项表册等事项"[③]。联络组下设"交际系"和"劝募系"，分别负责"各团体各机关及各慈善家联络等事项"和"关于导引和平劝募慈善款物等事项"[④]。保管委员会负责保管天津蓝卍字会的基金、契据、证券和其他重要文件保管事项。另设"监察委员七人，秉承董事会意旨监察各部事务"[⑤]。中华人民共和国成立后，改为理、监事制，并设理事 15 人，另选常务理事 9 人，监事 3 人。

通过以上分析，可知天津红、黄、蓝卍字会组织制度有以下特点：

第一，除天津红卍字会早期实行过会长制之外，各卍字会均实行董事制或理事制。由会员大会选出会长、副会长及各理、监事，对卍字会进行领导。会长或理事长具有相当权力。

第二，各卍字会下设之机构中，均有专门负责慈善的部分。特别需要一提的是，各卍字会均有专门负责"交际"的组织。天津"卍"字会均以办理慈善事业为旨志，是以才会如此重视组织管理制度。专门设立交际股，

① 《蓝卍字会总会章程》，《拟将原有名称改为蓝卍字会总会》，1943 年 6 月 30 日，J0218-3-005108-011。

② 《蓝卍字会总会章程》，《拟将原有名称改为蓝卍字会总会》，1943 年 6 月 30 日，J0218-3-005108-011。

③ 《蓝卍字会总会章程》，《拟将原有名称改为蓝卍字会总会》，1943 年 6 月 30 日，J0218-3-005108-011。

④ 《蓝卍字会总会章程》，《拟将原有名称改为蓝卍字会总会》，1943 年 6 月 30 日，J0218-3-005108-011。

⑤ 《蓝卍字会总会章程》，《拟将原有名称改为蓝卍字会总会》，1943 年 6 月 30 日，J0218-3-005108-011。

用以沟通与政府、其他民间慈善团体和相关团体的关系，也是为了慈善事业的顺利开展。同时也反映出，在民国时期，虽然政治制度已呈现出明显的现代性特色，法律制度也逐步健全，但民间慈善团体若想顺利开展慈善事业，仅依靠法律法规仍然不够，还必须注意经营一套越庞大越好、结点越多越好的社会关系。通过这些社会关系，特别是与政府的互动来发展自身，从而办理好慈善事业。

（二）会议

天津“卍”字会均以会员大会为最高权力机关。天津红卍字会会员大会的权力有“审议理事会监事会之会务报告，选举理事监事，决定经费预算”①三个方面。会员大会每年举行一次，临时遇有重大事情，可以举行临时会员大会，休会期间之日常事务，便由理、监事来处理。

天津黄卍字会的组织结构如图 3-1。该会的会员于每年六月及十二月各开大会一次，“由董事会定期召集，遇必要时或有全体会员十分之一以上之请求时，应召开临时大会”②。在会上决定变更章程、任免董事、监督董事职务之进行、开除会员等事项。

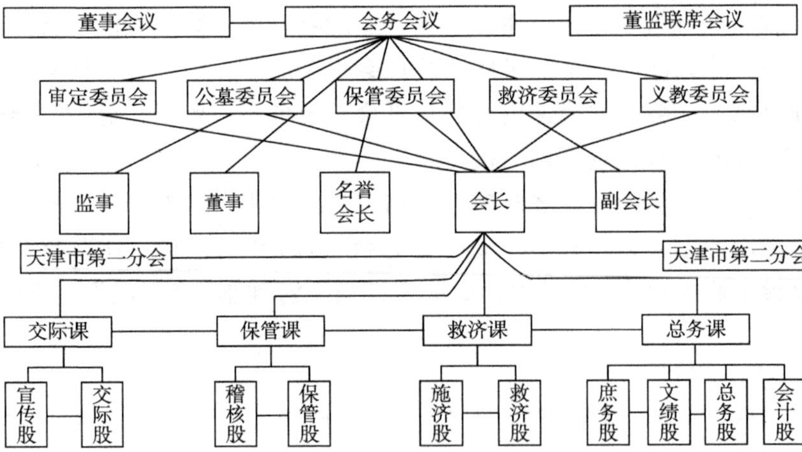

图 3-1　天津黄卍字会组织结构图

资料来源：天津黄卍字会：《天津黄卍字会年鉴》，1941 年

会员大会所讨论各案，须经出席会员半数以上为决议，应备议事录，由

① 《世界红卍字会天津分会章程》，《为另拟该会章程等事致世界红十（卍）字会天津市分会批示（附乔兆蒲呈）》，1946 年 7 月，J0025-3-005179-003。

② 天津黄卍字会：《世界黄卍字会年鉴》，1941 年，第 44 页。

会员 5 人签名证明，全体会员 2/3 以上人数通过，方为有效。若“有全体会员三分之二人数出席开会时，应临时推举主席。”[①]章程中还特别提到，天津黄卍字会为永久机构，“如遇势必解散之时，须会员三分之二以上人数决议解散，清算应由董监联席会依民法处理之”[②]。董事会及监事会每星期开会一次，由会长召集，如有必要，可以临时召集，讨论并处理日常事项。

天津蓝卍字会的会员大会，于每年六月及十二月终各开会一次，由董事会定期召集。“必要时或有全体会员十分之一以上之请求，表明理由……应即召开临时大会。”[③]讨论变更章程、任免董事、监督董事职务之进行、开除会员等事项。倘使“董事接受会员请求，召集会员大会，设一月内不为召集者，得由请求之会员转请地方法院之许可召集之”[④]。

会员大会决议各案，“须经出席会员半数以上通过者为决议，但本章程第二十八条所列各项，应经全体会员三分之二以上通过，方为有效”[⑤]。设若会员大会通过的决议各案，各会员认为有违反法令或章程时，“得请求法院宣告无效。但应于决议后三个月为之，否则无效……经有三分之二以上表决，得呈请主管官署解散之”[⑥]。

对于职员之任免、职员成绩之考核、财产之总额及收支状况、会员之加入或告退、办理之经过情形，可由“由董事会提出报告，并张报主管官署查核”[⑦]。董事会“每月开会二次，由会长召集之。如遇必要时，得召集临时会议”[⑧]。对于“所有会务之兴革，随时应提交董事会议决

① 天津黄卍字会:《世界黄卍字会年鉴》，1941 年，第 44 页。

② 天津黄卍字会:《世界黄卍字会年鉴》，1941 年，第 44 页。

③ 《蓝卍字会总会章程》,《拟将原有名称改为蓝卍字会总会》，1943 年 6 月 30 日，J0218-3-005108-011。

④ 《蓝卍字会总会章程》,《拟将原有名称改为蓝卍字会总会》，1943 年 6 月 30 日，J0218-3-005108-011。

⑤ 《蓝卍字会总会章程》,《拟将原有名称改为蓝卍字会总会》，1943 年 6 月 30 日，J0218-3-005108-011。

⑥ 《蓝卍字会总会章程》,《拟将原有名称改为蓝卍字会总会》，1943 年 6 月 30 日，J0218-3-005108-011。

⑦ 《蓝卍字会总会章程》,《拟将原有名称改为蓝卍字会总会》，1943 年 6 月 30 日，J0218-3-005108-011。

⑧ 《蓝卍字会总会章程》,《拟将原有名称改为蓝卍字会总会》，1943 年 6 月 30 日，J0218-3-005108-011。

定，由会长执行之"①。

天津"卍"字会在开会时，还对会场进行一定的规范。如天津黄卍字会《会场应守规则》：

第一条　凡会员到会应受值日会员之指导，依次签到入坐（座）出席。

第二条　与会委员坐定后，须平心静气听首席之报告，不得妄言妄动。

第三条　开会时，应由各委员推定一员担任记录、纠察各事宜。

第四条　各会员如有建议事项，应预拟意见签，付值日委员，或董事汇交首席，以便次第讨论。

第五条　每议一事，与会委员有何意见，应先起立向众声明，然后就坐（座）详谈，但以三十分钟为限。

第六条　议事程序，应由首席按照各员所提议案件，须分别前后缓急轻重，依次讨论。

第七条　讨论事项，应依所坐顺序发言，不得争议，必须一人词终，始得继议，不得藉词辩驳人非，致启衅端。

第八条　会员于发言时，应以忠实诚恳之态度，简明切当之语意为宜，而声音尤贵清明，使人易于聆悟。

第九条　每议一案，如经多人讨论，意见纷（分）歧时，其可否之权应由各首席依附议可数之多者表决之。

第十条　附议方式，由会备可否字，无记名式，瓷票若干枚，与会委员各持一枚，遇事如不便举手赞同或口头辩驳时，即以此可否二字投一于案上，或纳匦内，首席得据此表决之。

第十一条　临时动议，须于法定时间表决，签交议案毕，先向首席请准，始得动议，否则无效。

第十二条　本会场开会时间暂定以一小时为标准，于必要时延长时间，须征全体同意方为有效，否在于振铃后即退席。

第十三条　会议时，非关系者只能旁听，不准参加论列，违者，纠察员劝令退席，以重秩序。

第十四条　会员入席时，不得携带帽杖及不需要之零星物品，并

---

① 《蓝卍字会总会章程》，《拟将原有名称改为蓝卍字会总会》，1943 年 6 月 30 日，J0218-3-005108-011。

须尊其容貌，正其坐（座）位，以示严肃。

第十五条　振铃闭会后，始得离坐（座）退席。①

从对会场、开会秩序、议程、辩论、着装以及会长权力的规定，可见天津黄卍字会内部组织机制之井井有条，会长的权力之大。

开会还要遵守严格的步骤。1940年10月18日，天津蓝卍字会致函警察局，将于21日下午2点假法租界维斯理堂开会改选会内各职。程序如下：

一、全体肃立；二、向国旗、会旗行三鞠躬礼；三、公推临时主席暨纪（记）录员二人；四、主席致开会词（辞），并报告会务经过情形；五、市公署代表致训词；六、宪兵总队代表致词（辞）；七、各机关代表致词（辞）；八、来宾致词（辞）；九、主席致答谢词；十、公推监票员、唱票员、散票员、记票员各四人；十一、选举董事暨候补董事；十二、选举正副会长；十三、当选董事暨正副会长等全体宣誓就职；十四、全体合影；十五、闭会。②

何时起立，何时鞠躬，会内领导及政府机关领导致词（辞）顺序，事务之安排，均有一定之规，步骤严格。

二、对慈善事业之管理

天津“卍”字会在会长和副会长以下，均设有股（组、系），负责对具体活动进行管理。

世界红卍字会及其各分会（包括天津红卍字会）理事会之下所设之六股各自负责任务如下：

（1）总务股：关于往来函牍、保管图记、编制表册、调查宣传会庶等事均属之。

（2）储计股：关于收支、款项、保管、财产、物品、簿记、审核、出纳等事均属之。

（3）防灾股：关于预防灾患、规划救济、计划及救济技术等事

---

① 《会场应守规则》，天津黄卍字会：《世界黄卍字会年鉴》，1941年，第12—13页。

② 《为于十月二十一日下午二时假法租界东亚医院对过维斯理堂开会改选，祈届时派员莅场参加》，1940年10月18日，J0218-3-005108-007。

均属之。

（4）救济股：关于查放赈品，收容难民、医药、掩埋、因利等事均属之。

（5）慈业股：关于筹设贫民学校、工厂、残废、育婴、慈幼等事均属之。

（6）交际股：关于招待、联洽、募集、救济、捐款等事均属之。①

总务、储计二股主要负责有关慈善事业之函件、表册、款项、财产的管理。防灾股负责慈善事业之规划，即哪里有灾，哪里需救，如何救之事。救济和慈业二股是具体执行部门。具体来说，救济股所针对的是查放赈品、收容难民、医药、掩埋等临时慈业；慈业股所针对的是贫民学校、工厂、残疾、育婴、慈幼等永久慈业。交际股颇具特色，它所负责之事务为“招待、联洽、募集、救济、捐款等事”，即为了办理慈善事业，需要和外界打交道。六股分工合作，各有重点，共同办理慈善事业。

为便于组织领导，每股均设主任干事、副主任干事各一人，干事若干人，商承理事长，办理各该股一切事务。“各股视事务之繁简，得酌设若干组，每组设干事一人或二人，商承各该股主任干事办理各该股一切事务。”②各股主任干事、副主任干事暨干事各职，均由理事会于会员中聘任之。

作为世界红卍字会的分会之一，天津红卍字会之会费收入，“每半年须就总额内提出一成五，解交总会，为维助之需”③。所选出的理事监事均报由总会颁发征请书，各股主任干事、副主任干事暨干事各职，均由本会理事会于会员中聘任。总会对天津红卍字会主办的慈善事业，有督导、统筹规划之权。

根据《世界黄卍字会天津总会现行章程》，天津黄卍字会会长和副会长以下，专门设有慈济课，负责慈善事业之管理。慈济课下分两股，施济股负责“关于施济急常各赈，施诊、施药、施种牛痘以及有关慈善事项”④，救护股负责“关于战地灾区收容等义务事项”⑤。

---

① 《世界红十字会分会及中华总会章程》，1943 年 9 月，J0031-1-000190。

② 《世界红卍字会天津分会章程》，《为另拟该会章程等事致世界红十（卍）字会天津市分会批示（附乔兆甪呈）》，1946 年 7 月，J0025-3-005179-003。

③ 《世界红卍字会天津分会章程》，《为另拟该会章程等事致世界红十（卍）字会天津市分会批示（附乔兆甪呈）》，1946 年 7 月，J0025-3-005179-003。

④ 《世界黄卍字会天津总会现行章程》，天津黄卍字会：《世界黄卍字会年鉴》，1941 年，第 45 页。

⑤ 《世界黄卍字会天津总会现行章程》，天津黄卍字会：《世界黄卍字会年鉴》，1941 年，第 45 页。

天津黄卍字会下设救济、审定、义教、保管、公墓等五个委员会，负责办理慈善事业。各委员会均设“设委员长一人，副委员长一人，督监一人，委员若干人”①。为便利各委员会的运行，“总会会长虽为当然委员，但只有提议权，而无表决权”②。

救济委员会的分工为：

（1）调查贫苦民众暨实施救济事项。
（2）调查灾难民众暨实施救济事项。
（3）关于本会救济事业之改善与指导。
（4）关于本会救济事业之督察与整饬并贫民登记事项。
（5）考核本会所属救济队之成绩。③

审定委员会负责办理度支、劝募捐款、纠察会内职员、甄别本会会员等工作。天津黄卍字会办有三所树人小学，为表示对教育的重视，专门成立义教委员会，负责所属各学校之签请和整饬事项。保管委员会则负责会内各项基金的保管和不动产的保管和登记。最后，公墓保管委员会负责公墓建设、登记等有关事项。正如第一章第三节所述，天津黄卍字会有公墓三处，均为固定财产，在必要时，这些公墓成为他们开展掩埋事业的依托。

根据《世界黄卍字会天津总会救济队总编制草案》，天津黄卍字会将救济队分为平时、非常、战时三项，由救济委员会议斟酌时宜，分别缓急，组设救济总队及战地救济队。具体分工如下：

（1）平时工作即养老、育婴、恤嫠、施医、防疫、种痘、施材、抬埋、掩骨、办理粥厂、暖厂等事项。

（2）非常工作即营救难民、安置灾黎、散放衣食、医药治疗等事项。

（3）战地工作多似非常工作，并特救护已失战斗力之残废伤兵

① 《世界黄卍字会天津总会所属各委员会办理简则》，天津黄卍字会：《世界黄卍字会年鉴》，1941年，第8页。

② 《世界黄卍字会天津总会所属各委员会办理简则》，天津黄卍字会：《世界黄卍字会年鉴》，1941年，第10页。

③ 《世界黄卍字会天津总会所属各委员会办理简则》，天津黄卍字会：《世界黄卍字会年鉴》，1941年，第8页。

及灾民，用以补助卫生队及野战病院之不及，且从事将无主之尸体掩埋标签注明，以待认领，而重人道。①

如图 3-2，救济队分战地救济队和救济队两类型，各有三队。每队人员安排如下：

一、队长一员，二、副队长一员，三、秘书一员，四、顾问一员，五、组主任三员，六、组员若干员，七、分队长八员，八、队员若干员，九、通译一人至十人，十、佐理员十人，十一、医士若干人，十二、看护若干人，十三、夫役若干人。②

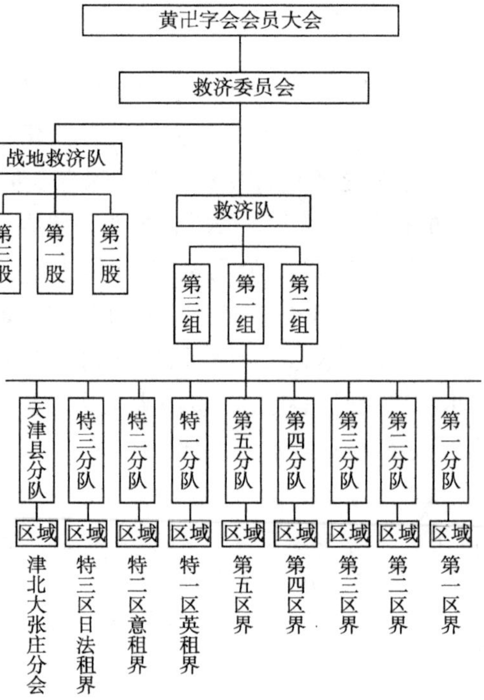

图 3-2　天津黄卍字会救济队系统图

资料来源：天津黄卍字会：《天津黄卍字会年鉴》，1941 年

① 《世界黄卍字会天津总会救济队总编制草案》，天津黄卍字会：《世界黄卍字会年鉴》，1941 年，第 49 页。

② 《世界黄卍字会天津总会救济队总编制草案》，天津黄卍字会：《世界黄卍字会年鉴》，1941 年，第 49 页。

救护队各员之职掌如下：

（1）队长秉承救济委员会之决议案及会长之意旨，监督指挥所属职员及各分队工作一切救护事宜（由会选任之）。

（2）副队长、秘书辅助队长掌理队务（由会选任之）。

（3）顾问负有依法指导队务，错误之责（按以现地情形选任之）。

（4）通译承队长之意旨，翻译外国语言，办理外交译文事项。

（5）各组主任承队长意旨，主持各该组事务：

第一组：关于设计救灾筹备用品，安置灾黎、考察队员品德良窳，服务勤惰各事宜；

第二组：关于救济、训练、宣传、劝导、调查、募捐、散放、赈济各事宜；

第三组：关于预防传染病救急担架，施医舍材掩骨抬埋以及公共卫生各事宜。

（6）组主任组员由队长聘任。

（7）各分队长承队长之命办理各该管区内一切救济事务，但须将工作情形随时报告总队部以便指导补助。

（8）各分队佐理员辅助分队长办理一切队务。

（9）队员承各该分队长之指挥办理一切救护事宜。

（10）以上各职员均系无给职，由会务会议中选任之。①

天津蓝卍字会的慈善事业由救济组负责。救济组下附设施救系和卫生系，分别负责以下工作：

甲、施救系：关于施放急常各振，施棺、义葬、收容、施粥、恤孤等事项。乙、卫生系：关于施茶、施药、施诊、防疫、种痘以及其他卫生救护等事项。②

① 《世界黄卍字会天津总会救济队总编制草案》，天津黄卍字会：《世界黄卍字会年鉴》，1941年，第49—50页。

② 《蓝卍字会总会章程》，《拟将原有名称改为蓝卍字会总会》，1943年6月30日，J0218-3-005108-011。

1937年7月，抗日战争全面爆发。面对战争带来的大量难民，天津蓝卍字会积极投入其中，参与救济。为此，天津蓝卍字会制定《天津市蓝卍字会临时救济队简章》，积极参与救济：

第一条　本简章系依据本会章程第四条及第十五条第三项之规定，并参照各慈善团体现行办法，组织临时救济队。

第二条　本会救济队为尊崇道德、救护灾区、难民安置事宜。

第三条　本会救济队直隶于总会，出发救护时，悉秉承总会会长指导行之。

第四条　本会救济队每队设队长、副队长各一员，指导队员、夫役办理救护事宜。

第五条　本会救济队之组织，于队长下分担任务如左：

一、关于文书、会计、庶务事项；二、关于救护灾区、伤亡难民安置事项；三、关于收送难民及输送药品、器具、粮食、被服等事项；四、关于受伤难民治疗事项；五、关于死亡难民掩埋事项。

第六条　每队于队长下设主任队员一员，医士二员，队员若干员，夫役若干人，秉承队长之指挥，分别各项事务。

第七条　本会救济队队长、队员等，均由本会会员中遴选平素勤苦耐劳，富有勇敢者充任之。

第八条　本队办理救护事项，得随时将灾情及办理情形具报总会，以凭查考。

第九条　本会救济各队长、员役等行使职务时，除由本会发给全队执照外，所有旗帜、服章、用品均以"卍"为标识，其队长、员役一律应着制服，以示区别。

第十条　本会救济队出发时，须事先开具名单，呈请所在地方官厅存案保护协助，以利进行。

第十一条　本会救济队出发时，应酌量情形组织临时难民收容所，其章则另定之。

第十二条　本会救济队运送被灾难民及运输药品、器具、粮食、被服等项，需用车船时，呈请该管长官依照战时海陆军输送军需同一待遇。

第十三条　本会救济队因行使职务时，需用房屋、船车、粮食等，得随时呈请该管地方官府就地补助之。

第十四条　本会救济队救护时，得随时与地方官绅及各慈善团体联络，以便遇事协助。

第十五条　本会救济队如救护被灾难民，得随时将姓名、年龄、职业、籍贯、住址，详细列册，报告总会查核。其已死亡者，应将体格、年貌、衣服颜色及财物等记明呈报总会备查。

第十六条　本会救济队救护伤亡难民，如有财物，随时报交本队长，通知该家属具领，并报告总会备查，不得隐匿不报，违者依法重办。

第十七条　如队员、夫役等有未尽职者，或有不法、不德行为者，得由该队长报由总会分别惩罚，以肃纪律。

第十八条　本简章如有未尽事宜，随时修正，转报备案。①

上述简章对救护队的宗旨、隶属、领导、工作范围、队员、工作方式等均进行了详细规定，反映了天津蓝卍字会面对突然爆发的救济危机，非常重视，全力投入。

不难看出，天津“卍”字会的章程具有一定的相似性，某种程度上反映这类章程的制定是政府部门规划、干预的结果，体现了政府部门对它们的制约意图。对天津“卍”字会来说，这类章程的制定，使它们在办理慈善事业时，容易明确职权分工，从容自若地办理慈善事业。当然，我们也应该看到，天津“卍”字会的章程，究竟在多大程度上得以执行，对推动其慈善事业的开展，究竟起到多大作用，由于资料不足，尚难判断。

另外，天津“卍”字会的组织制度，与同时期许多慈善团体，如中国红十字会、中华基督教青年会、华洋义赈会，较为类似，似是当时民间社会团体通行的制度。这种制度和传统时代的善会善堂组织制度相比，有明显的不同，显示出受到西方制度的影响，传递出更多的现代性色彩。

第二节　人员构成②

天津卍字会的会员分布，也呈现一定的特征。下文以天津红卍字会为中心，从姓名、年岁、籍贯、职业、住址等五个方面，对会员构成进行分析（表 3-1）。

---

① 《天津市蓝卍字会临时救济队简章》，《呈为报组织救济队情形等备案并颁发护照》，1937 年 9 月，J0001-3-000294。

② 侯亚伟：《世界黄蓝等卍字会考论》，《世界宗教文化》2014 年第 2 期。

表 3-1　1946 年 7 月天津红卍字会会员名录

姓名	年岁	籍贯	职业	住址	姓名	年岁	籍贯	职业	住址
苏锡麟	63	宁河	现任世界红卍字会总会驻津办理处监理	旧英界 35 号路 258 号	李兆林	50	天津	商界	本会
乔兆鼎	62	天津	教庆隆细庄经理	旧英界 58 号路 26 号	鲁涞	31	献县	商界	第一区旭街聚丰当
毕毓桂	56	威海	济安房产公司经理	第六区海大道吉万里 4 号	张大海	29	密云	学界	旧英界 52 号路思治里 7 号
王连城	56	天津	前曾任湖北督军署军务处处长	旧法界 12 号路西首 279 号	焦兆奎	44	天津	商	河东大马路本生布庄
朱捷三	62	天津	前开滦高级职员	旧英界广东路	胡延年	49	天津	律师	河东致远里 3 号
张开基	49	密云	前察哈尔都统署参谋	旧英界 52 号路思治里 7 号	魏旭斋	63	天津	商	
杜荫檀	59	滨县	启明银号总经理	旧英界 52 号路新长沙路平安里 4 号	郑怀志	37	深县	三聚成经理	北马路
鲁浩	48	献县	东信合当经理	旧英界大沽路	郭寿元	48	天津	商	南斜街
王玉生	49	武清	隆记公司经理	第一区荣街	鲁涨	53	献县	东兴银号经理	第一区罗斯福路
李荣殿	70	大城	前天津镇守使	旧法界教堂后同义里一号	王玉峰	56	武清	隆记公司	第一区林森路
陈秉俊	56	济宁	前直隶军医课长兼北洋防疫处长	旧法界北兆壹路信厚里 6 号	王化龙	52	河间	隆记公司	第一区林森路
金樾岑	69	江苏	前曾任旅长	旧英界福顺里 19 号	白荣波	52	宁津	隆记公司	第一区林森路
倪道煌	58	安徽	中医大夫	旧英界敦厚里 6 号	王绪春	43	武清	隆记公司	第一区林森路
王建庵	54	山西	商	旧英界 17 号路	吴乃彬	54	天津	孚中鞋店经理	东马路
杜永昌	50	山西	商	旧英界 58 号路	李永标	41	虎清	永兴煤栈经理	南市荣庆大街
张兆普	52	宝坻	风样口店经理	东门内经司胡同	张元庆	45	大城	商	韦驮庙西 56 号
刘凤翼	59	武强	聚德银号经理	第一区秋山街南口	姜树藩	39	牟平	商	旧义界大马路德生粮栈
黄鉴堂	65	天津	商	北门内大口门口	徐鲁詹	36	天津	政	旧英界 40 号路
张元升	48	大城	华中工厂经理	西门外书驮庙西 56 号	孟居卿	53	章邱	商	旧英界 13 号路 93 号
王英桂	55	叶县	英华工厂经理	西门外小道子	张金焕	55	天津	金九霞鞋店经理	旧法界天口楼下
贾步云	45	天津	谦义银号经理	伦敦路生生里 4 号	孟广宧	58	章邱	商	旧义界三马路 31 号

续表

姓名	年岁	籍贯	职业	住址	姓名	年岁	籍贯	职业	住址
孙星桥	47	天津	卍慈第二小学校校长	西广开鸿延里	杨士瑞	36	天津	商	南开潘家花园耀远里
苏鸣桢	50	天津	义太兴煤厂经理	旧义界五马路西口	孙治安	57	天津	商	河东三义当治安工厂
薛友三	50	天津	前思勤油厂经理	河北关下洪太玉胡同	孟昭銮	30	章邱	学	六区 13 号路 93 号
孟澍卿	68	天津	庆丰永玉庄经理	河北肉架子胡同	刘万瑞	59	静海	商	针市街肉市口瑞德米庄
刘水安	46	交河	同昌细庄经理	旧法界黎栈大街	蔡祝九	40	京兆	商	南小道子公兴工厂
杨兆年	42	山西	公记颜料庄经理	北门内贝家胡同	盖书元	36	南宫	商	荣业大街西田家胡同 5 号
鲁惟阁	45	献县	聚丰当经理	第一区罗斯福路	果辅臣	46	通县	商	华楼普太和药房
李怡民	44	北京	供职社会局	本会	李书琴	38	衡水	商	西门外横街子东利元布庄
谢玉田	55	萧县	曾任天津镇守使	旧法界 12 号路 272 号	徐树森	20	交河	医界	河北大经路东方制果局
马金城	44	长山	商	北马路北门西	李晓岩	47	武强	商	河东新唐家口残疾院
王子益	61	献县	商		杨道平	57	天津	商	梁家嘴朱家花园 47 号
贺景隆	61	武清	商	西头梅家胡同二道街	薛锡祯	23	天津	商	三条石洪太格胡同 3 号
强禄麟	58	静海	票利旅馆经理		薛锡棋	20	天津	商	三条石洪太裕胡同 3 号
王和祥	31	冀县	英华工厂监理	西门外小道子	孟庆信	53	天津	商	南门东庆成车行
韩煜曾	62	天津	医界	东门内二道子	孙圆梅	36	天津	商	第六区特一里
金铭	35	维兴		本会	程坚成	46	天津	商	海大道下瓦房
李辅周	56	清苑		本会	唐汉清	52	献县	政界	本会
董培萱	48	天津	卍字会职员	本会	阎子瀛	53	天津	商	缸店街义兴公货栈
赵质彬	41	天津	卍字会外科医士	本会	齐梦祥	40	天津	商	河北关上肉架子庆丰永米庄
刘维康	56	天津	卍字会职员	本会	夏锡五	24	天津	商	哈内路哈里一条 14 号
王嘉彦	72	天津	卍字会职员	本会	张敬扬	36	南皮	卍字会职员	本会
李振声	46	密云	卍字会职员	本会	傅惟粥	39	天津	卍字会职员	本会
杨感谦	43	天津	第一区区公所职员	一区陕西路兴隆南里	边俊书	22	天津	卍字会职员	本会
贾殿魁	42	天津	卍字会职员	本会	于泽洪	28	静海	卍字会职员	本会

续表

姓名	年岁	籍贯	职业	住址	姓名	年岁	籍贯	职业	住址
丁凤元	53	静海	卍字会职员	本会	吕金铎	23	天津	卍字会职员	本会
任桂祥	35	静海	卍字会职员	本会	郑塘城	54	天津	卍字会职员	本会
万学贤	45	掖县	商界	西南城角兴顺里	李玉绅	66	武强	卍字会职员	河东新唐家口残疾院
崔亮	49	汾阳	商界	旧英界15号路26号	王书贤	66	武强	聚德银号经理	第一区秋山街
李镇中	50	交河	中医生	旧法界恒和西里25号	韩文轩	59	天津	卍字会职员	本会
李壮飞	37	北平	卍字会职员	本会	岳朝岑	38	利津	卍字会职员	新唐家口残疾院内
鲁鸿	56	献县	商界	河东二马路东典货栈	王暄缜	45	山西	公记颜料庄总理	北门内只家胡同
商之盘	36	天津		东门内大费家胡同	赵昭常	37	宛平	卍字会职员	本会
张世荣	34	宝坻	风祥鞋帽店	东门内经司胡同内	刘平觉	60	景县	卍字会职员	本会
马仲三	71	武清	卍字会供职	本会	张曾渠	69	沧县	商	沧县城内
李丕彰	48	河间	商界	旧英界24号路福荫里	刘善庭	42	山东	商	旧义界租界民族路四清里通和公司内

资料来源：《为另拟该会章程等事致世界红十（卍）字会天津市分会批示（附乔兆萧呈）》，1946年7月27日，J0025-3-005179-00

一、年龄

如表3-2中所列从1921年农历七月一日（8月4日）至1922年农历七月一日（8月23日），整整一年时间，天津道院15次共授经81人，这81人可算作是参加天津道院以及稍后成立的天津红卍字会的最早会员（同修），他们的年龄结构如下①：20岁以下2人，约占2.47%；21—30岁14人，约占17.28%；31—40岁19人，约占23.46%；41—50岁13人，约占16.05%；51—60岁20人，约占24.69%；60岁以上13人，约占16.05%。综计40岁以下者共有35人，占43.21%；40岁以上者有46人，占56.79%。从上述年龄分布可知，天津道院—红卍字会的早期成员，老年占主体，青

① 在1994年以前，国际上一般对年龄阶段的划分为童年（0—6岁），少年（7—17岁），青年（18—40岁），中年（41—65岁），老年（66岁以后）。1994年之后，世界卫生组织又有新的划分：青年（44岁以下），中年（45—59岁），老年（60岁以上）。考虑到人的平均寿命在逐步提高，本书在进行分析时，将主要参考1994年以前的划分标准。

壮年占有较大比重。比较表 3-1 和表 3-2，可以发现年轻会员比例下降，中老年会员人数则大量增加。

表 3-2 1921—1922 年天津道院授经人齿录

道名	姓名	字	年岁	籍贯	住址	道名	姓名	字	年岁	籍贯	住址	授经时间
素本	徐思谦	六皆	75	浙江常山	南京头道高井	素慧	张作涛	松泉	73	直隶天津	天津东门外	辛酉（1921）七月初一日
素霭	刘炳炎	绍云	69	江苏江宁	天津户部街	素慈	闵荣爵	秋琴	69	江苏仪征	锦衣卫桥大街福记公司	
素怡	吕宗望	叔咸	58	江苏江宁	天津西窑窝	圆本	许子云	慕乔	58	江苏江宁	天津金家窑	
圆慧	李祚钰		56	江苏江宁	天津日界	圆霭	杨懿年	定如	54	山东益都	天津耀华里	
圆慈	卞运昌	鹏仙	42	直隶天津	天津松岛街	惟怡	柴道基	立齐	38	山西河津	天津银行	
惟本	谢嘉德		56	江苏江宁	惟惹	林耀祖			51	直隶天津		九月初一日
惟霭	毛祥树		51	江西南昌		惟慈	张汝钧	公衡	28	安徽祁门		
圆怡	张汝清	剑潭	44	安徽祁门	天津特别一区	灵本	傅德溶	镜清	29	江苏江宁	天津望海楼后	
灵慧	徐绪直		36	直隶天津		灵霭	陈洪晟	仲铭	34	浙江绍兴		
灵慈	谢有熙		30	安徽合肥		灵怡	韩彤曾		30	直隶天津		
鼎玄	卞鼎新	养吾	28	直隶天津	天津英界电灯房北							
素惺	吕海寰	镜宇	80	山东掖县	天津英界	南慧	赵连碧	少圃	60	直隶天津	天津英界从善里	十月初一日
惟靖	王崇焕	翰章	33	山东福山	天津日界秋山街	灵靖	胡延年	松儒	25	直隶天津	天津河北肉架子胡同	
素靖	李孺	子申	60		天津英界福荫里	圆靖	何靖	铁根	54	浙江绍兴	天津杨柳村河务局	十一月初一日
圆绥	范金镛	序东	52	四川秀山	天津法界竹荫里	圆绥	赵凌云	瀛洲	47	直隶易县	北京东关章寺	十一月初一日
惟绥	杜颐龄	养之	26	河南辉县	天津日界卞宅	灵绥	卞恺新	叔元	25	直隶天津	天津英界盛茂道	
春原	王彦宝	湘愫	60	河南开封	邓沽南开							十二月朔日第五次
春诚	勾德润		60	江苏江宁	河北原吉里	永福	桂聿骐	次麟	35	山东滋县	河北择仁里	壬戌（1922）正月初八日第六次
暄一	张海清		34	安徽祁门	河北三戒里傍	暄原	张中庆	凤臣	32	天津	南斜街	
旸一	赵英	仲育	29	甘肃狄道	津浦路局	瑟明	徐绪平	伯宰	29	天津	英界达文波路	

续表

道名	姓名	字	年岁	籍贯	住址	道名	姓名	字	年岁	籍贯	住址	授经时间
旸诚	隋炳文	儒樵	27	天津	西门内郡安胡同南	肠原	陈毓泰	焕之	25	湖南长沙	英界达文波路徐宅	壬戌（1922）正月初八日第六次
肠性	杨嘉琼	华存	22	山东	西开华利里	肠善	张秉钧	执权	20	天津	河东吉家胡同	
普先	庄耀祖	琨友	56	江苏武进	广兴大街大兴旅馆	春性	张彬	黄楼	54	直隶南皮	美界三马路	二月初一日第七次
春善	阮福塘	寿岩	46	直隶	南开凤仪里	永诚	李恩祜	子受	42	天津	南门板桥胡同	
思善	姜世熙	瑞廷	42	天津	针市街永立姜店	永性	姜恩沄	少宸	37	天津	城北堤头村	
永善	刘荣昌	宝甫	36	江苏江宁	北门东保银行	暄诚	唐凤岗	桐轩	3	天津	竹竿巷万德栈	
暄善	刘继康	晋孙	32	天津	城南土城村	旸福	卞益新	伯巽	17	天津	城内乡祠南	
春一	周鸿泽	咏樵	69	天津	南开凤仪里	春福	张龙光	钧三	46	直隶南皮	河北四知里	二月二十八日第八次
永一	韩熙曾	瑞芝	45	天津	天后宫戏楼后河沿	永原	金葆瑞	筱亭	40	天津	南门松盛里	
暄性	张广文	从周	33	直隶武清	日界德庆里	暄福	陈洪守	叔为	32	京兆	英界松寿里	
福成	常众山		35	奉天兴城	河北三马路三戒里							四月二十九日特赐
春临	蔡模	辅之	65	江苏江宁	天津望海楼二条	春吉	郑葆琛	献廷	65	天津	太平街	五月朔日第九次
永德	耿纪修	仰泉	54	山西灵石	西门宝兴巷	永成	周济渠	动之	52	浙江绍兴	河北同庆里	
暄临	汪本然	醒盦	47	浙江平湖	河北宝庆里	悟谨	杜其治	振庭	76	通县	河北关上双星店后	
春成	沈长龄	再生	62	福建闽侯	元纬路同庆里	暄成	刑新璐	玉汝	38	京兆房山	天津县公署	闰五月朔日第十次
旸成	周惠泽	佑民	35	天津	泥沽村							闰五月朔日第十次
润和	黄昕熙	晓初	52	江苏吴江								闰五月三十六日特赐
慧通	陈宝龙	泽普	43	直隶青县	日界蓬莱街路南							六月二十日特赐
慧觉	庞训仁	镜秋	73	江苏上元	日租界太和里	春德	沈学曾	勤轩	63	天津	日界旭街恒达银号	七月朔日第十一次
道严	伊棠	伯华	63	京兆大兴	河北诚安里	永临	唐景仑	文涛	57	浙江嘉兴	天津东门内双井	
永吉	吴燮	调之	54	江苏江宁	金家窑电灯房后							

续表

道名	姓名	字	年岁	籍贯	住址	道名	姓名	字	年岁	籍贯	住址	授经时间
斌灵	王承斌	孝伯	46	奉天	直隶省长公署	暄吉	倪耀新	仲明	44	河南偃师	新大路德善里	七月朔日第十一次
肠临	陆均泰	康衢	35	直隶武清	河北马公祠旁	肠吉	刘毓庚	朗西	34	天津	杨柳青牌坊西	
肠德	路承铣	洗伯	26	贵州毕节	日界小松岛街查宅	暄德	谢宗华	逸舟	43	江苏武进	日界松岛街五座楼	

资料来源：《道德杂志》1922 年第 4 期，第 449—450 页；《道德杂志》1922 年第 1 期，第 107 页；《道德杂志》1924 年第 10 期，第 1151 页

当然，还应该考虑时间因素。1921—1922 年的统计，距 1946 年已有 25 年，当年加入天津道院—红卍字会的中青年，尚未逝世者，如今也已垂垂老矣。据统计，1921—1922 年加入天津道院—红卍字会者有 81 人，1937—1938 年有 127 人，1946 年有 112 人，1949 年有 103 人[①]，这反映了天津红卍字会虽曾办理过十分辉煌的慈善事业，会员人数多时亦不过 100 余人。该会 1921—1922 年入会人数即有 81 人，期间又很少见到退会之事，除去老病死者，越往后入会人数应呈下降趋势。在表 3-1 中所统计的中青年，应是不久前或刚刚加入，老年会员却有可能是较早前加入的。以此，在进行天津红卍字会会员的年龄分析时，就会发现老年人增加较快，青少年呈现下降的趋势。然因相关统计时间相差甚远，但仍可以认为，天津红卍字会主要发展的会员，以中老年为主，青少年较少。

天津黄卍字会会员的年龄分布，如表 3-3，总会方面，30 岁以下 0 人，30—40 岁 1 人，41—50 岁 11 人，51—60 岁 17 人，60 岁以上 2 人。即是说，40 岁以下者只有 1 人，40 岁以上有 30 人之多。市第一、第二分会，天津县第一分会共有会员 91 人，其中 30 岁以下者 9 人，占 9.90%，31—40 岁 19 人，占 20.88%，41—50 岁 22 人，占 24.18%，51—60 岁 30 人，占 32.97%，60 岁以上 11 人，占 12.09%，不详 1 人，占 1.10%。由此不难看出，天津黄卍字会会员年龄在 40 岁以下的会员很少，基本都是在 40 岁以上，41—60 岁之间者更多。综上可判定，和天津红卍字会相似的是，天津黄卍字会的会员亦以中老年为主。

表 3-3　1941 年 1 月天津黄卍字会董事、监事一览表

职别	姓名	年岁	籍贯	职业	现在住址	电话	备注
会长	薛兰亭	44	天津	华北第一搪瓷公司总经理	北门内运署西大街二十二号	25251	为各级委员会当然，听取意见

① 《关于天津市慈善团体的调查工作综合报告》，1949 年 4 月 8 日，X0065-Y-000034-001。

续表

职别	姓名	年岁	籍贯	职业	现在住址	电话	备注
副会长	李鹤亭	54	天津	安利洋行华经理	南门西观海里	31583	审定委员
	赵秉政	41	河间	交通货栈经理	义租界六马路交通货栈	40223	审定委员
董事	王宝光	50	香河	永和公司总经理	法租界西关洋灰桥北	21590	救济委员会
	刘蒲臣	53	江苏崇明	华孚公司经理	法租界八号路会孚贸易公司	31254	审定副委员长，市一分会会长
	李永年	51	山东德县	伊公里经租处经理	河北五马路北头治仁里	60931	救济总队长救济委员
	宋柏年	55	静海	祥记布庄经理	城内府署西井家胡同	33563	保管委员长
	高砚荪	53	天津	裕津银行会计主任	法租界八号路裕津银行	34461	审定委员长
	周捷三	59	天津	魁昌洋行经理	特一区第一分会	34867	市一分会副会长公墓委员
	张云卿	53	天津	美记洋行华经理	南马路湖芦灌二号	40478	
	沈湘泉	56	天津	信孚火险公司副经理	南关下头王家楼胡同	34461	救济副委员长
	王云涛	49	天津	出进口经济	东门外袜子胡同	24882	保管委员
	赵友梅	45	山东章邱	琪业房产公司总经理	闽粤会馆		救济第三队长
	吴少怀	65	天津县	农业	演北大张庄		天津县第一分会会长
	张湘洲	47	天津	林记麻袋庄经理	南马路南门西		市二分会会长
候补董事	郭荩臣	59	天津	永和公司董事	南门外宁家大桥东甫庆里二号	21590	
	高岳峥	35	定兴	义兴和煤厂经理	河北三马路修业东里	60927	救济总队总务组主任
	杨和璞	43	文安	裕津银行华界办事处副主任	法租界八号路裕津银行	24977	审定委员
	杨松乔	53	天津	裕津银行庶务主任	河北关上杨家大院	34461	保管副委员长
	李次坪	53	通县	义利印刷局经理	东马路义利印刷局	21710	救济委员
	许朴亭	41	武清	洪信号经理	义租界三马路		
监事	刘午樵	50	天津	洋行经济	特二区小盐店兴仁里十一号		救济总队副保管委员
	陈雅亭	41	天津	商业	特一区十四号路十四号		
	田占一	51	天津	魁昌洋行	英界朱家胡同东口	31183	保管委员
	江敏斋	55	宁晋	大生洋行经理	日界寿街六地一号	21590	救济委员

续表

职别	姓名	年岁	籍贯	职业	现在住址	电话	备注
监事	李荻庭	45	天津	洋行经济	西北城角北阁吴家胡同三号		
	王春圃	54	天津	利和洋行经理	英界利和洋行	34358	义教委员
	杨毓轩	61	天津	商业	特一区第一分会内		公墓委员长
候补监事	刘凤池	60	天津	亚华斋经理	城内鼓楼大街		救济总队督监
	邱景山	51	宁河	长发永米庄经理	河北三马路北头六合里		保管委员
	郭松林	52	天津	美利斯叫卖行经理	南门西大马路坐南		救济第二队长

资料来源：天津黄卍字会：《世界黄卍字会年鉴》，1941 年，第 17—20 页

应该说，天津"卍"字会虽已呈现若干现代性的因素，虽然其办理慈善事业的规模和理念均非传统的善会善堂所可比拟，但武装它们的理论武器主要来源于中国传统文化，较少受到西方文化的影响。而时值 20 世纪上半叶，欧风美雨对古老中华的吹拂已近百年。当时社会的主流亦以学习西方，追求现代性为主流、时髦，甚至唯一正确的道路。如此，天津"卍"字会便很难在年轻人中间吸引力量，谋求发展了。以此，与其说天津"卍"字会入会会员有以中老年为主的特征，反映了它们的保守性，不如说，它所反映的更多的是时代的选择。然而，不论这种选择是否可以真正代表中国社会的发展方向，只是由于天津"卍"字会没有至少保持策略上的趋同性，其发展前景并不乐观。

二、籍贯

最初参加天津红卍字会的会员共有 81 人，其籍贯分布如图 3-3。由表 3-1 可知，他们来自 15 个省份，具体分布为：福建、甘肃、贵州、湖南、江西、四川各 1 人，奉天、山西各 2 人，河南 3 人，安徽、京兆各 4 人，浙江 6 人，江苏 15 人（含南京 10 人），直隶 33 人（含天津 26 人），另有籍贯不详者 6 人。这种范围较广的分布，凸显出天津红卍字会会员来源的广泛性，以及作为一个五方杂处的大城市，天津城市人口构成的多元化特征。但总体分析，最初参加天津红卍字会的会员，主要是来自天津及其周边地区。来自直隶的占 40.74%，仅天津一隅便占 32.10%，华北地区，再加上河南、山西、陕西、山东共有 47 人，占 58.02%，居一半以上，反映了最初入会者的籍贯已呈就近优势。从表 3-1 中还可以看到，来自浙江的有 6 人，占 7.41%，来自江苏的有 15 人，占 18.52%，仅江宁（今南京）

一隅便占 12.35%，江苏、浙江加起来共有 25.93%，比例除略低于天津外，远高于其他地区。究其原因，反映出 20 世纪 20 年代前后，作为通商巨埠的天津，来自江苏、浙江等省的商人较多。

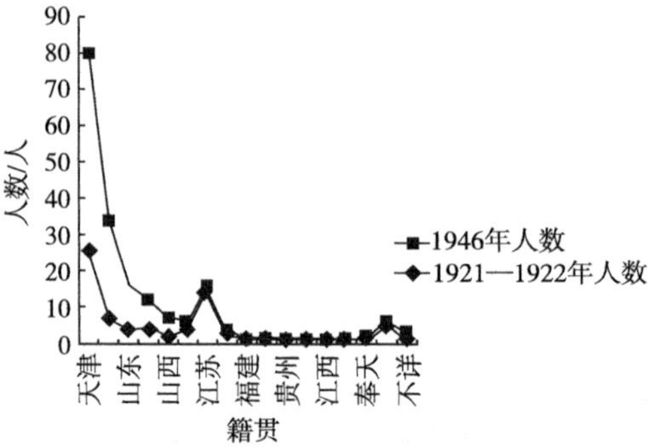

图 3-3　天津红卍字会会员籍贯分布图

在表 3-4 中，这种情况表现更加突出。根据表 3-4，天津红卍字会建立之初，领导人共有 25 人，其中安徽 2 人，江苏 7 人（江宁 5 人），山东 3 人，山西 1 人，浙江 2 人，直隶 8 人（天津 7 人，其他地方 1 人）。可见，江苏和浙江共有 9 人参与到天津红卍字会的领导行列中来，甚至还略高于直隶的人数。因此，不难想见，江浙人士（尤其是江苏人）对 20 世纪 20 年代天津红卍字会的影响之大。

表 3-4　天津红卍字会职籍表

籍称	道号	名	字	籍贯	籍称	道号	名	字	籍贯
统掌籍	徐素一	世光	友梅	直隶天津	文藏	□灵绥	恺新	叔元	直隶天津
副掌籍	谢素定	嘉祜	受之	江苏江宁	坛院掌籍	陈灵霭	洪晟		浙江绍兴
	卞圆慈	运昌	鹏仙	直隶天津	文藏	胡灵靖	延年	松儒	直隶天津
院监	杨素微	义堃	幼甫	浙江海宁	经院掌籍	李圆慧	祚钰		江苏江宁
	陈灵霭	洪晟		浙江绍兴	副掌籍	吕素怡	宗望	叔咸	江苏江宁
统文掌籍	李素靖	燾	子申	直隶遵化		杨圆霭	懿年	定如	山东益都
统篆掌籍	徐慧明	绪平	伯宰	直隶天津	文藏	暄原			
统藏掌籍	刘素霭	炳炎	绍云	江苏江宁	慈院掌籍	杨素微	义堃	幼甫	浙江海宁
统管掌籍	韩灵怡	彬曾		直隶天津	副掌籍	柴圆怡	道基	立斋	山西河津
坐院掌籍	普光				文藏	刘素辉	庆霖	雨亭	江苏江宁
副掌籍	刘素辉	庆霖	雨亭	江苏江宁	宣院掌籍	刘素霭	炳炎	绍云	江苏江宁

续表

籍称	道号	名	字	籍贯	籍称	道号	名	字	籍贯
副掌籍	张惟怡	汝清	剑潭	安徽祁门		王惟靖	崇焕	翰章	山东福山
文藏	卞鼎玄	鼎新	养吾	直隶天津	道参长	胡素初	建枢	星舫	安徽凤阳
	吕素惺	海寰	镜宇	山东掖县	道助长	杜无凡	维翰	召勋	江苏淮安
	刘素霭	炳炎	绍云	江苏江宁		杨圆霭	懿年	定如	山东益都
道宣	陆福烨	春元	答山	江苏东台					

资料来源：《道德杂志》1922 年第 4 期，第 452 页

到 1946 年，根据表 3-2 和图 3-3 所示，天津红卍字会 112 名会员中，天津有 54 人（13 人来自郊县），占 48.12%，河北 27 人，占 24.11%，山东 12 人，占 10.71%，北京 6 人，占 5.35%，山西 5 人，占 4.46%，安徽 2 人，占 1.79%，江苏 1 人，占 0.89%，河南 1 人，0.89%，不详 2 人，占 1.79%。单单天津人便占将近半数，若再将天津和其周边河北、山东、北京加起来，占 88.29%。比较 1921—1922 年和 1946 年的数据，显然，1946 年天津红卍字会会员籍贯分布不如 1921—1922 年分别更广泛。1921—1922 年时，会员来自 15 个省，到 1946 年，只有 8 个省，缩水近一半。1946 年，天津红卍字会更加华北化、本地化。1921—1922 年，来自天津的会员占 32.99%，若加上河北，则占 40.74%，整个华北诸省占 58.02%，至 1946 年，仅天津一隅，便占 48.12%，天津加河北，则占 72.32%，若算上华北诸省，则占 88.29%。

如表 3-3 所示，天津黄卍字会 31 名董事、候补董事、监事、候补监事中，来自天津的有 22 人，占 70.97%，除 4 人来自周围各县外，均来自天津市。来自河北的有 5 人，占 16.13%，他们分别来自定兴、文安、香河、宁晋、河间，基本都在天津周围。来自山东的有 2 人，占 6.45%，来自北京郊县的有 1 人，占 3.23%。如表 3-5 所示，各分会共有会员 91 人，其中天津 77 人（天津市 21 人，天津县 51 人，其他郊县 5 人），占 83.52%，河北 7 人，占 7.69%，山东 4 人，占 4.40%，北平 1 人，1.10%，江苏 1 人，1.10%，不详 1 人，1.10%。可以看出，各分会的会员来历，和董、监事一样，都来自上述 5 个地区。从这些数据可知，天津黄卍字会的领导主要来自天津各地，其次是天津周围各省市。由此说明该会主要是一个地方性民间慈善团体，华北区域性的特征较弱，遑论全国性。

表 3-5　1941 年 1 月天津黄卍字会各分会正副会长暨会员一览表

职别		姓名	表字	年龄	性别	籍贯	住址	姓名	表字	年龄	性别	籍贯	住址
天津市第一分会	会长	刘鸿鼎	鼐臣	53	男	江苏	法租界 8 号路 84 号						
	副会长	周联科	捷三	59	男	天津县	挂甲寺小辛庄	陈伯夫	雅亭	51	男	天津县	特一区汉口路 14 号
	总务组主任	赵德宏	绍珍	39	男	天津县	特一区 88 号						
	副主任	王荫培	子衡	63	男	天津县	沧县，现住本分会						
	助理员	武春泉	师康	63	男		特一区 12 号路同业里 13 号	翟宝善	席珍	51	男	天津县	特一区玉川居胡同 3 号
		李玉铮		26	男	天津县	特一区芦家胡同 6 号	孙耀宗		34	男	天津县	特一区玉川居胡同 3 号
	救济组主任	田文奎	占一	51	男	天津县	特一区静远里 9 号						
	副主任	孙文祥	绍斋	65	男	天津县	特一区玉川居胡同 3 号						
	助理员	于泽民			男	天津县	法租界 8 号路裕津银行	王毓麟		44	男	天津县	特一区分局东胡同 3 号
		杨树林		33	男	天津县	挂甲寺永馨堂药铺	萧文印		36	男	天津县	东楼村刘家胡同 2 号
		刘振声		50	男	天津县	东楼村大街						
	保管组主任	于顺永	锡九	56	男	天津县	特一区十字庵 20 号						
	副主任	姜毓林		66	男	天津县	东楼村赵家胡同 13 号						
	助理员	张松乔		53	男	天津县	法租界 8 号路裕津银行	段兰坡		43	男	天津县	法租界天增里 27 号
		靳松年		41	男	天津县	东楼村于家胡同 8 号	汪继昌		36	男	北平	河北大经路辅仁里 17 号
	交际组主任	杨斌	毓轩	62	男	天津县	特一区十字庵 20 号						
	副主任	刘瑞亭		48	男	天津县	特一区凤鸣胡同 1 号						
	助理员	肃金荣		55	男	天津县	特一区长富材厂	于相永		38	男	宁河县	法租界天增里永大拍卖行
		杨书绂	襄仪	28	男	天津县	特一区 9 号路 9 号	王涛彭	万疆	31	男	天津县	特三区泰记栈

续表

职别		姓名	表字	年龄	性别	籍贯	住址	姓名	表字	年龄	性别	籍贯	住址
天津市第二分会	会长	张湘洲	同	48	男	天津	南马路南大水沟对过林记号						
	副会长	魏翰章	子文	55	男	天津	英租界张庄大桥福寿全	王长清	同	69	男	天津	特一区山西路口长兴棚甫
	副主任	黄震山	同	45	男	河北	南马路华兴公麻袋庄						
	助理员	戚云鹏	汉青	55	男	山东	南门内大寺西胡同24号	陈敬山	同	63	男	天津	古楼西板桥胡同18号
		张振声	同	38	男	天津	法租界33号路信通货栈	晋敬甫	同	54	男	山东	南马路吉祥胡同天利兴毛庄
		钱凤由	同	41	男	河北	南马路电车站路北桐记毛庄	张桐轩	同	49	男	河北	西头小道吉顺里48号
		周钧湘	同	29	男	河北	南马路润昌祥钟表铺	吉子安	同	41	男	天津	河东二字街北义方庵十二院
		苏及三	同	41	男	天津	南门内老晕油铺胡同	李筱江	同	31	男	天津	城内乡祠前孟家大院
	救济组主任	郭松林	同	53	男	天津	南门西美利斯叫卖行						
	副主任	徐德山	同	51	男	天津	东门内石桥胡同旁						
	助理员	韩歧山	同	59	男	天津	南门东四条胡同	王墨如	同	52	男	河北	英租界黄家花园
		□耀庭	同	52	男	河北	英租界英国菜市福盛号	徐尘云		45	男	天津	河东小道子街吉庆里10号
	保管组主任	韩歧山		59	男	天津	南门东四条胡同						
	副主任	郭松林		53	男	天津	南马路美利斯叫卖行						
	助理员	戚云顺		55	男	山东	南门内大街西胡同20号	吉子安		41	男	天津	河东十字街北义方庵
		陈敬山		63	男	天津	古楼西板桥胡同	王俊清		45	男	天津	南门内小双庙胡同
	交际组主任	何树青		46	男	山东	古楼西立生油铺胡同						
	副主任	牛占元		51	男	天津	东门内东箭道						
	助理员	孙连贵		40	男	天津	南门外姚家下厂	贾明斋		55	男	天津	东门内东箭道
		冯敬寰		37	男	天津	东北城角大同药房	王国卿		57	男	河北	西头佟楼村

续表

职别		姓名	表字	年龄	性别	籍贯	住址	姓名	表字	年龄	性别	籍贯	住址
天津县第一分会	会长	吴少怀		64	男	天津县	大张庄						
	副会长	阎庆怀	伯卿	53	男	武清县	估衣街范店胡同胡安栈内	吴毓瑄	奉廷	63	男	天津县	大张庄
	总务组主任	阎聚喜		60	男	武清县	殷家庄						
	副主任	吴振谦	照堂	31	男	天津县	大张庄						
	助理员	吴振樑	柏青	26	男	天津县	大张庄	赵万鑫	品三	26	男	天津县	大张庄
		李广兴		52	男	天津县	李辛庄	马俊驰		27	男	天津县	孙家庄
		杨得清	相臣	44	男	天津县	小淀庄						
	救济组主任	赵万英		38	男	天津县	大张庄						
	副主任	赵立廷		40	男	天津县	大张庄						
	助理员	赵金贤		28	男	天津县	二闫庄	李□云		40	男	天津县	李辛庄
		吴□		34	男	天津县	大张庄	李宗义		38	男	天津县	李辛庄
		王钧		45	男	天津县	大杨城	赵万顺		30	男	天津县	大张庄
	保管组主任	吴振文	焕章	54	男	天津县	大张庄						
	副主任	吴振旅		47	男	天津县	河北三马路修业东里 24 号						
	助理员	赵平兴		61	男	天津县	河北三马路修业东里 24 号	高得麟		48	男	天津县	孙家庄
		陈广玉		48	男	天津县	孙家庄	靳怀孟		53	男	天津县	韩盛庄
		魏少贤		55	男	天津县	何家庄						
	交际组主任	刘继先		34	男	武清县	万隆栈新中国广告社						
	副主任	李森云	茂林	41	男	天津县	估衣街振兴号						
	助理员	高得善		30	男	天津县	孙家庄	倪怀荣		52	男	天津县	孙家庄
		刘玉田		32	男	天津县	二闫庄	袁广山		57	男	武清县	杨恒庄

资料来源：天津黄卍字会:《世界黄卍字会年鉴》，1941 年，第 28—37 页

综上，可见天津“卍”字会会员的籍贯分布，呈现以天津为中心，天津和天津邻近地区占主要地位的特征。那些虽与天津不相邻，但来天津经商或从政人数较多的省份，亦占有较大的优势，只是随着该省在天津商业势力的衰落，这种情况也便不复存在了。由此可见，天津“卍”字会基本是地方性慈善团体，只是天津红卍字会在前期，活动范围不囿于天津一隅。我们可以看到，以天津为中心的地域化特征有个逐步加强的趋势，愈到后期越显突出。

三、职业

在1937年之前，民国天津慈善团体的主办者以旧官僚、旧军人为主；1937年之后，以商绅为主。据1949年4月对天津19个慈善团体的25个负责人成分的统计：“工商业资本家（包括经理、厂长、股东）有十九人，占百分之七十六；失意军阀政客及退伍军人有五个，占百分之二十；自由开业者（律师和医生）二人，占百分之四。”①

天津“卍”字会也大致如此。尤其是天津红卍字会，因其成立较早，早期领导和参会者更多是旧官僚、旧军人。天津黄、蓝卍字会成立较晚，从一开始即以商绅为主。

天津红卍字会早期领导多是旧官僚、旧军人。据1949年天津市人民政府的调查，天津红卍字会的成立与段祺瑞、曹锟的支持是分不开的，参加的成员，亦系这一个圈子的人。最值得一提的便是天津道院—红卍字会第一任统掌籍（会长）徐世光（？—1929年），道号素一，徐世昌之弟。他历任济东泰武临道、粮道、河防局、营务局、济南知府、濮阳河工督办等职。徐氏晚年致力慈善事业，并一度任世界红卍字会会长。1929年逝世于天津。第二任统掌籍（会长）乔保衡（1871—1951年），道号素苞，字亦香，天津人，家素丰。清末官至内阁中书，曾授湖北安陆府知府，辞不赴任，专营商业，在天津设有敦庆隆绸缎行。此人在济南母院成立之时，即入修研道，并创京兆道院，任统掌籍。总院在北京设立后，仍任统掌，兼任母院值季统掌籍，并与徐素一共同主持宗坛事务。第三任统掌籍（会长）吕海寰（1842—1927年）清末著名外交家，中国红十字会创始人。历任驻德、荷两国公使，工部尚书、钦差商约大臣、兵部尚书、外务部尚书、督办津浦铁路大臣等职。第四任统掌籍（会长）王承斌（1874—1936年），字孝伯，辽宁人。历任直隶省长、直隶督军、直鲁豫巡阅副使兼直隶督军、省长等职，下野后寓居天津英租界。

根据表3-4统计，1946年，在天津红卍字会112名成员中，除3名没有标明职业之外，商界有69名，占61.61%；在天津红卍字会供职的专门会员有21人，占18.75%；退伍军人6名，占5.36%；医界5人，占4.46%；政界4人，占3.57%；学界3人，占2.68%；律师1人，占0.89%。由此，可知，1946年，天津红卍字会的主体会员已经以商人为主体。又根据1949年的统计，当时天津红卍字会有会员103人，商界69人，占67.00%，政

① 《关于天津市慈善团体的调查工作综合报告》，1949年4月8日，X0065-Y-000034-001。

界 9 人，占 8.74%，其他行业 25 人，占 24.27%，则商界人士一直呈现增长趋势。领导亦多是商界人士，如会长乔兆鼐，为天津最大绸缎庄敦庆隆股东，董事鲁惟阁，为天津最大当行聚丰当东家，均对各自行业有很大的话语权。

天津黄卍字会首任会长为焦天斌，天津县人，他“壮年经商，商铺遍于国中”[①]。这反映天津黄卍字会从成立之初，便是以天津本地商绅为核心的组织。到 1941 年前后，根据表 3-5，在所有会长、副会长、董事、候补董事、监事、候补监事共 31 名成员中，只有董事吴少怀一人的职业为农业，其他均为公司、货栈、洋行等行业的总经理、经理、主任。会长薛兰亭不仅是华北第一搪瓷公司总经理，还曾任职于天津商会。

张雁宾，时任黄卍字会代理事长、余记猪鬃工厂经理。18 岁县立中学毕业，29 岁到东北学习，31 岁来津，在志成货栈充任职员 10 年，抗战胜利后独资成立余记货栈，至 1950 年结束。张氏经刘鼐臣介绍入会，原为常务理事，薛兰亭病故，被选为代理事长。赵秉政，时任天津黄卍字会常务理事、交通货栈副经理，16 岁来津，在交通货栈学生意，24 岁升职员，后升副经理。1938 年，经刘鼐臣介绍入会，为天津黄卍字会中有力的理、监事之一。周捷三，天津黄卍字会常务理事、魁昌洋行经理。到 1949 年，周氏在魁昌洋行供职已逾 39 年。[②]

天津黄卍字会的会员中，也有不少是军界、政界人士。如邓孝先（1868—1939 年），河北青县人，“历任公安局长、县长，追夫近年，感仕途艰险，乃决意加入本会任职”[③]。他在天津黄卍字会的工作十分忙碌，1939 年水灾时，因平日案牍劳形，积劳成疾，不治身死。另有救护队第七队长何志清，“年七旬余，宁河县人，昔尝宣劳军界，前于天津水灾时期，亲赴咸水沽一带拯济流亡，竟于归途坠水殒命”[④]。后期如李廷玉[⑤]（1869—1952），天津人，字实忱，晚清时曾任开垦蒙荒总

① 《本会焦前会长暨三贤传略》，天津黄卍字会：《世界黄卍字会年鉴》序，1941 年。

② 《关于送改组慈善团体筹委会名单草案二份将审查提供意见》，1951 年 12 月 27 日，X0065-Y-000192-003。

③ 《本会焦前会长暨三贤传略》，天津黄卍字会：《世界黄卍字会年鉴》序，1941 年。

④ 《本会焦前会长暨三贤传略》，天津黄卍字会：《世界黄卍字会年鉴》序，1941 年。

⑤ 《李实忱回忆录（节录）》，中国人民政治协商会议天津市委员会文史资料研究委员会：《天津文史资料选辑》第 43 辑，天津：天津人民出版社，1988 年；第 48—104 页；《李实忱回忆录（节录）》，中国人民政治协商会议天津市委员会文史资料研究委员会：《天津文史资料选辑》第 44 辑，天津：天津人民出版社，1988 年，第 78—141 页。

办、陆军部检察官、防守南京兵备处总办兼警察总办等职。辛亥革命后曾任乌里雅苏台将军署参赞、察哈尔军务帮办、江西督军署参议、护理江西省长等职，1925 年后退居天津。

天津蓝卍字会会员多出身于商界，领导多是民国天津著名商绅。据 1949 年调查，中华人民共和国成立前后，该会有会员 162 人，其中商界 143 人，占 88.27%，另有政界 3 人，其他 16 人。最早的几位发起人，朱绍亭是天津东站西货厂厂长，天津蓝卍字会第一任会长，李佑烈为河南中国银行经理，杜少乔为大同煤栈经理，郝焕章为义兴轮船公司经理。1935 年之后，天津蓝卍字会的商人会员渐以木业为主。朱绍亭以后的四任会长或理事长，均出身木业。比如刘元忠为同聚木行经理；李瑞亭为宝聚木号股东，18 岁以前在原籍半耕半读，19 岁到天津当学徒，21 岁升职员，32 岁任经理，40 岁合资组织同聚木号，1945 年 4 月任木业公会理事长，不久退出，自营宝聚木号。①

据 1951 年底天津市人民政府的调查，除李瑞亭之外，参加改组慈善团体工作的王绍圃、李竹勋、王瑞轩等人同为天津蓝卍字会领导。王绍圃 47 岁，某制药厂副经理，曾任信和隆油行副理、义诚号经理。李竹勋 61 岁，信和隆油行经理。小学学历、电报学校肄业，1911 年入祥泰木行当学徒，至 1941 年结束；组织三和义木行，1947 年结束；1946 年 8 月—1951 年经营信和隆油行，自任经理。王瑞轩 16 岁县立高小毕业，考入津浦路路务传习所速成科，一年毕业，充车守。21 岁任井陉矿务局职员，22 岁任京车路天津站站守，23 岁任货物主任创华隆洋行华账房副理，34 岁任丰台货厂主任，35 岁任车站行车主任，48 岁离职。②

天津红卍字会的人员构成之所以会出现初以旧官僚、旧军人为主的特征，具有深刻的社会历史根源。在 1928 年以前，天津靠近北平，是一重要商埠，租界林立，政治地位特殊，晚清、民初的许多旧官僚、旧军人下野之后隐居在此。他们财大气粗，有一定的社会地位，具有较大的号召力。这些人或以求名，谋取东山再起之资本；或晚年反思早年经历，立意回报社会；或目睹社会混乱、民不聊生的现状，立志拯救社会，积极投身于慈善事业之中。随着时代，特别是政局的变迁，旧官僚、旧军人逐渐退出历史舞台，天津“卍”字会的人员构成逐渐出现以商绅为主的局面。商绅是

---

① 《关于天津市慈善团体的调查工作综合报告》，1949 年 4 月 8 日，X0065-Y-000034-001。

② 《关于送改组慈善团体筹委会名单草案二份将审查提供意见》，1951 年 12 月 27 日，X0065-Y-000192-003。

城市经济的重要力量，他们有钱有势，或以求名，或以回报桑梓，成为慈善事业的主要支持者。

四、性别

天津“卍”字会的成员主要为男性，特别是天津黄、蓝卍字会，更是清一色男性。天津红卍字会早期会员中，据传张宗昌四姨太太为女性，但也未在正式的名单中见到。倒是天津道院下辖女道德社和世界红卍字会天津分会妇女部，是为女性同修的组织。女道德社的成立时间、组织、活动均付阙如，仅见其在1937—1938年天津红卍字会募捐活动中，曾代募307元，捐助200元[①]，共507元，仅占当年红卍字会各分会募捐总额14 415.75元的3.52%左右，可谓沧海一粟、九牛一毛，显示出女道德社的慈善活动规模极小，不可和天津红卍字会相提并论。

1945年10月10日，世界红卍字会天津县妇女分会成立，会址在西门内板桥胡同，依照总会纲则，以促世界和平，救济灾患为宗旨。该会由天津县分会发起，由“会员之眷属戚族妇女信心道慈者进行组织，以名誉会员、普通会员职员之会长、会监与各股主任组织之”[②]。成立之时，有会员29人，会员多为县分会的家属，如会长陆王冲虚时年75岁，为县分会会长陆锐田之母，副会长程张纯一为县分会前任会长程宝书之妻，会监韩李芙侣为县分会职员韩百臻之妻，副会监高邱净淑为世界红卍字会会长高星武之妻。开办费10 000万元，由县分会各会员筹给之，由妇女分会各会员补助之。常年经费月需300元，由妇女分会会员筹给之，县分会各会员补助之。慈善事业分恤嫠及冬赈两项，月需20 000万元，由妇女分会各会员担任之，均系临时随事捐集，素无基金。按照该会会纲会则，每月开常会一次，每年开大会二次，分春秋两季召集。1946年5月，天津红卍字会曾上书天津市社会局，请求批准在其内部成立世界红卍字会天津分会妇女部：

> 本会前为推广救济事业，提倡妇女办理慈善兴趣起见，曾经成立世界红卍字会天津分会妇女部，地址在本市第一区陕西路八号，所有

---

① 世界红卍字会天津主会：《世界红十（卍）字会天津主会临时救济总报告（附征信录）》（1937年7月29日—1938年2月28日）乙编，出版时间不详，第59页。

② 《世界红十（卍）字会天津县妇孺公会呈为设立分会请备案》，1945年，J0052-1-000957。

经办事务及经常费用，均隶属本会。[①]

但后续情况不详，且“所有经办事务及经常费用”，均隶属于天津红卍字会，其构成也远远不能和天津红卍字会相提并论。由此可表明此妇女部在天津红卍字会的救济系统中居于次要、附属的地位。

又表3-3中所列天津红卍字会各个时期以及天津黄卍字会的董、监事，全部为男子，无一女子。天津黄、蓝卍字会的相关材料中，亦难以觅见女性的身影。故可以认为天津“卍”字会基本为男性民间慈善团体。天津“卍”字会仍然是传统男权社会的组织，近代女性解放、女性参与社会事务的呼声并没有对之起到太大作用，反映了天津红、黄、蓝等卍字会的保守性和传统性特征。

五、住址

因时间久远，天津市内街道房舍不断变化，即使有地址，已经很难确定天津“卍”字会会员的住处，遑论遗迹所在。但民国天津有不少经济条件较好的街区，如租界区，自是公认的事实。笔者对天津红、黄卍字会的会员住在租界区的情况进行了统计。天津红卍字会方面，如表3-1，名单中共有81人，其中19人住址在租界区，约占23.46%，另有若干会员住于府署或经济条件较好之区，如刘炳炎在户部街，王承斌在直隶省长公署，闵荣爵在锦衣卫桥大街福记公司。据表3-4，截至1946年7月，天津红卍字会共有会员112人，有31人的住址在旧租界区，约占27.68%。另有若干人居住于经济较发达之地如东门内经司胡同，或店铺内，反映其身份应是商人，如针市街肉市口瑞德米庄、第一区旭街聚丰当、河东大马路本生布庄。天津黄卍字会方面，如表3-5，31名董监中，有9人在租界区，约占29.03%。另有住于城内府署大街、鼓楼大街、北门内运署西大街、闽粤会馆者，这些地方亦均是当时较为发达的地区。

上述分析表明，天津红、黄卍字会的会员住在租界区者，均占四分之一左右。因租界区一般为富人居住地区，故虽然这部分人的经济条件未必均好，但大部分较好应毋庸置疑，从一个侧面反映了天津“卍”字会会员以富人为主的特征。

① 《世界红十（卍）字会天津县妇孺公会呈为设立分会请备案》，1945年，J0052-1-000957。

第三节 善款（物）来源

慈善事业的开展，需要大量的善款（物）。所谓善款（物），是指直接或间接用于慈善事业的款项（物品），它是慈善事业能否正常运行的必要条件之一。《世界红卍字会天津分会章程》第二十九条规定，天津红卍字会的经费有会员入会费、乐捐、补助费、基金收益[①]四项。据《世界黄卍字会天津总会现行章程》[②]第二十二条规定，天津黄卍字会的收入如下：

（1）基金——本会发起人及董事等捐款。

（2）会费——分为入会费及长期两种：

一是入会费——每人于入会时应纳入会费六元，以作所领有各种证章之费用；

二是长期费——分左列各项，但视个人之资力，自行认定。

特等会费：每月四元；优等会费：每月三元；甲等会费：每月二元；乙等会费：每月一元；丙等会费：每月五角；普通会费：随意捐助。

（3）捐款——由会内外经募捐款或自愿捐款。

和天津红卍字会略有不同的是，天津黄卍字会有一每月都要交的长期费。天津蓝卍字会的经费包括会费、会内外捐款和房租等项。[③]

如此，可以认为天津红、黄、蓝卍字会的收入大致有会费、捐款、基金收益等几项。

但各卍字会的基金收益十分菲薄，不构成收入的重要来源。比如天津红卍字会 1929 年的收入中，“盐业银行摺存生息洋七元二角三分”[④]，而本年收入中共收洋 12 612.83 元，仅占 0.06%；又 1937 年 7 月 28 至 1938 年 2 月 28 日期间，共收入洋 76 140.17 元，其中存款息金 38.91 元，占 0.05%，

---

① 《准中华总会颁发呈准社会部红卍字会总会章程的呈请》，1947 年 5 月 28 日，J0025-3-005179-004。

② 《世界黄卍字会天津总会现行章程》，天津黄卍字会：《世界黄卍字会年鉴》，1941 年，第 46—47 页。

③ 《蓝卍字会总会章程》，《拟将原有名称改为蓝卍字会总会》，1943 年 6 月 30 日，J0218-3-005108-011。

④ 《天津红卍字会已巳年冬施粥厂征信录》，1929 年。

所占比例均微不足道。[①]自 1950 年 9 月天津蓝卍字会“会所出租（五金酱园、木行等三十会）租价共七百五十五斤小米，除职工薪金及零星开支外，无剩余”[②]，因此，自然不可能用于慈善事业了。故在下文的研究中，略去此项收入。

需要指出的是，天津“卍”字会的收入，未必全部用来办理慈善事业，还要扣除日常维持会务基本活动的开销和部分卍字会（如天津红卍字会）给总会的款项。不过，即便如此，也没有材料能够显示会员会费不用于办理慈善事业，更莫提会员捐助、社会募捐等款项了。

在各卍字会中，因天津红卍字会的款项来源最为多元，下文以之为中心，从款项来源类型、捐款方式、会内捐款分析、社会募捐分析四个方面进行讨论。

一、款项来源类型

天津“卍”字会的善款来源包括会内和社会两部分，前者针对会员或分会，后者针对社会单位或个人。

（一）会员会费

天津“卍”字会本质上是民间慈善团体，自身基本没有可以长久支持慈善活动的事业。在这种情况下，获取善款之最容易的办法便是收取会费。实际上，会员会费构成了各卍字会最基本、也是最固定的收入来源。

按照 1946 年公布的《世界红卍字会天津分会章程》，凡加入天津红卍字会者，需付会费（法币）为：普通会员，2000 元以上（年纳）；终身普通会员，1 万元以上（一次性）；名誉会员，3 万元（年纳）；终身名誉会员，10 万元（一次性）；特别会员，8 万元（年纳）；终身特别会员，20 万元（一次性交纳）。[③]

天津黄卍字会的会费分为入会费和长期费。1941 年入会费为每人 6 元。长期费则视个人财力自行认定，其中特等会费每月 4 元，优等会费每月 3

① 《临时救济及冬赈收支数目清册》，世界红卍字会天津主会编制：《世界红十（卍）字会天津主会临时救济总报告（附征信录）》（1937 年 7 月 29 日—1938 年 2 月 28 日）甲编，出版时间不详，第 7 页。

② 《天津市各慈善团体调查初步总结》，1950 年 10 月，X0065-Y-000153-008。

③ 《准中华总会颁发呈准社会部红卍字会总会章程的呈请》，1947 年 5 月 28 日，J0025-3-005179-004。

元，甲等会费每月 2 元，乙等会费每月 1 元，丙等会费每月 0.5 元，普通会费随意捐助，特等每月 4 元。①

天津蓝卍字会的会员分为普通、特别、终身三种，每种下面又分为甲、乙二级，不同种类和级别的会员缴纳会费亦不同：

> （1）普通会员：甲级常年缴纳二十四元，乙级常年缴纳十二元。
> （2）特别会员：甲级常年缴纳一百元，乙级常年缴纳五十元。
> （3）终身会员：甲级一次缴纳二百元，乙级一次缴纳一百元。②

由此可见，天津“卍”字会均将会费作为筹集资金的重要、固定的方式，其数额虽然经常难以与会内、会外的捐款相提并论，却以其能够得到保障，仍然对天津“卍”字会的慈善事业起到重要作用。

（二）会内捐助

天津“卍”字会会员职能之重要方面是慈善事业，一旦遇到自然或社会灾害，会员捐助往往十分踊跃。以天津红卍字会为例，1933 年，为救济黄河水灾难民，该会成立第五救济队及第一后方医院。自成立后，各界中闻风捐助物品者络绎不绝。该会捐助者，有“朱会长敦性捐载重汽车三辆，倪会长端纳捐七人座汽车一辆（已拨交北平总会），开唐分会邓会长辰会捐七人座汽车一辆”③。

1933 年黄河水灾中，受灾难民遍及数省，转眼即到冬天，急需棉衣。在这种情况下，10 月 9 日，北平总会来电，要求天津红卍字会迅速募集棉衣，并介绍了上海宝山分会的募集棉衣方法，要求仿行：

> 现据各处复函劝募之数，尚属踊跃。惟被灾之区过广，所需赈衣至巨，以目下征集之数，分配于被灾各区……不敷甚巨。顷准上海分会张君乾妙等来函……宝山分会胡化易会长，特联合各善团，发起募集棉衣万人团。其法每人募棉衣十套，如托人代制者，每人缴衣价二

---

① 《世界黄卍字会天津总会现行章程》，天津黄卍字会：《世界黄卍字会年鉴》，1941 年，第 46 页。

② 《蓝卍字会总会章程》，《拟将原有名称改为蓝卍字会总会》，1943 年 6 月 30 日，J0218-3-005108-011。

③ 《各方慈善家踊跃捐输》，《益世报》1933 年 4 月 5 日。

> 十元。现正积极进行，颇为踊跃。拟请由本会分电各会，请为互相劝募，则十余万套之棉衣，不难立集。查此法至为简易便捷，颇可仿行……特此电请贵会……仿行积极募集。[①]

天津黄卍字会收入款项中也有捐款一项，系由“会内外经募捐款或自愿捐款”[②]会内捐款如1940年薛兰亭捐款30元，周捷三200元，李鹤亭50元[③]。

1950年天津市人民政府对天津蓝卍字会进行调查时，该会曾自称，自成立以来，“从来未向外界募捐，亦不强收会员会费，以理、监事捐款为主要收入”[④]。这种说法显与该会章程矛盾，也不符合历史事实。实际上，该会的会内捐款占其收入的重要部分，亦常向外募捐，以支持慈善事业。天津蓝卍字会之所以如此表示，可能是面临重大的社会变局，担心受到牵连而不肯实言。

天津红卍字会所属各分会以及世界红卍字会其他分会有时也会给天津红卍字会捐款，如1937—1938年的募捐活动中，各分会便捐款14 415.75元，但此种情况较为少见。

（三）社会募捐

天津红卍字会通过社会募捐获得大量的善款（物）。自第五救济队和第一后方医院成立以来，会员捐款而外，各界的捐助亦络绎不绝，捐助了各类衣帽904件，由《益世报》馆转交救国会。详单如下：

> 裕源纱厂捐白布匹九匹，广仁堂捐白布五十匹，华新纱厂捐棉花一千九百五十斤，慈悲医院钟敬安助牛痘浆二十打……大棉袄二十七件，小棉袄二十六件，棉裤七十三件，棉鞋一双，大棉袄五件，小帽七（十）九件，小孩棉鞋三十四件，叉裤十二件，女棉袄八十一件，女夹袄十二件，袜子二件，麻袋二件，小夹袄十二件，老羊皮袄一件，皮背心二件，小孩夹袄七件，女小褂一件，大褂三件，小褂六件，套袖一件，棉背心十八件，呢军袄一件，单裤一件，袜套二百三十三件，毛巾二百件，小

① 《津红卍会开始募衣》，《益世报》1933年10月30日。

② 《世界黄卍字会天津总会现行章程》，天津黄卍字会：《世界黄卍字会年鉴》，1941年，第47页。

③ 天津黄卍字会：《世界黄卍字会年鉴》附《征信录》，1941年。

④ 《天津市各慈善团体调查初步总结》，1950年10月，X0065-Y-000153-008。

孩围巾三件，小孩毛鞋两双，马褂二件，皮马褂一件，夹马褂一件，花线袜一百双，小孩棉裤十五件，共计大小九百零四件。①

1937—1938 年的募捐活动，共捐款 76 144.17 元。如表 3-6 所示，在本次活动中，还捐助了大量实物，包括棉赈衣、玉面票、咸菜、药品等。

表 3-6　1937 年 7 月 29—1938 年 2 月 28 日各善士捐助赈衣赈粮暨各项物品台衔表

捐助来源	物品	数量	捐助来源	物品	数量	捐助来源	物品	数量
合众堂	棉/套	50 套	乐道堂	棉	90 套	曹老太太	棉	80 套
抡太太	棉	20 套	安记	棉	50 套	安记	棉	30 套
阳邱居士	棉	400 套	倪悟庆	棉	50 套	钟敬安	棉	50 套
董茂卿	棉	15 套	无名氏	棉	20 套	郭久祺	棉	100 套
隐名氏	棉	60 套	余记	棉	大 40 套；小 60 套	郭记	棉	8 套
维雅	棉	4 套	水心居士	棉	300 套	郭久禂	棉	4 套
倪启华	衣	11 件	郑立贞	衣/件	8 件	鲁悟平	衣	12 件
王照烈	衣	8 件	刘容季太太	衣	8 件	刘四太太	衣	92 件
张老太太	衣	23 件	祝因	衣	28 件	倪启华	衣坎肩	7 件
水心居士	衣	17 件						
无名氏	票	490 斤	凤祥帽店	票	1000 斤	张峻岐	票	1000 斤
福东制帽公司	票	1000 斤	天成号	票	1000 斤	和记制灯厂	票	1000 斤
滕举明	面	3 袋	陈永年	票	150 斤	韩记	票	500 斤
郭训先	票	80 斤	郭文禂	票	40 斤	大骐骐	票	1000 斤
知非子	票	1000 斤	许祝记	票	1000 斤	许寿记	票	1000 斤
三合成	桅灯	2 打	蔚兴公	咸菜	25 斤	东全居	咸菜	25 斤
王晹礽	咸菜	100 斤	瑞和堂	藿、沙药	100 付、50 瓶	万育堂	藿、沉	50 付、50 付
王洲药房	10	400 瓶	玉泰棚铺	苇席	35 领	胡承勋	苇席	30 领
程厚忱	红桃面、咸萝卜		2 袋、5 条					

注：面指玉面，票指面票，衣指赈衣，棉指棉赈衣，藿指藿香正气丸，沉指沉香化滞丸，10 指 10 滴水

资料来源：世界红卍字会天津主会编制：《世界红卍字会天津主会临时救济总报告（附征信录）》（1937 年 7 月 29—1938 年 2 月 28 日）乙编，出版时间不详，第 62—66 页

据 1938 年 9 月 3 日天津红卍字会致伪市长潘毓桂的呈，1937 年 7 月

① 《各方慈善家踊跃捐输》，《益世报》1933 年 4 月 5 日。

间，“本会办理津变救济，荷蒙徐弢斋先生，将自置特一区十八号路一号楼房所连同契纸全部捐助本会，永远为业”[①]。

另据《益世报》1946年12月2日报道，自天津红卍字会开始冬赈募款，一月余以来，各方纷纷捐输，颇为踊跃：

> 截至目前止，所获捐款共约二千万元……该会现已派员至市郊附近各地调查贫民数目，日内即行放赈，计赤贫者发小米二十市斤，中贫者发十五斤，小贫者发十斤。[②]

二、捐款方式

捐款方式上，天津“卍”字会往往通过向天津市警察局、天津市商会等机构发捐启来代募，还通过义演和与报纸杂志合作，广泛宣传，以求最大限度地获得捐款。

（一）政府机关的支持

为筹集善款，天津红卍字会拟举行北海游园会，原定1927年农历八月十六日（9月11日）举行，临时又改期至孔诞日[③]。因原印游券4万张，“托由警厅分派推销者二万张，由该会向各处寄售者亦二万张，截至中秋日止，警厅方面，仅销去千余张，故不得不展期”[④]。

天津红卍字会久欲创办一所中学。为筹措资金，1948年6月17日，该会致函社会局：

> 惟以本会所属卍慈小学校之学生毕业后，及贫苦青年志愿深造，而又限于财力不能继续求学者为虑。盖因本市中等学校学杂费用过巨，

① 《关于特别一区公署提案免本会房地税捐给天津特别市公署呈》，1938年9月3日，J0001-3-001738-001。徐弢斋即徐世昌（1855—1939），字卜五、别号菊人、弢斋、东海，清末重臣，曾任巡警部尚书、东三省总督、皇族内阁协理大臣等职。辛亥革命后，初下野隐居，后任袁世凯政府之国务卿、中华民国总统。晚年隐居天津，著书度日。参见中国人民政治协商会议天津市委员会文史资料研究委员会：《天津近代人物录》，1987年，第303—304页。

② 《红卍字会将施放小米》，《益世报》1946年12月2日。

③ 孔诞日指孔子的诞辰，在农历八月二十七日，传统社会在这一日有对孔子的祭祀活动。1927年的孔诞日在阳历9月22日。

④ 《红卍字会展览慈善事业之成绩》，《北洋画报》1927年10月5日。

限于家庭负担，使一般有志之学子，无法求进，因而辍学者甚众。①

顾念及此，天津红卍字会希望天津市社会局能够帮忙散发捐启，募集款项。此事后来情况如何不详，但由这极少的案例，以及结果的不明朗似可推知，政府对天津红卍字会的支持并非那么有力，天津红卍字会的善款募集来源应以民间为主。

（二）天津市商会

天津“卍”字会的社会募捐活动，有时会通过天津市商会来进行。天津市商会成立于光绪三十年（1904）夏秋之交。自成立之日起，便对天津商业活动和慈善事业有一定的领导。天津“卍”字会的领导人物，如乔兆鼐、鲁惟间、薛兰亭、刘元忠等人，都是当时天津著名的大商人，他们多是天津市商会的代表人物，成员也多为商界人士，反映天津“卍”字会与天津市商会关系密切。1948 年 9 月 2 日，薛兰亭甫担任天津黄卍字会会长，便致函天津市商会：

以兰亭之迂拙，既膺如此艰巨，固蒙勉为其难，惟是孤陋寡闻，求是难合。因忆集思可以广益，请教能得指南，以贵会之功德，早造福于社会，事业昭著，歌颂充闻。为此，特函用资联络，尚望不弃，视同一体，时加指导，以匡不逮。②

10 日，天津市商会回函称：

贵会本我佛慈悲之怀，作普救众生之举，痌（恫）瘝在抱，钦佩曷似。加以执事高掌远跖，体大思精，定卜事半功倍。本会自当视同一体，遇事赞助。③

① 《为创办万（卍）慈中学募集捐款及捐启盖印事致世界红十（卍）字会天津分会指令（附天津分会呈）》，1948 年 6 月 17 日，J0025-3-006373-013。

② 《为充任会长并请指导工作事宜与天津市商会的往来函》，1948 年 9 月 2 日，J0128-2-002816-001。

③ 《为充任会长并请指导工作事宜与天津市商会的往来函》，1948 年 9 月 2 日，J0128-2-002816-001。

这一事件表明，天津市商会对天津“卍”字会具有一定的领导之责，当然，它似乎并不是天津“卍”字会办理慈善事业的关键因素。

1931年1月，天津红卍字会残疾院内收养残疾之人日益增多，所需经费也增加许多。会员虽捐款踊跃，仍不敷应用。“兹特推举徐莲庄君前来，为该残废人等乞赐矜怜，力予维助，则盛德之举，不独敝会同人感佩无已也。”①是年3月30日，天津商会回信，慈善事业联合会成立之时，曾有宣言：“关于劝捐等事，概归该会办理，关于慈善捐款均有该会接洽办理。”②表明自慈善事业联合会成立后，天津商会对天津“卍”字会等慈善团体的领导有所削弱。

1943年11月17日，以当年粮食价格居高不下，“平时因饿而毙者，已屡见不鲜，再以严寒交迫，若不急谋救济，更将不堪设想”③。在此情况下，天津黄卍字会仍拟依往年成案，扩大举办冬赈，用所募赈款，尽数向外埠购买食粮代用品，运津发放，以救危亡。但因难民众多，需款甚巨，独力难支，乃“印制捐启，分向会员及各界大居士劝募，以期众擎易举”④，并向天津市商会送上捐启，请求代募：

> 素仰贵会同业，热心公益，慈悲为怀，救济饥贫，向不后人，用特将捐启送上一册，敬祈慨发宏慈，广为劝募。款交敝会，随时赈放，俾涸辙之鲫，得庆更生，则感戴仁德，宁有厓（涯）涘。⑤

公函送交天津商会近五个月，并无回音。次年4月13日，天津黄卍字会又去函天津商会，“敝会去岁办理冬振募集振款，曾经函送……捐启一册，请贵会广为劝募，以期□成善举，普济难民……务祈查照见复”⑥。5月4日，天津商会终于复函：“前准寄来捐启，当以事关救济，本应尽力协助，惟以本会经费异常支绌，实属力有未逮，殊深报歉。”⑦

1941年1月，天津蓝卍字会举行赈灾义演，并送戏票（图3-4）给天

---

① 《为残废人募捐等事与天津市商会的来往函件》，1931年3月12日，J0128-3-008839-001。

② 《为残废人募捐等事与天津市商会的来往函件》，1931年3月12日，J0128-3-008839-001。

③ 《为送捐启劝募致天津市商会函》，1943年11月17日，J0128-3-009127-006。

④ 《为送捐启劝募致天津市商会函》，1943年11月17日，J0128-3-009127-006。

⑤ 《为送捐启劝募致天津市商会函》，1943年11月17日，J0128-3-009127-006。

⑥ 《为掷还前送捐启掷（致）天津市商会函》，1944年4月13日，J0128-3-009127-007。

⑦ 《为无力捐助送还捐启致世界黄十（卍）字会天津总会函》，1944年5月4日，J0128-3-009127-009。

津商会，希望由其代销戏票 1000 元。到 2 月 6 日，只有天津商会的代销款项没有交上。于是该会去函天津商会：

图 3-4 蓝卍字会戏票

资料来源：《（天津市商会）为退还戏票事与天津市慈善团体赵聘卿孟少臣的往来函》，1941 年 1 月 21 日， J0128-3-008287-049

> 关于蓝卍字会及施材、恤嫠等费，在在需款孔亟，用特函祈台端，请将前项票款，即日掷交惠中饭店三楼十四号，以资结束。①

因没有得到回应，不得已，又去函催促，“贵会所欠票款一千元，业由中国戏院暂垫，事隔两月有余，实在未便再行搁置。用特函请查照，克日拨还，以便归垫”②。接函后，天津商会财务科于 4 月 3 日复函常务董事会：

> 前准天津市慈善团体函送义务戏票二百〇二张，计合票价一千元，当经分函各业推销在案。兹查干鲜果品等公会，先后缴来票价九百五十元，惟灰煤业公会所欠票价之五十元，虽迭经往催，据称尚未收齐……可否先将已收之九百五十元，函解之处。③

至此，天津商会终于有了回应，但仅 1000 元的票款，历经近两个月居然无法完成。再联想到 20 世纪 30 年代以来，天津红、黄卍字会多次与天津商会的互动，经常难以达到预期目标，反映出天津商会的领导作用日益下降，特别是 20 世纪 40 年代以后，天津商会对天津“卍”字会慈善事业的支持作

---

① 《为收尚欠戏票款事致天津市商会的函》，1941 年 2 月 6 日，J0128-3-008287-068。

② 《为发还代销戏票款事与天津市商会的往来函（附呈）》，1941 年 4 月 1 日，J0128-3-008287-087。

③ 《为发还代销戏票款事与天津市商会的往来函（附呈）》，1941 年 4 月 1 日，J0128-3-008287-087。

用已经微乎其微了。

（三）社会宣传

社会宣传可分为两种方式：其一通过和报纸杂志合作，以广宣传，这是一种具有典型的现代性意义的宣传方式；其二通过赈灾义演的办法来进行，这种方式虽与传统的戏剧演出有关，但却又利用了电影等新手段，将传统的手段扩大化了。“其一”将在第四章第四节中讨论，此处只讨论“其二”。

在天津蓝卍字会的历史上，多举办义演来为冬赈筹集款项。1946 年，“本会历年举办冬振筹款，均有义演，今年仍拟援例举办义演”①，并拟于是年 11 月 20—21 日举行冬赈义演活动。1947 年 1 月 23 日，天津蓝卍字会上呈天津市社会局，承冬令救济委员会委托，该会在第九区南竹林村主办粥厂一处，业于本月 20 日开锅。虽然天津市社会局业已补助 2000 万元，但仍不敷 4000 余万元。为此，拟于 2 月 2 日晚，邀请天津市名票在中国大戏院义演一场。“戏票四分之三数由本会理、监事暨会员摊派，余者归该戏院代售。所有票款除应有少数开销外，尽数拨归粥厂经费之用，以资挹注。”②同时附上《1947 年 1 月天津蓝卍字会冬赈义务戏预算表》（如表 3-7）和《剧目单》。主办方对座位之分布、票价之差等、国民大剧院园租、电费、登报费等各项费用都做了仔细的安排。当月 28 日，天津市社会局复函准予备案，“并饬开支不得超过收入百分之五，所得振款就另案呈准，再行散放，并核示原拟预算已超过百分之数，应予饬知改正”③。

表 3-7　1947 年 1 月天津蓝卍字会冬赈义务戏预算表（单位：万元）

票别	单价	票数	合计	票别	单价	票数	合计
头级厢	40	10	400	二级厢	30	10	300
三级厢	20	10	200	楼下前排	6	702	4212
楼下中排	5	246	1230	楼下后排	4	287	1148
楼上特座	6	110	660	楼上前排	5	168	840
楼上后排	4	250	1000	三楼	1	163	163
支出项下	共支 460						
中国戏院园租	400	中国戏院底色	60				
净余	9693						

资料来源：《关于耘德小学募经费蓝十（卍）字会办理冬赈所需经费拟义演呈请备案及该局的批示》，1947 年 1 月 23 日，J0025-3-006412

① 《为举办戏剧义演备案事致天津私立种德小学批》，1948 年 4 月 13 日，J0025-3-006412-006。

② 《为举办戏剧义演备案事致天津私立种德小学批》，1948 年 4 月 13 日，J0025-3-006412-006。

③ 《为举办戏剧义演备案事致天津私立种德小学批》，1948 年 4 月 13 日，J0025-3-006412-006。

义演在2月2日举行，剧目为《青风案》《春秋配》。是年4月29日，天津蓝卍字会理事长刘元忠将此次义演情况上呈天津市社会局：

> 是日所得票款九千一百三十一万元。按所得票款百分之五扣除开销，计四百五十六万五千五百元。财政局税款计三百三十八万元，扣除上开两项外，计净除八千三百三十六万四千五百元。[①]

从整个义演过程来看，天津蓝卍字会除需要与政府部分进行沟通外，还需要进行各种准备，无论是地方的选定，还是曲目的安排，都煞费苦心，天津蓝卍字会为筹集善款，可谓不遗余力。

三、会内捐款分析

会内捐款来源包括会员会费、会员捐款和各分会捐款三部分，后二部分和社会捐款一样，具有募捐性质。

（一）会员捐款

1937年7月29日—1938年2月28日，天津红卍字会举办了一次长达七个月的筹集善款活动。由天津红卍字会编制的《世界红卍字会天津主会临时救济总报告（附征信录）》（1937年7月29日—1938年2月28日），详细记载了这次募捐活动中天津红卍字会会员及一些世界红卍字会分会的捐款情况。以下以该资料为中心，对会内募捐进行分析。

这次募捐活动与国内外形势紧密相连。1937年7月7日，日本发动全面侵华战争，中国军队节节败退，北京、天津相继沦陷，大片国土被日本军队蹂躏。战争的爆发，造成了大量伤兵难民。因涌入到城内的难民数量庞大，又有大批伤员、病员待救。为此，各慈善团体不遗余力，进行募捐活动。天津红卍字会也不甘落后，积极投入其中：

> 此次津变突起，各慈善团体纷谋救济，将有致函敝会会员，请其参加者。按敝会为纯粹慈善机关，对于赈济拯救事业，向不后人。如有关于此类事项，即祈直接至函敝会，当即派员持证明公函前往

---

① 《为筹演义剧弥补九区粥厂经费事(致)社会局胡局长呈》，1948年1月23日，J0025-3-006412-013。

参加，以期共襄盛举。[①]

自1937年7月29日至1938年2月28日，天津红卍字会在社会各界，积极发起募捐活动，获得了大量善款（物），有力地支持了其慈善事业的开展。

天津红卍字会会员捐款数目如表3-8。在这次捐款活动中，捐款数目最多者达2000元，共1人次，1000元者有2人次，500元者有4人次。

表3-8　1937年7月29日—1938年2月28日天津红卍字会会员捐款表

（单位：元）

姓名	金额	姓名	金额	姓名	金额	姓名	金额	姓名	金额
毕培德	500	辅一	20	修者	2000	孔乐道	5	鲁暄达	200
魏灵潮	2	苏暘扬	3	王辰巽	350	陆惟松	100	吴奕灵	48.5
应当氏	300	周怀原	2	王达虚	500	苏暘扬	6	黄永符	10
郑辅一	40	郭怀定	10	陆惟松	73	王桂林	50	郝永着	3
张永极	3	应当氏	400	张暄蓬	50	庞暄起	10	鲁真诚	1
王悟淡	50	杨春爽	100	黄永符	10	朱敦性	100	张永极	5
应当氏	300	张永极	5	毕济德	3	倪堃玄	20	张庸穌	10
强春宽	10	王春瑾	10	陆惟松	127	赵闻豫	2	安志慈	20
陈妙超	150	陆春冲	200	陈暘中	12	曹暘玥	10	朱继临	2
刘暄翔	5	杨春雨	10	强春宽	10	刘辅原	5	鲁中礼	20
侯传谷	5	赵惟鸾	2	宋灵濯	25	王昭烈	1	陆惟松	65
翟坚成	5	赵春彬	20	鲁俊化	1	程融敬	2	堃玄	10
郑圆载	200	陈妙超	250	陈妙超	22.83	杨春爽	200	孔向修	2
毕应荫	3	张若静	200	周暘含	100	赵钧三	30	程乐道	500
毕琏初	3	王赐玮	20	周道扬	1	安道恕	100	苏暘经	4
戴灵舟	10	韩暄获	10	王葛临	2	毕暘应	500	王辅临	8
杨暄调	144.68	石永瑞	10	高万涵	130	朱敦性	100	朱敦性	200
张暄化	30	毕暘应	1000	鲁中礼	100	毕培德	50	鲁暄达	100
郝永着	5	杨平坤	50	张建业	200	毕平干	3	宋灵濯	2
安道恕	100	周暘着	2	伏惟玓	2	翟葛福	2	毕暘应	200
毕泰觉	3	杨暄意	9.83	鲁莱干	1	高浚达	1	马素腾	10

① 《为救济事致天津市商会函》，1937年8月10日，J0128-3-008994-053。

续表

姓名	金额	姓名	金额	姓名	金额	姓名	金额	姓名	金额
樊永珪	25	陈继诚	2	毕纶端	15	张圆照	400	王春之	10
于春世	40	陆春冲	200	毕玄基	3	韩惟眉	10	李厚觉	1000
来人助	3	朱暄璞	50	何暘抱	2	李永荪	10	陈妙超	200
杨平灿	1.6	郑圆载	200	马素腾	20	赵春粟	10	王达虚	200
李汉肱	2	路暘苇	5	毕凝常	15	应当氏	7	安道恕	100
孟暘凡	50	韩暄岩	20	张圆琚	1	戴灵舟	1	李永笠	200
卫止容	20	戴继福	1	鲁干更	1	康永儿	10	王暄瑾	2
杨明我	100	赵春秀	20	陈慧通	100	毕正荫	3		

资料来源：世界红卍字会天津主会：《世界红卍字会天津主会临时救济总报告（附征信录）》（1937年7月29—1938年2月28日）乙编，出版时间不详，第54—59页

在参加捐款的会员中，有不少会员曾多次捐款。捐款四次者陈妙超（250元、150元、200元、22.83元），应当氏（300元、30元、300元、7元），陆惟松（127元、73元、100元、65元）3人；三次者安道恕（各100元），毕旸应（1000元、500元、200元），马素腾（各10元），张永级（3元、5元、5元），朱敦性（100元、100元、200元）5人，二次的有毕培德（500元、50元），鲁暄达（200元、100元），戴灵舟（1元、10元），郝永著（3元、5元），黄永符（各10元），鲁中礼（100元、20元），陆春冲（各200元），强春宽（各10元），宋灵濯（2元、25元），苏暘扬（3元、6元），王达虚（200元、500元），杨春爽（100元、200元），张圆照（400元、500元），郑圆载（各200元），周暘含（各100元）15人。总计捐款在2次以上者有23人，47人次，共捐款8002.83元，虽仅占总人数的22.11%，却占总金额的55.41%，超过一半。捐款1次的有104人，捐款总数6558.83元，占44.58%。

通过以上分析，可得出以下规律：捐款数目大者、捐款次数多者，虽然人数很少，但所捐的款项数目较大，占捐款总数的比例较高。反映了天津红卍字会会内募捐的款项来源，主要靠少部分富裕阶层。这些人多数是商人，数量虽少，却支配着天津红卍字会的慈善事业，是善款的主要提供者。这也从侧面表明，民国时代民间慈善事业的主要支持者是商人团体。

此次天津红卍字会会员参加捐款者有151人次、127人。根据表3-1，截至1946年，天津红卍字会共有会员112人，到1949年，共有会员103名。虽不知1937—1938天津红卍字会会员的确切人数，但因该会会员人数一直较为固定，故可以推断天津红卍字会员参加捐款的比例很高，有可能

全部参加了募捐活动，由此也反映了天津红卍字会积极投入到慈善事业中的精神和办理慈善事业的决心。

（二）各分会捐款

除了天津红卍字会会员的捐款外，世界红卍字会各分会，包括天津主会及县分会，以及不少地方分会，也都踊跃捐款。从表 3-9 可知，天津道院下辖的诸分支，天津主会、天津县分会、杨柳青分会及天津女道德社均有捐款。虽然并非所有分会都参加捐款活动，但各分会参加者捐款数目一般都较多，如西南主会甚至达到 7000 元，几乎占各分会捐款总数的一半。这次各地方分会共捐款 14 415.75 元，占捐款总数的 19.12%，与会员捐款不相上下。本次捐款活动共收款项 76 144.17 元，通过天津红卍字会及其会员或各地分会，募款达 38 859.19 元，占总数的 51.03%，反映出在天津红卍字会的款项来源中，会内捐款占有较大比重。不过，亦要注意，因为分析所使用的资料仅有 1929 年一年，虽然可以认为会内捐款是善款来源的重要方式，仍不能由此判断天津红卍字会的善款来源主要靠会内捐款。

表 3-9 1937 年 7 月 29 日—1938 年 2 月 28 日各地分会捐助赈款台衔表

名称	金额
天津主会	500 元
滦县分会	200 元
烟台代主院	3000 元
杨柳青分会	100 元
天津县分会	200 元
西南主会	7000 元
东南主会	1000 元
女道德社	200 元
天津女道德社代募	307 元
昌黎分会	200 元
新浦分会	100 元
庆云分会	10 元
香港分会	1043.75 元
昌黎分会（郭苍吉代募）	55 元

续表

名称	金额
济宁会分	500 元
总计	14 415.75 元

资料来源：世界红卍字会天津主会：《世界红卍字会天津主会临时救济总报告（附征信录）》（1937 年 7 月 29—1938 年 2 月 28 日）乙编，出版时间不详，第 60 页

四、社会募捐分析

如附表一、二，《天津红卍字会己巳年（1929）冬赈施粥厂征信录》《世界红卍字会天津主会临时救济总报告（附征信录）》（1937 年 7 月 29 日—1938 年 2 月 28 日）详细记载了天津红卍字会 1929 年与 1937—1938 年的社会募捐情况。1929 年捐款单位数/人次 389 家，共捐款 12 479 元；1937—1938 年捐款单位数/人次 1110 家，共捐款 34 854.55 元。以下依之讨论天津红卍字会的社会募捐情况。

（一）单位捐款

如图 3-5 所示，参加 1929 年募捐的单位有 126 家，占 32.39%，捐款 7193.6 元，占社会捐款总数的 57.65%，平均 57.09 元/家。参加捐款的单位类型多样，慈善组织 1 家（广仁堂），捐款 2000 元；银行 11 家，捐款 1610 元，平均 146.36 元/家；银号 12 家，捐款 84 元，平均 7 元/家；其他单位 102 家，捐款 3489.6 元，平均 34.11 元/家。

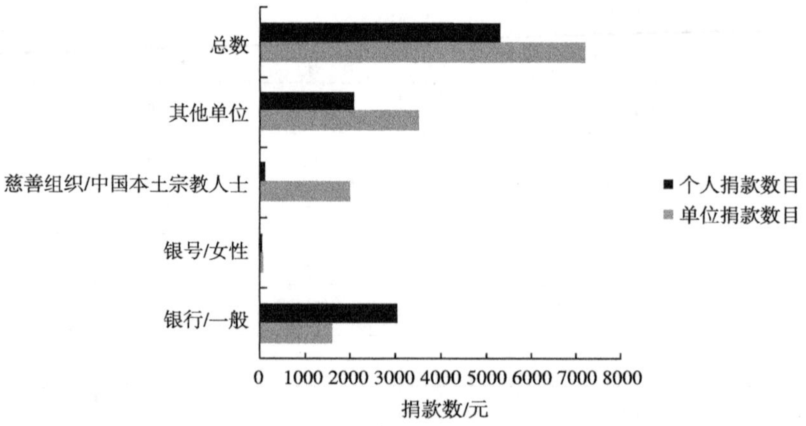

（a）单位/个人捐款数目（元）

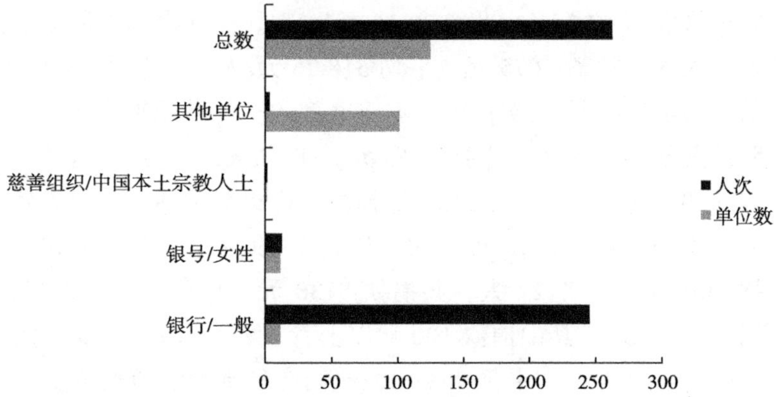

（b）单位数/人次对照

图 3-5　1929 年单位/个人捐款数目、单位数/人次对照图

在 1937—1938 年募捐活动中，有 339 家单位参加募捐，是 1929 年的 2.69 倍，捐款总数 14 913.35 元，占社会捐款总数的 42.79%，是 1929 年的 2.07 倍，平均 43.99 元/家，比 1929 年略少。这次募捐活动，参加捐款的单位比 1929 年更加广泛，种类更多，数量更大，如助赈堂应是具有慈善性质的团体，公安局是政府机构，慈诚道院、天津印心清舍、积善堂均是具有宗教性质的民间慈善团体，《益世报》服务部是报刊团体，其他货栈、饭店、工厂、米行、木行等均有，涉及社会的行行业业。数据也透露出一些信息，如两次单位捐款中，均未看到基督教、天主教慈善团体的捐款，反映了天津红卍字会和基督宗教的慈善团体之间，似有一定壁垒，或者因双方各自办理慈善事业，都需要募集善款，而不会向对方捐助，甚至双方还可能存在一定的竞争关系。

和 1929 年相似，银号、银行捐款仍十分突出。1937—1938 年共 31 家银号响应募捐，捐款总数 330 元，平均 10.65 元/家。共有 24 家银行参加募捐，捐款总数 3327 元，平均 138.625 元/家，是银号捐款的 10.8 倍，平均值的 13.02 倍。其中捐款 100 元以上者共 11 家，捐款 2901.2 元，占捐款总数的 87.20%。通过对比，发现银号捐款的平均数远低于单位捐款的平均数，仅是总单位数的 24.21%，不到 1/4，平均捐款数却是单位平均捐款数的 3.15 倍。以上情况反映出具有现代性特征的银行的实力在迅速壮大，代表传统商业模式的银号却在逐渐衰落。

（二）个人捐款

1929 年，个人捐款 263 人次，占总单位/人次的 67.61%，捐款 5285.4

元，占捐款总数的 42.35%，平均 20.10 元/人次。在这次募捐活动中，有不留姓名者 4 人次，捐款 2075 元，平均 518.75 元/人次；女性 13 人次①，捐款 48 元，平均 3.69 元/人次；中国本土宗教人士（荣阳道人）1 人次，捐款 100 元；其他 102 人次，捐款 3063 元，平均 30.03 元/人次。

1937—1938 年共有 771 人次参加捐款。这次募捐活动，以无名氏、隐名氏签名，不署真名者，有 96 人次，远高于 1929 年，共捐款 6153.5 元，其中捐款 100 元以上者 22 人，共捐款 5130 元。以斋主、主人签名者 22 人，共捐款 1707 元，其中捐款 100 元以上者 6 人，共捐款 1500 元。以居士或道人命名者 9 人，共捐款 904 元，他们应是佛教、道教或受之影响的信徒。还有些政府官员也积极投入捐款活动之中，如有一吴总长，捐款 100 元。甚至还有个别日本人也有捐款，如署名政井一郎者捐款 5 元，署名日本二兵士者捐款 0.5 元（日元）。

需要特别强调的是，1937—1938 年的募捐活动，相比 1929 年，女性表现抢眼。如图 3-6，参加捐款的女性至少有 120 人，远高于 1929 年的 13 人次，共捐款 1653.6 元，占捐款总数的 4.74%。捐款 0.1—1 元者有 58 人，0.1 元 21 人，0.2 元 7 人，0.4 元 4 人，0.5 元 2 人，1 元 24 人，共捐款 30.1 元，占捐款总数的 1.82%；2—6 元者 33 人，2 元 12 人，3 元 3 人，3.5 元 1 人，5 元 15 人，6 元 2 人，共捐款 123.5 元，占 7.48%，10—30 元者共有 20 人，10 元 11 人，20 元者 7 人，30 元 2 人，共捐款 310 元，占 18.78%。40—100 元者共 6 人，40 元 2 人，50 元 3 人，100 元 1 人，共捐款 330 元，占 19.99%；100 元以上者 3 人，160 元 1 人，200 元 1 人，500 元 1 人，捐款数目为 860 元，占 52.01%。通过图、表及有关数据的对比，可知女性捐款具有以下特征：捐款数目越少者，捐款人数越多，捐款数目越多者，捐款人数越少；捐款数目越少者、捐款人数越多者，所占捐款比例越小，捐款数多，捐款人数越少者，所占捐款比例越大。虽然女性捐款比例相对较小，但也反映了女性积极参与社会活动的精神、潜力和规模正在迅速提高、扩大，意味着女性意识的逐渐觉醒。

① 女性捐款人数统计原则：若以姑娘、小姐、太太、老太太、姨太太、氏、夫人、女士、妈、妈妈称呼，或以“安马兴洁”之方式命名者，即认为是女性，有些姓名如“胡秀芝”者，也认为是女性，但有些较为中性的姓名，不好判断，为慎重起见，没有统计进去，故此处统计女性数量，应较实际情况偏少。

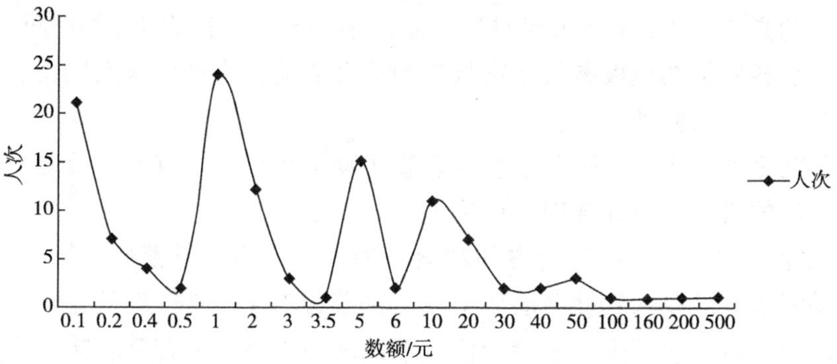

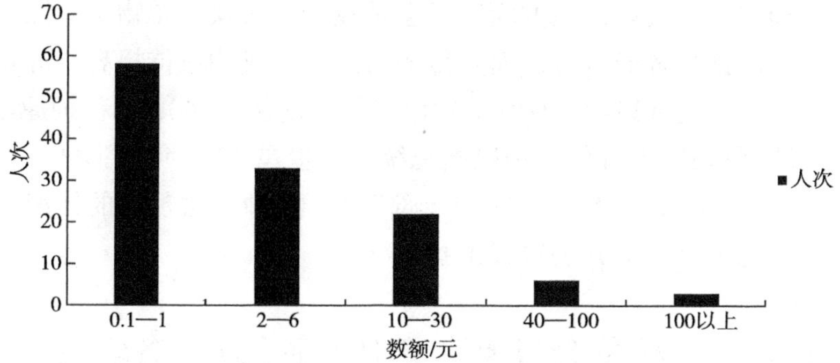

图 3-6　1937—1938 年女性捐款人次、数额对比图

资料来源：世界红卍字会天津主会编制：《世界红卍字会天津主会临时救济总报告（附征信录）》（1937 年 7 月 29—1938 年 2 月 28 日）乙编，1937 年

综计单位捐款占总数的份额，1929 年占 57.65%，1937—1938 年占 42.79%；单位占总单位/人次的比例，1929 年为 32.39%，1937—1938 年为 30.54%。如此，单位捐款的特征为：单位数虽然相对较少，但捐款的绝对数目大，反映了单位在天津红卍字会社会募捐活动中，地位突出。个人捐款方面，人员来源较广，几乎包括社会各界人士。女性捐款的人次虽少，但并不乏其身影，且 1937—1938 年明显比 1929 年增多，反映出女性地位和社会自觉性的提升。作为社会边缘人物的中国本土宗教人士，虽也有捐款，但能够明确认定者，1929 年只有 1 人，1937—1938 年只有 9 人，反映出特定社会背景下中国本土宗教地位的式微。不具名者人数虽很少，但捐款平均数高，如 1929 年是个人平均捐款数的 25.81 倍，反映了社会上那些不爱出风头，却能够真诚同情社会大众、关心国家民族命运的一批人，他们捐款数量或许不多，却是捐款活动的生力军，或可看作是社会良心的表征。

另外，比较 1929 和 1937—1938 年的捐款情况，可知后一次捐款无论参与单位和个人的数量，还是绝对数量，均远高于 1929 年。这反映了在民族危亡的紧急关头，虽然人民身处危城之中，受到日本侵略者的严重威胁，天津社会各界仍然积极参与拯灾救患的社会活动，表现出国家兴亡、匹夫有责的爱国主义精神。

除此之外，天津“卍”字会的善款（物）来源，还有地方政府，特别是社会局的资助（将在第四章讨论）。

天津“卍”字会通过会内和社会募捐，获得了大量善款（物），它们之被及时顺利地投入到社会活动中去，是慈善事业正常开展的基本保障。但应注意，以天津“卍”字会为代表的民间慈善团体的善款（物）来源具有很大的局限性。会内来源方面，以会员较少，所获款（物）有限；社会募捐方面，以社会普遍贫穷，而宣传的力度、方式均有待提高，亦难以得到较多的支持。更有甚者，有时虽然已经捐出的款（物），因种种原因，也未必能够顺利得到，如曾任中华民国总统的徐世昌 1937 年所捐之房屋，“由友邦军队借用，现是日本驻屯军司令部”①，这种无法预料的情况，都不可避免地对慈善事业的开展造成困扰。

第四节　校董会与天津“卍”字会所办各学校②

作为永久慈业的教育事业，是天津“卍”字会慈善事业的重要组成部分。一般来说，这些学校的兴办，主要靠会员的捐款。天津“卍”字会各学校均实行董事制。各学校组建校董会，选出董事长和董事，每学期开会一次，领导和讨论学校事务。红卍慈一小校董会在河东新唐家口世界红卍字会天津分会内，红卍慈二小校董会在第一区桃山街，树人一小校董会在第二区二纬路，天津蓝卍字会各学校校董会在东门内经司胡同 4 号。以下从人员之构成、校务之领导、经费之筹措三个方面分析校董会的功能。

一、人员之构成

天津“卍”字会所办各学校之校董会的情况如表 3-10、表 3-11、表 3-12 所示。通过对三张表的分析可见，校董会之董事长如红卍慈一小之乔兆鼐、红卍慈二小之毕毓桂、树人一小之薛兰亭、蓝卍慈一至四小之刘元忠、慈泽中学之贾长仁，均是各卍字会的负责人，各卍慈学校之董事，亦大多为

---

① 《关于天津红十（卍）字分会承受徐文斋捐助特一区楼房，请求免房地税捐，给天津特别市公署呈》，1938 年 11 月，J0001-3-000295-003。

② 侯亚伟：《蓝卍字会校董会对私立中小学的管理》，《教育史研究》2020 年第 4 期。

卍会之理、监事。所以，校董会虽并不直接参与学校日常事务的管理，但因其权力巨大，各卍慈学校仍不可避免地受到校董会的严密控制。

表 3-10　1946 年天津红卍慈一、二小学校董会一览表

职务	姓名	年龄	籍贯	职业	经历	住址	备注
董事长	乔兆薾	62	天津	商	会长	六区旧 58 号	一
卍一常务董事	张建业	51	密云	商	卍慈第一，长	六区思治里 7 号	一/二
	刘凤翼	60	武强	聚德银号经理	会长	锦州路	一
	鲁澄	44	献县	聚丰当经理	献县第五区区立小学，董	一区新德里 39 号	一/二
	鲁澎	53	献县	东兴银号经理	河间第五村村立小学，董	一区罗斯福路	一/二
	王玉生	50	武清	商	世界红卍字会会长	十区云南路 204 号	一
董事	马金城	44	长山	谦祥诚五金行	济南育德小学，董	北门西	一/二
	戴育三	72	天津	教育	市立第一，长	东门内拴马椿胡同	一/二
	董嵩年	56	天津	教育	市立立第二十六，长	东门内拴马椿胡同	一/二
	康永和	44	满城	教育	市立四十二，长	城内南大水沟 11 号	一/二
	孙星桥	45	天津	教育	私立公善、公益小学校及进益小学，董	西广开鸿延里 7 号	一/二
	强禄麟	58	静海	乐利旅馆经理	私塾	一区罗斯福路乐利旅馆	二
	曹子恒	42	武清	共和药房经理	武清县立小学，董	东马路共和药房内	二
卍二常务董事	徐玉冈	47	交河	商	北平红卍字会长	北平西直门内后桃园 16 号	一/二
	王英桂	54	叶县	英华工厂经理	冀县张庄，长	西门外戏园子胡同	一/二
	张元升	48	大城	源兴永工厂经理	大城村立小学，董	西开街韦陀庙内	一/二
	张兆普	52	宝坻	凤祥鞋店经理	宝坻县小学，董	东门内经司胡同	一/二
董事长	毕毓桂	55	威海	商	威海卫育华小学，董	一区桃山街世界红卍字会内	二

注：同时为卍慈第一、第二小学校董会的常务董事，“会长”指世界红卍字会天津分会会长，“董”指小学校校董，“长”指小学校长。均为男性

资料来源：《为该校及校董会呈请立案事给私立卍慈学校校董会的指令（附原呈立案表及章程等件）》，1946 年 6 月 22 日，J0110-1-000532-001；《为准予立案事给私立卍慈第二小学校董会指令（附呈及立案表册章程等）》，1946 年 4 月 11 日，J0110-1-000524-001

表 3-11　1946 年 7 月 31 日天津黄卍字会树人第一小学校董会一览表

职务	姓名	年龄	籍贯	职业	经历
董事长	薛兰亭	49	天津	华北第一搪瓷厂经理	市商会监察委员
董事	周捷三	65	天津	魁昌洋行经理	第一分会会长
	王宝光	55	香河	永和洋行经理	董事
	李鹤亭	60	天津	安利洋行华经理	副会长
	赵秉政	47	河间	交通货栈经理	副会长
	田占一	51	天津	魁昌洋行经理	监事
	郭松林	58	天津	美利斯叫卖行经理	董事
	王云涛	55	天津	天兴货栈经理	董事

续表

职务	姓名	年龄	籍贯	职业	经历
董事	王任远	37	清苑	教育部青年辅导处主任	曾任三民主义青年团主任市党部委员
	蒋孟朴	35	天津	正中书局天津分局经理	曾任中央党部专员及重庆□时中学校长
	翟雪民	35	新城	律师	前河北省立第一师范工商学院文学教员
	冯治如	38	天津	会计师	紫竹林华商公会商业学校主任兼教员 青年会商业学校教员
	刘绍周	60	天津	丰隆记经理	董事
	刘肃臣	59	江苏	华孚贸易公司经理	第一分会会长
	刘凤池	68	天津	亚华斋经理	监事

资料来源：《为所报学校准予立案应按所颁规定处理事致私立树人第一小学校董会指令（附原呈及调查报告等）》，1946 年 7 月 31 日，J0110-1-000478-002

表 3-12　1946 年 6 月 21 日天津蓝卍字会所办学校校董会一览表

职务	姓名	年龄	籍贯	职业	经历	备注
董事长	刘元忠	50	天津	运亨达货栈经理，通德裕运输公司经理	省立师范学校毕业	一—四董事长、中学董事
董事	李瑞亭	60	武清	同聚木号经理	南开中学毕业	一—四、中学
	张捷三	57	天津	文发兴西服庄经理	新学书院毕业	一—四、中学
	姚云亭	56	静海	恒裕木号经理	甲种商业学校毕业	一—四
	王瑞轩	53	青县	东兴银号	交通大学毕业	一—四、中学
	邱奎章	37	天津	国民戏院经理	汇文中学毕业	一—四
	马宝珍	28	滦县	成兴棉布庄经理	新学书院毕业	一—四
	尹省三	42	天津	三昌砂石厂经理	弘德商业学校毕业	一—四
	张伯珩	38	通县	和成行经理	觉民中学校毕业	一—四
	马志道	43	宝坻	河北省立师范教员	北平国立师范大学毕业	一—四
	孟石如	44	天津	卍慈第四小学、慈泽中学校长	前北平郁文大学毕业	一—四
	徐任民	50	上饶	天津市党部委员	北洋大学毕业，北平大学教授	中学
	张维民	40	曲阳	正大同蒲铁路特别党部委员	正太同蒲铁路特别党部委员	中学
	张士骏	55	丰润	律师	直隶法政专门学校法律本科毕业，达仁学院董事	中学
	袁贤能	47	天台	天津达仁学院教授	复旦大学毕业，纽约大学博士，南开大学、燕京大学、达仁学院教授	中学
	黄文卿	48	孝感	天津市市立第三中学校长	湖北外国语专门学校英语系毕业，天津私立新学中学校校长	中学
	李振廷	71	天津	商	前河南中国银行行长，慈善第一、二小学校校董	中学

续表

职务	姓名	年龄	籍贯	职业	经历	备注
董事	常芝田	63	天津	商	蓝卍字会董事，慈善一、二小学校董	中学
常务董事	王绍圃	41	天津	商	河北省青县教育科科员，蓝卍字会董事兼副会长	中学
	杨雨田	42	天津	春记木行经理	宁河县教育科科员，蓝卍字会董事兼副会长	中学
董事长	贾长仁	47	天津	长记木行经理	前德华学院教务员，蓝卍字会董事兼会长	中学

资料来源：《为送各项表册及章程立案事致天津市政府教育局呈（附立案表册及章程）》，1946 年 6 月 21 日，J0110-1-000569-001；《为送各项表册及章程立案事致天津市政府教育局呈（附立案名册及章程）》，1946 年 6 月 21 日，J0110-1-000569-004；《（天津市私立蓝卍慈三小学校校董会）为送各项表册及章程立案事致天津市政府教育局呈（附表册及章程）》，1946 年 6 月 21 日，J0110-1-000570-001；《为送各项表册及章程立案事致天津市政府教育局呈（附表册及章程）》，1946 年 6 月 21 日，J0110-1-000570-004；《呈为呈请准予立案（附呈各表册）》，1946 年 6 月 21 日，J0110-1-000715-001

以下重点对各校董会成员之人数和职业进行分析。

（一）人数之分析

天津红卍字会各校董会之校董人数，除慈佑学校尚不清楚外，红卍慈一小、二小校董会共有 18 人，每所小学校各有校董 15 人，有 12 人同时为一小、二小校董。另，张兆鼐、张建业、王玉生 3 人，仅是红卍慈一小校董；毕毓桂、曹子恒、强禄麟等人，仅是红卍慈二小的校董。

树人二、三小学校校董会名单不详，树人一小共有校董 15 人。1947 年 2 月 23 日，树人一小校董会召开会议，原董事长薛兰亭改任常务董事，推选李实忱为董事长，周捷三等 4 人为常务董事，王任远等 12 人为董事。次月 8 日呈报教育局，然经查“该会改组后全体校董履历表……与《修正私立学校规程》第十二条及第十四条之规定不符，拟令饬调整后，再凭核夺”①。因为市教育局规定私立小学校校董会应该有不少于 1/4 的教育界人士，但该名单中，只有蒋孟朴、翟雪民和冯治如 3 人为教育界人士。7 月 6 日下午，树人一小校董会在黄卍字会会议室召开，会议讨论了董事不合规定之事，决议从“十七人中抽出二人，以符十五人之规定，就研究教育或办理教育者充任之”②。

① 《为所报校董会改组事致私立树人第一小学校董会指令（附原呈）》，1947 年 3 月 26 日，J0110-1-000478-007。

② 《为校董会改组事致私立树人第一小学校董会指令（附原呈及会议纪录等）》，J0110-1-000478-008。

天津蓝卍字会各学校共有校董 21 人。其中卍慈一到四小之校董完全相同，共有 11 人，刘元忠、李瑞亭、张捷三、王瑞轩 4 人还同时是慈泽中学的校董。慈泽中学共有校董 14 人，除以上 4 人外，其他均未兼任其他学校校董。

（二）职业之分析

红卍慈一、二小学的 18 名校董中，有 14 人为商界人士。其中，至少有 9 人是经理，另外 5 人不仅为教育界人士，还是一校之长。张建业、徐玉冈、王英桂等人虽投身商界，也（曾）是一校之长。有不少校董在会内地位甚高，如王玉生曾为世界红卍字会会长，张兆鼐时任天津红卍字会会长。他们对兴办教育充满热情，如鲁澄、鲁澎、马金城、孙星桥、毕毓桂、张元升、张兆普、强禄麟等人，不仅是红卍慈一、二小学校的校董，还（曾）是其他学校的校董。

树人一小校董会的 15 人中，商界 13 人（经理 12 人，会计师 1 人），政界 1 人，律师 1 人。这反映了树人一小校董具有典型的商界背景。其中有 11 人都是天津黄卍字会的会长，董、监事，又显示出该会对教育的重视和强力领导。

天津蓝卍字会学校的 21 名校董中，商界 14 人（标明经理者 10 人），政界（党部委员）2 人，教育界 4 人（中学校长 2 人、教授 1 人、普通教员 1 人），律师 1 人。这 21 人中，张士骏、李振廷、常芝田都（曾）是其他学校的董事，支持教育甚殷。诸董事大多接受过中等以上的教育，马志道、孟石如、徐任民、袁贤能等人还是名牌大学毕业，尤其是袁贤能，本科毕业于复旦大学，在美国纽约大学取得博士学位，并担任南开大学、燕京大学和达仁学院的教授。

天津红、蓝卍字会所办学校校董交叉重叠的特征，反映了天津“卍”字会的成员较少，特别是地位较高、经济条件较好的成员有限。为达到政府有关私立学校校董会组织的要求，不得已出现一人而兼几所学校校董会成员的现象，也反映了诸卍字会会员对教育事业的热衷。

二、校务之领导

1946 年，各学校在教育局补行立案手续时，各校董会都公布了自己的章程，从中可见各校董会对所办学校的有效领导。以下以《卍慈小学校董会章程》（即红卍慈一小）和《慈泽中学校董会章程》为中心，进行分析。

红卍慈一小校董会章程如下：

第一条　本会定为天津市私立卍慈小学校校董会。

第二条　本会会址设于本市河东新唐家口世界红卍字会天津分会内。

第三条　本会由校董十五人组织之。

第四条　本会由校董中互推董事长一人，常务董事六人，组织常务董事会，处理校董会例行事宜。

第五条　本会董事长及常务董事任期均五年，连选得连任。

第六条　本会负管理学校之全责，其职权如左（下）：

（1）关于经费之筹划事项；（2）关于预算及决算之审核事项；（3）关于财产之保管事项；（4）关于监察事项；（5）关于审核学校之进行计划事项；（6）关于校长聘任事项；（7）其他一切校务事项。

第七条　本会全体大会每学期举行一次，于暑假及寒假内，由董事长负责召集之。

第八条　本会常务校董会会议，每学期举行二次，于学期始末由董事长召集之。

第九条　本会遇有重要事项发生时，得由董事长召集临时会议解决之。

第十条　本会各种会议，校长均得列席参与之。

第十一条　本会以全体大会为最高权力机关，全体大会开会时由董事长负责进行。

第十二条　本会于会计年度终结后一个月内，监督学校呈报左列事项：

（1）学校校务概况。（2）上年度所办重要事项。（3）上年度收支金额及项目。

第十三条　本章程如有未尽事项，得提交大会修正之。

第十四条　本章程自呈准之日施行之。①

慈泽中学校董会章程如下：

第一条　本会定为天津市私立慈泽中学校校董会。

第二条　本会设于东门内经司胡同蓝卍字会内。

第三条　本会由校董十五人组织之。

第四条　本会设董事长一人，常务董事二人，由全体校董推举之。

第五条　本会于每学期内开大会一次，遇有特殊事项，得召开临

---

① 《为该校及校董会呈请立案事给私立卍慈学校校董会的指令（附原呈立案表及章程等件）》，1946年6月22日，J0110-1-000532-001。

时会。

第六条　理事长及常务董事之任期，以二年为限，届期由大会推选，但得连选连任。

第七条　会议时校长得列席，以备咨询，但不列表决之数。

第八条　本会职权如左（下）：

（1）遵照规定办理应行呈报事项。（2）聘任校长。（3）经费之筹划及审核。（4）校长成绩之考核。（5）校务之进行计划。

第九条　本章程如有未尽事宜，得于开大会时提出修正之。

第十条　本章程自呈准之日施行。①

易见，红卍慈一小和慈泽中学的校董均由董事长 1 人、常务董事 2 人和 12 名董事组成，董事长由所有董事推举产生。其他学校董事一般也是在 11 人以上。一般天津红卍字会所办学校校董任期 5 年，黄、蓝卍字会所办学校校董任期 2 年，均可连选连任。每学期开一次会，商讨学校重大事务，特殊情况可以临时开会。校董会对学校经费之筹措、预算决算之审核、校长之聘任、校务之计划及一切校务，均有权干涉过问。有些学校校长也是董事，有些不是，但在开董事会时，校长一般都会列席，只是若非董事，无表决权。

校董会对学校的领导，一般是通过对校长的任免和通过校长对校务进行管理的。1946 年 12 月，前任校长刘寿松病逝，树人一小校董会任命韩鹤卿为校长，不久，韩鹤卿要到财政部任职，以“校务綦重，不可一日无人负责”②，又任命胡干之为校长，于当月 5 日履任。1946 年 8 月，蓝卍慈一小校董会任命李仲瑜继任校长，遭到全校教员的强烈反对。他们上书教育局，要求更换校长。经过一番周折之后，市教育局以“本案既经陈督学当面指示，该校校董会迄今三月之久，亦未呈报改派校长由李仲瑜继任，则原呈各节已成过去”③，取消了对李仲瑜的任命。

一般来说，校董会直接与校长发生关系，校长则“负筹划一切之责”，校长之下一般设有训育、教务、事务三课，每课最高领导为主任。但有些

① 《为送各项表册及章程立案事致天津市政府教育局呈（附表册及章程）（1946 年 6 月 21 日）》，J0110-1-000570-004；《呈为呈请准予立案（附表册及章程）》，1946 年 5 月 2 日，J0110-1-000715-001。

② 《为韩鹤卿辞职胡干之代理校长事致私立树人第一小学校董会指令（附原呈）》，1946 年 12 月 6 日，J0110-1-000478-005。

③ 《为制止更易校长事致天津市教育局郝局长呈》，1947 年 7 月 13 日，J0110-1-000569-011。

学校规模较小，“校中设主任一人，主持一切”[①]。

每学期所召开的校董会，对学校发展非常重要。1946年3月3日下午，红卍慈二小校董会会议在第一区桃山街红卍字会会议室召开。会议分别由鲁澄、王英桂、王玉生提案讨论了“本校常年经费各董事如何分担”“为充实常年经费，再行增加董事”“对局令教员补助费之办法及学生负担学杂费，应如何进行”[②]三件事，当月9日，在同一时间，同一地点，红卍慈一小校董会也得以召开，也讨论了以上三件事。解决办法为：

> 各董事对经费之负担，分为三级，如再不敷之经常费，暂由红卍字会措筹（筹措）：甲、每年担任十五万元；乙、每年担任十万元；丙、每年担任五万元。[③]

增加董事：“（因为）迩来市立教员待遇提高，为充实经费……增加董事五人”[④]。

教员补助费之办法及学生负担学杂费应如何进行：“（1）教育局补助费，应另案悉数分发各教员。（2）本校对于学生，不收任何学杂费，所有常年经费，完全由董事会担任。”[⑤]

所讨论各案，包括增加董事、收到学杂费与否、与教育局的关系等，当然最重要的是学校经费之事。对于那些私立学校来说，经费是学校能否正常运转的必要条件之一，校董会对之也是足够重视。

三、经费之筹措

校董会对学校的支持和管理，最重要的一项，便是筹措经费。民国后

---

① 《私立卍慈学校呈请立案调查报告书》，《为该校及校董会呈请立案事给私立卍慈学校校董会的指令（附原呈立案表及章程等件）》，1946年6月22日，J0110-1-000532-001。

② 《天津市私立卍慈第二学校校董会会议纪录》，《为请发补助费事致教育局呈（附议事记录教员资历表等）》，1946年3月13日，J0110-1-001467-003。

③ 《天津市私立卍慈小学校校董会会议纪录》，《为请领补助费致市教育局呈（附在校学生历年成绩册及预算书等）》，1946年4月9日，J0110-3-002975-002。

④ 《天津市私立卍慈小学校校董会会议纪录》，《为请领补助费致市教育局呈（附在校学生历年成绩册及预算书等）》，1946年4月9日，J0110-3-002975-002。

⑤ 《天津市私立卍慈小学校校董会会议纪录》，《为请领补助费致市教育局呈（附在校学生历年成绩册及预算书等）》，1946年4月9日，J0110-3-002975-002。

期，通货膨胀严重，物价腾昂，各学校均以慈善为目的，很少或基本不收学费，政府的补贴又极少。目前资料仅见到“慈三小学校曾受过华北国际救济委员会补助”①，但具体物品和数目不详。在此情况下，确保经费之来源，是学校面临的最重要问题。在各学校校董会之章程所列条文中，均有一条“经费之筹划及审核”，即反映校董会筹措资金之职能。

红卍慈一、二小学的资金来源分为基金利息、校董会筹集、红卍字会补助三部分。②天津解放以前，“每月开支息金不足时，由校长自捐，学生毫无担负”③。中华人民共和国成立后，因各种原因，校董对学校的支持减少。解放之初，时已卸任校长的孙星桥曾经私自拉走各项校具，致使教务工作举步维艰。到 1950 年，因学校资金短缺，校长于中南曾和校董会交涉商讨，“校方曾要求增加图书，修理房屋及补助金，该会都未照办，甚至于小小的十万元煤火费全不肯补助”④。红卍慈二小建立时，“全部工程共需款两亿五千万元，均由星桥等与校董会方面自筹”⑤。

树人一小的资金来源有学费、校董会补助费、募捐（临时费）三种途径。⑥但中华人民共和国成立前该校的生存状况已较困难，到 1950 年，更是举步维艰。因校董会捐款极少，经费来源枯竭，天津黄卍字会除付校舍之房租外，其余则一点补助也没有。校长胡干之对于经费问题，颇感棘手，曾多次与天津黄卍字会负责人进行交涉，均无结果。无奈之下，胡干之曾成立家长联合会，由校方邀请 15 位家长座谈。这些人多是热心教育、关心学校者，他们共拿出 200 多万元，以纾解学校困难，把上学期维持下来。后来，因学校既以天津黄卍字会名义开办，名实不符，家长亦不愿再捐款。1950 年下半年开学以后，经费问题仍无法解决。不仅有

① 《天津蓝卍字会》,《天津市各慈善团体调查初步总结》，1950 年 10 月，X0065-Y-000153-008。

② 《为该校及校董会呈请立案事给私立卍慈学校校董会的指令（附原呈立案表及章程等件）》，1946 年 6 月 22 日，J0110-1-000532-001；《为准予立案事给私立卍慈第二小学校董会指令附呈及立案表册章程等》，1946 年 4 月 11 日，J0110-1-000524-001。

③ 《为验印备案事给私立卍慈第二小学校董事会指令》，1948 年 2 月 8 日，J0110-1-000524-002。

④ 《世界红卍字会天津市支会》,《天津市各慈善团体调查初步总结》，1950 年 10 月，X0065-Y-000153-008。

⑤ 《（天津市私立卍慈第二小学校）为报送开学例报表册等事致天津市政府教育局郝局长呈》，1947 年 9 月 12 日，J0110-3-002576-016。

⑥ 《为所报学校准予立案应按所颁规定处理事致私立树人第一小学校董会指令（附原呈及调查报告等）》，1946 年 7 月 31 日，J0110-1-000478-002。

三个月之经费没有办法，“再加上修理校舍需用二千多斤小米，总共需八千多斤小米……到现在[①]还没有解决”[②]。这种情况的出现，与校董会有很大的关系。因为在中华人民共和国成立后，“（校董）都非常冷淡……不愿拿钱，思想上有着顾虑，对政府之政策还不太了解”[③]。又加上天津黄卍字会负责人张雁宾和各位理事曾同意请政府接管，如此，则学校势将与天津黄卍字会脱离关系，更不愿出钱。

蓝卍慈一至四小的资金来源最初均为校董会补助。[④]“各小学校初不收学费，并给制服、书籍、文具。胜利前，已酌收学费，较普通学校少二分之一。现在收四十斤或者五十斤玉米面。”[⑤]在蓝卍慈一小报请立案的材料中，提到“招收贫苦无力向学者，免费入学，并发给书籍、练习本子”[⑥]。至于一切开支，则“由各校董担负一切”[⑦]。到 1946 年 9 月，米珠薪桂，百物腾昂，学校用度浩大，经费超乎预算，为维持学校经费，于当月 15 日召开全体董事会议，“正式议决通过关于该校之经费之来源，现已筹募基金五十万元”[⑧]。1946 年 7 月，市教育局派王继彰考察蓝卍慈二小，发现教员待遇较差，立即获得校董会之保证：“下学期对教员之待遇决负责加以调整，以期接近市立小学校教员待遇。”[⑨]1946 年 8 月，蓝卍慈四小校董

---

① 指 1950 年 10 月。

② 《天津黄卍字会调查初步总结》，《天津市各慈善团体调查初步总结》，1950 年 10 月，X0065-Y-000153-008。

③ 《天津黄卍字会调查初步总结》，《天津市各慈善团体调查初步总结》，1950 年 10 月，X0065-Y-000153-008。

④ 参见《为送各项表册及章程立案事致天津市政府教育局呈（附立案表册及章程）》，1946 年 6 月 21 日，J0110-1-000569-001；《为送各项表册及章程立案事致天津市政府教育局呈（附立案名册及章程）》，1946 年 6 月 21 日，J0110-1-000569-004；《为送各项表册及章程立案事致天津市政府教育局呈（附表册及章程）》，1946 年 6 月 21 日，J0110-1-000570-001。

⑤ 《天津蓝卍字会》，《天津市各慈善团体调查初步总结》，1950 年 10 月，X0065-Y-000153-008。

⑥ 《为送各项表册及章程立案事致天津市政府教育局呈（附立案表册及章程）》，1946 年 6 月 21 日，J0110-1-000569-001。

⑦ 《为报本校经费议决案事致天津市政府教育局的呈（附本校立案年月原指令号数报告表及学生成绩表等）》，1946 年 9 月 7 日，J0110-3-003006-001。

⑧ 《为报本校经费议决案事致天津市政府教育局的呈（附本校立案年月原指令号数报告表及学生成绩表等）》，1946 年 9 月 7 日，J0110-3-003006-001。

⑨ 《为调查私立蓝卍慈四小学校立案情形致郝局长呈（附调查报告书）》，1946 年 7 月 6 日，J0110-1-000570-005。

会记录也提到:“关于该校之经费,拟由职会及各校董负责担任基金之筹募,以作固定经费之来源。现已筹募基金五十万元。”①蓝卍慈四小于“三十年八月开学，有学生二百余人，除不收学费外每生发给制服一套，帽子一顶，书籍、练习本各一套”②。慈泽中学的资金来源分为两部分，其一是学费，其二是校董会补助费。1941 年建校时，即筹措基金，存于殷实银号。1944 年，“校董会捐助理化食品及图书样本，又捐募基金等”③。

1950 年，蓝卍字会各学校还“由会津贴各校修理费及教职员生活费计人民币 130 万元，面粉 40 袋”④。但中华人民共和国成立后各校董生意不好，经济能力下降，董事长经济困难，无兴趣管理会务，各理事亦多消极。他们希望政府予以补助，继续会务。此时会所房租甚少，不够维持会务，各学校不得已自给自足，与卍字会的关系逐渐脱离。

本章小结

第一，天津“卍”字会的内部组织和领导方式，是慈善事业运转的基本保障。这首先包括世俗性的董事或理事制度、会员大会以及道院和扶乩。运转良好而高效的组织制度，为天津“卍”字会的慈善事业提供了前提和制度保障。董事或理事制的领导方式，在当时为不少慈善团体采用，是彼时慈善团体的共同特征，比如中国红十字会总分各会，中华基督教青年会、女青年会均实行董事制。另如天津女青年会最高权力机关为董事部，下设执行部—各部委办—干事部，干事部下有宿舍、服务、少女、职工、会员、经济、学生等部。⑤

第二，会员规模及其结构特征为慈善事业提供了人员基础和社会网络资源。通过从年龄、籍贯、职业、性别、住址等几个方面，对天津“卍”字会会员进行分析，可以发现，天津“卍”字会的会员，早期多以旧官僚、旧军人为主，1928 年之后，逐渐向以商绅为主转变。1937 年以后，这种情

① 《为报校董会会议记录议决经费事致市教育局呈(附校董会议录)》,1946 年 8 月 12 日,J0110-3-003001-004。

② 《为送各项表册及章程立案事致天津市政府教育局呈(附表册及章程)》，1946 年 6 月 21 日，J0110-1-000570-004。

③ 《呈为呈请准予立案(附呈各表册)》，1946 年 5 月 2 日，J0110-1-000715-001。

④ 《天津蓝卍字会》,《天津市各慈善团体调查初步总结》，1950 年 10 月，X0065-Y-000153-008。

⑤ 《本会的组织》,《天津基督教女青年会会务季刊》1930 年第 11 期，第 5 页。

况更加明显。但无论会员成分如何变化，他们多是经济条件较好，在地方上拥有一定实力，且以中老年为主的人士。除天津红卍字会有极少女性参与外，黄、蓝卍字会为清一色的男性。这一结构为办理慈善事业提供了重要保障。这些人身家丰厚，在地方上有一定地位，人脉广泛，与政府、天津商会等团体有着千丝万缕的联系，有利于形成办理慈善事业所必需的社会网络。天津“卍”字会的会员身份特征，在当时具有较大的普遍性。如同善社—救世新教的会员有江朝宗、钱能训、陆宗舆、袁永谦、段祺瑞、夏同龢、邓教先、曹汝霖、龚心湛、钟世铭等北京政府的军政要人。[①]天津红十字会的名誉董事包括冯国璋、张勋、朱家宝等军政大员，赵聘卿、宋则久、严范孙、王守恂、英敛之、张伯苓、刘孟扬等地方名绅，以及雷鸣远、赫立德等著名的外国传教士。[②]

第三，源源不断地获得善款（物），是慈善事业顺利开展的重要保障。天津“卍”字会的善款（物）来源包括会内和社会两部分，会内又包括会员会费、会员捐款和各分会捐款三部分；社会捐款包括单位和个人两部分。天津“卍”字会的善款（物）来源具有多元化的特征。越是办理慈善事业成绩突出的慈善团体，善款（物）来源更加多元。和当时著名的慈善团体中国红十字会相似的是，二者均包括会员会费、捐助两个方面；不同的是，中国红十字会经常接受政府补助，天津“卍”字会却很少有此待遇。另，中国红十字会的经费支出，有一项是用来投资理财[③]，天津“卍”字会虽名义上也有基金收益，但所占比例几乎可以忽略不计。

在传统政治体制下，政府对各民间团体往往强调管控，以求它们所作所为符合政府的意志。民国时期是一个新旧交杂的时代，在政治上有若干创新，但受制于传统政治的影响，加之政治、军事、经济的现实情况，政府仍然在试图加强对天津“卍”字会的管控，这种管控甚至是各卍字会社会网络中最重要的组成部分。地方其他慈善团体、慈善团体联合会、报刊媒体也与天津“卍”字会之间发生这样那样的关系，构成了天津“卍”字会的社会网络。天津“卍”字会的慈善事业，只有在内部机制和外部社会网络联合作用之下，才可能正常运转。在第四章中，将集中论述这一社会网络。

---

① 密素敏：《从档案资料看民国时期的救世新教》，《世界宗教研究》2011 年第 5 期。

② 赵辉主编：《天津红十字会九十年》，天津：天津人民出版社，2001 年，第 25—28 页。

③ 张建俅：《中国红十字会经费问题探析（1912—1937）》，《近代史研究》2004 年第 3 期。

第四章　天津“卍”字会慈善事业的社会网络

天津“卍”字会的慈善事业，除了组织机构、人员构成、善款（物）来源等内部机制外，还有复杂的社会关系作为外部保障，可分为政府和民间两个方面。政府方面，包括中央和地方政府，中央政府一般对大政方针进行领导，地方政府则负责较为具体的事务。一般来说，在地方，社会局起到主导作用①，警察、财政、教育、卫生等局也具有辅助管理的责任。天津红、黄、蓝卍字会的慈善事业还和天津商会、其他慈善团体、慈善团体联合组织及报刊媒体发生关系，在同受政府领导之外，又具有竞争、监督与合作的关系。

第一节　中央—天津地方政府的管理

一、中央政府的管理

（一）法律法规

1922—1928年北京政府统治时期，对慈善事业的管理相对比较松散，目前尚未见有专门的法律法规出台。南京国民政府统治之初，便制定了《监督慈善团体法》及其《施行规则》，日伪政权统治时期有《监督慈善团体条例》《华北慈善事业施策纲要》，抗战胜利以后，在沦陷区恢复《监督慈善团体法》。它们是民国中后期天津“卍”字会等慈善团体办理慈善事业的法律保证和制度约束。

（1）《监督慈善团体法》及其《施行规则》。南京政府成立至抗战以前，天津地方政府对慈善团体的管理，法律依据来源于《监督慈善团体法》。该法于1929年5月25日立法院第26次会议通过，6月12日立法院和行

---

① 社会局为南京国民政府行政院直辖市所设机构，南京国民政府在不同时期曾设有南京、上海、北平、青岛、天津、重庆、大连、哈尔滨、汉口、广州、西安、沈阳等12个院辖市。

政院同时公布①，10月15日起开始施行②。它的通过，为地方政府管理慈善团体及其慈善事业提供了法律依据。

该法规定，慈善团体指“济贫、救灾、养老、恤孤及其他以救助事业为目的之团体”③。依据该法，除属于财团性质者外，慈善团体应有5人以上参与发起。发起人须为“名望素著，操守可信者……曾办慈善事业，著有成效者……热心公益，慷慨捐输者……对于发起之慈善事业有特殊之学识或经验者”④。那些土豪劣绅、贪官污吏、反革命分子、因财产而受刑事责任者、吸食鸦片者，均不得成为发起人。在具体运转上，属于社团性质的慈善团体，每年应开总会二次，“董事于开总会时，应报告详细收支赈目，并说明办理会务之经过情形”⑤。至于“收支款项、物品，应逐日登入赈薄，所有单据应一律保存”⑥，不得短于十年。

主管官署对慈善团体具有督导检查之责，得随时检查“办理之情形及其财产状况”⑦。若慈善团体拒绝主管官署的检查，或者利用其事业“为宗教上之宣传或兼管为私人谋利之事业”⑧，主管官署可以撤销相关许可或解散之。对那些著有成绩者，“得呈请国民政府或省政府褒奖之”⑨。

随后，依据《监督慈善团体法》第十四条的规定，又制定了《监督慈善团体法施行规则》。该规则第三条规定：

> 慈善团体设立时，应先得地方主管官署之许可，再依《民法》社团或财团之规定，将应行登记之事项，造具清册，呈经主管官署核定。其财产在五千元以下者，汇报社会部备案；在五千元以上者，专报备案。主管官署汇报或专报社会部时，在省或院辖市，由该省政府转报之。已经立案之慈善团体，于原立案官署管辖区域以外设立分事务所

① 《监督慈善团体法》，《立法院公报》1929年第7期。

② 《世界红十（卍）字会天津分会育幼所领受救济物资人名册、关于该公会残废院施诊所概况的报告、〈监督慈善团体法〉和体仁广生社简章》，1948年4月，J0025-3-005194。

③ 《监督慈善团体法》，《立法院公报》1929年第7期。

④ 《监督慈善团体法》，《立法院公报》1929年第7期。

⑤ 《监督慈善团体法》，《立法院公报》1929年第7期。

⑥ 《监督慈善团体法》，《立法院公报》1929年第7期。

⑦ 《监督慈善团体法》，《立法院公报》1929年第7期。

⑧ 《监督慈善团体法》，《立法院公报》1929年第7期。

⑨ 《监督慈善团体法》，《立法院公报》1929年第7期。

者，仍应遵照本条规定办理之。①

这里的主管官署，对于像天津这样的院辖市而言，指社会局。因此，本规则是社会局管理本市慈善事业之法律依据。慈善团体之核准、解散、募捐、慈善事业、奖励等事项，均受到严密管理，并对会内事务，也有权进行管理。如董事之推选、职员资历及任免、职员成绩之考核、财产之总额及收支之状况、会员之加入或告退、办理之经过情形等诸事项，慈善团体须于每年六月及十二月造具清册，呈报主管官署查核。②

（2）从《监督慈善团体条例》到《华北慈善事业施策纲要》。《监督慈善团体条例》及《施行细则》于 1939 年 5 月 29 日由伪中华民国维新政府③出版的《国民政府公报》第 56 期发布。④该条例虽然由伪政权公布，但内容和《监督慈善团法》及其《施行规则》大致相同，反映了它们之间的继承关系。

当然，变化也是有的。如《监督慈善团法》第二条，"凡慈善团体，不得利用其事业为宗教上之宣传或兼管为私人谋利之事业"⑤，在《监督慈善团体条例》中改为"慈善团体不得利用其事业为政治性质与宗教性质之活动与宣传或兼营为私人牟利之事业"⑥。此处禁止"政治性质"的活动与宣传，反映出伪政府对慈善团体的约束和规定更加全面了，也反映了日伪政权统治之特殊时期的权宜规定和政治控制的严密。原《监督慈善团

① 《监督慈善团体法施行规则》，《世界红十（卍）字会天津分会育幼所领受救济物资人名册、关于该公会残废院施诊所概况的报告、〈监督慈善团体法〉和体仁广生社简章》，1948 年 4 月，J0025-3-005194。

② 《监督慈善团体法实施规则》，《世界红十（卍）字会天津分会育幼所领受救济物资人名册、关于该公会残废院施诊所概况的报告、〈监督慈善团体法〉和体仁广生社简章》，1948 年 4 月，J0025-3-005194。

③ 中华民国维新政府为日本华中方面军扶立的傀儡政权，由梁鸿志等人于 1938 年 3 月 28 日成立于南京，管辖江苏、浙江、安徽三省的日占区和南京、上海两个特别市。

④ 经查，南京沦陷之后，国民政府西迁，亦出版有《国民政府公报》，则当时应同时存在两张《国民政府公报》。此中华民国维新政府出版的《国民政府公报》系周刊，第 55 期为 1939 年 5 月 22 日出版，第 57 期为 1939 年 6 月 5 日出版，则《监督慈善团体条例》及《施行细则》应在 1939 年 5 月 23 日至 29 日之间公布实施。

⑤ 《监督慈善团体法》，《立法院公报》1929 年第 7 期。

⑥ 《监督慈善团体条例》，《国民政府公报》（中华民国维新政府）1939 年第 56 期。

体法施行规则》第三条对慈善团体设立的情况规定较为详细，特别强调财产之多少，新的《监督慈善团体条例施行细则》取消了这项规定，反映政府对慈善团体的控制稍有放开。

当时的中华民国维新政府，主要管理上海、南京及其周边地区，天津不在管理之下。但1939年8月，根据伪市公署第1764号给警察局、社会局的训令：

> 为令行事，案准内政部礼字第一七九一号咨开，承准临时政府行政委员会秘字第一零三二号咨开云云，并转行所属知照。附抄明令二纸，《监督慈善团体条例》及《施行细则》各一份。等因；准此。除分行并通行各慈善团体外，合行抄同原附件，令仰该局知照。①

由此可知，伪市公署也接受了该条例和细则。

1942年4月，华北政务委员会内务总署公布《华北宗教施政纲要》：

> （一）对于乙种宗教，本署前已制定乙种宗教团体调查表，于上年十二月四日咨请各省市公署按表查填。嗣又制定调整乙种宗教纲要，于本年一月十七日由署令公布，并通咨各省市公署查照并转饬遵照各在案。所有关于调查整理乙种宗教事项，应由各省市公署依表调查，并按照调整纲要，协同本署切实办理。
>
> （二）属于乙种宗教之安济道义总会、同义会、先天道会等团体，具有类似团练之特性，应由地方主管官署随时随地加以指导，俾发挥其自卫之力，协助剿共。
>
> （三）对于世界红十（卍）字会、普济佛教会等团体，向来努力于慈善工作者，应注意其特性，并指导其各地分会超向纯正思想，办理救济事业。
>
> （四）凡以儒门道德为标帜（志）之团体，而含有宗教色彩者，应列入乙种宗教团体，由地方主管官署依照暂行监督民众团体办法管理之。
>
> （五）凡兼奉各教或以各教师一为目地之教团，如救世新教会等团体，应依其特殊性能，渐使其树立最高之统一信念，以羽翼教化，善导人心。

---

① 《关于议决通过监督慈善团体条例及施行细则给社会局警察局训令》，1939年8月，J0025-2-000136-019。

（六）应于公益性质之乙种宗教团体，如理道教会等类应使其理念净化，特别致力于生活恶习之革新。

（七）对于创立新教新宗之团体，应特别慎重考察，不得给予许可，但于历史上具有悠久系统而宗旨纯正者，得设法扶植之。

（八）对于以个人为本位，设坛收徒，或自立香堂者，应查明其隶属团体是否正当。如拥有多数信徒，并应逐渐引导，使成为有系统有组织之教团，尤应防止其假借名义，敛财惑众，如具有实据，应即所属取缔，依法制裁。

（九）对于乙种宗教团体，应就各地情形，加以诱导育成，但如有不正当之行为，依照暂行《监督民众团体办法》第十二条处分之。①

依此规定，世界红、黄、蓝、白等卍字会属于乙种宗教团体，日伪政权对它们在依法管理的前提下，允许它们办理慈善事业。

次年 8 月 6 日，华北政务委员会内务总署礼癸字第 1287 号咨函伪市公署：

慈善团体之设立，关系安定民生至重且巨。现在各地所办之慈善事业，或为旧有，或系新立，其组织是否健全，宗旨是否纯正，当兹大东亚战争体制下，我国民总动员，共负此重大使命，允宜积极协力迈进，以合时代潮流。本总署特制订《华北慈善事业施策纲要》，令行各慈善团体，务期切实逐项实践，俾可防止英美系阴谋及共匪之诱惑。②

时当太平洋战争爆发，日军不仅面对着中国军民的坚决抵抗，还在太平洋战场上与美国军队作战。为集中精力打赢侵略战争，日军加强对包括中国广大被占领区内的资源掠夺。此一时期出台的《华北慈善事业施策纲要》显然便是此意。《纲要》第一条"施策目的"便有明言：

今当大东亚解放战争行将完成之时，为巩固后方基地及努力于新秩序建设计，首在统一一般民众之观念，凡有不合于现代潮流者，须一律革除而纠正之，以防止英美系之阴谋与共匪之诱惑。此本案施策

① 《华北宗教施政纲要》，1942 年 5 月，青岛市档案馆档案，档案号：B0023-001-00952-0088。

② 《为制订《慈善团体事业实施策纲要》致天津特别市公署的咨（附《纲要》一份）》，1943 年 8 月 9 日，J0025-2-000213-019。

之目的也。①

以此，这一纲要的指导方针为：

（一）确立体制，为战时之准备；（二）思想一致，具必胜之信念；（三）生活改善，培健全之国民；（四）物资节约，增后方之产量；（五）誓共甘苦，振互助之精诚；（六）□行救济，期人心之安定。②

即是说，要使慈善团体不做与“大东亚解放战争”不相符合的工作，尤其注意禁止宗教宣传，防止“英美系之阴谋共匪之诱惑”（即是要防止重庆的中华民国政府的策反工作）以及中国共产党的宣传和斗争，这是赤裸裸地为战争服务。

因受到时局的严重影响，此《华北慈善事业施策纲要》与《监督慈善团体法》《监督慈善团体条例》，已无相关性，完全是一种受战争支配的、为侵略者服务的具有殖民性质的法规。

（二）行政管理

政府层面上对天津“卍”字会慈善事业的管理，具有自上而下的特征。最高权力掌握在以社会部为中心的行政院手里。如1936年1月天津市市长萧振瀛呈文行政院，请求不要撤销已施行多时的《天津市征收婚丧仪仗慈善捐办法》，但经内政、财政、教育三部会商之后，认为该办法旨在限制一定人数及仪仗以外，如有增加时，则酌收慈善捐，以期挽回颓风，立意固佳，但以缺陷明显，倾向于废除：

原办法……不易折衷（中）允当，施行之时，恐生窒碍。且……前已定有《天津市市民婚丧仪仗暂行办法》，以取缔违反时代精神之婚丧仪仗……似可毋庸另订。③

---

① 《为制订《慈善团体事业实施策纲要》致天津特别市公署的咨（附《纲要》一份）》，1943年8月9日，J0025-2-000213-019。

② 《为制订《慈善团体事业实施策纲要》致天津特别市公署的咨（附《纲要》一份）》，1943年8月9日，J0025-2-000213-019。

③ 《行政院训令天津特别市社会局、公安局第1394号令》，《天津特别市政府公报》1935年第82期，第9页。

不久，新任市长程克亦呈文，认为此项捐款，业经“征收两月之久，且与《修正婚丧仪仗暂行办法》相辅而行，以期寓禁于征，藉崇俭约。既与市政有裨，又与民生无碍”①，请求变通办理，允许继续推行。但经行政院的复议，否决了此项请求。②

这提醒我们，地方慈善事业的最高管理权掌握在行政院手里；行政院又往往通过内政、财政、教育等部会商，最后决定。当然，行政院对地方慈善事业的管理，一般只是总体而言。行政院是行政事务的管理者，下有社会部和院辖市。1922—1949 年的天津，在多数时期，均是行政院的一个院辖市。③

1936 年 7 月 21 日，社会部训令各地方社会局，以《监督慈善团体法施行规则》公布有年，“各地方慈善团体经各省市政府转报到部备案者，尚属寥寥，本部对于国内各种慈善团体，亟须明瞭（了）实况，以便统计，用资稽考”④。并敦请各市政府于两个月内，将境内各慈善团体，一律依法办齐立案手续，呈部备案。这反映了《监督慈善团体法》在推行后，虽然起到重要作用，执行情况仍然不力，亦反映出社会部对地方慈善事业领导乏术。同时亦可看到，政府对慈善事业的领导具有如下特征：社会部直接负责管理各地方社会局，社会局是慈善事业的具体管理单位，如此，则地方社会局是受到社会部和市政府之双重领导的。

抗战胜利后，社会部亟待摸清沦陷区慈善团体的情况，为此在 1946 年曾有大规模的备案审查活动，天津“卍”字会自莫能外。1946 年，社会部训令天津市社会局，“蓝卍字会总会乃地方性团体，不得用‘总会’二字”⑤。10 月 24 日，天津市社会局回复，已按规定改为“天津市蓝卍字

① 《天津特别市政府致行政院第 51 号呈》，《天津特别市政府公报》1935 年第 83 期，第 13 页。

② 《天津特别市政府致行政院第 6 号呈》，《天津特别市政府公报》1936 年第 84 期，第 16 页。

③ 天津春秋时为燕地。秦属上谷郡。汉属幽州。宋属燕山府武清县。元设海津镇。明设天津三卫，是为天津建城之始，朱棣由此南下靖难，赐名“天津”。清初合三卫为一卫。雍正时改天津州、直隶州，雍正九年（1731）置府设县。光绪二十八年（1902）始为直隶首府。1913 年正式改为直隶省会。1928 年设特别市。1930 年 6 月改为院辖市，11 月河北省政府由北平移来，改为省辖市。1935 年 6 月，河北省省会迁回保定，恢复院辖市。日伪时期为特别市，设公署。光复后恢复院辖市。参见史习芳：《解放前天津行政区划沿革》，《天津社会科学》1982 年第 2 期。

④ 《社会部致天津社会局第 702 号训令》，《天津特别市政府公报》1936 年第 90 期，第 36 页。

⑤ 《为报本市蓝十（卍）字会总会改名天津市蓝十（卍）字会事致社会部谷部长呈》，1947 年 10 月 29 日，J0025-3-005324-038。

会”。11 月 20 日，社会部训令天津市社会局，据 9 月 25 日天津黄卍字会的呈述，该会办理地方慈善救济事业，确系社团。并上呈该会年鉴，恳请俯准备案，却由此引来了新的问题：

> 该会“缘起”内叙述该会于廿七年召开第一届会员选举大会，年鉴内刊载该会会员家庭保证书式样……及年鉴卷首登有王逆揖唐等题词，亟应查明……如该会确系办理地方慈善事业，无附逆嫌疑，自可依照《人民团体组织法》《收复地区人民团体调整办法》第三条一项之规定性整理成立地方性团体，其名称不得冠用“世界”及“总会”等字样。①

经过一番周折后，终于获得备案，但名称也改为“天津市黄卍字会”。

另外，在南京国民政府和日伪统治时期，《监督慈善团体法》《监督慈善团体条例》等规范管理慈善团体之法律都是由立法院制定的，因此，立法院亦应有一定的督导之责，但很少有实际行动。

二、天津地方政府②的管理

（一）法律法规

（1）《慈善团体注册章程》。1929 年 3 月 6 日，根据市政府给社会局的训令，《天津特别市慈善机关注册暂行章程》得以公布。该章程距离 5 月 25 日《监督慈善团体法》公布早了两个半月，故只能是“暂行章程”。从该章程可知，天津“卍”字会的慈善事业归天津市社会局管理。具体说来，包括各慈善团体之改选职员、修改章程、更订业务规条、变更或解散

---

① 《为查报世界黄十（卍）字会天津总会备案致天津市社会局训令》，1946 年 11 月 20 日，J0025-3-005160-004。

② 民国前期，天津未设市，仍归直隶管辖，自 1922 年始，民政长官分别为曹锐、高凌霨、王承斌、李景林、杨以德、孙岳、褚玉璞、孙世伟；天津道长官分别为姒锡章、张梦笔、袁树滋、孙逸臣。自 1928 年天津设市，到 1949 年解放，天津共有市长 23 任。南京国民政府前期有 13 任，分别是南桂馨、崔廷献、臧启芳、张学铭、周龙光、于学忠、王韬、张廷谔、商震（代）、王克敏（未到职）、程克、萧振瀛、张自忠。日伪政权统治时期共 8 任，分别是高凌霨（初称委员长）、潘毓桂、温世珍、方若、王绪高、李鹏图、张仁蠡、周迪平。南京国民政府后期 2 任，分别是张廷谔、杜建时。参见天津市档案馆：《天津市档案馆指南》，北京：中国档案出版社，1996 年，第 739—740 页；天津市地方志编修委员会：《天津通志・政权志、政府志》，天津：天津社会科学院出版社，1996 年，第 157、162、171 页。

等诸方面。天津“卍”字会“每六个月应将该机关之事业成绩、经费、收支数目，造具表册呈请社会局备案，并于各该机关门首明白榜示，年终汇印征信录昭示公众”①。在“受本市政府各局之委托，调查或处理与其本业有关各事时，不得无故推诿”②。但该暂行章程对天津“卍”字会等慈善团体之定位、申请成立慈善团体之方式、人员，特别是天津市社会局如何行使职权等方面的规定，均仍显简单。

1929 年 8 月 2 日，天津市社会局提请市政会议修正《慈善团体暂行注册章程》。以章程草订后，在送审时，“《民法》尚未颁布，《监督慈善团体法》及《施行规则》亦未公布施行，故颁布条文缺乏适当之依据，自不无欠缺之处”③。致使天津市社会局在办理慈善团体的注册事宜，难以顺利进行，对于慈善团体的管理，常受掣肘。另外，此前“各慈善团体所用图记向系自行刊制，既不能昭划一，而又未便考察，尚有伪冒混淆劝募善款情事，真伪莫辨”④。鉴于以上种种原因，提议得到批准。9 月 3 日，以市政府训令的形式修订公布⑤，6 日社会局通报各慈善团体，照章遵守⑥。

该修正章程对注册事项进行了更严格的规定。除规定本章程施行前成立之慈善团体，应一律依法呈请天津市社会局补行注册外，还要求同时须提供“一、章程，二、规条，三、发起人名册，须详具籍贯、年龄、职业、住址，四、办事人名册，须详具籍贯、年龄、职业、住址，五、其他有关系之文件”⑦。文件中必须详细提供下列信息：

> 一、名称及所在地，二、目的及沿革，三、主事务所及分事务所地址并办理情形，四、组织及设备，五、募捐方法及经费来源，六、常

① 《关于议决并抄发天津特别市慈善机关注册暂行章程给社会局训令》，1929 年 3 月 6 日，J0025-2-000136-001。

② 《关于议决并抄发天津特别市慈善机关注册暂行章程给社会局训令》，1929 年 3 月 6 日，J0025-2-000136-001。

③ 《关于提请市政会议修正慈善团体注册章程给市政府呈》，1930 年 8 月，J0025-2-000136-002。

④ 《关于提请市政会议修正慈善团体注册章程给市政府呈》，1930 年 8 月，J0025-2-000136-002。

⑤ 《关于市政会议议决慈善团体注册章程给社会局训令（附章程）》，1939 年 9 月 3 日，J0025-2-000136-004。

⑥ 《关于抄发修正慈善团体注册章程及监督法施行规则给各慈善团体训令》，1930 年 9 月，J0025-2-000136-005。

⑦ 《修正天津特别市慈善团体注册章程》，1930 年，J0025-2-000136-003。

年收入及财产总额，七、常年开支及事业经费核算，八、其他有关系事项。①

为纠正以前滥用图记的现象，修正章程规定“社会局于核准注册后，并颁发图记，以资遵守”②。

1934 年 4 月 16 日，市政府转发河北省政府第 2296 号训令给天津市社会局，指出河北省不少地方的主管部门，没有很好执行《监督慈善团体法施行规则》第一、六、七条的规定：

近查各地方主管官署，对于慈善团体立案书册，往往不加调查。准许立案后，亦不公告暨发给立案证书，仅将原件照例转呈，往复查询，殊多窒碍。应请转饬所属，嗣后……务须依照前项各规定，分别详查明确，审核无误，发给立案证书暨公告后，再行转呈备案。并于转呈文内，将查核情形详细声叙，以凭查考。③

当天，第二股主任李铭又上呈天津市社会局，请求修改《天津市慈善团体注册章程》的一些条款，获得批准，并于 1934 年 8 月 9 日在第 223 次市政会议上议决通过。新修正的章程，只有 16 条，较此前的章程少了一条，强调了依照《监督慈善团体法》管理慈善团体的必要性。新章程将前章程之第四、五条规定予以合并：

一、章程或捐助章程，二、发起人名册或捐款人名册（须详注姓名、别号、年龄、籍贯、经历、住所或通讯处、入社年月或补助额数），三、全体社员名册或职员名册，四、登记清册，财产目录，五、印鉴单，六、其他有关系之文件。④

新章程规定慈善团体对于“一、修改章程或内部改组，二、董事之变更，三、职员或社员之变更，四、事务所之迁移或增设分事务所，五、依章召集

① 《修正天津特别市慈善团体注册章程》，1930 年，J0025-2-000136-003。

② 《修正天津特别市慈善团体注册章程》，1930 年，J0025-2-000136-003。

③ 《关于审核慈善团体备案书册给社会局训令》，1934 年 4 月 16 日，J0025-2-000136-006。

④ 《修正天津市慈善团体注册章程》,《关于抄发修正天津市慈善团体注册章程给社会局训令（附章程）》，1934 年 8 月 13 日，J0025-2-000136-015。

全体大会或临时会议，六、其他重要事项”[①]，应先呈请天津市社会局核准备案。

1932 年，内政部公布了《地方慈善团体立案办法》，随后河北省政府于是年 10 月 9 日训令天津市社会局公布实行。[②]该办法规定，各地方慈善团体依《监督慈善团体法》及其《施行规则》第三条或第十三条规定，“向所在地主管官署呈请立案时，依本办法行之”[③]。并对立案办法进行了细化，规定先前地方公布的相关法律，若跟该办法相抵触者，依本办法实行，若不相抵触，则仍适用。

（2）《整理公益及慈善团体办法》。1945 年 8 月，日本投降，南京国民政府得以“法统重光”，这也意味着《监督慈善团体法》及其《施行规则》将在天津重新施行。然而，历经 8 年的日伪统治，天津社会情况和许多统治措施都已有所不同，急需调整。12 月 18 日，第一次临时市政会议修正通过市政府致社会局的训令：“社会局《调整人民团体办法》暨《整理公益及慈善团体办法》，业经提交市政会议第一次临时会议议决修正通过，除公布并分行外，合行抄发该项办法，令仰遵照。”[④]

以天津“卍”字会为代表的民间慈善团体同时也是人民团体，自然也受《调整人民团体办法》之约束。但此办法更多是针对所有人民团体，对于慈善团体，专门出台了一项《整理公益及慈善团体办法》。该办法第二条规定，凡已成立的公益或慈善团体，均应当于该办法公布后的半个月内，向社会局申请登记立案。各慈善团体在申请登记立案时，“应由团体全部理事、董事署名，填具正副声请书（书式由局印发）”[⑤]，并附呈以下文件各一式二份：

（1）章程及捐助章程。

① 《修正天津市慈善团体注册章程》，《关于抄发修正天津市慈善团体注册章程给社会局训令（附章程）》，1934 年 8 月 13 日，J0025-2-000136-015。

② 《为送地方慈善团体立案办法事给市社会局的训令（附办法）》，1932 年 10 月 19 日，J0025-3-000147-001。

③ 《为送地方慈善团体立案办法事给市社会局的训令（附办法）》，1932 年 10 月 19 日，J0025-3-000147-001。

④ 《为令发天津市社会局调整人民团体办法及整理公益及慈善团体办法致天津市社会局训令（附办法各一份）》，1945 年 12 月 29 日，J0025-2-000229-017。

⑤ 《天津市社会局整理公益及慈善团体办法》，1946 年 1 月，J0025-2-000244-001。

（2）登记清册。

（3）财产目录。

（4）印鉴单。

（5）全体会员名册或创立捐助人名册。

（6）职员履历表。

（7）登记表。

（8）经费收支预算。

（9）各项足资证明立案之文件。①

和前《慈善团体注册章程》相比，所要求文件多了登记清册、财产目录、职员履历表、登记表、经费收支预算。这些表册，都涉及慈善团体之内部基本运转情况，对一个慈善团体的活动具有根本意义。可以想见，此《整理公益及慈善团体办法》，对天津民间慈善团体的控制有过之而无不及。当然，这种加强控制的举措，在抗战刚刚结束之时，是必要的，因为此时一切秩序均有待重建，而包括天津"卍"字会在内的慈善团体，在日伪政权统治之时，事实上已脱离了国民政府的控制。

经核准的慈善团体，由社会局重新颁发立案证书及图记，无论是日伪政权统治前还是日伪政权统治时期的立案证书和图记，均应吊销。若有新发起公益或慈善团体者，可以随时向社会局申请。

对于那些在战时将事务所迁离，现须迁回，以及战时停止业务或被迫解散，现欲恢复的公益慈善团体，可依第一条办理。尚未设立事务所，现欲迁入的公益或慈善团体，依第二条办理。《办法》还特别规定，申请许可立案或重新登记立案的各种公益或慈善团体，负责人、发起人或理事、董事有下列各条之一者，应由各公益或慈善团体自行剔除，并于申请时专案呈明备案。此"各条"指："（1）附逆有据者。（2）有反革命之行动者。（3）因财产上之犯罪，受刑事之宣告或犯赃有案者。（4）受破产之宣告者。（5）褫夺公权者。（6）吸食鸦片毒品者。"②其中第二条至第五条，前文已经述及，唯第一条"附逆有据者"，为本办法特别强调，并放在显著位置，反映了南京国民政府在慈善团体中清除抗战期间附逆者（汉奸）的决心。

① 《天津市社会局整理公益及慈善团体办法》，1946年1月，J0025-2-000244-001。

② 《天津市社会局整理公益及慈善团体办法》，1946年1月，J0025-2-000244-001。

（二）事务性管理

天津“卍”字会及其慈善事业，首先要受到地方政府的管理。作为地方政府，虽然下有天津市社会局专门管理慈善事业，但当涉及政策性事务或较重要的慈善事务时，市政府便会发挥领导作用。

1936 年 7 月，天津市政府会议第 278 次例会通过了《天津市慈善监察委员会组织规则》，11 日市政府公布实施。该规则规定：“市内诸般慈善事业，督促规划其进行，而设定名为天津市慈善监察委员会。”[①]委员会设委员 15—21 人，由市政府聘任。以市长为委员长，设事务主任 1 人，事务员若干人，并设常务委员 3—5 人，均由市长指定。会址设于市政府内，所有议决案得送市政府查核办理，隶属于市政府，办理慈善事业之改良指导、考察报告、宣传、人员违法失职之检举，以及慈善机构用款账目之检查事项等。[②]

1933 年 9 月 13 日，市政府第 182 次会议议决通过了《监督中国慈善香宾（槟）票试行办法》：

第一条　中国慈善香宾（槟）票试办期内，所有发行推销及资金提成分配并一切款项收支数目之分配暨手续，均应遵守本办法暨原呈章程各项之规定办理。

第二条　中国慈善香宾（槟）票之试办时期，最多不得超过四期。

第三条　中国慈善香宾（槟）票应以补助慈善事业为宗旨，不得营谋私人利益。

第四条　办理此项香宾（槟）票之发起人，应于呈准后，设立事务所，公推董事九人，以本市素负声望、热心慈善事业者为合格，并由董事中互推总经理、襄理各一人，担负完全责任。

前项董事及总经理、襄理等推定后，应呈请主管官署核准备案。

第五条　所有售票得款，除照原定章程以七成提拨资金及七厘五提拨代售佣金外，其总分事务所雇用人员，以及开支一切事务费用，每期至多不得超过二厘五，余款尽数拨充红卍字会慈善款项，不得假借名义移作他用。

第六条　开奖办法、彩奖定额及资金提成，并拨助红卍字会慈

① 《天津市慈善监察委员会组织规则》，《天津特别市政府公报》1936 年第 90 期，第 43 页。

② 《天津市慈善监察委员会组织规则》，《天津特别市政府公报》1936 年第 90 期，第 43—44 页。

善款项暨一切开支等详细数目，均应先行分别列表呈报主管官署，核准后方能实行。

第七条 每次售出票数若干及确定之开奖日期并分配提成数目，均须先行列表呈报主管官署核准备案，不得变更，并于本市各大报公布之。

第八条 每次开奖应提资金及拨助红卍字会慈善款项，除呈报主管官署备案，并登报公布外，应于开奖后十五日内，分别付清，不得稍有延欠。但得奖人三个月内未来领取资金时，该项奖金应全数拨归红卍字会慈善款项之用。

第九条 每次开奖时，除登报公布外，并应事先呈请市政府、财政局、社会局、省会公安局、市商会各派代表一人，并函邀各慈善团体代表及新闻记者，莅临监督及监视。

第十条 每次开奖前一小时，该总副经理、襄理等，应将已售及未售之香宾（槟）票，按号查清，并将售得票款总数及提成彩金、分配数目，分别缮具详单，张贴于当场易见之处，以昭大信。

第十一条 红卍字会收到拨助慈善款项后，应呈报主管官署并将用途开支详细数目列表呈报。

第十二条 本办法所称主管官署为天津市政府及天津市社会局。

第十三条 本办法如有未尽事宜，得随时提请修正之。

第十四条 本办法自公布之日施行。①

该办法是在慈善事业款项来源不足时，市政府所想的集资办法，目前资料未见后续实施情况。从规定可知，市政府在办理慈善事业方面，确实动了不少脑筋。

需要强调的是，该办法与天津红卍字会关系密切。第五条提到，除一切开支外，余款拨给天津红卍字会，用于慈善事业。第六、七、八、十一条规定，拨付天津红卍字会奖金应该登记造册、备案；若得奖三个月未领时，奖金仍拨归天津红卍字会。有理由相信，此办法应是天津地方政府谋求帮助天津红卍字会筹集资金的办法，一方面反映了天津市政府与天津红卍字会的关系密切；另一方面亦反映了天津红卍字会的慈善事业在当地具有较大的影响，受到天津地方政府的特殊关照。

---

① 《监督中国慈善香宾（槟）票试行办法》，《天津特别市政府公报》1933年第56期，第59—61页。

1936 年 7 月 16 日，为扩大救济，由时任天津市社会局局长马彦翀提议，组织救济事业筹备委员会，由市政府第一科负责办理。本会委员除市长原提案规定之各委员外，得由市长加聘若干人组织之。每星期开会一次，如有必要，得临时开会，开会时由市政府秘书长主持，秘书长有事故时，得临时委托委员中一人代理。为便利进行，还可以分若干小组召开会议，人选及职务由主席指定及分配。

1939 年，为应付频繁发生的灾荒，成立了华北救灾委员会，总会设在北京，天津设分会。1939—1940 年，天津的救灾工作，由伪市公署授权华北救灾委员会天津分会和天津市社会局共同领导。当年冬赈，天津红卍字会在新唐家口独立承办粥厂一处。因食粥人数众多，11 月 21 日，遂致函华北救灾委员会天津分会，以每日煮粥最少要用 1 吨煤，“设立百日，共需煤一百吨，兹以开办在即，煤斤购买匪易，为此函请贵会赐予赞助，代为购买原煤一百吨，俾应急需”①。接函后，华北救灾委员会天津分会即请伪市公署核办。不久，伪市公署即致函开滦矿总局华北营业经理，商议办理。12 月 14 日，开滦矿总局华北营业经理回函：

> 敝处可由河东厂供给原煤一百吨，由购主自取。煤价应按敝处在各报纸上公布之市价计算。即请转知前途，派人带款，迳来敝处接洽，分批购买可也。②

同时，开滦矿总局华北营业经理还将有关情况专函通知天津红卍字会。③

12 月 11 日，时当水灾急赈工作结束之时，为此致函伪市公署，“所有当时摄制各项影片，均已分别编列装订成帙，用特检同全份上下两册，随函送上，至希察存”④。当月 21 日，天津红卍字会又按照相同规格，呈送伪市公署。次年 12 月 20 日，又将 1939 年办理津市与冀省各县水灾救济及冬赈，“编印天津水灾暨河北各灾区赈救总报告一册”⑤，随函奉上。

---

① 《世界红十（卍）字会函报设立粥厂》，1939 年 11 月，J0132-1-000082。

② 《关于红十（卍）字会购煤，应由河东厂供给的函》，1939 年 12 月 14 日，J0001-3-003055-003。

③ 《关于代订购原煤一吨怀（致）开滦局洽购的函》，1939 年 12 月，J0001-3-003055-004。

④ 《为送振救工作摄影全份请查存给津市公署的函》，1939 年 12 月 11 日，J0001-3-003486-001。

⑤ 《为送天津水灾及河北各灾区振救总报给津市公署的函》，1940 年 12 月 20 日，J0001-3-003486-003。

1946 年 1 月 10 日，以冬赈救济发放各慈善团体食粮事，天津市社会局局长胡梦华呈文市长张廷谔[①]、副市长杜建时：

> 冬令救济委员会施放振粮一案，已按计划交由各慈善团体筹备转发。所有分配食粮数目，已经饬由各该慈善团体按数提领，并定于本月十五日起开始发放。[②]

同年 11 月 25 日，各慈善团体在市政府会议室举行救灾贫谈话会，出席人员除了天津红、黄、蓝、白及其他慈善团体外，还有市长张廷谔、社会局局长胡梦华、社会局福利科长郎济苍，反映天津市政府、天津市社会局对慈善事业的领导情况。在这次谈话会中，市长张廷谔做了讲话：

> 现在天津的冬赈是刻不容缓……善后救济总署蒋署长……天津分署扬署长不久即可来津从事善后救济工作，社会局自应急速联络，以期能运用救济总署之一切物资，救济灾贫。不过此项工作，属于临时性质，仍须筹划永久救济之策，以解决天津贫民之痛苦。此外，更希望研究贫民贫苦之原因，以使贫民有生存能力，不必永依救济而生活。所以不得不筹划彻底的对策，更宜兼施贫民教育与训练，尤其对于此项贫民之需和蔼，不可强权，免失慈善救济之意义。[③]

由此可知，市政府对包括天津“卍”字会在内的当地慈善团体慈善事业的领导，主要是专注于大政方针上，总其成而已。至于具体事务，一般会交给社会局进行处理。

民国后期，因冬季是慈善救济最重要的季节，故每届冬季来临之际，地方政府便会牵头成立冬令救济委员会（参见第四节）。1947 年的冬令救济委员会由时任市长杜建时亲自领导。12 月 24 日，为发动各民间慈善团体共赴善举，杜建时“特拟聘各该团体主持人员为该会常务委员，以资延

---

① 张廷谔（1890—1973 年），字直卿，河北丰润人，曾任张绍曾内阁秘书长、河东盐运使、天津市长、国民政府顾问，后赴台。参见中国人民政治协商会议天津市委员会文史资料研究委员会编：《天津近代人物录》，1987 年，第 215 页。

② 《为冬赈救济发放各慈善团体食粮事致张市长呈（稿）》，1946 年 1 月 7 日，J0025-3-006333-016。

③ 《天津市政府各慈善团体救灾贫谈话会情况》，1946 年 11 月 25 日，J0025-2-002843-019。

揽，而专责成事"[1]。在解放战争正在紧锣密鼓地进行之际，市内生活状况空前恶化，市领导不得已也要将大量精力投入到慈善事业之中。

第二节　社会局的管理

社会局是市政府的直属机关，1928 年成立，1949 年初停止活动，共经南京国民政府前期、日伪政权时期、南京国民政府后期三个时期。历任局长有鲁涤平（1929—1930 年）、刘晋叶（1930—1931 年）、吴瓯（1931—1932 年）、邓庆澜（1932—1934 年）、马彦翀（1935—1936 年）、文访苏（1937—1939 年）、蓝振德（1939—1943 年）、赵济武（1943 年）、朱崇信（1943—1945 年）、郭绒蕴（1945 年）、胡梦华（1945—1949 年）11 人。[2]南京国民政府前期设 4 个科。据 1928 年 12 月 9 日公布的《天津特别市社会局组织条例》，第四科掌理慈善事业，具体规定为：

> 公益慈善事业之设计、提倡、改进及调查统计……公益慈善团体之登记及指导、取缔……筹设各种救济机关并办理临时赈恤……人口调查、调剂粮食产销……改善风俗习惯……妇女解放救济……其他公益慈善。[3]

1932 年 4 月 19 日，天津市政府第 128 次市政会议公布的《修正天津市社会局组织暂行规程》，将天津市社会局的事务分为两股，第二股掌理慈善事业，权限与前第四科相同。日伪政权时期，1942 年蓝振德任局长时设 4 个科，其中第一科为社会福利科。南京国民政府后期，共设 4 室 7 科，其中第五科为社会福利科，下分救济股和公益股。无论职能如何变化，科室如何设置，均有一专门办理慈善、救济等事项的执行机构——社会福利科。具体来说，天津市社会局对天津"卍"字会及其慈善事业的领导包括慈善团体之管理、慈善事业之管理、慈善事业之协调三个方面。

---

① 《为聘本市各慈善团体等主持人任救济实施委员会常务委员事致杜市长、张副市长签呈》，1947 年 12 月 28 日，J0025-3-003948-017。

② 天津市档案馆：《天津市档案馆指南》，北京：中国档案出版社，1996 年，第 60—61 页。

③ 《天津特别市社会局组织条例》，《天津特别市政府公报》，1928 年第 5 期，第 19—20 页。

一、慈善团体之管理

（一）调查登记

天津市社会局对慈善团体的管理，首先是调查情况。如1928年10月，天津市社会局进行公益慈善及改善风俗习惯调查，共调查了天津红卍字会等17家慈善团体，这些团体先后列表具复。不过，天津市社会局认为它们填报不实，派员亲自详加调查，“事竣后经审查结果分别公立、私立，呈请市政府”①。1930年3月25至4月19日，又对市内慈善团体进行调查，共计市立2处，公立3处，私立13处，已停办者2处。广仁堂、体仁广生社、北善堂、救济妇孺会、乐善会等，已行登记，但多数仍未登记。“各善社，其合法成立，热心善举者，固应保护，而未经立案，非法募捐者，亦应监督，若不悉数举行登记，殊无以执行保护监督。”②另如1947年2月28日，奉社会部令，天津市社会局要求各慈善团体进行抗战损失调查，3月8日，天津黄卍字会调查结束，并上报：“属会在抗战期间，所有财产均未遭受任何损失。”③

（二）会务管理

早在抗战之前，天津市社会局便经常召开会议，处理慈善团体相关事宜。

1929年2月3日，天津市社会局约集各慈善团体召开会议，主要内容为：

> （1）由社会局制定表式，送交各慈善团体填注，限期汇集，以便核造统计。
>
> （2）由社会局按月召集会议一次，以资接洽，而收通力合作之效。
>
> （3）各慈善团体应遵照市政府颁行《注册章程》，赴局注册。④

---

① 《天津特别市市政府社会局工作总报告书》丙《关于公益行政及改善风俗习惯事项》，《天津特别市政府公报》，1928年第2、3期合刊，第129页。

② 《慈善机关须注册》，《益世报》1930年4月23日。

③ 《为调查在抗战期间本会公私有财产及人口均为遭受损失事致天津市政府社会局呈》，1947年3月8日，J0025-3-005160-012。

④ 《天津特别市社会局十八年二月份工作报告书》己《关于慈善救济事项》，《天津特别市政府公报》1929年第7期，第129页。

即调查各慈善团体，每月召开一次会议，以便了解它们办理慈善事业的情况，并协调工作；因包括天津“卍”字会在内的一些慈善团体没有完成注册事宜，社会局催促尽快注册。

抗战期间，伪社会局对慈善团体的管理情况，因资料限制，还不明了。但抗战胜利后，社会局明显加强了对天津“卍”字会等民间慈善团体的管理力度。

抗战胜利后，由于战争，再加上日伪时期新成立了一些慈善团体，使天津市社会局对市内慈善团体了解严重不足。为积极加强领导，天津市社会局便展开对天津“卍”字会为代表的各慈善团体的集中管理。1945 年 12 月 31 日，为明了本市各慈善团体组织及附属机关所办事业，以备随时监督指导，予以充分协助起见，“特拟制调查表式一份，以便……遵照填报，此后关于各善团会务工作，并应每月汇报本局，以资查考”①。对各慈善团体之负责人、会员人数、业务、组织系统、经费来源、收支情况、附属机构情况进行全面调查。

1946 年 4 月，天津红卍字会改选理、监事。报局后，23 日即下发委任状，“派乔兆鼐、毕毓桂、鲁惟间、张开基、王连城、杜荫檀、王玉生等为改选负责人”②，并派科员王澂为指导员。5 月 11 日，乔兆鼐领衔报告，定于当月 13 日召开会员大会。7 月 16 日，天津红卍字会“将当日选出各理、监事名单，缮具清册二份，并检同会员名册暨简章各二份，一并备文呈报”③。27 日，天津市社会局下发意见，认为简章草案多有未合，可待收到总会章程之后再予报告。1947 年 5 月 28 日，总会章程到会后，便缮具二份，备文呈请鉴核，并请发登记证及图记，以便执守，终于获得批准。同时，“附发立案证书及图记、证章、挂牌、旗帜等式样”④，要求依式刊制，并缴销旧式图记等物。6 月 21 日，新图记正式启用。

同样是 1946 年 4 月 23 日，天津市社会局训令天津黄卍字会“派周捷

---

① 《为将所办事业填表调查事致市各慈善团体的训令（附调查表呈）》，1945 年 12 月 31 日，J0025-3-002037-001。

② 《为派毕毓桂等任改选负责人等事致世界红十（卍）字会天津分会乔兆鼎等训令》，1946 年 4 月 23 日，J0025-3-005179-001。

③ 《为另拟该会章程等事致世界红十（卍）字会天津市分会批示（附乔兆鼐呈）》，1946 年 5 月，J0025-3-005179-003。

④ 《为准予贵会立案等事致世界红十（卍）字会天津市分会批示（附乔兆鼐呈及立案证书等）》，1946 年 6 月，J0025-3-005179-004。

三、赵秉政、刘鼐臣、李鹤亭、王宝光、李永年等为改选负责人，并派……王澂为指导员……仰即到会视事，积极调整，并将就职日期及接交情形具报”①。5月5日开始，周捷三等即着手办理会员登记，并由会中原有保管、救济、审定、义教、公墓各委员会，将负责保管之家具、文卷、图记、收支账簿结余款项，连同公墓契纸，“分别造册，移送前会长薛兰亭、副会长李鹤亭、赵秉政验收后，照册点交”②，之后便举行了第一次筹备会议。10日上报，14日批复。6月21日，天津市社会局团体组训科通知，该会“负责人早经本局派定在案，急应召开成立大会”③。天津黄卍字会遂决定于7月13日下午召开会员大会，选举理、监事，天津市社会局随即派王澂莅临监选指导。15日，王澂莅上报情况，天津黄卍字会有会员184人，到会122人，由翟雪民主持，“李实忱等二十一名当选为理事，刘午樵等七名当选为监事”④。30日，天津黄卍字会亦另函将选举结果上报。

是年10月14日，天津黄卍字会呈报，第一分会仍未选定负责人员。由于转瞬天寒，影响冬赈筹办，为权宜计，在未接奉社会部核定批示以前，拟暂“推选周捷三为该分会理事长，刘鼐臣等二人为常务理事，王子衡等四人为理事，田占一等五人为监事，籍资推行会务，免致中辍”⑤。16日获得批准。

1948年8月20日，天津市社会局通知天津黄卍字会，该会理、监事任期已满，应迅速召开会员大会，进行改选。这是中华人民共和国成立前天津黄卍字会最后一次理、监事改选。接到通知后，天津黄卍字会便公推全体常务理事为改选筹备委员，准备改选。但以办理东北难民救济，工作繁忙，呈请采取推定提名委员，不另投票的办法，以节省时间，获得天津

---

① 《为派任改选负责人并报就职日期事致世界黄十（卍）字会天津总（分）会周捷三等的训令》，1946年4月23日，J0025-3-005159-013。

② 《为就职日期及接收情形备案事致世界黄十（卍）字会天津总会批（附世界黄十（卍）字会天津总会呈）》，1946年5月17日，J0025-3-005159-014。

③ 《为筹备就绪召开会员大会选举职员事致天津市政府社会局呈》，1946年7月8日，J0025-3-005159-017。

④ 《为参加世界黄十（卍）字会天津总会改选大会情形致胡局长报告（附世界黄十（卍）字会天津总会改选大会会议记录）》，1946年7月15日，J0025-3-005159-019。

⑤ 《为贵会所属市一分会推选理、监事筹办冬赈事致世界黄十（卍）字会天津总会指令（附世界黄十字会天津总会呈）》，1946年10月23日，J0025-3-005160-003。

市社会局的首肯。该会定于 10 月 9 日下午召开改选大会，经公推张雁宾、翟雪民、刘凤池、李鹤亭、周捷三、刘鼐臣、刘绍周 7 人为选举提名人。“又以会务日趋繁重，为加强人事，拟于理事长之下，增加副理事长二人，以资负责。”①

1948 年 9 月 6 日，天津蓝卍字会举行改选大会，当时共有会员 116 人，92 人出席，组训科史麟春奉派监督选举。据次日史氏的签呈，本次会议首由主席于志秋致开会辞，继由职及党部王学仓、警局谢起秀致辞。旋即讨论章程，全体通过后，即开始选举。结果“刘元忠等十五人当选为理事，王士明等五人为候补理事，李佑承等二人为监事，崔印唐为候补监事”②。

抗战胜利后，社会局对天津红、黄、蓝卍字会负责人改选的关心与重视，与南京国民政府前期、日伪政权统治时期，形成鲜明的对比，反映了天津市社会局加强对各慈善团体监管力度的决心与行动，同时也反映了天津光复至中华人民共和国成立之前的四年多时间里，天津城市慈善救济的压力较大的现实状况。

（三）其他

南京国民政府前期，因市内各慈善团体各自为政，既无系统全面之组织，更乏通力合作之精神，天津市社会局乃于 1929 年 7 月 8 日，草定提案，准备统一慈善机构名称。29 日通过十条办法，其中有“各慈善机关附设事业，更名为第（几）救济院第（几）所或为附设某所……凡本市各市立、公立、私立慈善团体，一律分别改称为第几救济院”③。但不仅天津“卍”字会并未按照此办法实行，其他慈善团体，如广仁堂、公善施材总社等，亦未见有所动静。故此次行动并没取得成功，这反映了此时天津市社会局对各慈善团体的领导力度较为有限。同时，亦反映此项政策太过理想化，并不符合当时的现实状况，因而不可能成功。

1946 年 11 月 1 日，天津黄卍字会呈文社会局：

---

① 《为准予如期改选并派员指导等事致天津市黄卍字会指令（附黄卍字会呈）》，1948 年 10 月 8 日，J0025-3-005086-008。

② 《为报市蓝十（卍）字会改选会进行情形事致市社会局局长呈（附改选大会纪录）》，1948 年 9 月 7 日，J0025-3-005082-032。

③ 《统一慈善机关名称》，《益世报》1929 年 7 月 30 日。

第二区东三经路门牌一号楼房宽敞，堪为总会办公之用，爰于本年十一月五日将总会迁入新址，开始办理，所遗第二区河北望海楼后门牌十五号总会旧址，改为积谷施赈办事处，以资推行善政。①

天津市社会局于11月16日批准了该呈文。1948年8月12日，天津黄卍字会请求奖励郑士儒在遣送难民工作中的辛勤劳动，天津市社会局以越权为由，对之进行了严厉批驳。②12月25日，天津市社会局通知天津“卍”字会等慈善团体，定于27日上午10时，在第十区湖北路天津市训练团“邀集各机构，举行慰劳保卫天津市将士筹会……准时派员出席”③。除此之外，还要求附上慈善团体表，以示郑重。

以上情况，表明天津市社会局对包括天津“卍”字会在内的慈善团体的管理，在抗日战争之前较为不力，抗战胜利之后，则逐步加强了。

二、慈善事业之管理

（一）统一规划

1946年11月7日，社会局将每月一次工作会报改为每两周一次，并规定会报应兼顾赈济工作之进展、一般工作之推进、附属救济设施之工作状况（注重被救济人数及其衣食住等问题）、附属学校之教育状况、附属工厂工作之现状、一般生产工作之现状、财产状况等七个方面。④同时，还要求按月编定工作月报表，于次月5日前送局。26日在天津市社会局举行的工作会，胡梦华亲自出席，福利科科长郎济苍主持。天津红卍字会韩葛觉、天津黄卍字会王春霖、天津蓝卍字会赵兰亭、白十字会许十公以及广仁堂、黄十字会、红十字会等15家慈善团体的代表出席了会议。会议分主席致辞、局长训话、各慈善团体报告三部分。

主席致辞重申了会报要注意以上七个方面。之后是局长胡梦华关于办

---

① 《为迁移会址备查事致世界黄十（卍）字会天津总会批（附世界黄十（卍）字会天津总会呈）》，1946年11月24日，J0025-3-005160-006。

② 《为报办理难民登记遣送工作办事员应奖励事给天津黄卍字会指令（附呈）》，1948年8月12日，J0025-3-006283-028。

③ 《为请出席慰劳保卫天津市将士筹备会事致各慈善团体通知》，1948年12月25日，J0025-3-006205-014。

④ 《为规定各慈善团体每两周举行会报一次并拟定工作月报表检发致世界红十（卍）字会天津分会等的训令（附呈表样）》，1946年11月16日，J0025-3-003924-001。

理冬赈事宜的训话：

> （1）希望各善团……与冬令救济实施委员会相配合，以免重复。倘能以该会与善后救济分署、青年会、救世军等机构协议划分目标，分工合作，可收宏效。
>
> （2）各善团预计需煤数量，分别迳向供应委员会申请，并联合会呈市长。①

此后是各慈善团体报告时间，天津“卍”字会和其他慈善团体一样，都大略介绍了所办慈善事业的情况。

本次会议还讨论了各慈善团体拟办冬季赈济工作，决定分工举办冬赈。红、黄、蓝卍字会以及天津白十字会的工作为：

> 红万（卍）字会正筹备于夏历十一月六日施放小米约万余户，每户计十斤、十五斤、二十斤三种，并施放振衣四千余套。
>
> 黄万（卍）字会定于十二月一日召开董事、监事联席会，商讨筹款办法，须视款项多寡而定。
>
> 蓝卍字会拟举办施粮施款，现已筹足六百万元。该款系会员及理、监事所募捐。
>
> 白十字会暂就已募集之四百万元，酌量情形办理。②

1947 年 2 月 25 日的工作会报，程序和参加人员与上年 11 月 26 日基本相同，惟局长没有亲自参加。在主席报告中，提出将此前的两周一次重新改为每月一次。并报告了接下来的工作：

> （1）经常救济工作之推动，则彼此稍欠联系，以致未能相互配合。为弥补此一缺点……（有）成立天津市救济协会之必要。
>
> （2）援华会指拨补助各慈善团体之专款，早经审议会合议拨发完毕……务希迅将支用情形、受救人数，连同单据报局，以凭汇报。
>
> （3）嫠妇名册应补报，能附照片者最佳。

---

① 《天津市各慈善团体工作汇报》，1946 年 11 月 26 日，J0025-3-005127-026。

② 《施米、施衣、施药品：各慈善团体办冬振》，《大公报》1946 年 11 月 27 日。

（4）月报表仍希按期填报，如有困难，可来科主管股研究。①

其后，各慈善团体汇报近两个月来的工作。天津市社会局汇总后做成表格，于1947年3月18日上呈社会部。表4-1中详载市内16家慈善团体近两月来的活动概况。兹将天津红、黄、蓝、白卍字会及公善施材总社和天津红十字会的情况摘录如表4-1。

表4-1　1947年1—2月天津市部分慈善团体工作摘要汇报表

时间	地点	出席人	缺席人	主席	记录
1月28日、2月25日	市社会局会议室	郎济苍、郑士儒、梁安人，十六善团代表	公善掩埋社、明德慈济会、崇善东社、济生社、引善社、体仁广生社	郎济苍	张夫基
善团名称	参加代表	一月份工作报告		一月份工作报告	
天津红卍字会	韩万觉	一是普通救济事项：（1）施诊，西医每日160人，收号金，不收药费；（2）恤嫠300户，每户1000元；（3）继续办理卍慈第一、二两校，有学生1000余人。二是收容救济事项：（1）附设残疾院收容40余名；（2）附设孤儿院收容70余名		一是普通救济事项：（1）恤嫠300户，每户1000元；（2）施诊西医大夫3位，皆义务职，就诊者内科收挂号费400元，外科收400元，不收药费；（3）继续办理卍慈第一、二两校，约有学生1000余人。二是收容救济事项：（1）附设残疾院，收容40余名，每日供两餐；（2）附设孤儿院，收容67人，按时上课、刺绣（半工半读）	
天津黄卍字会	王春霖	一是普通救济事项：（1）继续办理树人第一、二、三小学校业务；（2）经常办理施诊业务，就诊者确系极贫，即酌给药费千元；（3）恤嫠250户，每户给千元，并择极贫者50户，各增给万元。二是冬令救济事项：（1）阴历腊月25联合各善团赴第三监狱放给囚犯馒首；（2）由会员募款蒸制馒首放给小店贫住客		一是普通救济事项：（1）施诊：中医大夫义务职，极贫者酌给药费；（2）恤嫠250户，各给千元；（3）继续办理树人一、二、三小学业务。二是冬令救济事项：协助冬赈会办理施赈事项及结束工作	
天津蓝卍字会	赵兰亭	一是普通救济事项：（1）恤嫠350名，用款35万元；（2）施诊每日约60余人；（3）继续办理慈一、二、三、四小学四处及慈泽中学一处。二是冬令救济事项：（1）会同冬令救济委员会救济济极贫及大贫250户，每户2000元；（2）联合各善团协助冬令救济实施委员会办理其他冬照事项		普通敷济事项：（1）施诊大夫三位，每日约五六十人；（2）施药由大夫检定后施给，每日约40人；（3）恤嫠350名，每户1000元	

① 《为报天津市慈善团体民国三十六年一月及二月份工作汇报摘要汇报表事致社会部的呈（附报表）》，1947年3月21日，J0025-2-003623-001。

续表

时间	地点	出席人	缺席人	主席	记录
白十字慈善宏道会	许十公	普通救济事项：（1）施诊所由三位大夫主持，免收挂号金，就诊人数不定；（2）继续办理慈善小学一校		普通救济事项：（1）施诊业务由三位大夫主持，免收挂号金，每日约 52 人；（2）维续办理慈善小学	
天津红卍字会	刘道平	一是普通救济事项：经常办理施医，每日就诊者约十余人。二是冬令救济事项：协助冬赈会施放棉衣		普通救济事项：施医、施药，续办理施医，每日有十余人就诊	
公善施材总社	刘寿春	一是普通救济事项：（1）每月施材 30 余口；（2）继续施舍小儿风寒及产妇等药；（3）恤嫠 800 户，每户给 1000 元，客岁除夕增残疾岁费 20 元；（4）循例举行春季种痘约 9000 人；（5）施诊，每日约 34 人。二是冬令救济事项：协助冬令救济实施委员会办理冬赈事宜		普通救济事项：（1）施材 34 口；（2）仍施舍小儿风寒及产妇等药；（3）恤嫠 800 户，每户给 1000 元；（4）继续办理春季种牛痘；（5）施诊每日 34 人	

资料来源：《为报天津市慈善团体民国三十六年一月及二月份工作汇报摘要汇报表事致社会部的呈（附报表）》，1947 年 3 月 21 日，J0025-2-003623-001

1948 年 8 月，社会局举行募捐赈衣活动，为期 5 月。“举凡单衣、夹衣、棉衣、鞋、袜、被褥以及棉花等，及破店旧衣物，均所欢迎。”①如表 4-2，天津市社会局共在 30 家单位设立赈衣代收处，卍字相关团体中有天津红卍字会及其育幼所、天津黄卍字会及其分会，占总数的 13.7%。

表 4-2　1948—1949 年赈衣代收表

单位	地址	单位	地址
民国日报社会服务部	一区罗斯福路	益世报社会服务部	一区罗斯福路
天主教青年会	一区西宁路七号	红卍字会天津分会	一区归绥路
天津市社会局	一区中正路	新星报社	二区博爱道 23 号
第二社教区民教馆	三区中山路贾家大桥	普济慈善会	三区河北三马路
红卍字会育幼所	四区东营门外唐家口	第四社教区民教馆	二区地藏庵
第五社教区民教馆	五区大直沽中街	黄卍字会分会	六区大沽路
中南报社	七区庆兴大街 10 号	基督教青年会	七区东马路
西老公所	八区西头永丰屯	天津市救济院	八区西关街
第九社教区民教馆	九区北大关	基督教女青年会	十区大沽路
第十社教区民教馆	十区林森路	正字普济会	十一区南关大街 11 号
天津市社会服务部	一区罗斯福路	第六社教区民教馆	八区西北城角
第一社教区民教馆	一区万全道 66 号	第七社教区民教馆	七区南门西大街
黄卍字会	二区三马路天升影院	第八社教区民教馆	八区东马路
第三社教区民教馆	三区河北堤□村	慈慧普济同善会	十区林森路 240 号
救世军	五区大王庄	第一图书馆	十一区杨家花园

资料来源：《为难民募振衣》，《益世报》1948 年 8 月 28 日

① 《为难民募振衣》，《益世报》1948 年 8 月 28 日。

（二）赈务支持

（1）对天津红卍字会赈务的支持。1948 年，天津红卍字会西广开粥厂施放时间为 1 月 10 日至 3 月 23 日。在开厂之前，天津红卍字会曾将所存玉米面出售，并呈报社会局，希望留用 1 亿 2 千万元经费。天津市社会局回复道：“准予留用，所售玉米面系在何日，当日市价若干，未据叙明，仰即连同售面单据及经费领据，补报来局，以凭核办。”①天津红卍字会遂在 2 月 23 日将 1 月 9 日出售玉米面及其单据补呈。4 月 5 日，将施粥期内“所领米煤各项，逐日填送日报暨月报外，谨将吃粥人数清册暨收回粥票一并呈送”②。

是年 7 月 28 日，天津红卍字会凌家庄收容所收容难民 50 户，160 口，因难民缺衣少食，为此请发给小米。社会局于 7 月 31 日回复：“已于七月三十日发给小米一千一百七十八斤。”③

1946 年 3 月 13 日，天津红卍字会残疾院、孤儿院收养残疾人 55 人，孤儿 35 人。因购买粮食困难，“属会前次代办新唐家口干粥厂，现已结束，结余谷子七百四十二包，拟请俯赐酌拨若干，以维慈业，而济残孤”④。20 日社会局批示：“事关救济残黎孤儿，应即由该局查核拨发。”⑤5 月 31 日，拨发完毕。分配表情况如表 4-3，每人分配 100 斤，其中天津红卍字会之孤儿院、残疾院，各分得谷子 2000 斤、6000 斤。

表 4-3　1946 年 5 月 31 日社会局拨发谷子一览表

机构名称	人数（人）	分配数量（斤）	机构名称	人数（人）	分配数量（斤）
长芦育婴堂	70	7000	广仁堂敬节慈幼所	190	19 000
红卍字会孤儿院	20	2000	天主教仁慈堂孤儿院	120	12 000
天主教仁慈堂养老院	20	2000	红卍字会残废院	60	6000
天主教孤儿院	100	10 000	广仁堂幼女教养所	40	4000
慈慧普济同善会孤儿院	20	2000			

资料来源：《（天津市社会局）为报拨发救济机构食粮分配表备案致张市长呈（附表）》，1946 年 7 月 16 日，J0002-3-002052-003

① 《为送玉米面售出单据等事给世界红十（卍）字会天津分会批令（附呈件）》，1946 年 6 月 18 日，J0025-3-006324-023。

② 《为报粥厂结束日期事致市社会局呈》，1948 年 4 月 5 日，J0025-3-006326-028。

③ 《为请早日拨发凌家庄收容所难民赈粮事致天津市社会局局长呈》，1948 年 7 月 28 日，J0025-3-006284-044。

④ 《为拨给结余谷子事致张市长签呈》，1946 年 3 月 13 日，J0002-3-002052-001。

⑤ 《为准拨发孤儿院结余谷子致社会局训令》，1946 年 3 月 20 日，J0002-3-002052-002。

1946 年 2 月 26 日，天津市社会局训令天津红卍字会和慈慧普济同善会，为辅助慈善团体，推进所办救济事业起见，“特发给残废院及孤儿院补助金法币七万元，五万元”[①]，社会局曾要求：

> 凡本市请领善后救济物资经费之救济机关团体，应自本年九月份起，按月编造统计表二份，于次月五日前呈局。其本年度一月至八月已领到物资经费者，即应于文到一周内详细补报来局，以凭汇转。[②]

如表 4-4，10 月 11 日，天津红卍字会育幼所将 1—9 月份的情况上报。

表 4-4　1946 年 1—9 月天津红卍字会育幼所分领到善后救济物资经费统计表

月份	款物名称	款物数量	救济人数	月份	款物名称	款物数量	救济人数
1	面粉	1425 磅	34	3	旧衣	134 件	34
4	面粉	4800 磅	72	5	面粉	477 磅	77
	旧衣	451 件	216		奶粉	200 磅	77
	奶粉	200 磅	72				
6	面粉	2612.5 磅	76	7	面粉	4800 磅	78
8	面粉	4800 磅	75	9	面粉	4800 磅	76

资料来源：《(世界红十（卍）字会天津分会育幼所）为报育幼所领到善后救济物资经费统计表事致天津市政府社会局胡局长呈（附表）》，1946 年 10 月 11 日，J0025-3-006341-008

1948 年 1 月 15 日，西广开粥厂已经开锅，但因周围穷人甚多，准备将领粥人数从 3000 人增至 6000 人，并呈请天津市社会局发给用米，以济急需。收到呈文后，社会局便“准如所请，施粥用米随时补发”[③]。粥厂结束之后，天津红卍字会“将领受物资灾民人数清册二份暨粥票四千零二十张”[④]，呈送备案。所有这些，均反映出天津市社会局虽然对天津红卍字会的慈善事业尽力支持，但往往有着严格的要求和规定。

---

① 《为发补助金并分配数目具报备查事致红十（卍）字会慈慧普济同善会训令》，1946 年 2 月 26 日，J0025-3-003859-001。

② 《为报育幼所领到善后救济物资经费统计表事致天津市政府社会局胡局长呈（附表）》，1946 年 10 月 11 日，J0025-3-006341-008。

③ 《为每日领粥人数备案事给红十（卍）字会指令（附呈件）》，1948 年 1 月 15 日，J0025-3-006324-017。

④ 《为送发放行总剩余救济物资领受清册事致天津市社会局呈》，1948 年 4 月 5 日，J0025-3-004215-002。

（2）对天津黄卍字会赈务的支持——以难民休息站为例。天津市社会局对天津黄卍字会难民休息站主要从以下四个方面进行管理：

第一，难民休息站的建立是在天津市社会局支持下完成的，并派员调查监督。自 1948 年 5 月 31 日天津黄卍字会上报二区三经路附近的状况之后，社会局便积极设法解决。6 月 2 日，便运来帐篷 23 座，委由本天津黄卍字会雇工“支搭帐篷，临时收容，作为休息站”①。4 日，天津市社会局派郑士儒前往查勘，看到所运帐篷业已支架完毕。“每帐篷可容三十人，总计可容六百九十人”②，目前实有 500 人。前后仅用时三天即架设完毕，若无社会局的统筹安排，是不可想象的。9 月 23、24 日，天津市社会局曾派王大渠先后考察了第一、第二难民休息站，对之从地址、人数及附近环境、赈济物资发放情形、管理情形、教育、卫生、前途展望等七个方面进行记录，并直接报告局长胡梦华。③

第二，对难民休息站的规章制度注意管理。6 月 11 日，在一份上呈天津市社会局的文件中，除报告工作之外，还附有一份《东北难胞临时休息站管理规则草案》，对休息站设立之目的、难民住宿、帐篷条件、收容难民条件、管理方法、违规处理办法等都有详细规定。14 日，天津市社会局发布批文，“该会所拟《管理规则》尚妥善，拟予备案；对于难民收容安置颇为努力，殊堪嘉许，拟予奖励”④。7 月 22 日，天津黄卍字会又拟定《黄卍字会主办东北难民休息站实施规则》，规定收容范围为滞留东站附近有家属的难民，并对之进行编号，提供粮食、水和药品，并尽快将之送回原籍或其他城市。对违反治安者严厉惩处。并特别规定，“本会实施《管理规则》，援照《休息站管理规则》呈请社会局核准施行之”⑤。

第三，也是最重要的，便是提供大量粮食，以供救济。8 月 14 日，天津黄卍字会上报，前到第二休息站发放粮食，结果尚余 10 袋 20 斤，并申

① 《为安置难民并派员临场管理事致市社会局代电》，1948 年 6 月 2 日，J0025-3-004251-004。

② 《为报查黄十（卍）字会难民人数等事致市社会局长呈》，1948 年 6 月，J0025-3-006324-031。

③ 《赴天津黄卍字会第一休息站视察报告》，1948 年 9 月 23 日，J0025-3-006267-016；《（王大渠）报告赴天津黄卍字会第二休息站视察情形》，1948 年 9 月 24 日，J0025-3-006267-015。

④ 《为拟难民管理规则并对难民收容安置嘉许事致黄卍字会指令》，1948 年 6 月 22 日，J0025-3-004251-009。

⑤ 《为呈报难民发放赈款等实施规则准予备案事致黄卍字会指令（附代电及规则）》，1948 年 7 月 22 日，J0025-3-004251-011。

请“作以工代赈，掩埋该站附近浮棺之用”①，天津市社会局则要求暂予妥善保管。25 日，以“第一次第二休息所结余十袋二十斤，与第一休息所结余五一袋一五斤，共计六十一袋三十五斤”②，与所报 30 袋零 44 斤不相符，引起社会局的关注。天津黄卍字会仔细调查应领赈面情况，难民共计 954 人，每人发面粉 5 斤，计 10 天，共发面粉 106 袋。由第二次拨来面粉 235 袋中拨发，尚剩 129 袋，“连同上次结余面粉三十四袋零四十四斤，共实存面粉一百六十三袋又四十四斤”③。除壮丁外，凡年在 50 岁以上 16 岁以下之男子及妇孺，每日每人发放赈面半斤，每次 10 天：

> 查本会前录钧局拨交救济难民面粉二百一十袋，除第二休息站依照既定原则发放完竣……复于本月十三日，在钧局代表常起森监视下，发放第一休息站内难胞面粉……应与五十岁以上之男子同等待遇，以示鼓励。综计领面人二百另（零）六户，计五百一十二人；又棚长、工役、清洁夫共六十一人，两共五百七十三人。本站计赈面一百十五袋，发给十天赈面，共发面粉六十三袋三十斤。④

9 月 4 日，天津市社会局拟发给第二休息站面粉 110 袋。7 日开始发放，这是天津市社会局第三次拨发第二休息站赈面。当时第二休息站实有难民 1770 人，除壮丁外，实应发人数 1400 余名，尚差 50 袋左右。“应如何补发，以便定期发放之处，特此报请社会审议委员会查核。”⑤经过调查后，天津市社会局认为：“该站增加人数系在审议会第七次会开会以前，拟准增拨面粉五十袋。”⑥但天津市社会局显然面临着极大的困境，故“函告各收

① 《为施赈剩余面粉应妥予保管听候处置事致天津市黄万（卍）字会的指令（附黄万（卍）字会代电）》，1948 年 8 月 25 日，J0025-3-006267-007。

② 《为发放第二难民休息站面粉日期备案事致天津市社会局胡局长代电》，1948 年 8 月 25 日，J0025-3-006222-011。

③ 《为发放第二难民休息站面粉日期备案事致天津市社会局胡局长代电》，1948 年 8 月 25 日，J0025-3-006222-011。

④ 《为发维民赈面日期及人数事，致市社会局代电》，1948 年 8 月，J0025-3-006324-028。

⑤ 《为第二休息所人数增加请拨赈济面粉事致天津市救济福利事业审委会电》，1948 年 9 月 7 日，J0025-3-006282-019。

⑥ 《为第二休息所人数增加请拨赈济面粉事致天津市救济福利事业审委会电》，1948 年 9 月 7 日，J0025-3-006282-019。

容所停止续收难民”①。

（3）对天津蓝卍字会赈务的支持。1937年9月13日，天津蓝卍字会成立救护队，为此，“呈报组织救济队情形，并送队长员名单及简章等，请鉴核备案，且请领□全队护照，以利通行”②。

1948年1月3日，天津蓝卍字会拟在第四区河东李公楼筹设粥厂一处，以每日1500人为度，“需用元小米三万三千七百五十斤……开滦原煤十八吨……其他（还需要）电灯、自来水”③，希望获得补助。8日，天津市社会局决定，暂予补助1000万元，设若系公立，可补助2000万元。本年天津市社会局原拟由面粉业公会在二区小树林设立粥厂一处，后考虑到第四区有贫民9500余户，在此设置更加合理，遂改为公立，仍由天津蓝卍字会管理，拨款2000万元予以支持。④

1948年天津蓝卍字另举办第九区南竹林村粥厂。1月20日，因该处贫民特多，必须增加食粥人数，方可达到救济之目的，“今拟请求每处续增五百人，以资救济”⑤，并详细报告河东李公楼粥厂须增加户口：

> （1）复兴庄、合浦村窝铺需用二百人（七十户）。（2）成原里后窝铺需用五十户。（3）共和里后、三兴里、后街王大院共需一百四五十户。（4）双庆里、贵德间共需五、六十户。以上各处，最低限度，需增加五百人。⑥

经审理后，天津市社会局同意了天津蓝卍字会的请求。

1948年6月，以东北逃津难民太多，天津蓝卍字会亦谋划设立粥厂，以资救济。5日，该会呈文天津市社会局下属机构社会福利救济审议委员会：

> 窃等目睹该逃难来津之僧道尼等，实属怜悯。市内各庙均有难以

①《为第二休息所人数增加请拨赈济面粉事致天津市救济福利事业审委会电》，1948年9月7日，J0025-3-006282-019。

②《关于成立组织救护队情形函达社会局训令》，1937年9月13日，J0001-3-000294-006。

③《为筹办粥厂备案事致市社会局》，1948年1月，J0025-3-006324-003。

④《为设粥厂地址事致市社会局呈》，1948年1月26日，J0025-3-006324-004。

⑤《为增加施粥人数事给蓝十（卍）会指令（附呈件二份）》，1948年1月，J0025-3-006324-006。

⑥《为增加施粥人数事给蓝十（卍）会指令（附呈件二份）》，1948年1月，J0025-3-006324-006。

供应之势，甚或尚有露宿街头者，如与一般难民杂处，殊有未便。拟于第一区大觉兴善寺内，增设粥厂，以资救济僧道尼及贫民等人，以收普遍救济之旨，而免生计之艰。①

不久即获批准。

三、慈善事业之协调

除对天津“卍”字会的慈善事业的具体管理外，以慈善事业的开展涉及多个部门，天津市社会局还须对慈善团体的慈善事业进行协调。

（一）对天津红卍字会慈善事业的协调

1945年12月4日，以患病国军来津住院治疗和饭费事，天津红卍字会曾专门致函社会局，请转函卫生局，考虑救助。6日，社会局致函天津红卍字会，“既愿担任医疗等费，拟据转函卫生局，又复得再行令知，并通知军方”②。8日，天津市社会局回函表示，俟卫生局决定办法后，再行考虑。

天津红卍字会所办理凌家庄难民收容所离市区有10里之遥，各难民多系老弱妇孺，随身携带衣物前往，酷暑炎天，徒步难行。为便利难民起见，1948年7月16日，“拟雇用民船一艘，每日载运难民及由津运往供应难民用品，来往均有属会职员佩戴证章符号，随船护送”③，请求发给长期许可证。天津市社会局23日即转函警备司令部请求核发。受战争影响，警备司令部对市内物资实行禁运，对慈善事业之开展造成很大牵绊。10月28日，天津红卍字会呈文天津市社会局：

以天主教青年会赈济凌家庄收容所难民饼干六十七箱，又承华北救济会发给该所难童学校学生饼干十箱，合计七十七箱。兹拟运往发放，经过八里台城防卡口，恳请钧局向物资管理处代起

① 《为设立粥厂事致社会福利救济审议委员会呈》，1948年6月5日，J0025-3-006324-011。

② 《为患病国军来津住院治疗及其饭费事致天津市政府社会局的呈》，1945年12月6日，J0025-3-003831-001。

③ 《为雇用民船运载难民发给通行证事致天津社会局胡局长呈》，1948年7月16日，J0025-3-004266-001。

搬出许可证，以利慈救。[①]

天津市社会局于 29 日致函天津警备司令部主要物资管制处，详细标明运饼干数量、用途及运输日期（10 月 31 日—11 月 3 日）。11 月初，天津红卍字会复请求社会局，22 日，社会局又致函警备司令部主要物资管制处，“兹据红卍字会呈称，以该会承办之凌家庄难民收容所冬季用煤四吨，亟须于封河前运往，请代起许可证”[②]，并附呈运煤清单。

（二）对天津黄卍字会慈善事业的协调

1945 年 11 月 27 日，以盟军误解天津黄卍字会“卍”为纳粹之“卐”，致使其办理慈善事业受到阻碍。天津黄卍字会遂呈文天津市社会局，请求协调：

> 闻本市红卍字会前因发生同样误会，已蒙钧局转向盟军解释，予以谅解，准予照常使用……为此恳请……赐予转向在津盟军司令部骆基少将，详为解释……准予照常使用旗臂、帽徽等章，并饬属知照，勿得阻挠，以利会务。[③]

接到呈报后，天津市社会局便派吴修垣前去调查。据吴氏 12 月 10 日的签呈，他曾为此事询问过天津红卍字会负责人鲁惟间。据称，为工作便利起见，天津红卍字会于 11 月间曾去函盟军军部，声明该会系慈善团体，蒙骆基少将[④]“函复准予协助，并转饬所属知照，现有英文证明存会”[⑤]。13 日，天津市社会局面告天津黄卍字会会长薛兰亭，可援照天津红卍字会

---

① 《为运往凌家庄收容所饼干赈济难民请发搬出许可事致天津市政府社会局的呈》，1948 年 10 月 28 日，J0025-3-006267-011。

② 《为红万（卍）字会运煤至凌家庄难民收容所使用请发通行证事致天津警备司令部主要物资管制处的函》，1948 年 11 月 23 日，J0025-3-006267-033。

③ 《为解释黄十（卍）字会确为慈善团体及适用旗臂等事致市社会局》，1945 年 11 月 27 日，J0025-3-002579-001。

④ 时任美国海军陆战队第三军团司令，1945 年 10 月 1 日，奉命进驻天津，并于 6 日接受日本投降。参见冯骥才主编：《小洋楼风情 · 公共建筑》，天津：天津教育出版社，1998 年，第 20 页。

⑤ 《为报调查世界黄十（卍）字会天津总会情形等事致天津市政府社会局呈》，1945 年 12 月，J0025-3-002579-002。

前例，径向盟军军部自行联络。

1948年7月，以第二休息站用水困难，天津黄卍字会请求天津市社会局，商请济安自来水有限公司免费供应凉水。天津市社会局遂致函济安自来水有限公司，联系办理。24日，天津黄卍字会前去接洽，发与水票，并于8月20日报告社会局。①

是月30日，天津黄卍字会呈文天津市社会局，以办理难民登记遣送，“于乘轮之前，必须由被遣送各难胞准备防疫注射种痘等手续，取得水运处海港检疫所盖章之注射证，方准登轮”②。希望转函卫生局，请求：

> 预为发给注射剂及痘苗各若干，随附空白注射种痘证，交由本会医务主任代为注射种痘。于填发注射各证后汇齐若干份，送请海港检疫所加盖分发各难胞备查，以资简捷而便难胞往返跋涉，节省时间。③

天津市社会局遂派王大渠前往查验，王氏于8月19日将结果报局：

> （1）该局巡回诊疗车每日赴黄卍字会难民休息所施诊，同时施行注射，迄今已巡回数十次，第二休息所亦有专车前往诊疗注射，并无延误情形。
>
> （2）该黄卍字会如欲承办委托注射时，可叙明理由，开列已登记之正式医师名单，迳呈卫生局办理委托手续。
>
> （3）一经委托，则卫生局之巡回诊疗车将不再赴该所诊疗，且其后一切卫生事宜，应由该会自行负责办理。④

8月12日，应天津黄卍字会的请求，天津市社会局发函市民食调配处，希望能对该会成员按配售价格每日配给面粉若干袋。19日，天津市民食调配处回复，若该会职员工役已办理户籍登记，“可与一般市民同行享受配给

① 《为本公司已经发给黄万（卍）字会免费供水水票事致天津市社会局的函》，1948年8月20日，J0025-3-006266-033。

② 《为难民防疫注射事致天津市社会局胡局长的代电》，1948年7月30日，J0025-3-006266-045。

③ 《为难民防疫注射事致天津市社会局胡局长的代电》，1948年7月30日，J0025-3-006266-045。

④ 《为黄万（卍）字会请求委办防疫注射事宜交涉结果的报告》，1948年8月19日，J0025-3-006266-044。

之权利”①，表示婉拒。

第三节　警察、财政、卫生、教育等局的辅助性管理

除市政府和社会局外，警察、财政、教育、卫生等局也对天津“卍”字会和其慈善事业有辅助管理之责。财政局的管理集中在日伪政权统治时期，包括对赈物和房舍的管理。卫生局、教育局的管理均在南京国民政府后期，前者指对疫病和环境卫生的管理，后者基本是关于对天津“卍”字会所办学校的管理。警察局的管理涉及日伪政权统治时期和南京国民政府后期，表现在对治安的维持。它们对天津“卍”字会及其慈善事业的管理，未必一定是独立行使管理职责，还包括在地方政府的领导下参与管理，或受天津市社会局的委托进行管理。这一情况表明，地方政府对天津“卍”字会及其慈善事业的管理，具有复杂性，且呈逐步加强的趋势。

一、财政局②：关于免税问题

财政局对天津“卍”字会的管理，基本集中在免税问题上。这包括赈物免税和对慈善场所免税两个方面。

（一）赈物免税

赈物免税，其特征为天津“卍”字会为申请免税呈文伪市公署，伪市公署再交给伪财政局研议，伪财政局将结果上呈伪市公署并通知各卍字会，决定是否准予免税，若得获准，须发给执照。

据目前所见，天津“卍”字会中，最早申请免税的是天津红卍字会。1937年11月和1938年8月，天津红卍字会两次购运小米赈济本市贫民，伪财政局曾“先后据情呈奉钧署，令饬查明免征税款”③。1938年11月21日，天

---

① 《为黄万(卍)字会请对所有职员公役配给面粉事因格于规定不能照办致天津市社会局的函》，1948年8月19日，J0025-3-006266-035。

② 财政局成立于1928年10月，天津解放后结束，负责管理天津市财政收入、支出、捐务、税务等事项。1937年8月5日，该局称天津市治安维持会财政局，局长张志澂；1938年1月改称天津特别市公署财政局，局长李鹏图；1944年7月改称天津特别市财政局，局长张同亮。参见天津市档案馆：《天津市档案馆指南》，北京：中国档案出版社，1996年，第30、131页。

③ 《关于黄十（卍）字会购米施粥，请免捐税放行，给市公署呈》，1939年11月，J0001-3-001771-006。

津红卍字会筹办冬赈，因市内粮价较贵，遂派员赴泊镇采购小米 1500 石，以施济市内贫民。为此呈请伪市长潘毓桂，此项赈米，"纯为施济津市贫民，应请照章豁免一切牙税……以利慈业，而维赈务"①。伪市公署旋即指令伪财政局按章办理。不久，伪财政局回文，如果"确系在本市办理冬赈，并不转卖营利，应准予免税"②。次年 8 月，天津红卍字会呈请伪财政局，为筹办赈济灾民起见，在公庆成、德源盛"购小米十一万四千四百六十九斤，合七百十五包，暂时运存于……华中印刷局内……请准援照……成例，转令免征牙税"③。21 日获得批准，并训令牙行税稽征所按规定执行。

1943 年 10 月，天津红卍字会县分会为筹办冬赈，准备购集赈粮 45 吨，交由三井洋行购妥江米渣 15 吨，准备起运，上呈伪市公署批准。伪财政局拟具意见，并经伪市公署确认，如证明确为筹办冬赈之用，"应准免税……惟应查明妥慎办理，以防伪借取巧，影响税收"④。

1939 年 11 月 24 日，天津黄卍字会呈请伪市公署，以次日即开厂施粥，亟待由特三区大王庄运赈米 200 包赴锦衣卫桥粥厂，请援照天津红卍字会成例，豁免捐税。伪市公署照例下发伪财政局研议，伪财政局回复，既为设粥厂施粥之用，"似应援案呈请免税"⑤。1940 年 12 月 6 日，天津黄卍字会又准备办理粥厂，仍然需要购运小米，遂援前一年成案请求免税：

> 应用赈米一项，业已购妥小米二百五十包，计重四万七千四百斤，现存于大王庄儆贮分栈一百一十包，仝地启泰栈一百四十包，急待运交特别一区山东会馆旁本会第一分会，为东楼粥厂需用。⑥

---

① 《关于世界红十（卍）字会天津分会购米施济贫民，请免税放行给天津特别市公署呈》，1938 年 11 月，J0001-3-001771-001。

② 《关于世界红十（卍）字会天津分会购米施济贫民，请免税放行，已知，给财政局指令》，1938 年 11 月，J0001-3-001771-002。

③ 《关于世界红十（卍）字会购买小米赈济准予免税》，1939 年 8 月 21 日，J0061-1-000182。

④ 《关于红十（卍）字会天津县分会筹办冬赈订购杂粮免税放行已知给财政局指令》，1942 年 10 月，J0001-3-001771-018。

⑤ 《关于黄十（卍）字会购米施粥，请免捐税放行，给市公署呈》，1939 年 11 月，J0001-3-001771-006。

⑥ 《关于世界黄十（卍）字会天津总会购运小米，设厂施粥，请予免税给市公署呈》，1940 年 12 月 6 日，J0001-3-001771-014。

在审理后，伪财政局认为，天津黄卍字会的请求既是援照成案，亦应批准，遂将相关意见上呈伪市公署予以批准。

据目前所见资料，这类赈物免税事件只发生在日伪政权统治时期，此时慈善团体的境遇相对以往和以后均较差。只是无奈贫民、难民众多，若不进行救济，势必影响城市治安，故对于慈善救济之物资，在经过严格审查之后，伪市公署亦不得已网开一面，允许免税放行。赈物在严格审批的前提下免税，即意味着其他大部分商品均不能免税，其目的显然是聚敛物资，保证军事需要，以为侵略战争服务。

（二）房舍免税

日伪政权统治时期，伪市公署制定《天津特别市公用不动产管业证规则》，对公用不动产申请管业证做了详细规定。其中第一、九条分别为：

> 第一条　凡本市公署、学校、寺庙与自治、慈善、宗教、一切公益团体、机关公用房地，不以收益为目的者，均……由局发给公用不动产管业证，以资保障。
>
> 第九条　本管业证纯为公益法人保护产权，永远不得由私人转移。①

依据此规则，天津"卍"字会纷纷申请不动产之免税。日伪政权统治初期，天津红卍字会将市内各处会产向伪财政局申请登记，伪财政局发给不动产管业证，并蒙豁免一切房地租税。1937 年 7 月，徐世昌将位于特一区 18 号路 1 号楼房连同所有契约一并捐给天津红卍字会。次年 9 月 3 日，天津红卍字会呈文伪市公署，同时函请伪财政局"令饬特别一区公署，准予援照……成案，由本年下季起，豁免该房房地税捐"②，核发公用不动产管业证。但该房在 1937 年办理临时难民妇孺收容所结束之后，即被日军占用。因天津红卍字会为纯粹慈善团体，在日军借用期间，每月补助救济费 240 元。天津红卍字会亦须保证，"以此款全数拨充赈济之用，并拟于该房收回时……为办理慈善事业处所，决不另行

---

① 《为蓝十（卍）字会价买严姓房地，经查明永作会址之用，别无营利企图，可否免税发给管业证书，请核示致天津特别市温市长呈》，1941 年 1 月 28 日，J0001-3-4-4992-007。

② 《关于特别一区公署提案免本会房地税捐给天津特别市公署呈》，1938 年 9 月 3 日，J0001-3-001738-001

出租”[①]。11 月 4 日，伪财政局给伪市公署的意见，“既系用作办理慈善事业，不以营利为目的，似可……将房地捐一律豁免，以襄善举”[②]。11 日，伪市公署通知天津红卍字会，只是无奈房舍正被日军占用，天津红卍字会暂时无法获得实际使用权。

依照《天津特别市公用不动产管业证规则》，天津蓝卍字会试图将会所、卍慈一至四小、慈泽中学，均申请免税。

1941 年，天津蓝卍字会在特别一区花园路购妥三省堂秦重三平房一处，计大小 27 间，地基 1.225 亩，价额 27 500 元，备作卍慈四小校址。1 月 22 日上呈伪市公署，请“转令财政局派员查勘豁免契税，以正产权，而维教育”[③]。伪市公署随即批示，将会行财政局查核办理，但直到次 1942 年 10 月，仍无消息。17 日，蓝卍慈四小又据实呈请伪市长温世珍。温氏复令行财政局核议具复。[④]11 月 14 日，经调查后，伪财政局呈文伪市公署，认为此项房产既系办理慈善学校之用，“似可准如所请，暂予免征房地捐”[⑤]。伪市公署遂训令允准免税。在持续了近 10 个月后，此案终告一段落。

1939 年，天津蓝卍字会各董事和会员凑集基金 8 万元，购妥“东门内经司胡同四号乐贤堂严姓住房一处，计大小五十三间，地基三亩有畸”[⑥]，作为总会会址。1941 年 7 月 9 日，乐贤堂严和天津蓝卍字会联名上呈伪财政局，兹因乐贤堂严有坐落经司胡同四号房，并地基六十七间，“愿以大洋九万五千元卖与蓝卍字会下为业”[⑦]。19 日，在伪财政局

---

① 《关于天津红十（卍）字分会承受徐文斋捐助特一区楼房，请求免房地税捐，给天津特别市公署呈》，1938 年 11 月 4 日，J0001-3-001738-003。

② 《关于天津红十（卍）字分会承受徐文斋捐助特一区楼房，请求免房地税捐，给天津特别市公署呈》，1938 年 11 月 4 日，J0001-3-001738-003。

③ 《为本会购妥三省堂秦重三房地备作慈善第四小学校舍，并送原契等请转饬财政局查勘豁免契税致天津特别市温市长的呈》，1941 年 1 月 22 日，J0001-3-4-4992-001。

④ 《为蓝卍字会慈善第四小学校函请豁免房地捐转呈核示，致天津特别市温市长的呈》，1942 年 10 月 17 日，J0001-3-4-4992-011。

⑤ 《为本局核议天津蓝十（卍）字会慈善第四小学校请免房地捐一案情形核示致天津特别市温市长的呈》，1942 年 11 月，J0001-3-4-4992-013。

⑥ 《为本会购妥本市住房一处作为会址，请转饬财政局豁免契税，并饬发公产管业证，致天津特别市温市长呈》，1941 年 9 月 3 日，J0001-3-4-4992-003。

⑦ 《业户蓝卍字会请管业证》，1941 年 7 月 9 日，J0056-41-074696-001。

派员测量之后，天津蓝卍字会便上呈伪市公署，并转呈伪财政局，请求免税。随后，伪市公署即训令天津蓝卍字会和伪财政局，“来呈所称房地价格与财政局通知书所载数额不符……仰侯令行财政局查明实际情形，妥慎议复，再行核夺”①。不久，天津蓝卍字会再呈伪财政局，说明前后数额不符的原因：

> 严姓之房，原为六十余间，计契纸三张。初议购买全部，价额为二万七千五百元，当申请勘文时，即以上数陈报。嗣因严姓管事人拟留置一部……结果本会实只买上项房屋五十三间，计契纸二张。②

到 10 月 28 日，经复查后，伪财政局上呈伪市公署。11 月，伪市公署又训令伪财政局，调查该房是否“全部永远作为会址之用，有无营利之意图”③。至次年 1 月 28 日，伪财政局查明，并取具会长等人的切结、保结，一并呈上。2 月，终于准予发给管业证。

1943 年 4 月，天津蓝卍字会又购买树德堂冯姓房产作为慈泽中学校址，援前两案，呈请伪市长王韬批准。21 日，伪市公署发给伪财政局讨论。28 日，伪财政局以“既系公用，自应援案，在办学期间，暂免征收房地各捐”④。

综上，天津红、黄、蓝卍字会运送赈物及房舍免税之事，其程序首先是上呈伪市公署，由其交予伪财政局研究意见，再上呈伪市公署斟酌公布。这种办事程序集中发生在日伪政权统治时期，反映了日伪政权对地方政务控制力的加强，以便更多地搜刮财物，严密控制沦陷区的社会经济，维持战争需要。即使参与事务者有日本财团（如 1943 年 10 月天津红卍字会的大米便是购于三井洋行），亦不例外。

---

① 《为蓝十（卍）字会购妥本市房地，请免税案，饬财政局议复核夺，致天津蓝卍字会的批及财政局的训令》，1941 年 9 月，J0001-3-4-4992-004。

② 《为新购会址申请免税给证一案，声叙通知书与购买价额不符各情形，请鉴核，致天津特别市温市长的呈》，1941 年 7 月，J0001-3-4-4992-009。

③ 《为据复查明蓝十（卍）字会价买严姓房地实际情形，应再详查复夺，致财政局的指令》，1941 年 10 月 28 日，J0001-3-4-4992-006。

④ 《为所报蓝十（卍）字会所购校址请免征房地各捐一案情形准备案致财政局的指令》，1943 年 4 月，J0001-3-4-4992-016。

二、卫生局[①]：疫病与环境卫生管理

卫生局对天津“卍”字会的管理主要集中在疫病和环境上。前者指天津“卍”字会常在卫生局的管理下，投入到防疫工作中；后者指卫生局对其所办慈善事业从环境卫生等方面进行管理。卫生局参与管理的情况主要集中在抗战胜利以后，反映了这一时期疫病和环境卫生较为严重，引起了地方政府的重视，同时亦反映了在民国前期特别是日伪政权统治期间，政府对环境卫生方面的管理并不重视。

（一）疫病管理

（1）参与施种疫苗。每年春季种牛痘时节，抗战胜利之前，天津“卍”字会都受卫生局的委托，积极参与种痘，抗战胜利之后，这一工作仍得以持续。

1946 年 4 月 27 日，依往例，天津红卍字会致函卫生局，准备派人赴局领取痘苗。29 日，卫生局回函，“本局现存痘苗及器材，尚感不敷应用，无从发给。现善后救济总署冀热平津分署天津办事处曾规定补助，（可）迳往该处卫生课洽办”[②]。1947 年 5 月 18 日，以去年是向善后救济总署冀热平津分署天津办事处领取疫苗，1947 年该办事处即将结束，天津红卍字会便又向卫生局请领。21 日，卫生局回函，“本局向有委托注射办法，兹附发办法及申请者保证书等各一份，即希指定正式西医师，来局第二科办理手续”[③]。1948 年 6 月 5 日，以当年夏天天气炎热，为避免霍乱起见，在市内施种疫苗。天津红卍字会施诊所“援例担任防疫工作，即请贵局发给疫苗及防疫注射证”[④]。15 日获得批准。

天津黄卍字会 1946 年的种痘申请未获批准，仅得以由该会自备痘苗，由医务主任负责施种。1947 年 3 月 8 日，天津黄卍字会向卫生局申请，本

---

① 卫生局成立于 1937 年 8 月，日伪政权统治时期隶属于市公署，日本投降后，隶属于市政府，负责全市清洁、保健、防疫、医疗医药机构人员管理、药品检验和医药学术团体登记等卫生行政工作的管理机构。参见天津市档案馆：《天津市档案馆指南》，北京：中国档案出版社，1996 年，第 28、131 页。

② 《为请求拨发痘苗事与世界红十（卍）字会天津县分会的往来函》，1946 年 4 月 29 日，J0116-1-000827-037。

③ 《为发疫苗注射证事与红卍字会天津县分会往来函》，1947 年 5 月 23 日，J0116-1-000769-035。

④ 《为办理市民免费注射疫苗事致王吟生李文医师及世界红卍字会津分会等的通知附该员等医师及该分会的呈文》，1948 年 6 月 15 日，J0116-1-000839-019。

年春季已届，天气转寒，疫疠流行，在所不免。为保护婴儿健康计，“自应援案，委由本会医务主任李富臣继续办理。拟请贵局拨给痘苗及种痘证各若干，以便定期开始施种”[①]。21 日获得批准，但卫生局认为该会医师不合格，要求重新指定。

天津蓝卍字会仅 1947 年申请种痘。4 月 21 日，该会函请卫生局，请求发给痘苗 2 打，种痘证 500 张，日报表 30 张，以作为种痘使用。24 日卫生局回函，“种痘期限已逾，所请一节，歉难照办”[②]。当年 7 月 24 日，因为夏季疫病较为严重，天津蓝卍字会附近居民来会请求注射者络绎不绝，故请“援案委托本会代办，以利防疫。至于注射手术，仍由本会医师马骏担任”[③]，获得了批准。至 9 月 30 日，防疫结束之后，天津蓝卍字会将工作情形上报：

> 计注射男九百五十六人，女五百三十五人，共注射一千四百九十一人。前领到注射证一千六百张，疫苗九瓶，除已用者，现存注射证一百零九张，疫苗一瓶。[④]

（2）卫生局派人施种。这种情况一般针对永久慈业，或者较大规模的逃津难民救济，如天津红卍字会育幼所、卍慈学校、天津黄卍字会难民休息站等场所。

1947 年 3 月 28 日，天津红卍字会育幼所致函卫生局：

> 阳春将临，天气渐暖，天花时疫最易流行。况本所儿童为数已达八十余人，倘不预为防止，一旦传染，危险已甚……请贵局查照惯例规定日期，派员来本所与儿童等施……种牛痘。倘因故不能来员时，

① 《为拨给种痘证明事与世界黄卍字会往来函件》，1947 年 3 月 22 日，J0116-1-000831-016。

② 《为不得办理逾期施种疫苗事致与蓝卍字会总会往来函件》，1947 年 4 月 26 日，J0116-1-000834-015。

③ 《为委托办理霍乱预防注射等事与兰（蓝）卍字会总会往来函（附办法等）》，1947 年 7 月 26 日，J0116-1-000769-032。

④ 《为通知夏令霍乱预防工作结束事致卫生局函（附注射证）》，1947 年 9 月 30 日，J0116-1-000769-041。

即请拨发痘苗，由本所医生自行布种亦可。[1]

不久，卫生局即派种痘队前来，至 4 月 6 日施种完毕。8 月，以入秋以来，天气反而转热，时令不正。“（育幼所）周围秽水粪堆杂乱，蚊蝇麕集，甚为不洁……霍乱极易发生。且本所儿童人数甚多，一旦蔓延，危险之甚。”[2]18 日，育幼所复向卫生局申请派员为贫童等注射防疫针。1948 年 6 月 26 日，育幼所、红卍慈一小联名请于最近期内派员“为全体学生等四百一十余人注射防疫针，以策安全”[3]。28 日获得卫生局的回复，但未明确前来日期。

1948 年 7 月 30 日，天津黄卍字会上呈卫生局，其主办之两难民休息站，由于难胞多系东北下层民众，他们“满身尘垢，不讲卫生，必须于……来会申请登记时，即予注射防疫种痘，以保健康，而免传染”[4]。且因本会经费有限，药物缺乏，请求卫生局派人前来施种。截至 8 月 10 日，医疗队“赴第一休息站种痘三十六次，第二休息站二次”[5]。

卫生局有时也会帮助慈善团体中的患者进行义务诊疗。1946 年 2 月，天津黄卍字会“函请（卫生局）转饬市立各医院，遇有持该会证明之患者”[6]，在证明该会系合法慈善团体之后，19 日，获得肯定答复。

（二）环境卫生管理

民国时期，战乱频仍、灾荒连年，经济落后、民众生活贫困，环境卫生观念相对落后。加之城市人口众多，垃圾处理技术难以跟上，致使城市环境堪忧。

慈善救济团体的收容所、休息站、暖厂等处，因人口众多，常常拥挤不堪，最容易滋生虱虮，传播疾病。1946 年 11 月 16 日，张子明签呈卫生

① 《为儿童施种疫苗事致天津市政府卫生局陆局长函》，1947 年 3 月 28 日，J0116-1-000834-010。

② 《为派员注射疫苗事致天津市卫生局函》，1947 年 8 月 18 日，J0116-1-000772-091。

③ 《为派员来所注射防疫针事致天津市卫生局陆局长函》，1948 年 6 月 26 日，J0116-1-000842-032。

④ 《关于本局拨发疫苗及派医诊疗情形与黄卍字会来往代电》，1948 年 8 月 10 日，J0116-1-000662-037。

⑤ 《关于本局拨发疫苗及派医诊疗情形与黄卍字会来往代电》，1948 年 8 月 10 日，J0116-1-000662-037。

⑥ 《为世界黄卍字天津总会请随时赐予义务接生及治疗该会属合法慈善团体所请义务治疗应如何办理请核示致天津市卫生局呈》，1946 年 2 月 19 日，J0116-1-000719-021。

局陆局长，拟自 18 日起，“分别派遣灭虱队前往实施灭虱”[1]。获得批准后，即协同天津红卍字会残疾院、育幼院等慈善团体及拘留机关，进行灭虱工作，在 16—21 日期间，“共计灭虱人数三二三六人，被褥衣服二一二六件，应用 10%DDT 粉一一九九磅”[2]。如表 4-5，共有 9 个团体参加此项活动，其中男士 2403 人，女士 561 人，幼童 272 人，共计 3236 人。天津红卍字会残疾院、育幼所参加人数分别有 15 人、110 人，分别在六区闽侯路和唐家口实施灭虱工作。其工作主要着眼于日常生活中不得不用之衣服、被褥，前者 127 件，后者 1999 件，共 2126 件。

表 4-5　1946 年 11 月慈善团体及拘留机关灭虱工作报告表

团体机关名称	实施日期	灭虱人数（个）				灭虱物品（件）			应用10%DDT 数量（磅）	备注
		男	女	幼童	共计	衣服	被褥	共计		
广仁堂敬节慈幼所	11.16		143	18	161				2.9	西南城角
天主教仁慈堂孤儿院	11.18		85		85		85	85	1.5	东浮桥小洋货街
天主教仁慈堂养老院	11.18	55			55		55	55	1.0	仝石
救济院	11.19	141	153	158	452				10.0	西南大街
天主教孤儿院	11.20		90		90		200	200	3.0	西开天主教堂
红卍字会残疾院	11.20	15		1	16	32	32	64	2.0	六区闽侯路
红卍字会育幼所	11.19	15		95	110	95	95	190	5.0	唐家口子
河北第三监狱	11.21	757	10		767		32	32	20.0	西关街西小西关
看守所	11.22	1420	80		1500		1500	1500	74.5	西关街西小西关
总计		2403	561	272	3236	127	1999	2126	119.9	

资料来源：《为报慈善团体及拘留机关灭虱工作实施情形等事致天津市政府卫生局陆局长的呈（附工作报告表）》，1946 年 11 月 23 日，J0116-1-000929-032

1948 年 8 月初，天津红卍字会育幼所孙文垣呈文卫生局，因该所地处市郊，“粪堆秽水麕集，卫生设备缺少，蚊蝇蚤虱特多，每于夏季疫疠流行时，□防范不周，危险之甚”[3]。虽然卫生局曾派员喷洒 DDT 一次，但药效

① 《关于慈善救济团体及拘留机关拟派员实施灭虱等事致天津市政府卫生局陆局长的签呈（附清单）》，1946 年 11 月 16 日，J0116-1-000929-031。

② 《为报慈善团体及拘留机关灭虱工作实施情形等事致天津市政府卫生局陆局长的签呈（附工作报告表）》，1946 年 11 月 23 日，J0116-1-000929-032。

③ 《为请每两星期派员喷药消毒事致天津市政府卫生局局长函》，1948 年 8 月 7 日，J0116-1-000931-115。

过后，蚊蝇又复猖獗，故请求卫生局派员于每两星期喷洒一次。7 日，卫生局批复准备派员顺便前往，但对天津红卍字会两星期一次的请求，未做回复。

天津黄卍字会在 1948 年间所办理的两休息站，站内及露宿街头的人数众多，昼受烈日曝晒，夜遭大雨吹淋，尘垢满面，衣服污浊，恶臭之气，令人欲呕。自成立以来，休息站中的难民生病者甚多，死亡率居高不下，消毒防疫工作，刻不容缓。虽然卫生局也曾派员喷洒药水，因间隔时间太长，药品不充足，效果不好。7 月 21 日，天津黄卍字会上呈卫生局：

（为）健康及防止疫疬传染计，于灭虫□、棉织品，以及消毒杀菌之滴滴涕药水，拟请贵局廉价代购……若干，派员来会洽商，以凭归垫，至于消毒应用之器械及技术，仍请贵局负责办理。①

28 日，卫生局回复：

本局所用消毒药品，均系前年行总所拨，历经消耗，今已无多；DDT 药品并无廉售处所，希迳向药行接购；本局现以工作积极展开，喷雾用具不敷应用，歉难少借；贵会如购□器械、药品，本局当尽量予以技术上之协助。②

因为缺少足够药品，卫生局对于环境卫生问题也是一筹莫展。

天津黄卍字会所办难民休息站难民死亡率较高。为迅速掩埋，免致发生疫疬，对死亡停尸地的消毒工作，极为需要。故呈文卫生局，若“遇有死亡，立由本会电知负责卫生之处所派员来站施行消毒，以重卫生”③。后者表示同意，于 7 月 17 日派科员石松鋆前往查勘。19 日上报卫生局查勘结果并提出处理办法：

（1）该站秽土随地倾倒及堆积。经指导，指定一处为秽土倾倒处，并应制造严密秽土箱，并随时实行站内扫除。

（2）该站随地便溺。查该站内设有男女厕所二处，设备简陋，

① 《为代购廉价药品等事与市卫生局往来函》，1948 年 7 月 21 日，J0116-1-000931-078。

② 《为代购廉价药品等事与市卫生局往来函》，1948 年 7 月 28 日，J0116-1-000931-078。

③ 《为对死亡停尸地进行消毒事与市卫生局往来函（附死亡姓名清册）》，1948 年 7 月 17 日，J0116-1-000931-079。

而各难民多不往厕内便溺，随地大小便，尤以三经路旁难民为甚。经指导，站内严禁随地便溺，而厕所内应设烘坑及尿池，每日督催粪夫勤加打扫，并洒石灰。惟三经路道旁所住难民，亦不在少数，但未设厕所，并指导在河沿设立厕所，以免随地便溺。

（3）关于饮食。查该站关于难民饮水，由黄卍（卍）字（会）设有锅炉为供给熟水，尚称适宜。而对于食物，尚无妥善办法办理。经指导，由负责人宣传，勿食不洁及生冷食物。

（4）关于病者之管理。经指导，应设立病室，所有病者，应隔离一室，以免传染，而便治疗。现该站多发现急性肠胃炎，故应隔离。（5）关于防灭蚊蝇。该站仅有布制及席建窝铺，关于防蝇蚊，实无妥善办法，仅可由该站负责督催食物加盖纱布，或其他方法，使蝇勿落食物上。并由本局消毒队可随时喷洒 DDT，以便灭蝇。

（6）当时指导本局消毒技工所有该站内不洁之处及厕所均喷洒石炭酸消毒。

（7）最后由该负责人要求，如遇患者死亡，可否函请贵局派员消毒，经答覆如发生死者，可电话连（联）络，即派员消毒。①

天津黄卍字会难民休息站因乱倒秽土、随地便溺、饮食不洁、疫病流行、蚊虫成群，卫生情况十分糟糕。卫生局虽然十分重视，但石松鋆所提各项建议，均是治标之法。比如第一项秽土问题，第二项随地便溺问题，其办法或可缓解，对第三、四、五项，均束手无策，至于第六项，以药品本就不足，经常喷洒显不可能。这也从侧面告诉我们，尽管卫生局对环境卫生较为重视，但限于现实条件，只能被动防御，难以根本解决。

三、教育局②：教育事业之管理

和公立学校一样，教育局对天津“卍”字会所办诸学校从人员、校务等各方面进行管理。

---

① 《为对死亡停尸地进行消毒事与市卫生局往来函（附死亡姓名清册）》，1948 年 7 月 19 日，J0116-1-000931-079。

② 教育局成立于 1928 年，隶属于市政府（公署），天津解放后，由市军管会接管。负责掌管各级学校教育、社会教育及其他教育文化事项，初设 2 室 3 科，后增设到 5 室 3 科，其中第二科负责管理私立学校。参见天津市档案馆：《天津市档案馆指南》，北京：中国档案出版社，1996 年，第 123 页。

（一）人员之管理

教育局对诸学校人员的管理，表现在教员基本情况之调查、教员之聘任、教员行为之约束三个方面。

（1）教员基本情况之调查。抗战胜利后，教育局对天津“卍”字会所办学校之教职员情况，经常派员到各学校予以了解。1945 年底至 1946 年上半年，教育局要求各私立学校上报本校教员暨工役的人数。到 1946 年下半年，教育局又有一波上报教员及工役人数的举动。1947 年下半年和 1948 年上半年，亦要求各校上报人数。中华人民共和国成立后，天津市人民政府教育部门也对天津各民间慈善团体及私立学校进行调查，大凡学校教员人数、工资待遇，均详细调查。

（2）教员之聘任。1946 年 8 月 28 日，因红卍慈一小校长张建业辞职，校董会报请教育局，拟聘任孙文元为校长。①1947 年 11 月 4 日，以刘寿松病逝，树人一小校董会拟由韩鹤卿接任，但韩旋亦离职，复改为胡干之，并上报教育局。②1946 年 3 月 7 日，以前任校长王仲驰辞职，蓝卍慈一小一时没能物色到合适的继任者，便上呈教育局，以“赵柏年从事教育数年……成绩卓著，品学堪嘉”③，可以暂代，7 月 11 日获准。1947 年 9 月 9 日，蓝卍慈一小董事会呈请批准任命李仲瑜为校长，17 日，教育局要求呈交李氏详细资料，再行核夺。④10 月 2 日，因学校教职员对李氏继任校长之事深为不满，教育局派陈天纪前来调查，并“到该校董会接洽，令其注意校长资历是否合格，再为派充”⑤，否定了校董会的任命。1948 年 9 月，以赵柏年不再担任蓝卍慈一小校长，校董会准备以刘逢龙继任，并于 17 日将其简历上呈局批准：

刘逢龙，男 37 岁，北平师范大学肄业，曾任天津县私立第二小

---

① 《为校长张建业辞职另聘孙文元接充事给红卍字会天津主会董事会的指令》，1946 年 9 月 9 日，J0110-1-000532-003。

② 《为前任现任校长交接清册事致市教局呈》，1947 年 11 月 4 日，J0110-3-003553-005。

③ 《为准赵柏年暂代校长事致私立蓝卍慈第一小学校董会指令（附呈及赵柏年履历）》，1946 年 7 月 18 日，J0110-1-000569-008。

④ 《为核报新任校长李仲瑜资历表事致私立蓝卍慈一小学董事会指令》，1947 年 9 月 29 日，J0110-1-000569-009。

⑤ 《为调查第八区蓝卍慈第一小学新任校长资格事致郝局长签呈》，1947 年 10 月 2 日，J0110-1-000569-012。

学教员兼教务主任三年半，河北省立天津中学教职员二年半，天津渤海中学教员兼训育主任七年零十个月，义务职。①

1945年12月17日，因教育局规定，学校聘用职教员数额之多寡，应与班级数成一定比率，并规定教职员数额标准，红卍慈二小当即“裁撤事务员李振声一名，以符定章”②。1946年4月9日，因红卍慈一小招收学生增多，增聘教员2名及工役1名，5月5日报请教育局。③在1946年上下学期、1947年，树人一小教员人员经常发生异动，每次均上报教育局。1948年3月，因为蓝卍慈一小本学期招收新生及插班生人数增多，特别是一年级学生人数较多，致使教员不足，是以“增聘级任及科任教员各一人，分别担任各级课程”④。是月20日上报，23日教育局发布指令，“该校增聘教员暨工役一节，既无人名，又无资历，致无从审核，亟应补报该员等名册及资历，再凭核夺”⑤，否定了增聘议案。

（3）教员行为之约束。因为烟毒猖獗，1946年1月，地方政府下大力气禁毒，教育部门亦不例外。为此，教育局对天津“卍”字会所办各学校均进行检查。如1月15日红卍慈一小一份上呈教育局的呈文称：

案奉钧局训令，附发绝无烟毒嗜好切结，加具主管长官保结格式一纸，限于一月十日以前，由该管主管呈送来局，以凭汇转……遵即办具切结及保结十份，呈请鉴核。⑥

---

① 《为准予刘逢龙充任校长并补报学历证件事致私立蓝卍慈一小学董事会指令（附呈）》，1948年9月17日，J0110-1-000569-017。

② 《为报聘用职教员数额备案事致天津市政府教育局呈(附职教员一览表)》，1945年12月17日，J0110-3-001367-010。

③ 《为该校增聘教员及工役等情准备查事给私立卍慈第一小学的指令(附原呈签呈等件)》，1948年5月5日，J0110-1-000532-004。

④ 《为核报增聘教员工役名册及资历事致私立蓝卍慈第一小学指令（附呈）》，1948年3月25日，J0110-1-000569-016。

⑤ 《为核报增聘教员工役名册及资历事致私立蓝卍慈第一小学指令（附呈）》，1948年3月25日，J0110-1-000569-016。

⑥ 《为送绝无烟毒嗜好切结保结事致教育局呈（附切结保结书）》，1946年1月15日，J0110-3-003379-005。

切结、保结式样如图 4-1。每名教员均须出具切结，保证自己绝无烟毒嗜好，并由校长出具保结，若教员有吸毒行为者，校长须负连带责任。

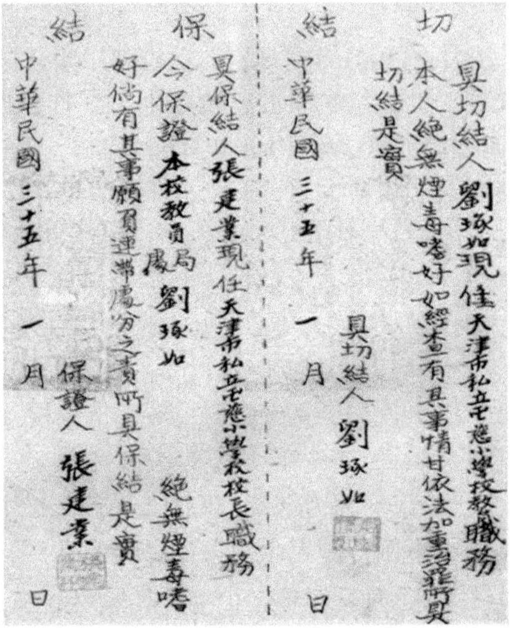
切结
具切结人刘琢如现任天津市私立卍慈小學校教員職務
本人絕無煙毒嗜好如經查有其事情甘依法加重治罪所具
切結是實
具切結人 劉琢如
中華民國三十五年一月 日

保結
具保結人張建業現任天津市私立卍慈小學校校長職務
今保證本校教員劉琢如絕無煙毒嗜
好倘有其事願負連帶處分之責所具保結是實
保證人 張建業
中華民國三十五年一月 日

图 4-1　刘琢如烟毒切结/保结

资料来源:《为送绝无烟毒嗜好切结保结事致教育局呈（附切结保结书）》,1946 年 1 月 15 日，J0110-3-003379-005

不久，教育局还对各校职员抗日战争期间的表现进行调查，要求各校将抗战期间勇于和日伪做斗争，坚贞不渝，始终坚持在教学岗位上的优秀教员呈报。以慈泽中学为例，是年 2 月，教育局训令：

> 国民政府对于抗战八年期间，沦陷区之中小学校长、老师，有忠诚爱国，不忘民族大义，苦心教育，维系人心者，应加以切实保护，予以优待，而示奖励忠贞之至意。①

不仅如此，教育局还要求各学校校长将抗战期间始终不渝，坚贞自守的教员上报教育局。不久，慈泽中学应要求上报，孟石如、马志道、李隐泉、李秉贞、王润秋、梁文坛、苏笠夫等人均获得了表扬。1947 年 4 月，教育

① 《为报送抗战期间忠贞教职员名册事致天津市政府教育局呈（附名册）》，1946 年 2 月 28 日，J0110-1-001863-011。

局训令，天津沦陷期间，敌伪机关曾经发给各校的奖品，应该统一送局销毁。各学校随即展开排查工作，并上报。甚至没有敌伪机关之奖品者，亦要上报，如树人一小，经查“本校自成立以来，尚未保存敌伪机关所发之奖品”[①]。

教育局还在假期对教员进行培训，若因事不能参加，必须履行请假手续。1946 年 8 月，教育局开办小学教员暑期讲习班，树人一小校长刘寿松，“因父病故，于七月二十九日回籍治丧，事关慎终追远，孝道难违”，教员胡干之“因于放假后七月十四日旋里省亲，以交通困难，届期恐均不能返津”[②]。为此树人一小向教育局请求允准二人请假，下期再补受训练，8 日得到批准。

（二）校务之管理

（1）一般校务。天津“卍”字会各学校，除一所在 1937 年之前创立，其他均创立于 1937—1945 年。它们在成立之后，多已在伪教育局立案。日本投降后，教育局不承认彼时之立案，如表 4-6，遂于 1946 年上半年要求各私立学校补行立案。如此做法，一方面可以昭显政府的权威，一方面由于国民政府对天津长期失于统治，也可以迅速加强各学校的系统了解工作，以便进行管理。为此，诸学校纷纷编制材料，教育局也派专人核查。结果，各学校均于当年 6 月 2 日—8 月 6 日间获得了立案。

表 4-6　1946 年天津“卍”字会各学校立案时间表

学校	时间	参考资料
红卍慈一小	6 月 21 日	《（天津市教育局）为该校及校董会呈请立案事给私立田卍慈学校校董会的指令（附原呈立案表及章程等件）》，1946 年 6 月 22 日，J0110-1-000532-001
红卍慈二小	6 月 15 日	《（天津市教育局）为准予立案事给私立卍慈第二小学校董会指令附呈及立案表册章程等》1946 年 4 月 11 日，J0110-1-000524-001
慈佑学校	不详	
树人一小	7 月 19 日	《（天津市教育局）为所报学校准予立案应按所颁规定处理事致私立树人第一小学校董会指令（附原呈及调查报告等）》，1946 年 7 月 31 日，J0110-1-000478-002
树人二小	不详	
蓝卍慈一小	8 月 6 日	《（天津市教育局）为准立案事致市立蓝卍慈一小学校董会指令》，1946 年 8 月 8 日，J0110-1-000569-003

① 《为本校无敌伪奖品事致市教育局呈》，1947 年 10 月 29 日，J0110-3-003411-032。

② 《为免刘寿松受训事给私立黄十（卍）字会树人一小指令附该校呈》，1946 年 8 月 8 日，J0110-3-001119-027。

续表

学校	时间	参考资料
蓝卍慈二小	8月1日	《（天津市教育局）为准立案事致私立蓝卍慈二小学校董会指令》，1946年8月6日，J0110-1-000569-006
蓝卍慈三小	8月6日	《（天津市教育局）为准立案事致私立蓝卍慈三小学校董会指令》，1946年8月8日，J0110-1-000570-003
蓝卍慈四小	7月25日	《（天津市教育局）为准立案事致私立蓝卍慈四小学校董会指令》，1946年7月31日，J0110-1-000570-006
慈泽中学	6月21日	《（慈泽中学）呈为呈请准予立案（附呈各表册）》，1946年5月2日，J0110-1-000715-001

注：慈泽中学于1948年8月11日呈请教育部备案批准

教育局对各学校在之经费进行严密控制。1947年2月28日，在给树人一小的一份训令中，附有《调查私立各校款项收支情形要点十三项》①：

（1）学生学费每人数额，全校学生人数，全学期总共收入学费数额。

（2）校董会全学期捐助经费数额。

（3）教育局每月补助全学期经费数额。

（4）其他收入全学期总共数额（项目列清）。

（5）收入项下所生孳息每月数额，全学期数额。

（6）教职员人数，全体教职员每月共支出薪津数额，全学期总共支出数额。

（7）办公费每月支出数额，全学期总共支出数额。

（8）设备购置等费支出数额。

以上六、七、八三项均应说明所占支出数额之百分比。

（9）收入款项所存银行号名称，所定利率。

（10）孳息之分配。

（11）教育局补助费之分配。

（12）稽核委员会已否成立，应专案呈报。

（13）呈复时应有稽核委员会章。

从材料中可以看出，大凡学生学费、校董会捐助、协议书补助等一切收入，以及教职员工资、办公经费、设备购置等一切支出，均受到教育局

① 《为发调查私立各校款项收支情形要点款项事给私立树人一小训令（附要点）》，1947年2月28日，J0110-3-003472-010。

的严格核查。

（2）教学过程。教育局对天津“卍”字会各学校之学生入学、平时上课、毕业及学籍升学事宜，以及军训等情况，亦进行严格的管理。

1947 年 9 月红卍慈二小购买地皮、增加班级，并新聘杨杰、张树言、刘桂云、曹桂欣为级任教员，张树林、贾万钟、万钟、贾玉瑛为科任教员。12 日，校长孙星桥将“绘制新校舍图样及历报学校概况表、教职员一览表、儿童名册一份，备文呈送”①。次年 4 月 6 日，又将此次增加班级新添校役张文治事，报告教育局。9 日，经审核：

> 国民学校员额编制之表规定，设有十班者，应有事务员二人，级任十人，科任三人，工役四人。兹查该校员工核与上开规定不符，应即按照规定调整后，再行呈侯（候）核夺。②

1947 年 12 月 25 日，树人一小为添招免费生、增加教师补助，上呈教育局。③1948 年 4 月 3 日，慈泽中学呈报，“业于二月二十一日举行开学典礼，二十三日照常上课”④。平时上课情况亦须随时呈报，如树人小学历史、地理学科准备教学挂图、高小地理国定课本教材变更、语文教学教具之准备等，事无巨细，均须呈报。⑤

学生毕业前，教育局更加重视。1947 年 6 月 24 日，红卍慈一小期终

---

① 《为报送开学例报表册等事致天津市政府教育局郝局长呈》，1947 年 9 月 12 日，J0110-3-002576-016。

② 《为私立卍慈第二小学呈报开学例报表及扩充班资事给该校指令（附该校原呈）》，1948 年 4 月 12 日，J0110-3-002576-036。

③ 《为私立树人第一小与救济总署往来函（附私立树人第一小学呈）》，1946 年 12 月 25 日，J0110-3-000324-001。

④ 《为报本学期开学及上课日期事致天津市政府教育局呈》，1948 年 4 月 3 日，J0110-3-001081-015。

⑤ 《为报复课分班情况事给私立树人第一小学指令（附呈）》，1948 年 5 月 4 日，J0110-3-000324-015；《为准备历史地理教学挂图事给私立树人一小训令》，1947 年 2 月 4 日，J0110-3-003472-021；《为抄发高小地理国定课本教材更正表事给私立树人一小训令（附表）》，1947 年 2 月 21 日，J0110-3-003472-026；《为补报语文教学教具事给私立树人一小训令》，1947 年 7 月 30 日，J0110-3-003472-028。

考试将于“本月二十五日起开始举行，所有考试日期、课程表亦已制就”①，为此呈报教育局，并请派员来校监场。27 日，红卍慈二小毕业班修业期满，所有应修课程，均即教学完毕。拟于本月 23—28 日，举行毕业考试。“理合缮具毕业生预报表两份……呈报……并请届时派员莅校监试。”②甚至学生毕业成绩如何计算，也要呈请。已往体育考试不计分数，只评判等级；日伪政权统治时期，修身一科亦按等级记载。“兹者河山光复，初高级体育及高级公民两科，如何记分，以及毕业总分如何计算，应用何种格式……敝校长未敢擅专。”③ 7 月 2 日，教育局给出方案，“体育按往例评判，公民一科，应如其他课程计分”④。之后，还要制作毕业生名册，方准领毕业证书。倘有学生得以升学，还要另文呈报。⑤

除此之外，教育局有时会举办一些活动，卍慈各学校亦要参加。如 1947 年 11 月教育局发电：“本年国父诞辰，本市应依照上年成例，举行社教扩大运动活动项目，为展览表演比赛宣传等项。”⑥

因教育事业的特殊性，对天津“卍”字会各学校之教育事业的管理，基本由教育局负责，这也是除社会局以外的各政府机构，唯一直接管理天津“卍”字会之慈善事业者。

四、警察局：治安之维持

警察局对天津“卍”字会的管理主要体现在治安维持方面。因办理粥厂、暖厂、难民收容所等慈善事业，都会吸引众多难民前来，为避免发生

---

① 《为报毕业班考试日期并派员监考事致天津市教育局呈（附考试日程表）》，1947 年 6 月 24 日，J0110-3-003353-038。

② 《为监督毕业考试并预报学生名册事致天津市教育局呈》，1947 年，J0110-3-003352-069。

③ 《为解释毕业成绩如何计算事给私立红卍慈第二小学校的指令（附该校的呈）》，1946 年 7 月 2 日，J0110-3-000509-002。

④ 《为准应届毕业生名册备查事给私立红卍慈第二小学的指令（附该校呈及名册）》，1946 年 7 月 28 日，J0110-3-000509-001；《为本届毕业生名册及考试日期筹备案事给私黄卍字会树人小学指令（附呈）》，1946 年 7 月 29 日，J0110-3-000497-001。

⑤ 《为准领毕业证事给私立中正等校指令（附中正、木齐、云湘、蓝卍慈校呈及成绩表）》，1948 年 9 月 16 日，J0110-3-000546-002；《准领毕业证事给私立平实等校指令（附平实、淑源、蓝卍慈四、法汉等四校呈及成绩表）》，1948 年 9 月 28 日，J0110-3-000547-001。

⑥ 《为报送社教扩大运动周举办情况致天津市政府教育局呈》，1947 年 11 月 28 日，J0110-1-001144-058。

治安事件以及政治人士的破坏捣乱，警察局必须未雨绸缪，保持警惕。

（一）南京国民政府前期

1935 年 6 月 30 日，市政会议第 265 次会议公布《天津市征收婚丧仪仗慈善捐办法》，规定凡婚丧仪仗人数，婚礼超过 50 名，丧礼在 140 名以下者，需缴纳慈善捐，具体事宜由警察局负责，主要管辖如下：

> 第二条　凡居民举行婚丧典礼时，应于事前按照本办法向公安局填写声请书，缴纳慈善捐。前项声请书式另定之。
>
> 第五条　慈善捐由公安机关于核发婚丧执照时，一并征收之，按月汇解市库。
>
> 第六条　公安局及各特别区于征收慈善捐后，应于所发执照上，填写纳捐数目，以便沿途岗警随时查核。①

但警察局对天津“卍”字会的管理，在日伪政权统治时期和解放战争时期更为频密。

（二）日伪政权统治时期

日伪政权统治时期，天津“卍”字会和伪警察局的关系密切。1940 年 10 月 18 日，天津蓝卍字会定于 21 日假法租界天津青年会维斯理堂召开会员大会，改选理、监事。为此致函伪警察局，请求“届时派员莅场参加指导”②。当天开会程序中，亦有要求各机关代表致辞，因伪警察局受到邀请，其代表亦应致辞。1943 年 8 月，天津西车站附近发现有千余名匪徒③，试图侵入市区滋扰，伪市长周迪平率领警察前往堵击，保住了市内的治安安全。为慰劳受伤官警起见，22 日，天津红卍字会致函周迪平，“特筹集联币三十万元，并公推苏玉书、毕馨斋两会长代表前往献纳，用表敬意，联资慰劳”④。获得了“殊深感荷”，并“将该款全数发交警察局，

---

① 《天津市征收婚丧仪仗慈善捐办法》，《天津特别市政府公报》1935 年第 77 期，第 102—103 页。

② 《为于十月二十一日下午二时假法租界东亚医院对过维斯理堂开会改选，祈届时派员莅场参加》，1940 年 10 月 18 日，J0218-3-005108-007。

③ 这里所谓的“匪徒”恐是抗日武装。人数如此之多，占据西车站，并试图侵入市内，恐非普通土匪所敢为。

④ 《关于捐赠受伤官警慰劳金给天津特别市府函》，1945 年 8 月 22 日，J0001-3-6-008821-001。

分别犒赏，外□代表受伤官警，特此鸣谢”[①]。1944 年，天津蓝卍字会前任会长宋耀曾逝世，定于 5 月 14 日出殡。经过路线，“由北门西县政府对过宋宅出发，向东行经东马路进东门，通过鼓楼西走西关大街，至福寿园安葬”[②]。为此，代理会长贾长仁、副会长王绍圃、代理副会长杨雨田，于 10 日致函伪警察局，请专饬该管分局，妥为保护。又天津蓝卍字会因购买得东门内经司胡同 4 号房舍一处，于 7 月 21 日搬入，也要致函伪警察局报告。[③]

（三）南京国民政府后期

1945 年 12 月 9 日，天津黄卍字会请求调查贫民情形。12 日，警察局复函表示同意。1947 年 12 月，天津黄卍字会理事长李实忱呈文警察局，第一分会于西楼村设立粥厂一处，为此请求“饬该管驻所，随时派警莅场保护，维持秩序，以维赈务”[④]，获得允准。天津黄卍字会主办东北难胞第一休息站，以前虽然办理过登记，但因有遣送返籍之关系，具有流动性。其中“尚有难民亲友混住棚内，或在站前搭棚设摊作临时小贩，伪充难民，希图冒领赈品赈款者，品类不齐”[⑤]。又加上棚内外难民，多有早出乞讨或工作劳役者，早出晚归，调查手续非常困难，必须于晚间施行，方能彻底。若遇上施赈之时，更有些难民乘机捣乱，有损治安。因此，天津黄卍字会拟请社会局转函警察局，“多派员警协助办理清查难民数目事宜，庶于整理市容市面秩序地方治安及赈务前途均有莫大之裨补”[⑥]。15 日社会局收文，18 日即转函警察局，同时告知天津黄卍字会。遗憾的是，9 月 2 日，社会局训令天津黄卍字会，“经派员查报，该站无须派警常川驻守，因第二分局二分所已派官长一员，警士二名，专负该

① 《关于收到捐赠受伤官警慰劳金，给天津市红十（卍）字会函》，1943 年 8 月 23 日，J0001-3-6-008821-002。

② 《为宋故会长耀曾举殡事致天津特别市警察局》，1944 年 5 月 10 日，J0218-3-005108-023。

③ 《为会址于七月廿一日迁入东门内新会址办公致警察局的函》，1944 年 8 月 8 日，J0218-3-00510。

④ 《世界黄万（卍）字会函设立粥厂请协助》，1947 年 12 月，J0219-3-026457。

⑤ 《为晚间施行彻查难民第一休息站难民请警察局协助事致天津市社会局胡局长的代电》，1948 年 8 月 13 日，J0025-3-006266-021。

⑥ 《为晚间施行彻查难民第一休息站难民请警察局协助事致天津市社会局胡局长的代电》，1948 年 8 月 13 日，J0025-3-006266-021。

站难民之户口检查"[①]。故彻查难民一事，没能如愿实行，治安之维持，仍是难题。1948年11月18日，天津黄卍字会上呈警察局，以第二难民休息站难童识字班于上课时，被金刚寺女尼僧悟贤非法骚扰，请求处理。同时，社会局也转函警察局，请予以协助。不久，警察局即出面进行协调。因在戡乱时期，担心天津黄卍字所办理难民第一、二两休息站有不肖份子混迹其间，为保证万全计，应有军警协助办理之必要。12月15日，奉社会局令，除分电天津警备司令部外，特此电请警察局，随时"饬属莅站，挨户检查，以保安全，而资防范，俾维公安"[②]。警察局以职责所在，同意派员查看。

1948年7月28日上午，天津黄卍字会致函社会局，在历数该会在办理难民休息站之登记难民、遣送、施医、施药等工作异常烦琐之后，并指出：

> 该难民中人类不齐，恒有不肖份子，麇集门前，既无事务可询，态度嚣张，形迹可疑。复有患病及索要食物之男女，横卧院内办公室傍，故意呼号，挥之不去，形同无赖，虽婉言劝导，置若罔闻。不惟有碍办公，抑且妨害地方秩序。而炎天溽暑，恶气薰鼻，苍蝇丛集，更于公众卫生有莫大影响。[③]

天津黄卍字会曾通过社会局转请该管警察局派警察前来维持秩序：

> 兹为办公顺利，免除纷扰计，拟请钧局转函警察局，饬属于本会办公时间（上午九时至十一时，下午二时至六时）派警到会维持秩序，取缔不逞份子，藉维公安。[④]

社会局收函后，即于8月3日转函警察局，请派员维持，并同时通知

---

① 《为警察第二分局二分所已派官长及警士专负难民站户口检查事致天津市黄万（卍）字会的训令》，1948年9月2日，J0025-3-006266-038。

② 《为电请饬属随时到本会第一、二难民休息站检查，以资防范宵小混入而维公安由》，1948年12月16日，J0219-3-027993-003。

③ 《为请转函警察局派员来会维持秩序事致市社会局代电》，1948年7月28日，J0025-3-004255-016。

④ 《为请转函警察局派员来会维持秩序事致市社会局代电》，1948年7月28日，J0025-3-004255-016。

天津黄卍字会。

总体看来，作为国家治安机关之重要机关的警察局，对天津“卍”字会的管理，有逐步加强的趋势。这一方面反映了政府对慈善团体控制的强化；另一方面也表明地方政府越来越关注慈善团体办理慈善事业的规范性、安全性。

财政局、卫生局、教育局、警察局对天津“卍”字会的管理，和社会局相比，并非立足于慈善事业本身。财政局立足于税收方面，卫生局关心疫病和环境卫生方面，教育局侧重于各慈善学校之教育相关问题，警察局偏向于治安的维持。但应看到，此四局客观上对天津“卍”字会及其慈善事业的开展都发挥着积极有利的影响。

第四节　天津“卍”字会与慈善团体联合组织、报纸杂志的关系

除市政府（公署）、社会局、财政局、警察局、教育局、卫生局的管理与控制之外，不同时期成立的慈善团体联合组织也在一定程度上对天津“卍”字会起到管理与控制作用。作为近代社会的新兴媒体，报纸杂志对若干社会事务往往会发挥较大的作用，和天津“卍”字会等慈善团体也具有合作与监督的关系。

一、天津市慈善事业联合委员会

天津市慈善事业联合委员会是民国时期天津最早成立的慈善团体联合组织，对后来的类似组织，特别是日伪时期的慈善团体联合委员会具有一定的示范意义。由于这些慈善团体联合组织的成立往往与不同时期的天津市政府有关，因此，它们和社会局等政府机构一道，对天津“卍”字会的慈善团体具有一定的管理与控制之责。

（一）组织

1930年以前的天津，各慈善团体一般自行举办慈善事业。它们之间既未能通力合作，也难以博施济众，不仅效果不好，也不利于政府对各慈善团体的管理与控制。1930 年，《监督慈善团体法》及其施行规则已经公布实施，随着南京国民政府政治制度的逐步健全，对慈善团体的监管也提上了议事日程。10 月 27 日，天津市政府主持召集社会知名人士及各慈善团体开会，议决成立慈善团体联合组织，定名为“天津市慈善事业联合委员

会”，地址初设于市政府内，后迁至积善社。据规定，凡市政府所属各机关及慈善团体，以及本市绅商，皆可成为委员。本次大会推定常务委员 17 人，规定每半年改选其中半数。天津红卍字会为创始的 17 个常委之一，天津蓝卍字会于 1935 年成立后加入。天津市慈善事业联合委员会对各慈善团体的管理，“除赈款由委员会保管支配外……办理文牍、庶务及缮写事务，由市府酌调职员充任之……赈务一切开支，概不支给经费，其大宗用品，由委员会另行募款充之，其笔墨、文具、纸张等零星用品，由市政府补助”[①]。自委员长以下的全体委员，均负有劝募赈款（物）的义务。天津市慈善事业联合委员会所收的赈济款项，只能用于办理慈善事业，不能移作他用。不过，此时的天津市慈善事业联合委员会，由于委员权限还不甚明确，章程仍未制定，还不能算作一个正式组织。

1931 年 11 月 8 日，天津发生便衣队暴乱。此事件给天津社会带来极大的破坏，造成了广大民众生活上的困难，“华界在戒严之下，人民苦痛，达于极点，与居住日租界者，同一况味，人民迁徙，且失自由，携带包裹，往往被禁，食粮供给早断……天津繁华殷赈之区，竟成地狱世界”[②]。由于当时天津社会的救济事务孔急，这对各慈善团体办理慈善事业，是一个严峻的考验，推动了天津市慈善事业联合委员会向正式组织过渡。1932 年 9 月，又到了筹办冬赈之时，成立正式的慈善团体联合组织已经刻不容缓。当月 5 日，在市政府召集下，该会于教育局礼堂举行了正式成立大会，推定委员 86 名（家），其中天津红卍字会在列，天津黄卍字会虽然此时已经成立六年，但因其早期很少办理慈善事业，没能参加。相较于 1930 年的 17 个常委，此时的常委数量增加了 5 倍有余。代表包括市长及秘书、各局领导及公安局各分局领导，市内主要慈善团体及其负责人，热心慈善事业的士绅，《益世报》《大公报》《庸报》《商报》《民报》《新天津报》等主要报刊，代表性较为广泛，不仅有利于善款（物）的筹集，更便于各慈善团体之间协调慈善事业。

在本次会议之前的 6 月 15 日，第 134 次市政会议业已通过了《天津市慈善事业委员会章程》[③]。该章程规定，天津市慈善事业联合委员会为办理全市慈善事业的永久机关，其主干委员来自慈善、金融、实业、自治及其他各界热心慈善的士绅，并推选若干人为委员，设常务委员 25 人（义务职），委员长 1 人，由赵聘卿长期担任，另设副委员长 2 人。此外，又聘

---

① 《彻底救济贫民》，《益世报》1930 年 10 月 28 日。

② 《天津之善后》，《大公报》1931 年 11 月 30 日。

③ 《天津市慈善事业委员会章程》，《天津特别市政府公报》1932 年第 43 期，第 13—18 页。

请经办慈善事业成绩昭著、素负盛名之人为名誉委员。章程还规定，一切通常事务，由常务委员商承正、副委员长处理；至于重要事项，则由常会议决后处理。每月开常会四次或二次；每半年开全体大会一次，均由委员长召集，并担任当然的主席。

本会所办理的事项有急赈及其他临时救济、冬赈及开办粥厂、主管官署委托办理的慈善事项、本会议决举办的慈善事项。为方便协调各慈善团体办理慈善事业，内设总务、保管、调查、采办、救护五股，以分工负责慈善管理与协调事务。各股均设股长一人，干事及司事若干人。股长由常务委员推任，充当干事，由本会聘任的司事为雇员。但除甲、乙二股常期设置外，其他各股仅于必要时临时设置，事务结束之后即行取消。

包括天津“卍”字会在内的各民间慈善团体中，受聘为天津市慈善事业联合委员会委员者，也应当服务于本会。其本身所属慈善团体的应行事务，仍依照《监督慈善团体法》的规定及该团体向来的惯例办理，但须随时报会，以免各慈善团体办理慈善事业之间发生冲突。如果是天津市慈善事业联合委员会委托委员所属团体办理的慈善事业，即由该委员代表本会商同该团体进行办理。慈善团体自行筹款举办的慈善事业，天津市慈善事业联合委员会一般不加干涉。只有当慈善团体所办理的慈善事业与天津市慈善事业联合委员会有所冲突时，方由天津市慈善事业联合委员会呈请社会局进行纠正。据此，天津市慈善事业联合委员会的设立，一方面，可使市内的慈善事业有所规划，收到通力合作之效；另一方面，虽然各民间慈善团体仍有一定的行动自由，但它们的自主性不可避免地受到限制。

天津市慈善事业联合委员会与政府的关系密切，其成立即为政府所召集，以市长为监督，以社会局局长为副监督，且第一次全体大会系以市长之命召集的。天津市慈善事业联合委员会的一些重要事务，必须上报市政府或（和）社会局。倘遇有灾民、难民，必须进行长期（超过三个月）救济、收养之时，需用款项应由主管官署筹给。在办理急赈、冬赈及其他临时救济事项时，除天津市慈善事业联合委员会自行筹募款项外，也可以呈请社会局，由其转请市政府拨款协济。甚至天津市慈善事业联合委员会的前途，也受市政府和社会局的控制。1936 年 7 月，因天津市慈善事业联合委员会常任董事届满选举，在报告市政府的同时，以办理慈善事业困难重重，慈善会希望市政府能够将其收归官办。在知照社会局研究后，市政府于 7 月 8 日训令天津市慈善事业联合委员会，在当年政府财政支绌时期，似仍应由地方人士继续办理，“将来量财力之所及，急应办之救济，并由官厅量为协助，随时加以监督指导”[①]，否定了天津市慈善事业联合委员会的请求。此事反映，以社会局为代表的地方政府对天津市慈善事业联合委员会的存续、性质，拥有最终的决定权。

（二）救济事业

（1）急赈。1931年11月8日便衣队暴乱之后，在天津市慈善事业联合委员会牵头协调之下，各慈善团体纷纷设法救济。11月11日，为了救济本市难民，天津市慈善事业联合委员会召集天津各界开会集议，决定“立刻由红十字会及红卍字会汽车开赴南市大舞台附近收容难民，并在华界设立了三处收容所”[②]。据当时报纸披露，此次急赈“共放玉面十二万余斤，施诊计用药费三百余元”[③]。天津红卍字会、天津红十字会通力合作，在本次赈济工作中发挥了主要作用。两会通过沟通，商定办法，“关于救济事项，由红卍字会担任；放振事项，由红十字会担任”[④]。11月16日晨，天津红十字会会员康振普、于仲三等分别出发，散放面条，“分至一区六所、南市大街、清和大街、大乐茶园、第九编街公所、建物大街、福安大街、第五编公所八处，往返施放三次，赈面三千斤”[⑤]。但由于难民取用面条较为困难，两会决定自11月17日起改为施放玉米面。11月17日清晨，天津红卍字会由法租界华商公会出发，“计有载重汽车三辆，大号运送汽车一辆，均于南市清和大街总集合，分至建物大街南开一带救护。这些汽车，往返共计十六次，计救出妇孺一百七十三名，幼童一百三十三名，共三百零六名，先后送至江苏会馆收容”[⑥]。此后数日，在天津市慈善事业联合委员会领导下，天津红卍字会、天津十字会仍然分工合作，共同致力于本次急赈工作。

（2）冬赈。除急赈以外，天津市慈善事业联合委员会还主持协调各慈

---

① 《天津特别市政府致慈善事业联合会第322号训令》，《天津特别市政府公报》1936年第90期，第16页。

② 张芾棠：《天津便衣队暴乱实录》，中国人民政治协商会议天津市委员会文史资料研究委员会：《天津便衣队暴乱》，北京：中国文史出版社，1987年，第18页。张芾棠于天津事变发生时，任河北省政府秘书，根据时任河北省主席王树常的指示，逐日记录了事变发生的经过。1932年曾以化名“张拓”印行过题为《天津事变》的小册子，本文系作者根据《天津事变》整理的。

③ 《津变急振结束》，《大公报》1932年1月1日。

④ 《各慈善团体分头从事救济工作》，《大公报》1931年11月17日。

⑤ 《各慈善团体分头从事救济工作》，《大公报》1931年11月17日。

⑥ 《各慈善团体分头从事救济工作》，《大公报》1931年11月17日。

善团体的冬赈工作。1931 年 11 月 24 日下午，急赈工作业已结束，天津市慈善事业联合委员会随即召开第七次会议，讨论办理冬赈粥厂事宜。本年冬赈共由六个慈善团体在六处办理粥厂，其中天津红卍字会办理粥厂两处，由张望远负责管理。其他几处为大舞台居士林粥厂（郭金章）、西广开清化寺公善施材总社粥厂（萧少棠）、红十字会粥厂（杨禹文）、崇善东社粥厂（李旭高）。会议议决，各粥厂应于 12 月 1 日开厂，不可迟于 12 月 11 日，由天津市慈善事业联合委员会先发给各慈善团体 1000 元，用于办理粥厂的费用。前次急赈后新车站收容所的数百人，准于 12 月 1 日起，移归冬赈办理。“收容所兼办粥厂，收容乞丐，照贫民救济院章程办理，许进不许出，以资限制。”[①]其中，天津红卍字会主办的新唐家口、西广开两粥厂，于 12 月 8 日开办，其他四处也陆续开办。新唐家口粥厂开办以来，“十日用米一〇二〇斤，食粥二九七七人，十一日用米八五〇斤，食粥二二五二人，十二日用米七六五斤，食粥二〇五八人，十三日用米一二〇五斤，食粥二九一四人，十四日用米一二七五斤，食粥二四〇六人”[②]。由于冬赈事务繁重，各粥厂并未在预定的 12 月 11 日结束，而是继续散粥，直至 1932 年 2 月 17 日，天津市慈善事业联合委员会召开第十六次常会，议定本次粥厂截至日期为 3 月 16 日。[③]

在天津市慈善事业联合委员会主持下，1932—1933 年，各慈善团体设立粥厂六处。1934—1935 年冬赈，总计收到各方捐款 85 976 元，“全市七处粥厂，自开办以迄停止施粥时日，每日食粥人数相加总额均达四百七八十万（人次）之多。因较往年人数增加，故开支亦锯（巨）”[④]。天津市慈善事业联合委员会同人虽竭力募捐，但仍亏欠 850 元。1936—1937 年天津市慈善事业联合委员会仍主办六处粥厂，其中天津红卍字会粥厂仍在新唐家口，于 1936 年 12 月 7 日开锅。各粥厂均于次年 2 月 22 日结束，共开办近 70 天，“需赈款五万二千余元，食粥贫民达百五十万众”[⑤]。天津市慈善事业联合委员会有效地协调工作，使各慈善团体开办的粥厂分布更加合理，对各慈善团体办理慈善事业的效果，也是一大提升。

（3）兵灾救济。1933 年初，天津周围战事紧张，尤其热河战役正酣，以致逃往天津的难民，人数十分庞大。在天津市慈善事业联合委员会领导

---

① 《津变急赈结束，各粥厂定月初开幕》，《大公报》1931 年 11 月 25 日。

② 《粥厂贫民日增》，《大公报》1931 年 12 月 16 日。

③ 《本市各粥厂停止施粥日期决定》，《大公报》1932 年 2 月 18 日。

④ 《慈善事业联合会昨开冬赈结束会议》，《大公报》1935 年 4 月 4 日。

⑤ 《全市各粥厂昨日结束，今日停止施放》，《益世报》1937 年 2 月 23 日。

下，3 月初，天津青年会、美以美会、救世军等 11 个慈善团体，与天津红十字会、天津红卍字会共同组设临时收容、救济所。在这次救济活动中，天津红十字会、天津红卍字会展开合作，成为本次救济活动的主力军。其中，天津红卍字会共派出 18 个救济队，救济各方难民，尤以滦东一带为最多。另外，天津红卍字会除将新唐家口的收容所进行扩充外，又“觅定河东沈庄子一带，设立第二收容所，以便广为救济”[①]。此外，各慈善团体又搭盖席棚，到 6 月 14 日，共搭置 1000 间，可容纳难民 50 000 万人，其中“红卍字会二百间”[②]，占 20%。

二、天津特别市慈善团体联合委员会、天津市善团筹设公墓掩埋浮棺委员会

日伪时期，设有天津特别市慈善团体联合委员会和天津市善团筹设公墓掩埋浮棺委员会两个慈善团体联合组织，前者成立于 1939 年 8 月 21 日，后者成立于 1940 年 3 月 11 日。日伪时期，它们在天津“卍”字会等慈善团体办理慈善事业过程中，与伪政府的互动中发挥了重要作用。

（一）天津特别市慈善团体联合委员会

（1）组织。1937 年 7 月 29 日，天津沦陷，南京国民政府前期的许多政治设施均遭破坏，天津市慈善事业联合委员会也未能幸免。日伪统治之后，并未急于设立慈善团体的联合组织，故各慈善团体重新各行其是，彼此之间原有的协调管道亦无形中断。1939 年的天津水灾十分严重，由于没有统一的协调组织，伪政府领导、协调起各慈善团体的慈善事业来，颇显困难，各慈善团体的救济亦不可避免地有顾此失彼之虞。为此，在伪市公署的召集下，“由各善团组织连（联）合救济办法，期于群策群力，共图进行，至应如何组织，用何名义，拟由各善团各抒所见，自行规定，报请备案”[③]。8 月 21 日，各慈善团体在天津商会会所召开会议。此次会议，各慈善团体共派代表 13 名，其中有 7 名来自天津红、黄、蓝卍字会，约占 53.85%。不仅如此，会议主席薛兰亭为天津黄卍字会会长、纪录郑孝光为其会员。这反映日伪时期，天津黄卍字会较此前更积极地参与慈善事业，也反映该会与日伪政府关系比较密切。会议议决，“灾在眉睫，急如星火，

① 《难民从此得安居》,《益世报》1933 年 5 月 31 日。

② 《东局子难民苦况》,《益世报》1933 年 6 月 14 日。

③ 《召集各慈善团体会议纲要》，1939 年，J0128-3-009656-006。

应即联合成立委员会，共策进行……度应援照前天津慈善联合会办法，命名为天津特别市善团联合委员会”[①]，并指出，凡已经在社会局备案的合法慈善团体，其负责人均应聘为当然的委员。

如表 4-7 所示，会议公推薛兰亭、卢云波、蒋志林、年光垚、殷宝光、刘紫宸、刘道平七人为常务委员，其中薛兰亭为主任委员。如表 4-8 所示，大会划分了各慈善团体负责的十二个区，其中，与天津“卍”字会相关的区有一区、二区、六区、特一区、特二区、特三区，其中与天津黄卍字会有关的有三个区，与天津红卍字会有关的有两个区，与天津蓝卍字会有关的有一个区。联想到天津市慈善事业联合委员会时期，仅有红、蓝二卍字会参加，如今在天津特别市慈善团体联合委员会中，天津“卍”字会却占据着半壁江山，不能不说，日伪政权与天津“卍”字会，特别是与天津黄卍字会的关系相对密切。也应看到，天津特别市慈善团体联合委员会的委员均是各慈善团体的负责人，政府及其他社会人士鲜少参与，反映其社会包涵面相对较窄。

表 4-7 天津特别市慈善团体联合委员会负责地区

地区	慈善团体
一区	天津黄卍字会、一心天道龙华圣教会
二区	天津红卍字会、广仁堂
三区	天津红十字会
四区	北善堂、黄十字会
五区	崇善东社
六区	天津黄卍字会第一分会
七区	正字慈善会
八区	天津市商会救灾协会、新民会第八分会
九区	公善抬埋社
特一区	天津黄卍字会第一分会、新民会特一区分会
特二、三区	天津蓝卍字会、天津红卍字会

表 4-8 天津特别市慈善团体联合委员会推定委员名单

职务	姓名	慈善团体
主任委员	薛兰亭	天津黄卍字会
常务委员	卢云波	公善抬埋社
	蒋志林	崇善东社
	年光垚	天津市商会救灾协会
	殷宝光	天津蓝卍字会

① 《为定期开会请出席事致市商会的函（附召开则立会议记录等）》，1939 年 8 月 22 日，J0128-3-009647-019。

续表

职务	姓名	慈善团体
常务委员	刘紫宸	引善社
	刘道平	天津红十字会
秘书主任	郑孝光	天津黄卍字会
委员	赵元礼	备济社
	蔡乐堂	广仁堂
	李嘉麟	济生社
	张锡元	天津红十字会
	蒋润斋	北善堂
	康振普	积善社
	杨沛恩	体仁广生社
	高镜寰	广济补遗社
	宋耀曾	天津蓝卍字会
	来受之	正字慈善会
	马冠英	一心天道龙华圣教会
	庄仁松	黄十字会
	刘孟扬	天津救济院
	钟世铭	明德慈济会
	张如彬	仁慈堂
名誉委员	张竹生	新民会第八分会
	王士林	新民会特一区分会

资料来源：《为定期开会请出席事致市商会的函（附召开则立会议记录等）》，1939 年 8 月 22 日，J0128-3-009647-019

抗战胜利之后，天津特别市慈善团体联合委员会仍存在了一段时间。1945 年 12 月 25 日，天津市社会局局长胡梦华向各慈善团体征求平粜食粮办法，各慈善团体奉命召开冬赈会议。经过研议，各慈善团体以天津特别市慈善团体联合委员会的名义上报社会局，“此次平粜实为接济全市民食，自宜普及为本，似应按照现在户口，平均配卖，俾全市民众，同沾德惠”①。其后再未见到天津特别市慈善团体联合委员会活动的信息，不久应解散。

（2）慈善事业——以 1939 年天津水灾为例。1939 年 8 月 24—25 日，天津特别市慈善团体联合委员会于天津黄卍字会召开会议，商讨水灾救济事宜。规定：“凡各善团收有乐助之食物，应交由天津市商会水灾协会，以

① 《为本市平粜食粮办法事致社会局函》，1945 年 11 月 27 日，J0025-3-006203-009。

凭发放，俾资平均。”[①]8 月 27 日，市公署、社会局来函，要求天津特别市慈善团体联合委员会救济大直沽难民，为“随通消息，互相联络，以免重复而致偏枯”[②]，曾通告天津商会救灾协会，要求其协同救济。由于参加本次救济的慈善团体众多，天津特别市慈善团体联合委员会希望市水灾救济委员会能够发给这些慈善团体旗帜，以资识别。8 月 29 日，经天津特别市慈善团体联合委员会部长联席会议议决，“由各善团呈报本会审核后，再与军部商洽办理”[③]。8 月 31 日，天津特别市慈善团体联合委员会接到水灾救济委员会公函：“各方协力救济情形，必须逐日统计，以备稽考。各善团施救灾民人数，发放振品，暨各该善团自筹振款数目，请自即日起逐日列表迳送本会，以便汇核。”[④] 9 月 2 日，天津特别市慈善团体联合委员会将相关情况通报天津商会救灾协会。不久，以此次灾情奇重，水灾救济委员会作出规定，所有各团体救济事宜，应一律归天津特别市慈善团体联合委员会统制，“希将每日办理施振筹款及其他工作情形，分别列表，迳送本会……以备查考。倘有向外募捐事，尤应先行呈请市公署核准，不得任意自由行动”[⑤]。

在这次水灾救济中，天津特别市慈善团体联合委员会基本上是秉承水灾救济委员会的意旨行事，很少见到其独立安排救济事项。考虑到水灾救济委员会属于政府组织，则日伪时期，天津特别市慈善团体联合委员会受到伪政府的严密监管，一定程度上变成了伪政府控制下的慈善救济的执行机构。至于天津“卍”字会等慈善团体，则只能被动地接受其上级分派、指定的救济任务。由政府统一管理慈善组织，使慈善救济的针对性、目的性更强，显然便于集中力量办理重大社会救济，减少资源浪费，提高救济效率。然而，如此严密的管理，在客观上也意味着日伪政府对包括慈善团体在内的社会团体采取了高压统治策略，降低了其自主性和办理慈善事业的活力。

---

① 《为定期开会续商救灾民办法请来会接洽事致市商会的函》，1939 年 8 月 25 日，J0128-3-009646-007。

② 《为救济大直沽难民等事致市商会救灾协会的通告》，1939 年 8 月 27 日，J0128-3-009647-038。

③ 《为规定请发船旗办法等事致市救灾协会的函》，1939 年 9 月 2 日，J0128-3-009647-055。

④ 《为请填送收容难民人数统计表事与天津市商会往来函件（附表式）》，1939 年 8 月 31 日，J0128-3-009656-026。

⑤ 《为水灾救济委员会规定编制办法事致市商会救灾协会的函》，1939 年 9 月 4 日，J0128-3-009647-061。

（二）天津市善团筹设公墓掩埋浮棺委员会[①]、天津市善团筹设公墓委员会

（1）机构沿革。1940 年 3 月初，伪警察局致函天津红卍字会，表示受到 1939 年水灾的影响，市内及其周郊死而未埋者及浮棺甚多，希望天津红卍字会能带头成立一个掩埋浮棺之类的联合组织。秉承伪警察局的意旨，11 日，天津红卍字会召集各慈善团体在日租界桃山街红卍字会会所开会，议决成立天津市善团筹设公墓掩埋浮棺委员会，自 3 月 20 日起开始办公。会议又“议定每星期二、五下午二时，在本会举行常会，以便商讨进行事宜”[②]。委员会采取集体委员制，由天津红卍字会担任会长，公善施材总社副之，其他合法的慈善团体为当然委员。会址设于日租界桃山街天津红卍字会会所。常会讨论委员会事宜，安排救济，若遇特殊情况，可随时开会。该会结束时间不确，但到 1943 年，还可见到其开会办理慈善救济事宜的记录。在日伪时期的天津，该会及其所属的以天津红卍字会为代表的慈善团体，是办理尸体掩埋工作的主要力量。

3 月 22 日，天津市善团筹设公墓掩埋浮棺委员会第三次会议讨论通过了《天津市善团筹设公墓掩埋浮棺委员会章则》[③]。从《天津市善团筹设公墓掩埋浮棺委员会章则》中可知，该会宗旨为“掩埋本市浮棺露尸及筹设平民公墓，俾重公共卫生”[④]，分设总务、掩埋、调查、宣传、交际、劝募、文书、会计八组。其中，总务、文书、会计三组由天津红卍字会负责，交际组由天津黄卍字会参与负责，劝募组由天津蓝、白卍字会参与负责。

掩埋浮棺工作毕竟是临时性的，待到这一工作基本结束，该委员会转变主要职能便提上了议事日程。1940 年 4 月 5 日委员会会议，讨论了《天津市善团筹设公墓委员会章则草案》，5 月 7 日、10 日常会予以通过。其任务调整为“筹备公墓地基、筹募公墓基金、公墓之设计建筑、宣传公墓及其他事项”[⑤]。6 月 7 日常会议决，以掩埋浮棺事务行将告竣，原天津市善

① 有时亦称“天津市善团掩埋浮棺筹设公墓委员会”或“天津市善团掩埋浮棺委员会”。

② 《天津市掩埋浮棺筹设公墓委员会会议纪录》，1940 年 3 月 22 日，J0130-1-000443-002。

③ 《天津市善团筹设公墓掩埋浮棺委员会章则》，《天津市掩埋浮棺筹设公墓委员会会议纪录（附章则）》，1940 年 3 月 22 日，J0130-1-000443-002。

④ 《天津市善团筹设公墓掩埋浮棺委员会章则》，《天津市掩埋浮棺筹设公墓委员会会议纪录（附章则）》，1940 年 3 月 22 日，J0130-1-000443-002。

⑤ 《天津市善团掩埋浮棺筹设公墓委员会会议纪录》，1940 年 4 月 11 日，J0130-1-000443-005。

团筹设公墓掩埋浮棺委员会改称天津市善团筹设公墓委员会，由当月 14 日起，“每星期五下午新六时开常会一次，遇有特别事件，随时召集临时会”①。本年 8 月，伪警察局致函天津市善团筹设公墓委员会：

本市市民对于葬埋棺木，率以浮浅为习惯，甚至惑于风鉴，临时浮厝，年禋日久，积习成风，以致棺木毁坏，尸骨暴露。或因无力购置茔地，从葬道旁，尤易暴露，不惟于人道有伤，且于卫生大有妨碍。上年本市发生水患，此种暴露棺木骸骨，到处皆是。幸得贵会联合各善团，组织成立掩埋浮棺筹设公墓委员会，分筹巨款，积极设法掩埋。前准来函，略以掩埋浮棺，业已全部蒇事办理结束……已转呈市公署……惟筹设公墓……亦属不容稍缓。夙稔贵会慈祥在抱，对于公益事项，极为热心，务希联合各善团，按照筹设公墓办法，进行募款，手续加速办理。或能将本市公墓先行筹设一处，以维善举，而竟全功，不胜感盼之至。②

从中可见，无论是前期的掩埋浮棺，还是后期的筹设公墓，均受到伪警察局委托办理，体现了伪市政府的意旨。

该会的经常费用，由红卍字会先行垫付，再由十委员平均分担。如自 1939 年 6 月起（当时天津市善团筹设公墓掩埋浮棺委员会尚未正式成立），到 1940 年 10 月底，“计由红卍字会共垫付经费国币二千零二十一元。因该会垫付过多，需款孔殷，当经本会十月十五日常会议决，仍照前例分担，计每处应摊国币二百零二元一角”③。

如表 4-9 所示，天津市善团筹设公墓掩埋浮棺委员会的发起慈善团体只有天津红、黄、蓝卍字会等 7 家，1942 年 10 月 16 日增至 17 家，1943 年 7 月 17 日增至 19 家。在这些慈善团体中，天津“卍”字会起到了核心作用。天津红卍字会是委员会的召集者，在历次会议中，主席多由天津红卍字会会员担任，会址也在天津红卍字会会所。天津黄、蓝卍字会均名列发起的七个慈善团体之内。特别需要注意的是，天津黄卍字会总会和第一分会分别加入，显示该会在委员会中的影响力。从委员会的历次会议记录

① 《天津市掩埋浮棺筹设公墓委员会常会纪录》，1940 年 5 月 20 日，J0130-1-000443-009。

② 《天津市善团筹设公墓委员会议事录》，1940 年 8 月 30 日，J0130-1-000443-013。

③《天津特别市掩埋浮棺委员会第二次常务委员会会议纪录》，1941 年 7 月 30 日，J0130-1-000443-016。

中可见，伪警察局保安科经常派员参加会议，反映该会受到伪警察局的实际控制与监管。另外，卫生局甚至日本人也偶有参加，反映在日伪统治时期，作为一个城市慈善团体联合组织，不论主观意愿如何，均无法避免受到日伪政权的影响。

表 4-9　天津市善团筹设公墓掩埋浮棺委员会参加善团、代表

善团	代表举例	善团	代表举例	善团	代表举例
天津红卍字会	张建业 毕暘应 陆惟松	天津黄卍字会	郑学光 马献光	广仁堂	蔡乐堂
天津黄卍字会第一分会	周捷三 杨毓轩	天津蓝卍字会	康振普 赵兰亭	济生社	孙辅臣
公善施材总社	年光垚 龚云波 刘纯甫 卢筱峰 杨百禄	引善社代表	萧如川	红十字会	刘道平
北京正字慈善会天津分会	赵义亭 马长胜 孙促茯	天津白卍字会	杜景元	积善社	赵聘卿
一心天道龙华圣教会	马贤凌	慈慧普济同善会	邵祉修	同济慈善会	李文信
黄十字会	唐植民 葛道勷	广济补遗社	刘子周	善团联合会	刘纯甫
显广文慈院	陈通文	贫病救济会	康振普	公善抬埋社	卢筱峰
正宗救济会	王敬生	德善义济会	李玉珊		

资料来源：《红卍字会筹划会议记录》(1940—1943)，J0130-1-000443

在 1940 年 5 月 14 日的会议上，报告事项有“接警察局以准天津铁路局警备段函，铁路两旁有浮棺三千八百余具，该局拟派员于五日出席”①。这里的铁路局警备段代表为村上先生（不详其名），显系日本人，出席了 17 日的常会。关于铁路两旁浮棺问题，委员会议决，“本会掩埋范围仅限于天津市县，因上年水灾漂浮棺木，此次铁道两旁距离之远近，与是否全系浮棺，似应会同详查，再为进行”②。对日本人铁路两旁浮棺掩埋的要求，委员会本欲婉拒，但由于受到日本人和伪政府的强大压力，没有成功。又 8 月 13 日，天津市善团筹设公墓委员会致函各会员慈善团体，定于 15 日下午新一时“借日租界桃山街红卍字会宴请警察局、卫生局、社会局各局长及主管科长”，希望各慈善团体推派代表参加，此次宴会“计用酒席三桌，连车、饭、零用及照相共用洋三百二十五元。按十团体分摊，每团体应担任三十二元五角”③。联想到是年 7 月各慈善团体总共捐款才 9960

① 《天津市掩埋浮棺筹设公墓委员会常会纪录》，1940 年 5 月 20 日，J0130-1-000443-009。

② 《天津市掩埋浮棺筹设公墓委员会常会纪录》，1940 年 5 月 20 日，J0130-1-000443-009。

③ 《天津市善团捐助警察局救急药箱药价收支清册》，1940 年 8 月，J0130-1-000443-012。

元，却花费 13 637.27 元，不敷达 3677.27 元之多，各慈善团体宴请三局一次，便花费 325 元，可见当时伪政府部门比较腐败，也可见各慈善团体为办理慈善事业，在与伪政府处理关系时，应需付出一定代价。从以上两件事，似可推知，日伪政权的高压给以天津“卍”字会为代表的慈善团体办理慈善事业造成了巨大的困难。

（2）慈善事业。天津市善团筹设公墓掩埋浮棺委员会的慈善事业，前期基本是掩埋浮棺，后期偶尔也参与冬赈等其他慈善事业，但以筹设公墓为主。

自成立以来，该会便以掩埋浮棺为基本事业。到 1940 年 7 月，该会掩埋浮棺情况如表 4-10 所示，共花费 13 637.27 元，在市内各区县掩埋浮棺共 4447 具。

表 4-10 1940 年 7 月天津市善团掩埋浮棺筹设公墓委员会办理掩埋浮棺收支各款清册

收入项	天津红卍字会	3155 元		一心天道龙华圣教会		2000 元	天津蓝卍字会		1000 元
	慈慧普济同善会	500 元		天津红十字会		205 元	正字慈善会天津分会		100 元
	借拨一心天道龙华圣教会捐助公墓基金			3 000 元			总计		9960 元
支出项	第二分局	掩埋浮棺 209 具	961 元	第三分局	掩埋浮棺 1007 具	362.52 元	第五分局	掩埋浮棺 453 具	816.9 元
		督工员车饭	30 元		督工员车饭	10 元		督工员车饭	40 元
	第六分局	掩埋浮棺 848 具	2502 元	第七分局	掩埋浮棺 526 具	2324 元	第八分局	掩埋浮棺 167 具	60.12 元
		督工员车饭	120 元		督工员车饭	50 元		督工员车饭	10 元
	第九分局	掩埋浮棺 1138 具	4710 元	县三区界内	掩埋浮棺 99 具	247.5 元			
		督工员车饭	130 元		督工员车饭	20 元			
	掩埋白骨	36 元		各区掩埋照相费		216.4 元	购掩埋用具		131.41 元
	付二、六两分局临时掩埋浮棺费	52 元		铁路道旁浮棺掩埋费		34.8 元	垫付警察局救急药箱费		473.85 元
	旗帜臂章费	69.06 元		文具费		33.75 元	图记木戳费		11.98 元
	招待费	17.33 元		邮费		10 元	招领浮棺广告费		156.65 元
	总计	13 637.27 元		不敷		3677.27 元			

资料来源：《天津市善团掩埋浮棺筹设公墓委员会办理掩埋浮棺收支各款清册》，1940 年 7 月 11 日，J0130-1-000443-011

天津市善团筹设公墓委员会正式成立后，委员会的职责也发生了变化，建设公墓成了主要任务。1941 年 10 月 19 日，经大会议决，“本会此次购置杨家庄公墓地基所有地价，系经大会议决，由各善团先行借垫，俟将来募捐，再行归还”[①]。其各慈善团体认垫的公墓地价，天津红卍字会 2000 元，公善施材总社 1800 元，天津蓝卍字会 1500 元，一心天道龙华圣教会 1000 元，普济同善会 1000 元，黄十字会 500 元，天津黄卍字会 500 元，广仁堂 500 元，正字慈善会 400 元，共计 9200 元，综计之，天津“卍”字会认垫的部分约占据总数的 43.45%。

除此之外，天津市善团筹设公墓委员会偶尔还办理一些其他慈善事业。例如，1940 年 10 月 16 日的第三次代表大会，提到各会员慈善团体对于本年冬赈及粥厂应如何联络筹办一事，会议议决：“此项赈济米粮以联合采买为宜，各会员善团本年举办冬赈粥厂者，可先按照上年需用米粮数量，报告本会，以便统计总概数，由会长向市公署请求，设法协助，以济贫黎。”[②]

三、冬令救济委员会与天津市宗教慈善团体救济事业联合会

（一）冬令救济委员会

民国时期的天津，冬赈是不少慈善团体重要的慈善事业。尤其是 1945 年以后，由于受到战争和经济状况恶化的影响，冬赈受到更多慈善团体的重视。抗战胜利以前，天津市慈善事业联合委员会、天津特别市慈善团体联合委员会及天津市善团筹设公墓委员会均办理过冬赈，南京国民政府后期，则由冬令救济委员会专门负责管理。

冬赈的举办，具有临时性、季节性、周期性的特征，一般从深秋开始准备，到次年春天结束。抗战胜利后，在市政府和社会局的主持下，每届深秋便会组织冬令救济委员会，统筹规划安排冬赈事宜。

据冬令救济委员会急赈股 1946 年 1 月 12 日致社会局的函，拟于 17 日在山口街善后救济总署冀热平津分署会议室召开慈善团体会议，除检讨过去工作，研究改善方策外，“至本次急赈，应从速交回，并将查放清册十五日前填送本股，以资存查”[③]。

---

① 《天津市善团筹设公墓委员会与广仁堂的通信》，1941 年 10 月 19 日，J0130-1-000443-023。

② 《天津市善团捐助警察局救急药箱药价收支清册》，1940 年 8 月，J0130-1-000443-012。

③ 《为填报本市各慈善团体名称地址事致天津市福利科便函》，1946 年，J0025-3-005242-002。

1946年，天津共设粥厂八处：

> （一）六区谦德庄一带，十一日上午九时，在特一区九号路，市立五十一小学内施放。（二）河东小树林一带，十二日上午九时，在河东尚师夫坟地，崇善东社内施放。（三）河东唐家口一带，十二日上午九时，在新唐家口八十八号粥厂内施放。（四）南关下头一带，十三日上午八时，在杨家花园一九四号施放。（五）西头千佛寺一带，十四日上午八时，在西头老公所施放。（六）西头梁家嘴一带，十四日上午九时。在西头梁家嘴先遗公所内施放。（七）河北小王庄一带，十五日上午九时，分在旧特三区天升影院对过及北门内沈家栏十号，两处周时施放。（八）西广开一带一十五日上午八时，在南开大街十一号施放。①

待施放之日，各施赈区贫民即可凭票领取干粥。干粥所用粮食，分小米、谷子两种，每人一日发放6两，每10日领取一次，共领10次，总计每人600两。

1946年9月19日，冬令救济委员会假社会局召开会议，讨论1946—1947年的冬赈事宜。出席者除社会局局长胡梦华、科长郎济苍外，另有天津红、黄、蓝卍字会等九家慈善团体。“席间对本年冬赈救济及筹款办法，均有讨论。决组织冬赈委员会，统筹进行粥厂，于十二月一日实行施粥。”②11月4日，在市政府召开冬令救济委员会常委会会议，议定设立四处粥厂：

> 第一处设在老车站黄卍字会，包括二、四、五区救济贫民，预计一万一千人。第二处设在谦德庄江苏义园，包括一、六、十等区救济贫民，预计七千人。第三处设在金钟桥大王庄红十字会，包括三、九等区，救济贫民约九千人。第四处设在杨家花园龙华会旧址（如有问题改在正字会），包括七、八等区，救济贫民一万三千人。③

另在河北大王庙积谷仓库内（黄卍字会与白十字会合办）、千福寺内

---

① 《益世报》1946年1月10日。

② 《施粥》,《益世报》1946年9月20日。

③ 《津筹备实施冬赈对象为赤贫需款六亿》,《益世报》1946年11月5日。

（公善施材总社承办）设立庇寒所两处。

冬令救济委员会对各慈善团体具有一定的控制权。例如，1945 年 12 月 20 日至 1946 年 3 月 14 日，慈慧普济同善会和天津黄卍字会第一分会联合举办第六区粥厂，1946 年 3 月 21 日结束后，它们及时将开办干粥厂的花名册呈送冬令救济委员会，举凡调查、提粮、施放、结束等各个步骤之若干细节，均明确开列呈上。

（二）天津市宗教慈善团体救济事业联合会[①]

联合会是一个“以联合宗教、慈善团体及热心慈善人士，群策群力，举办实际救济事业，安定民生为宗旨”[②]的慈善团体联合性组织，1946 年已制定《天津市宗教慈善团体救济事业联合会章程草案》。据此，其会员有天津市各宗教慈善团体，以及社会上一些热心慈善的人士。会员分团体会员和个人会员两种，“各宗教慈善团体以主管机关有案者为限，称团体会员，热心慈善人士由本会会员大会或理事会决议延聘之，称个人会员”[③]。

根据《天津市宗教慈善团体救济事业联合会章程草案》[④]，联合会设理事 15 人，组织理事会，设监事 5 人，组织监事会。理、监事均经由会员大会，从会员中互选产生。另外，联合会还征选候补理事 7 人，候补监事 2 人，以备遇有缺额时，分别递补。理、监事的任期均为一年，可以连选连任，均为名誉职。设理事长一人，由理事互选产生，首任理事长为边洁清；设副理事长二人，首任副理事长为李东园、鲁惟阁，协助理事长办理会务。本会会议分为会员大会和理监事会议两种，前者为最高权力机关，每半年举行一次，后者每月举行一次，若遇到特殊情况，理监事会议均可临时召开。本会经费由会员认捐或募集。

1947 年冬，此时联合会尚未正式成立，市救济协会受美国善后救济分署委托，发放救济贫民物资 480 吨。全市分 11 个区，由联合会“负责调查与施放对象，赤贫、次贫共计施放七万二千户，约三十余万人”[⑤]。1948

① 以下简称“联合会”。

② 《天津市宗教慈善团体救济事业联合会章程草案》，1946 年，J0025-2-000341-025。

③ 《天津市宗教慈善团体救济事业联合会章程草案》，1946 年，J0025-2-000341-025。

④ 《天津市宗教慈善团体救济事业联合会章程草案》，1946 年，J0025-2-000341-025。

⑤ 《为剩余救济物资改建难民窝铺事与宗教慈善团体救济事业联合会来往代电》，1948 年 6 月 28 日，J0025-3-004263-001。

年 5 月 7 日，在“一区归绥道红卍字会礼堂选举成立大会”[①]，始正式成立。当月 29 日，在社会局召集下，为讨论有关推选委员等各项问题，在社会局会议室“召集有关机关及各宗教慈善团体开会，共策进行”[②]。

天津红、黄卍字会在联合会中起到主导作用。1948 年 6 月 10 日，联合会致函社会局社会福利科，本会主办之何兴庄难民寄宿所已十余日，人数达 700 余人，“连同本会委托黄卍字会在河东三经路设难民寄宿所……每日需要燃煤煮水，以重难民卫生”[③]。唯煤斤无处筹措，为此函请拨给煮水用煤 6 吨。6 月 17 日，天津市社会局回函：“由黄卍字会薛兰亭负责具领二吨……由红卍字会鲁惟闾负责具领四吨。”[④]总共领煤 6 吨，均由红、黄二卍字会负责，可见其重要性之一斑。另外，联合会其中一名副理事长鲁惟阁是天津红卍字会会员，反映天津红卍字会的重要性。

除了天津市慈善事业联合委员会、天津特别市慈善团体联合委员会、天津市善团筹设公墓委员会、冬令救济委员会、联合会之外，还有一些临时性的慈善团体联合组织，如 1947 年成立的临时难民救济委员会，1948 年成立的天津市社会救济事业协会，因存在时间较短，影响较小，加之资料缺乏，此处不再赘述。

四、报纸杂志：合作与监督

天津“卍”字会与报纸杂志具有合作与监督的关系，即一方面通过与报纸杂志的合作，募集捐款，办理慈善事业，宣传自身；另一方面，作为新闻媒体，报纸杂志又对慈善团体的慈善事业起到监督作用。与报纸杂志的这种关系，一定程度上规约了天津“卍”字会的行为，提高了它们办理慈善事业的质量。

（一）合作

天津“卍”字会经常与著名报纸杂志合作，共同参与慈善事业。1931 年冬赈共开办了河东铁道外、唐家口、西广开、新车站附近及大舞台等处

① 《为派员参加成立大会事致市社会局代电》，1948 年 5 月 3 日，J0025-3-005082-025。

② 《为是否可召开有关机关及各宗教慈善团体讨论暑期救济工作事致社会局长的呈（附函议事程序）》，1948 年 5 月 27 日，J0025-3-006212-051。

③ 《为发难民寄宿所煮水用煤事致市宗教慈善团体联合会指令（附该会函）》，1948 年 6 月 23 日，J0025-3-006254-004。

④ 《为查宗教慈善团体联合会发煤事致市社会局呈》，1948 年 6 月 17 日，J0025-3-006254-003。

粥厂，除在天津市慈善事业联合委员会的领导下积极筹备外，“并因本市新闻界大公、益世等报，厥次劝振，宣传效力甚宏，故特决定派员接洽合作事宜。除登报宣传外，并请代收善款，以普惠贫黎”①。这反映报纸杂志在其中起到了宣传慈善事业、代收善款两个积极作用。正因为此，天津市慈善事业联合委员会的推定委员中才会吸纳《益世报》《大公报》《庸报》《商报》《民报》《新天津报》等当时天津的著名报刊参加。以下以天津红卍字会 1943 年与《新天津画报》的合作为例进行讨论。

1943 年 5 月 6 日至 8 月 4 日，天津红卍字会与《新天津画报》合作举行“节约济贫捐款”。其捐启为：

> 处今日非常大时期之下，吾人应检举生活，节约消费……对于无衣无食之贫民，街头倒卧之饥黎，应当各量能力，解囊相助。本报顷已商得本市红卍字会同意，代该会募集节约济贫捐款，将所收捐款送交该会施放。款额不拘多寡，但求尽一分心，助一元钱，即能救济垂毙的一条命。此乃人类互助之最高精神……由本报代收捐款，均制给红卍字会收据（每日下午三至六时有专人代收），将捐款汇交红卍字会，由该会散放贫户。②

本次捐款详情如表 4-11 所示，所收捐款分 8 次交付天津红卍字会。

表 4-11 1943 年 5—8 月《新天津画报》主持节约济贫捐款数目表（单位：元）

日期	金额	日期	金额	日期	金额	日期	金额	日期	金额	日期	金额
5月6日	200	5月7日	910	5月8日	29	5月9日	3	5月10日	153	5月11日	42
5月12日	8	5月13日	17	5月14日	65	5月15日	71	5月16日	13	5月17日	73
5月18日	8274.43	5月19日	2161	5月20日	4	5月21日	507	5月22日	127	5月23日	1159
5月24日	209.57	5月25日	15	5月26日	40	5月27日	0	5月28日	209	5月29日	0
5月30日	3125	5月31日	140	6月1日	5	6月2日	2	6月3日	4	6月4日	100
6月5日	2	6月6日	0	6月7日	102	6月8日	12	6月9日	83	6月10日	19
6月11日	220	6月12日	2	6月13日	22	14日	0	6月15日	1	6月16日	1
6月17日	230	6月18日	5	6月19日	0	6月20日	0	6月21日	0	6月22日	501
6月23日	132	6月24日	0	6月25日	97	6月26日	1	6月27日	3	6月28日	2
6月29日	2	6月30日	2	7月1日	102	7月2日	132	7月3日	365	7月4日	22
7月5日	157	7月6日	2	7月7日	102	7月8日	2	7月9日	105	7月10日	202

① 《粥厂今日开办》，《大公报》1931 年 12 月 8 日。

② 《本报为代红万（卍）字会募集节约济贫捐款启事》，《新天津画报》1943 年 5 月 6 日。

续表

日期	金额	日期	金额	日期	金额	日期	金额	日期	金额	日期	金额
7月11日	2	7月12日	2	7月13日	12	7月14日	2	7月15日	12	7月16日	2
7月17日	2	7月18日	2	7月19日	2	7月20日	32	7月21日	2	7月22日	102
7月23日	2	7月24日	22	7月25日	2	7月26日	2	7月27日	3	7月28日	2
7月29日	2	7月30日	2	7月31日	2						

资料来源：《新天津画报》1943 年 5 月 6 日—8 月 4 日

收到捐款之后，每隔一段时间，《新天津画报》都予以公布，如 6 月 23 日记录 22 日的捐款情况为：“俞君飞捐洋五百元（吴班侯代募），养记捐洋一元……共收捐款五百零一元整，连前共收捐款一万八千九百廿八元整，四次共付红卍字会一万七千五百五十元整，实存一千三百七十三元整。”[①]本次合作，共获得捐款 22 571 元，由《新天津画报》分 8 次移交天津红卍字会，其中 5 月 11 日移交 1295 元，5 月 20 日移交 10 724.43 元，5 月 23 日移交 1797 元，5 月 30 日移交 3738.57 元，6 月 25 日移交 1200 元，6 月 26 日移交 2000 元，7 月 9 日移交 1000 元，8 月 3 日移交 816 元。每次在移交善款时，天津红卍字会都会开具一张收据给《新天津画报》报社，由其刊登出来，以昭公信。

款项移交后，天津红卍字会便及时发放给贫民。5 月 12 日，天津红卍字会举行了第一次发放善款活动，由天津红卍字会第三联合救济队第一队在南门外万德庄窝铺极贫之户查放，“每户领款赈票，均经该管甲长盖章证明”[②]。所发善款，根据发放对象的贫困程度，分 8、12、14、15、16 元不等。善款发放完毕后，“将前发放贫户清册一份，随函附上，即请查照，赐予刊载，用昭大信”[③]。如表 4-12，是月 17—18 日，《新天津画报》连载了此次发放善款的详情：

表 4-12　1946 年 5 月 12 日天津红卍字会发放善款表（单位：元）

姓名	住址	放款	姓名	住址	放款	姓名	住址	放款	姓名	住址	放款	姓名	住址	放款
丁子明	10	16	贳海宽	9	16	崔道丰	4	8	王杨氏	7	14	刘树田	1	14
孙遽蕤	5	16	刘胜宜	9	8	李冯氏	4	8	田锡树	6	14	姜树有	10	12
朱澜生	5	14	边四	11	14	刘小对	3	12	田发堂	6	14	刘姜田	10	14
李文奎	5	12	韩董氏	11	14	张全福	3	12	周化子	6	12	刘偃才	1	8
赵金芳	5	12	刘月安	11	16	尹德荣	3	14	王德口	1	12	刘根	8	14

① 《新天津画报》1943 年 6 月 23 日。

② 《捐款施放报告》，《新天津画报》1943 年 5 月 17 日。

③ 《捐款施放报告》，《新天津画报》1943 年 5 月 17 日。

续表

姓名	住址	放款	姓名	住址	放款	姓名	住址	放款	姓名	住址	放款	姓名	住址	放款
范同文	4	14	刘三	7	12	张导安	2	14	化大海	6	8	郝恩亮	8	12
张小表	4	12	杜和山	7	12	李建功	2	16	邸聚祥	1	14	王德有	9	8
刘丫头	4	14	冯树怀	7	16	董偃才	1	8	冯静来	10	14	杨中元	9	15
大管	3	14	董大纪	6	12	刘德和	1	14	周凤桐	5	14	刑国瑞	9	14
李金尘	3	8	杨宗	6	16	王临安	10	12	高玉生	5	14	张大可	11	14
周玉卿	3	8	刘万义	6	16	吴小来	10	14	王洛本	5	8	张万甫	11	16
冯福田	2	16	侯王氏	1	12	刘隽	8	12	张根堂	4	14	张保安	7	12
邸来财	2	8	冯福全	1	16	刘忠祥	8	12	王子静	4	12	张喜	7	8
张海	2	8	田汉江	12	14	杨金科	9	14	赵大拴	4	12	冯大关	7	14
赵有	1	16	田中源	10	14	雍春起	9	14	刘凤林	4	8	田连江	6	8
左振兴	10	16	高荣江	10	14	裴月涵	9	14	赵纪中	3	12	李横	6	12
王玉华	10	14	马小龙	5	12	陈宝顺	11	16	张小森	3	14	田老岗	6	12
田忠孝	8	8	刘德发	5	8	郭庆田	11	14	王有义	2	16	司少臣	1	8
夏广金	8	16	田全义	5	12	刘万生	12	16	裴锡恩	2	16	李沛	1	16
董周氏	8	8	张富臣	4	12	田傻小	7	12	田全善	2	16	李少全	1	12
总计	101户，共施洋1290元，收洋1295元，余洋5元（表中缺一户）													

注：住址单位为“牌”，如表中标为1，即为1牌

资料来源：《新天津画报》1943年5月17—18日

这仅仅是天津红卍字会第一次发放善款的情况，其后的7次善款，在发放之后，亦均在《新天津画报》上刊登。这便形成了天津红卍字会与《新天津画报》之间良好的合作局面。应该说，这种合作方式，对天津红卍字会和《新天津画报》双方来说，具有双赢性质。作为报纸，本来便负有宣传的职责，而它提供一个平台，用于向社会募捐，可起到广而告之的作用，宣传效果显然相对较好。不仅如此，通过举办善款募捐活动，也可以提高报刊的知名度和好评度，为其自身做广告。通过报刊媒体的宣传，不惟有助于提高天津红卍字会的知名度和认可度，也有助于天津红卍字会获得更多的善款（物），有助于提高其办理慈善事业的水平，使更多穷苦民众受惠。

（二）监督

除了与慈善团体的合作之外，报纸杂志还负有对慈善团体进行监督的使命，这一使命，虽然并非政府赋权，却反映报纸杂志的责任与担当，并对慈善团体的慈善事业进行约束，以提高办理慈善事业的水平。

1948年8月，社会局拨交天津黄卍字会难民休息站210袋面粉。按照社会局的规定，年龄在50岁以上、16岁以下者为发放对象，每人半斤，

一次发给 10 天。正当天津黄卍字会准备依规发放之时，社会局于 12 日突然变更发放单位，除第一休息站内的难民仍由天津黄卍字会负责外，站外窝铺和街头的难民，统一由天津青年会负责发放。依此办法发放之后，很快发现有所遗漏，由此造成了混乱。事后，一些不明真相的难民群聚至天津黄卍字会闹事，虽然屡经社会局、天津黄卍字会的劝解，局面仍未改观。14 日上午，难民们公推王世英、唐毅等七人为代表，前往社会局请愿，要求实行难民自治：

> 在该所附近尚有同样难民五六十名，缺衣少食，无人过问。即所内……难民，也没有人负责管理。现……所内……有一百九十四户，约一千多人，当局施放的美援饼干，该所分配数量为一百九十四箱，但……仅发出九十四箱，下余一百箱……不知下文……卫生……教育等，更成了严重的问题……希望社会局给一个解释答复。[①]

此事经《益世报》报道之后，在社会上引起了轩然大波，社会局一方面出面劝难民少安毋躁；另一方面通知天津黄卍字会早日到局说明事情的真相。

当时的报纸对天津黄卍字会办理难民休息站的情形，多有报道。其中，1948 年 8 月 16 日《时事新报》[②]有一篇名为《挂羊头卖狗肉，救济机关自救济：津市黄卍字会贪污内幕》的专访，言辞颇为激烈。该文指出，在各界急呼援救东北流亡难民之时，天津黄卍字会“竟发生藉办救济为词，乘机剥夺……难胞应得救济物品之权利，饱己私囊，‘挂羊头卖狗肉’之苟且行为，足使市民闻之凛森”[③]。该文通过调查访问，挖掘、列举了天津黄卍字会的三宗罪行：

---

① 《黄卍字会怎么搞的》,《益世报》1948 年 8 月 25 日。

② 《时事新报》，前身为 1907 年 12 月 5 日创刊于上海的《时事报》和 1908 年 2 月 29 日创刊的《舆论日报》。前者主编汪剑秋，后者主编狄葆丰。1909 年，两报合并，定名为《舆论时事报》。1911 年 5 月 18 日改名《时事新报》，由汪诒年任经理。1932 年与《大晚报》《大陆报》和申时电讯社组成联合公司。1935 年产权为孔祥熙财团所购，1937 年 11 月 26 日迁往重庆出版。1945 年 9 月 21 日在上海复刊。1947 年 3 月 21 日起改为晚报。1949 年 5 月 27 日停刊。共出 14 785 期。

③ 菲:《挂羊头卖狗肉，救济机关自救济：津市黄卍字会贪污内幕》,《时事新报》1948 年 8 月 16 日。

其一是“救济饼干饱己私囊”。据调查，在本年 5 月一些东北难民来到天津之时，站内已有难民 700 余人，有人满为患之忧，以致刚来的难民只好在三经路边道上自搭席篷，以作临时栖身之计。后来，难民接踵而至，在路边道上自搭席篷者，超过 1000 人。他们最初请领各项救济物品，均与休息站内难民一同办理。然而，7 月 29 日，该会以站内站外 1700 余难民数字领得美援救济饼干 190 余箱，但只“发放饼干百余箱，余九十箱无下落”①。言下之意，是被天津黄卍字会中饱私囊了。

其二是“按手印五个领面条三张”。8 月 12 日，天津黄卍字会发放救济面粉，本拟 16 岁以下，50 岁以上之老幼，每口 5 斤。但到了发放之时，黄卍字会突然张贴通告：“因站内外难民流动性过大，户口无法统计，自十二日起站内难民由该会负责管理，站外难民改由社会局与天主教青年会会同管理。”②翌日，天津青年会派两名学生调查户口，只发放了 200 余份面条。尤为严重的是，站内发放之时也发生混乱状况，比如李子良一家五口，按指印五个，却只领到三份面条。

其三是“何残忍？带病一老翁任其自生死”。据记者亲眼所见，白河岸边倒卧着一个老年独身难民，皮肤已晒成酱紫色，奄奄一息。“据说这位带病的老者，原先住在休息站内，后来生病了，因为怕他传染别人，黄卍字会的管理人在十天前就把他赶出来，扔在河边，日晒雨淋，任其自生自灭”③，暗指天津黄卍字会任意而为，见死不救。

这类报道，对天津黄卍字会及其慈善事业影响很大，以致其不得不向社会局呈文表达冤屈，甚至有放弃承办难民休息站的想法。社会局虽自知理亏，却不愿承认自己之过，只好对天津黄卍字会好言安慰：“查该会办理难民休息所成绩卓著，仰即深解时艰，本善团之天职，恢宏救济效能，所请停止委托施振一节，应毋庸议。”④

为了减轻这次事件在社会上的消极影响，天津黄卍字会决定于 8 月 20

① 菲：《挂羊头卖狗肉，救济机关自救济：津市黄卍字会贪污内幕》，《时事新报》1948 年 8 月 16 日。

② 菲：《挂羊头卖狗肉，救济机关自救济：津市黄卍字会贪污内幕》，《时事新报》1948 年 8 月 16 日。文中所提“天主教青年会”，或为“天津青年会”之误。

③ 菲：《挂羊头卖狗肉，救济机关自救济：津市黄卍字会贪污内幕》，《时事新报》1948 年 8 月 16 日。

④《为停止委托施赈事致黄卍字会指令（附该会呈）》，1948 年 8 月 19 日，J0025-3-006253-004。

日下午，“召开新闻界茶会，报告经办事实，籍明真相”[①]。出席茶会的有《民国日报》娄士翔，《新星报》金惠廉，《时事日报》杨冲飞，社会局郑士儒、常起森，警备部何志国，警察局第二分局武宗汉，圣心医院李姑奶奶、侯姑奶奶，大庆成李培源、宋恩牡，第一卫生所常应庚，同和兴李升三，仁慈堂院长刘姑奶奶，流动卫生所佘韫珠，交通货栈韩哲武等。薛兰亭对报纸的指责进行了回应：

> （一）无难童教育。因休息站系临时性，日有遣送，故对于教育一项，暂未举办。（二）自称难民代表之来由。（三）《益世报》之怀疑经释明真相后，倚畀之热情。（四）对《民国日报》赈放在协助方面发生纠纷，本会似觉未能尽职之抱歉。（五）发放饼干两次，技术不同之点。（六）为防疫死亡产妇之措置及今后之规定。（七）工赈难胞裁撤之可虞，仍盼当局援助。（八）目前基督教青年会漏发站外难民之赈面，建议应予补发，以免难民向隅。（九）转瞬天寒，希望报界宣传劝导难胞，早日返乡，免致救济无力时，遭受冻馁。[②]

薛兰亭的回应之前八点系回答难民并报刊的质疑、误会及难民休息站发放物资的改善办法，显系报纸杂志的监督发生作用的体现，而第九点希望报纸杂志能够发挥作用，对难民进行宣传劝导，则体现了天津黄卍字会在感受到了报纸杂志的压力之后，希望与它们处理好关系，甚至与它们开展合作的意向。

从这一事件可见，无论报刊媒体的报道是否属实，都迫使天津黄卍字会和以社会局为首的相关政府机关不得不做出回应，这有助于形成报纸杂志对社会局、慈善团体办理慈善事业有效的舆论监督，有益于推动慈善事业的规范化、透明化。

本章小结

天津“卍”字会的社会网络如图 4-2 所示。与天津“卍”字会及其慈

① 《为报告本会发放赈品赈款经办事实情形招待新闻界茶会事致天津社会局函》，1948 年 8 月 18 日，J0025-3-006279-026。

② 《为送难民休息站工作报告茶会纪录事，致市社会局函（附工作报告茶会记录）》，1948 年 8 月 22 日，J0025-3-006324-027。

善事业相关的机构或社会团体非常多,正是与它们保持了良好的社会关系,才保证了天津"卍"字会慈善事业的正常运转。

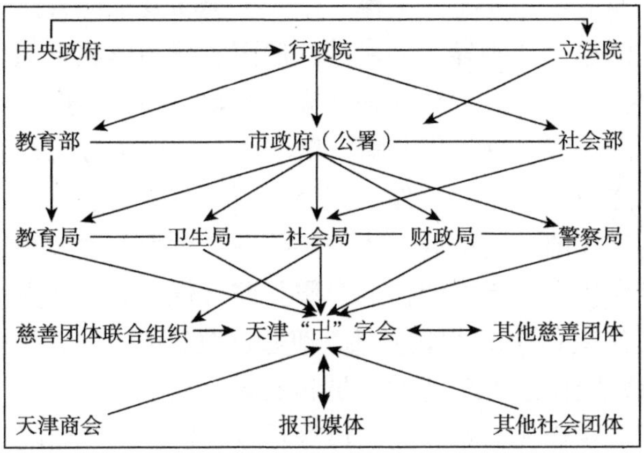

图 4-2　天津"卍"字会社会网络示意图

具体来说，天津"卍"字会的社会网络有以下几个特点：

第一，以天津市社会局为中心的地方政府是天津"卍"字会的主要管理者和慈善事业的组织者（特别是在 1928 年以后）。但对慈善团体的最高管理权集中在中央政府，特别是行政院下属之社会部。市政府（公署）有时虽也直接管理天津"卍"字会，但更多的是委派天津市社会局进行管理。慈善事业涉及财政、卫生、教育、治安等多个方面，财政、卫生、教育、警察等局也会不同程度地参与进来，在不同时期、不同类型的慈善事业管理中发挥不尽相同的作用。

第二，总体而言，政府对以天津"卍"字会为代表的慈善团体的管理，具有越来越紧的倾向。北京政府时期，没有出台完善的法律，也没有注意组织慈善团体联合组织，地方政府对慈善团体的慈善事业基本处于放任自流的状态。南京国民政府前期，已经出台了一些法律法规，逐渐形成以社会局为中心的管理体制，初步建立了慈善团体组织。日伪政权统治时期和南京国民政府后期，军事、政治、经济形势均较严峻，政府不得不加强对慈善团体的控制，逐步将之完全地控制在地方政府之下。在这种情况下，天津"卍"字会很少再有自主办理慈善事业的权限和空间，只能按照政府的意旨来办理慈善事业。

第三，除地方政府的管理外，天津商会和慈善团体联合组织也承担了一定的管理责任。1922—1928 年，地方政府对慈善团体无暇顾及，天津"卍"字会等慈善团体，多具有一定的行业性质，故天津商会对之有一定的管理权。一般来说，慈善团体联合组织大多具有深刻的政府的背景，或为政府所召集领导，或者政府部门直接参与管理。慈善团体联合会的组织与领导，有利于慈善事业的统筹安排。天津“卍”字会与其他慈善团体展开合作，一般是在它们的倡议和领导下完成的。但因慈善团体联合组织往往在政府的严密管控和授意下开展工作，强调集体行动，某种程度上也限制了慈善团体的自由性。不过，这一管理模式既弱化了政府管理的行政色彩，又强化了慈善团体之间的联系与合作，其经验值得总结借鉴。

第四，由于民国时期报刊媒体的影响逐步壮大，也逐渐发挥了对以天津“卍”字会为代表的慈善团体的合作与监督作用。合作方面，主要是宣传和帮助筹集善款（物）；监督方面，即通过舆论的方式，弥补政府管理之不足，暴露慈善团体慈善事业的不足和缺陷，敦促整改。

天津“卍”字会还与水、电、煤等行业，以及粮食市场等产生一定的关系，这种关系有些是自发的，有些受到以天津市社会局为首的政府的牵头或牵制。

和天津“卍”字会一样，民国天津其他慈善团体的社会网络也大体相同。它们都不可避免地受到以天津市社会局为代表的地方政府部门的管理与控制，受到天津商会、慈善团体联合组织的直接管理，与报刊媒体、其他慈善团体、社会团体发生关系。虽然具体到某一慈善团体，也会有特殊的关系，比如不少基督教性质的慈善团体还有一些国外背景，但普遍性占主要地位。正是因为这种普遍性，对天津“卍”字会社会网络的研究，更可反映当时的普遍情况。

余论：天津“卍”字会慈善事业的社会功能

天津“卍”字会是民国时代重要的慈善团体。它应运而生，应时而动，内部组织结构比较健全，且与不同时期的政府及社会团体、报刊媒体保持互动；它扎根于传统，慈善思想丰富。在民国天津，天津“卍”字会发挥着正一反、潜一显各方面的功能，在充满吊诡与悖论的同时，也体现了天津“卍”字会及其慈善事业的复杂性。

第一，天津“卍”字会的慈善事业，无论对拯救水深火热中的贫民、灾民、难民来说，还是在协助政府维护不同时期的社会秩序、协助管理城市来说，均具有积极意义。

民国时期，中华民族积贫积弱、内忧外患、天灾人祸不断，这使得处于社会底层的普通民众生活艰难。在此状态下，救济普通民众便成为不容忽视的当务之急。天津“卍”字会办理的永久慈业和临时慈业，均是针对广大普通民众的。这些慈善事业虽然无法从根本上消除社会矛盾和社会问题，也未必能够在社会秩序的维持和城市管理方面占据主要地位，但在它们所活动的天津一隅，还是在一定程度上疏解了社会压力。

大量贫苦民众的存在，容易影响城市的治安和形象。天津“卍”字会的慈善事业，是城市社会发展的润滑剂。天津“卍”字会积极办理慈善事业，救济广大贫民、灾民、难民，对地方政府来说，无疑有利于城市管理。

当然，天津“卍”字会慈善事业本身，在某种程度上说，成为政府行政控制的工具，成为行政管理和政治控制的有力武器。在传统中国的政治模式下，这是一种宿命，难以避免。因为倘使不与政府保持相对良好的关系，而只一味坚持自主地位，像天津“卍”字会那样的非政府组织便难以生存。若与政府过从甚密，不仅有可能消解自身的自主性，模糊自身的理想和存在的意义；在面对中国共产党和中国人民的革命诉求时，可能会表现消极，甚至不经意间成为革命的阻挠因素。

第二，天津“卍”字会的领导群体基本是属于社会中上层人士的旧官僚、旧军人以及地方士绅（尤以商绅为主）。他们有不少人（曾经）官位亨通、人脉深广、腰缠万贯，成为善款筹集的重要保障和慈善事业的领导者和推动者。他们多在地方具有巨大影响力，与地方政府、商业团体、报刊媒体互动频繁，较易利用各种有利资源，对慈善事业的发展与推动功不可没。

但因他们人数较少，社会力量较弱，未必能够看清与理解社会下层的处境。他们所赖以武装的思想武器仍多是传统的，未必能够适应时代的需要，因而不可避免地具有若干局限性。这便从根本上限制、束缚了天津“卍”字会规模的扩大和慈善事业的开展，正所谓“成也萧何，败也萧何”。再说，这批人办理慈善事业，不可避免地具有个人或团体的诉求，或者想在社会地位巩固之后，博取“善人”之名，或者想达到一定的社会、政治或经济目的。动机的不纯，可能会引来许多不必要的纠纷和矛盾，分散了自身的力量，使本已举步维艰的慈善事业有雪上加霜的危险，甚至不可避免地走向失败。

第三，天津“卍”字会中，除天津红卍字会曾经到天津以外地区办理过慈善事业外，黄、蓝、白等卍字会的慈善事业基本局限在天津一隅。即使天津红卍字会的慈善活动，仍以天津为主。故可以认定，天津“卍”字会基本属于局促于天津一隅的城市慈善团体。作为城市慈善团体，对城市非常熟悉，应该救济哪部分人群，应该向哪部分人群募款，办理慈善事业时应该和哪个政府部门、哪部分人群搞好关系，均轻车熟路，有利于慈善事业的开展。

但是，地域的局限、熟悉的环境，也恰恰限制了慈善事业规模的扩展，致使实现理想的希望愈发渺茫。无论是天津红卍字会，还是黄、蓝、白诸卍字会，慈善事业的实绩和理想之间均相差甚远。究其原因，某种程度上便因它们视野的狭窄所致。甚至到南京国民政府后期，以黄、蓝等卍字会，实际仅为城市慈善团体，被政府认为名不副实，不得不改为以天津市黄卍字会、天津市蓝卍字会。如此虽然名实相符了，却“名正言顺”地被限制在天津一隅，使慈善事业理论上向外发展的可能性也失去了。

第四，天津“卍”字会办理慈善事业，不得不与地方政府合作，这一点尤其在日伪日期和南京政府后期体现得更为明显。与地方政府的合作，可以获得大量的善款（物），便利于和其他慈善团体互通信息，及时了解救济重点和方式，对慈善事业的开展、弥补政府功能的不足均有一定好处。

但是，这也无形中束缚了各慈善团体的自主性。以天津市社会局为代表的政府各部门，以及各时期成立的具有官方背景的慈善团体联合组织的管理，限制了各慈善团体的自主性，致使它们无法自主办理自己的慈善事业，从而无可奈何地逐渐失去主体性和特点，甚至日渐沦为政府的附庸。

第五，天津“卍”字会均具有宗教背景，是有信仰的慈善团体。宗教性保证了慈善团体的思想性和理想性，有利于团结会员，坚定地以办理慈善事业为旨志。可以说，在既缺物资、又缺人员的情况下，面对瞬息万变的社会形势，能够始终坚持以办理慈善事业为旨志，苦心孤诣，勇往直前，若没有背后的宗教思想支撑，是不可想象的。

但是，即使尽力做出开放的姿态，宗教性本身也无形中排斥了不信仰该宗教的其他群体，无疑起到了画地为牢，自限限人的作用，客观上造成会众无法大规模增加，会务推展不速的困境。同时，因历届政府对宗教深有忌讳，有意无意地便会有压制的举动。虽然历届政府均允许天津“卍”字会的合法存在，但其宗教性的一面，毕竟较为敏感。于是，在实际表现上，慈善事业的一面，便被突出，宗教性的一面，便主动或被动地淡化了。

第六，作为宗教性慈善团体，天津“卍”字会均具有典型的中国本土特征。慈善事业有永久和临时之分，慈善思想多源于中国传统，领导和参与人物多具有很好的传统文化修养。这种情况，有利于传统文化的传衍。考虑到近代以来，“向西方学习”作为一股不可遏制的浪潮，传统文化屡遭陵夷，天津“卍”字会等慈善团体传衍中国传统文化价值的一面，显然具有积极的意义。由此总结出来的以救人、救已、救世、救心为中心的拯救模式——三棱锥模型，因为是从传统文化中抽绎而出，具有中国本土的特点，与外来慈善团体相比，具有独特性。在屡受西方化、革命化、世俗化洗礼的现代中国，慈善团体和慈善事业正在经受着巨大的挑战，各种问题层出不穷之时，天津“卍”字会及其中国本土宗教之“拯救”理念便具有现实参考意义。

这种传衍，也意味着保守的一面。由于受传统文化影响甚深，不同时期的领导人也多不具备现代的、西方的知识背景，造成了与西方文化的隔膜，甚至在某种程度上远离了时代话语的中心，不可避免地被认为具有落后色彩，也以此为人所曲解、诟病，造成后来难以挽回的退出历史舞台。

自 1949 年冬开始，天津“市军管会明令取缔反动会道门组织活动”[①]，在这一运动中，一些宗教团体遭受了沉重的打击。某种程度上说，天津“卍”字会和一些宗教团体在信仰、教义和组织上具有一定相似性。曾有加入一贯道经历的天津白十字会发起人李育坤，1949 年 12 月 13 日被市公安局逮捕。[②]李氏之被捕，意味着天津白十字会的终结，同时也不可避免地影响到红、黄、蓝等其他卍字会的命运。由于大部分世界红卍字会办理慈善事业有较高的声望，自身没有明确的政治观点，它们并不反对，甚至支持

① 《彻底催毁反动会道门》，《天津日报》1951 年 4 月 7 日。

② 《一贯道首恶罪行深重》，《天津日报》1949 年 12 月 17 日。

新生的人民政权，市政府并没有像打击一贯道、世界新佛教会一样打击天津红卍字会，仍然允许其存在。不过，因为其在信仰上提倡“迷信”，在抗战时期、解放战争时期和日伪政府、南京国民政府过从甚密，且领导人多是旧官僚、旧军人及商绅，办理慈善事业的目的也不尽单纯，人民政府对之仍诟病甚深。虽然也有限度地承认了它们办理慈善事业的努力，但其种种“劣迹”也造成了人民政府对之的防范，为稍后停止活动埋下了伏笔。

在中华人民共和国成立后的调查中，民政局对天津“卍”字会等慈善团体提出了处理意见：

> 不许扶乩，他们有利于人民的叶（业）务，允许存在，例如他们办的小学、托儿所、施诊、施材、施水、施粥、疗养所，允许他们办理，并给以适当的帮助。①

这便完全否定了天津“卍”字会等慈善团体宗教性的一面，也即否定了其慈善事业之救己、救世、救心的一面，仅保留了最表面的、世俗性的“救人”一面。即使如此，在中华人民共和国的政权设置中，民间慈善团体存在空间仍然有限，加之彼时红、黄、蓝等卍字会的财政运转亦遇到严重困难②，它们办理慈善事业的主动权，也难以保留，从而逐渐失去了立会的初衷和存在的意义。1953 年 2 月 19—21 日，世界红卍字会中华总会在《人民日报》上刊登《声明》，“本会因不合社会需要，业经呈请中央人民政府内务部批准，自即日起结束”③。世界红卍字会正式在中国大陆停止活动的声明，也成为天津“卍”字会告别历史舞台的注脚。

① 《天津市社会团体登记报告》，X0065-Y-000034-006。

② 《天津黄卍字会调查初步总结》《天津蓝卍字会》，《天津市各慈善团体调查初步总结》，1950 年 10 月，X0065-Y-000153-008。

③ 世界红卍字会中华总会：《声明》，《人民日报》1953 年 2 月 19 日。

参 考 文 献

一、档案

北京市档案馆档案，档案号：J004-001

北京市档案馆档案，档案号：J004-003

北京市档案馆档案，档案号：J023-001

北京市档案馆档案，档案号：J181-017

北京市档案馆档案，档案号：J183-002

北京市档案馆档案，档案号：J184-002

青岛市档案馆档案，档案号：B0023-001

天津市档案馆档案，档案号：J0001-3

天津市档案馆档案，档案号：J0002-2

天津市档案馆档案，档案号：J0002-3

天津市档案馆档案，档案号：J0010-1

天津市档案馆档案，档案号：J0019-3

天津市档案馆档案，档案号：J0025-2

天津市档案馆档案，档案号：J0025-3

天津市档案馆档案，档案号：J0031-1

天津市档案馆档案，档案号：J0032-1

天津市档案馆档案，档案号：J0038-1

天津市档案馆档案，档案号：J0052-1

天津市档案馆档案，档案号：J0056-1

天津市档案馆档案，档案号：J0061-1

天津市档案馆档案，档案号：J0066-3

天津市档案馆档案，档案号：J0070-1

天津市档案馆档案，档案号：J0110-3

天津市档案馆档案，档案号：J0115-1

天津市档案馆档案，档案号：J0116-1

天津市档案馆档案，档案号：J0123-1

天津市档案馆档案，档案号：J0128-2

天津市档案馆档案，档案号：J0128-3
天津市档案馆档案，档案号：J0129-3
天津市档案馆档案，档案号：J0130-1
天津市档案馆档案，档案号：J0132-1
天津市档案馆档案，档案号：J0134-1
天津市档案馆档案，档案号：J0135-1
天津市档案馆档案，档案号：J0218-3
天津市档案馆档案，档案号：J0219-3
天津市档案馆档案，档案号：J0222-1
天津市档案馆档案，档案号：J0229-1
天津市档案馆档案，档案号：J056f-1

二、专著

（法）埃米尔·涂尔干著，渠东、汲喆译：《宗教生活的基本形式》，上海：上海人民出版社，2006年。

（英）布莱恩·鲍尔著，刘国强译：《租界生活——一个英国人在天津的童年（1918—1936）》，天津：天津人民出版社，2007年。

蔡勤禹：《国家社会与弱势群体——民国时期的社会救济》，天津：天津人民出版社，2003年。

蔡勤禹：《民国以来慈善与救济事业研究》，天津：天津人民出版社，2010年。

蔡勤禹：《民间组织与灾荒救治——民国华洋义赈会研究》，北京：商务印书馆，2005年。

蔡少卿：《中国秘密社会》，杭州：浙江人民出版社，1990年。

（美）杜赞奇著，王福明译：《文化、权力与国家——1900—1942年的华北农村》，南京：江苏人民出版社，1996年。

（德）恩斯特·卡西尔著，范进译：《国家的神话》，北京：华夏出版社，2003年。

（德）恩斯特·卡西尔著，黄龙保、周振选译：《神话思维》，北京：中国社会科学出版社，1992年。

（日）夫马进著，伍跃等译：《中国善会善堂史》，北京：商务印书馆，2005年。

高鹏程：《红卍字会及其社会救助事业研究（1922—1949）》，合肥：合肥工业大学出版社，2011年。

高鹏程：《近代红十字会与红卍字会比较研究》，合肥：合肥工业大学出版社，2015年。

（德）格奥尔格·西美尔著，曹卫东译：《宗教社会学》，上海：上海人民出版社，2003年。

（日）广濑龟松：《津门旧恨——侵华日军在天津市的暴行》，天津：天津社会科学院出版社，1995年。
郭则沄著，栾保群点校：《洞灵小志、续志、补志》，北京：东方出版社，2010年。
（德）哈尔拉德·韦尔策著，季斌等译：《社会记忆：历史、回忆、传承》，北京：北京大学出版社，2007年。
韩佛果：《道院卍会提要》，1957年。
何善蒙：《三一教研究》，杭州：浙江大学出版社，2011年。
何铁冰主编：《天津市地名志·和平区》，天津：天津人民出版社，1998年。
《河北文史资料》编辑部：《近代中国帮会内幕》，北京：群众出版社，1992年。
黄志敏主编：《天津市地名志·南开区》，天津：天津人民出版社，1998年。
（日）吉冈义丰著，余万居译：《中国民间宗教概说》，台北：华宇出版社，1985年。
（日）吉泽诚一郎：《天津的近代——清末都市的政治文化与社会统合》，名古屋：名古屋大学出版会，2002年。
济南道院：《母院坛训（庚辰）》，台北：世界红卍字会台湾主会，1985年。
（美）焦大卫、（加）欧大年著，周育民译：《飞鸾——中国民间教派面面观》，香港：香港中文大学，2005年。
（日）酒井忠夫著，刘岳兵、何英莺、孙雪梅译：《中国善书研究》增补版，南京：江苏人民出版社，2010年。
（美）克利福德·格尔茨著，韩莉译：《文化的解释》，南京：译林出版社，1999年。
雷梦水等：《中华竹枝词》，北京：北京古籍出版社，1997年。
雷穆森著，许逸凡、赵地译：《天津租界史》，天津：天津人民出版社，2009年。
李干忱：《破除迷信全书：美以美会全国书报部》，1924年。
李琴湘：《过年叹》，天津：天津广智馆，1926年。
李琴湘：《天津过年歌》，天津：天津社会教育办事处，1921年。
（清）李庆辰著，金东点校：《醉茶志怪》，济南：齐鲁书社，2004年。
李世瑜：《社会历史文集》，天津：天津古籍出版社，2007年。
李世瑜：《现代华北秘密宗教》，上海：上海文艺出版社，1990年。
李新建主编：《天津宗教史》，天津：天津人民出版社，2013年。
梁其姿：《施善与教化——明清的慈善组织》，台北：联经出版事业公司，2005年。
（法）列维—斯特劳斯著，张祖建译：《结构人类学——巫术·宗教·艺术·神话》，北京：中国人民大学出版社，2006年。
（法）列维—斯特劳斯著，李幼蒸译：《野性的思维》，北京：中国人民大学出版社，2006 年。
（法）列维—斯特劳斯著，丁秀英译：《种族与历史、种族与文化》，北京：中国人民大学出版社，2006 年。
林国平：《林兆恩与三一教》，福州：福建人民出版社，1992 年。
刘海岩：《空间与社会——近代天津城市的演变》，天津：天津社会科学院出版社，2003 年。
刘玉麟主编：《中华人民共和国地名词典 · 天津市》，北京：商务印书馆，1994 年。
刘云若：《旧巷斜阳》，北京：团结出版社，2007 年。
刘云若：《小扬州志》，天津：百花文艺出版社，1986 年。
（意）罗伯托 · 希普里阿尼著，高师宁译：《宗教社会学史》，北京：中国人民大学出版社，2005 年。
（美）罗德尼 · 斯达克、罗杰尔 · 芬克著，杨凤岗译：《信仰的法则——解释宗教之人的方面》，北京：中国人民大学出版社，2004 年。
（梅）罗德尼 · 斯达克、威廉姆 · 希姆斯 · 本布里奇著，高师宁、张晓梅、刘殿利译：《宗教的未来》，北京：中国人民大学出版社，2006 年。
马莉：《现代性视阈下民国政府宗教政策研究》，北京：中国社会科学出版社，2010 年。
（英）马凌诺斯基著，费孝通等译：《文化论》，北京：中国民间文艺出版社，1987 年。
马西沙、韩秉方：《中国民间宗教史》，上海：上海人民出版社，1992 年。
（罗）米尔恰 · 伊利亚德著，王建光译：《神圣与世俗》，北京：华夏出版社，2002 年。
（法）莫里斯 · 哈布瓦赫著，毕然、郭金华译：《论集体记忆》，上海：上海人民出版社，2002 年。
宁波市政协文史委：《宁波帮在天津》，北京：中国文史出版社，2006 年。
（美）塔尔科特 · 帕森斯著，张明德、夏遇南、彭刚译：《社会行动的结构》，南京：译林出版社，2003 年。
齐泉林主编：《天津市地名志 · 河东区》，天津：天津人民出版社，1996 年。
任彦林主编：《天津市地名志 · 河北区》，天津：天津人民出版社，2002 年。
任云兰：《近代天津的慈善与社会救济》，天津：天津人民出版社，2007 年。
上海中华基督教青年会全国协会：《中华基督教青年会五十周年纪念册（1885—1935）》，上海：青年协会书局，1935 年。
尚克强：《九国租界与近代天津》，天津：天津教育出版社，2008 年。
（美）施坚雅著，叶光庭译：《中华帝国晚期的城市》，北京：中华书局，2000 年。

世界红卍字会台湾主院:《北京训录》，台北：世界红卍字会台湾主院，1980年。
世界红卍字会台湾主院:《济南训录》，台北：世界红卍字会台湾主院，1980年。
世界红卍字会台湾主院:《天津训录》，台北：世界红卍字会台湾主院，1980年。
宋光宇:《宋光宇宗教文化论文集》，台北：佛光人文社会学院，2002年。
孙善根:《民国时期宁波慈善事业研究（1912—1936）》，北京：人民出版社，2007年。
孙尚扬:《宗教社会学》，北京：北京大学出版社，2001年。
孙淑环主编:《天津市地名志·河西区》，天津：天津人民出版社，1999年。
孙语圣:《1931：救灾社会化》，合肥：安徽大学出版社，2008年。
（英）唐·库比特著，王志成、朱彩虹译:《宗教研究新方法》，北京：宗教文化出版社，2008年。
天津红卍字会:《天津红卍字会已巳年冬施粥厂征信录》，1929年。
天津黄卍字会:《世界黄卍字会年鉴》，1941年。
天津社会科学院历史研究所《天津简史》编写组:《天津简史》，天津：天津人民出版社，1987年。
天津市档案馆:《北洋军阀档案史料选编》，天津：天津古籍出版社，1990年。
天津市档案馆:《天津市档案馆指南》，北京：中国档案出版社，1996年。
天津市地方志编修委员会办公室，天津市老城博物馆:《天津通志·民俗志》，天津：天津社会科学院出版社，2006年。
天津市地方志编修委员会:《天津通志·军事志》，天津：天津社会科学院出版社，2001年。
天津市规划局:《天津城市历史地图集》，天津：天津古籍出版社，2004年。
天津市历史博物馆等:《近代天津图志》，天津：天津古籍出版社，1992年。
天津图书馆:《天津日本租界居留民团资料》，桂林：广西师范大学出版社，2006年。
天津中华基督教青年会:《天津中华基督教青年会与近代天津文明》，天津：天津人民出版社，2005年。
（美）托马斯·F.奥戴、珍妮特·奥戴·阿维德著，刘润忠等译:《宗教社会学》，北京：中国社会科学出版社，1990年。
完颜绍元:《王廷的外交生涯》，北京：团结出版社，2008年。
王见川，林万传主编:《明清民间宗教经卷文献》，台北：新文丰出版公司，1999年。
王娟:《近代北京慈善事业研究》，北京：人民出版社，2010年。
王俊秋:《中国慈善与救济》，北京：中国社会科学出版社，2008年。
王明:《太平经合校》：北京：中华书局，1960年。
王世永:《认识道院、世界红卍字会》，台北：世界红卍字会台湾总主会，2008年。

王卫平，黄鸿山：《中国古代传统社会保障与慈善事业：以明清时期为重点》，北京：群言出版社，2004 年。
王秀美：《当代基督宗教关怀——理论与实践》，上海：上海三联书店，2006 年。
王有台：《孔道我闻录》，1922 年。
王宗信：《中国气象灾害大典：天津卷》，北京：气象出版社，2008 年。
香港红卍字会：《道慈纲要》，香港：香港红卍字会，2005 年。
邢克文主编：《天津市地名志 · 红桥区》，天津：天津人民出版社，1997 年。
兴亚宗教协会：《华北宗教年鉴》，北平：兴亚宗教协会，1941 年。
许晚成：《上海慈善机关概况》，上海：龙文书局，1946 年。
杨大辛，方兆麟主编：《天津历史的转折——原国民党军政人员的回忆》，天津：天津市政协文史资料研究委员会，1988 年。
杨大辛：《津门往事杂录》，天津：天津市文史研究馆，2004 年。
（美）杨庆堃著，范丽珠译：《中国社会中的宗教》，上海：上海人民出版社，2007 年。
杨时中：《五教指南》，上海：世界和平法编译处，1931 年。
（美）英格著，金泽译：《宗教的科学研究》，北京：中国社会科学出版社，2009 年
游子安：《善与人同——明清以来的慈善与教化》，北京：中华书局，2005 年。
游子安主编：《弘道展慈——香江道慈八十载》，香港：书作坊出版社，2011 年。
张建俅：《中国红十字会初期发展之研究》，北京：中华书局，2007 年。
张元卿，王振良主编：《津门论剑录：民国北派武侠小说作家研究文集》，上海：上海远东出版社，2011 年。
赵东书主编：《理教汇编》，台北：中华印刷厂，1973 年。
赵辉主编：《天津红十字会九十年》，天津：天津人民出版社，2001 年。
赵晓阳：《基督教青年会在中国：本土和现代的探索》，北京：社会科学文献出版社，2008 年。
郑志明：《中国善书与宗教》，台北：学生书局，1994 年。
中国会道门史料集成编纂委员会：《中国会道门史料集成》：北京：中国社会科学出版社，2004 年。
中国人民政治协商会议天津市委员会文史资料研究委员会：《近代天津十大买办》，天津：天津人民出版社，2002 年。
中国人民政治协商会议天津市委员会文史资料研究委员会：《近代天津十大寓公》，天津：天津人民出版社，1999 年。
中国人民政治协商会议天津市委员会文史资料研究委员会：《近代天津十二大报

人》，天津：天津人民出版社，2001年。
中国人民政治协商会议天津市委员会文史资料研究委员会：《沦陷时期的天津》，1992年。
中国人民政治协商会议天津市委员会文史资料研究委员会：《天津近代人物》，1987年。
中国社会科学院邪教问题研究中心：《破坏性膜拜团体研究国际学术研讨会论文集》，北京：中国社会科学出版社，2009年。
周泓：《群团与圈层——杨柳青：绅商与绅神的社会》，上海：上海人民出版社，2008年。
周建超：《秘密社会与中国民主革命》，福州：福建人民出版社，2002年。
周俊旗：《民国天津社会生活史》，天津：天津社会科学院出版社，2004年。
周秋光：《红十字会在中国（1904—1927）》，北京：人民出版社，2008年。
周秋光：《近代中国慈善论稿》，北京：人民出版社，2010年。
周秋光：《熊希龄与慈善教育事业》，长沙：湖南教育出版社，1991年。
周秋光主编：《熊希龄集》，长沙：湖南人民出版社，2008年。
《道院纪要》，香港：宗母总驻港办事处，1973年。
左芙蓉：《民国北京宗教社团——文献、历史与影响》，北京：宗教文化出版社，2011年。

三、学术论文

（一）期刊论文

曹广婷：《论佛教的慈悲利他思想及社会关怀》，《西安社会科学》2010年第2期。
曾桂林，王卫平：《日美及港澳台地区近五十年对中国慈善事业史的研究》，《史学理论研究》2008年第2期。
曾桂林：《2000年以来中国古代慈善事业史研究概述》，《文化学刊》2009年第1期。
常建华：《二十世纪的中国宗教研究》，《历史研究》1999年第5期。
陈明华：《扶乩的制度化与民国新兴宗教的成长——以世界红卍字会道院为例（1921—1932）》，《历史研究》2009年第7期。
陈明华：《权力变迁与新兴宗教的应对——以世界红卍字会徐州分会会址纠纷为中心的考察（1921—1936）》，《浙江大学学报》（人文社会科学版）2014年第5期。
程歗：《理门与近代华北集镇社会——天津独流镇理门调查分析》，《清史研究》1997年第2期。

池子华：《民国北京政府时期中国红十字会的赈灾行动述略》，常建华主编：《中国社会历史评论》第 6 卷，天津：天津古籍出版社，2006 年。

杜景珍：《略论道院遭禁后的动向》，王见川等主编：《民间宗教》第 3 辑，台北：南天书局，1997 年。

杜赞奇：《中国世俗主义的历史起源及特点》，《开放时代》2011 年第 7 期。

范纯武，王见川，高致华：《战后台湾民间宗教研究的回顾与前瞻》，《文史哲》2009 年第 1 期。

方竞，蔡传斌：《民国时期的世界红卍字会及其赈济活动》，《中国社会经济史研究》2005 年第 2 期。

方乾坤：《世界红卍字会 1931 水灾救济研究——以皖苏为例》，《淮南师范学院学报》2018 第 1 期。

高鹏程，池子华：《南京大屠杀时期红卍字会活动的两面性》，《南京社会科学》2010 年第 7 期。

高鹏程，刘平：《抗战时期沦陷区的红卍字会》，《安徽史学》2016 年第 2 期。

高鹏程：《论红卍字会的会员资格、类型与社会基础》，《苏州科技学院学报》（社会科学版）2009 年第 4 期。

高鹏程：《民国时期红卍字会临时慈业的运作与效能——以战事和灾荒网络社会救助为中心的考察》，《东方论坛》2011 年第 1 期。

高鹏程：《南京大屠杀时期红卍字会活动的两面性》，《南京社会科学》2010 年第 7 期。

高鹏程：《双重视阈下民国南通红卍字会运作的实态分析》，《南通大学学报》（社会科学版）2010 年第 2 期。

郭大松，曹立前：《源起齐鲁的道院组织及其时代特征》，《山东师范大学学报》（社会科学版）1994 年第 3 期。

郭大松，李光伟：《救世与救心——万国道德会缘起初探》，《山东师范大学学报》（社会科学版）2007 年第 5 期。

郭大松：《济南道院暨红卍字会之调查辩证》，《青岛大学师范学院学报》2005 年第 3 期。

郝红暖：《明末至民国前期天津慈善组织的演变与特点》，《安徽史学》2011 年第 7 期。

侯亚伟，侯杰：《鸦片战争前后天津庙宇的空间分布——以〈津门保甲图说〉为中心》，《世界宗教研究》2012 年第 4 期。

侯亚伟：《集体记忆与民间信仰》，《理论与现代化》2012 年第 4 期。

侯亚伟：《近代中国城市慈善团体之社会救济——以公善施材总社为例》，上海中山学社:《近代中国》第26辑，上海：上海社会科学院出版社，2017年。
侯亚伟:《近代中国塑造健全儿童的理念与行动——以天津青年会为例》,《基督教学术》2015年第13期。
侯亚伟:《救人、救己与救世：天津红卍字会慈善事业探析》,《世界宗教文化》2012年第3期。
侯亚伟:《民国学者的扶乩研究》,《世界宗教研究》2017年第5期。
侯亚伟:《社会史视阈下的天津居士林》，常建华主编:《中国社会历史评论》第19卷，天津：天津古籍出版社，2017年。
侯亚伟:《世界黄、蓝等卍字会考论》,《世界宗教文化》2014年第2期。
侯亚伟:《天津红卍字会的善款（物）来源》，上海中山学社:《近代中国》第28辑，上海：上海社会科学院出版社，2018年。
侯亚伟:《天主教对中国本土宗教的批评——以〈益世报·真道正言〉为例》,《当代宗教研究》2012年第5期。
贾英哲:《哈尔滨红卍字会的历史价值考证》,《黑龙江社会科学》2007年第2期。
（日）酒井忠夫:《道院的沿革》，王见川等主编:《民间宗教》第3辑，台北：南天书局，1997年。
（日）酒井忠夫:《民国初期之新兴宗教运动与新时代潮流》，王见川等主编:《民间宗教》第1辑，台北：南天书局，1995年。
李恭忠:《行走在政治与学术之间——中国秘密社会史研究的百年历程及其展望》,《河北学刊》2005年第3期。
李光伟，郭大松:《民国女道德社暨世界妇女红卍字会史事考》,《民国档案》2009年第2期。
李光伟:《20世纪上半叶中国民间慈善救助事业之典范——世界红卍字会烟台分会恤养院的历史考察》,《鲁东大学学报》（哲学社会科学版）2007年第3期。
李光伟:《近代中国本土第一个规模较大的民间慈善救助组织——世界红卍字会文史月刊》，2009年第11期。
李光伟:《民国道院扶乩活动辨正》,《安徽史学》2009年第4期。
李光伟:《民国道院暨世界红卍字会的慈善医疗活动探析——以山东省为例》,《东方论坛》2009年第1期。
李光伟:《民国道院暨世界红卍字会的衰亡原因与评价刍论》,《贵州大学学报》（社会科学版）2009年第1期。
李光伟:《民国道院暨世界红卍字会的缘起与发展述论》,《理论学刊》2010年第1期。
李光伟:《民国山东道院暨世界红卍字会文献资料知见略说》,《山东图书馆季刊》

2008 年第 1 期。
李光伟：《世界红卍字会牟平分会暨恤养院历史初探》，《鲁东大学学报》（哲学社会科学版）2009 年第 2 期。
李光伟：《烟台红卍字会及其慈善事业（1926—1935）》，《鲁东大学学报》（哲学社会科学版）2017 年第 5 期。
李向平：《宗教发展及其社会救助模式》，《江南大学学报》（人文社会科学版）2010 年第 3 期。
李小尉，胡琴娥：《1927—1937 年京津地区国家政权与民间慈善组织的互动关系》，《兰州学刊》2011 年第 4 期。
李云波：《兵燹济难：一二八抗战中世界红卍字会的战地救护工作》，《民国档案》2016 年第 1 期。
刘海岩：《近代华北自然灾害与天津边缘化的贫民阶层》，《天津师范大学学报》（社会科学版）2004 年第 2 期。
刘海岩：《近代天津城市边缘区的形成及其结构特征》，《天津师范大学学报》（社会科学版）2007 年第 4 期。
刘平，冯彦杰：《近年美国有关中国民间宗教的研究》，《世界宗教文化》2010 年第 5 期。
刘秀君：《近年来民国慈善事业史研究述评》，《安徽文学》2009 年第 1 期。
刘宗志：《清末天津广仁堂初探》，《湖南科技学院学报》2007 年第 10 期。
罗国辉，李丽娟：《从〈益世报〉看 1927 年华北会道门》，《燕山大学学报》（哲学社会科学版）2009 年第 1 期。
马西沙：《民间宗教救世思想的演变》，《中国社会科学院研究生院学报》1995 年第 4 期。
密素敏：《从档案资料看民国时期的救世新教》，《世界宗教研究》2011 年第 5 期。
濮文起，梁家贵：《挽劫救世：中国民间宗教的社会关怀》，《宗教学研究》2016 年第 1 期。
濮文起：《当代中国民间宗教活动的某些特点——以河北、天津民间宗教现实活动为例》，《理论与现代化》2009 年第 2 期。
濮文起：《兼容・杂糅・愤世・抗争——中国民间宗教的特殊性格》，《东方丛刊》2007 年第 3 期。
濮文起：《民国时期的世界红卍字会》，《贵州大学学报》（社会科学版）2007 年第 2 期。
濮文起：《民国时期民间秘密宗教简论》，《天津社会科学》1994 年第 2 期。
濮文起：《天津民间宗教现实活动调查与对策研究》，《贵州大学学报》（社会科学版）2011 年第 7 期。
濮文起：《天津宗教的历史与现状》，《世界宗教研究》2004 年第 2 期。
濮文起：《中国民间宗教思想的几个特点》，《南开学报》（哲学社会科学版）2007 年第 3 期。
邱仲麟：《清代天津商人与社会慈善》，《淡江史学》1997 年第 7—8 期。
任云兰：《城市慈善救济组织的空间分布探微——近代天津的个案分析》，《四川大学学报》（哲学社会科学版）2008 年第 3 期。
任云兰：《传教士与中国救济理念的近代化》，《理论与现代化》2007 年第 2 期。
任云兰：《从天津长芦育婴堂的变迁看慈善事业中国家与社会的关系》，《理论与现代化》2009 年第 5 期。
任云兰：《地方精英与慈善事业：近代天津的个案研究》，常建华主编：《中国社会历史评论》第 9 卷，天津：天津古籍出版社，2008 年。
任云兰：《近代城市慈善组织运作机制探析——以天津市慈善组织为例》，《天津大学学报》（社会科学版）2009 年第 5 期。
任云兰：《近代城市贫民阶层及其救济探析——以天津为例》，《史林》2006 年第 2 期。
任云兰：《近代慈善救济事业的社会功能探讨》，《理论与现代化》2008 年第 5 期。
任云兰：《近代华北自然灾害期间京津慈善机构对妇女儿童的社会救助》，《天津社会科学》2006 年第 5 期。
任云兰：《近代天津慈善组织的兴盛原因探析》，《社会工作（上半月）》2009 年第 9 期。
任云兰：《近代天津的社会救济事业探略》，《历史教学》（高校版）2007 年第 4 期。
任云兰：《近代天津官办救济事业探析》，《历史档案》2009 年第 3 期。
任云兰：《近代天津会馆与同乡组织及其慈善公益活动》，《南方论丛》2008 年第 2 期。
任云兰：《近代天津基督教青年会的社会救济活动述论》，《南方论丛》2007 年第 3 期。
任云兰：《论华北灾荒期间天津商会的赈济活动（1903—1936）——兼论近代慈善救济事业中国家与社会的关系》，《史学月刊》2006 年第 4 期。
任云兰：《民国时期华北灾荒与天津粮食市场（1912—1936 年）》，《中国农史》2006 年第 2 期。
任云兰：《民国灾荒与战乱期间天津城市的社会救助（1912—1936 年）》，《中国社会经济史研究》2005 年第 2 期。
任云兰：《弱势群体的社会救助——历史与现实的反思》，《南方论丛》2006 年第 2 期。
任云兰:《西方慈善救济思想在近代中国的传播与影响分析》,《天津大学学报》(社会科学版) 2007 年第 5 期。
沈洁:《“反迷信”话语及其现代起源》,《史林》2006 年第 2 期。
史习芳:《中华人民共和国成立前天津行政区划沿革》,《天津社会科学》1982 年第 2 期。
宋光宇:《从中国宗教活动的三个主要功能看 20 世纪中国与世界的宗教互动》,《世界宗教研究》2000 年第 3 期。
宋光宇:《民国初年中国宗教团体的社会慈善事业——以世界红卍字会为例》,《文史哲学报》1997 年第 7 期。
宋光宇:《绅、商人与慈善——民国初年一个慈善性宗教团体“世界红卍字会”》,《辅仁历史学报》1998 年第 9 期。
宋美云:《20 世纪初天津商会对外交往与城市经济的发展》,《南开经济研究》2000 年第 3 期。
孙江:《救赎宗教的困境——伪满统治下的红卍字会》,《学术月刊》2013 年第 8 期。
孙江:《战场上的尸体——“一·二八事变”中红卍字会的掩埋尸体活动》,《江海学刊》2015 年第 2 期。
唐忠毛:《作为民间慈善组织的近代居士佛教——以民国上海佛教居士林为例》,《上海师范大学学报》(哲学社会科学版) 2008 年第 11 期。
特利亚·扬库:《国际人道主义在中国:从 20 世纪初的灾赈谈起》,《史学月刊》2014 年第 4 期。
王佳:《中国佛教团体与慈善公益事业研究评述》,《世界宗教文化》2011 年第 2 期。
王林,祝介梅:《论世界红卍字会在全面抗战初期的慈善救济》,《东方论坛》2017 年第 5 期。
王林:《论民国时期道院暨世界红卍字会的合法性危机及其应对》,《东方论坛》2018 第 2 期。
魏宏运:《1939 华北大水灾述评》,《史学月刊》1998 年第 5 期。
魏乐博:《中国社会的宗教和公益》,《北京大学学报》(哲学社会科学版) 2009 年第 4 期。
谢忠强,李云:《1939 海河流域水灾述论》,《河海大学学报》(哲学社会科学) 2001 年第 1 期。
张根福:《抗战初期世界红卍字会在浙江的难民救济活动述略》,《浙江大学学报》(社会科学版) 2000 年第 5 期。
张建俅:《近代中国与社团关系的探讨——以中国红十字会为例(1912—1949)》,

《“中央研究院”近代史研究所辑刊》第 47 期，台北：“中央研究院”近代史研究所，2005 年。

张建俅：《中国红十字会经费问题探析（1912—1937）》，《近代史研究》2004 年第 3 期。

张礼恒：《民国时期上海的慈善团体统计（1930 年前后）》，《民国档案》1996 年第 3 期。

张璐：《天津广仁堂医疗机构初探》，《中国社会科学评论》，2010 年。

赵津：《租界与天津城市化》，《天津社会科学》1987 年第 5 期。

赵世瑜，邓庆平：《二十世纪中国社会史研究的回顾与思考》，《历史研究》2001 年第 7 期。

赵献海：《瘟疫与民间宗教——以林兆恩与三一教为例》，常建华主编：《中国社会历史评论》第 6 卷，天津：天津古籍出版社，2006 年。

赵炎才：《清末民初道德救世思潮的历史考察》，《长江论坛》2006 年第 1 期。

赵炎才：《辛亥前湖北革命团体道德救世精神管窥》，《中国地质大学学报》（社会科学版）2005 年第 5 期。

赵炎才：《中国近代道德救世思想的萌蘖》，《江汉大学学报》（人文科学版）2005 年第 7 期。

郑东升：《北洋时期的宗教慈善事业研究》，《昆明理工大学学报》（社会科学版）2007 年第 10 期。

（二）硕博论文

曹礼龙：《修行与慈善——上海的世界红卍字会研究（1927—1949）》，上海师范大学 2005 年硕士学位论文。

陈明华：《民国新宗教的制度化成长——以世界红卍字会道院为重心的考察（1921—1937）》，复旦大学 2010 年博士学位论文。

丛嶷：《1912—1937 年天津妇女救济事业研究——以广仁堂为研究重点》，南开大学 2007 年硕士学位论文。

董桂平：《1939 天津水灾及赈济述论》，天津师范大学 2007 年硕士学位论文。

范纯武：《清末民间慈善事业与鸾堂运动》，中正大学 1996 年硕士学位论文。

付燕鸿：《近代城市贫民研究——以天津为中心的考察（1860—1937）》，南开大学 2012 年博士学位论文。

高鹏程：《红卍字会及其社会救助事业研究（1922—1949）》，苏州大学 2009 年博士学位论文。

郭锦超：《近代天津和华北地区经济互动的系统研究（1880 年代—1930 年代）》，

南开大学2001年博士学位论文。
贺永田:《世界红卍字会研究(1922—1953)》，湖南师范大学2009年硕士学位论文。
胡素萍:《李佳白与清末民初的中国社会》，中山大学2006年博士学位论文。
胡伟:《传统与现代的融合与变通——以广仁堂为中心的考察》，南开大学2009年硕士学位论文。
佳宏伟:《区域分析与口岸贸易——以天津为中心(1867—1931)》，厦门大学2007年博士学位论文。
李光伟:《道院·道德社·世界红卍字会——新兴宗教慈善组织的历史考察(1916—1954)》，山东师范大学2008年硕士学位论文。
李少兵:《民国时期的佛学与社会思潮》，北京师范大学1998年博士学位论文。
梁景之:《清代民间宗教研究——关于信仰、群体、修持及其与乡土社会的关系》，中国社会科学院2002年博士学位论文，
屈小伟:《近代华北地区慈善研究》，湖南师范大学2010年硕士学位论文。
沈洁:《现代中国的反迷信运动：1900—1949》，中国人民大学2006年博士学位论文。
王振娜:《近代济南慈善事业研究(1940—1949)》，山东大学2012年硕士学位论文。
武民强:《推广皇仁——清季天津广仁堂及其妇孺慈善事业研究》，南开大学2012年博士学位论文。
向芳:《民间新兴宗教的财源及动作——以道院暨世界红卍字会、万国道德会为对象》，华中师范大学2012年硕士学位论文。
张爱华:《上海理教研究》，上海师范大学2004年硕士学位论文。
张璐:《慈善·卫身·强国——晚清天津医疗慈善事业研究》，南开大学2009年硕士学位论文。
赵炎才:《清末民初的道德救世与伦理重构》，华中师范大学2005年博士学位论文。

四、报刊

《北洋画报》
《大公报》
《国民政府公报》
《行政院公报》
《立法院公报》
《申报》

《时事新报》
《首都市政公报》
《天津基督教女青年会会务季刊》
《天津日报》
《天津商报》
《天津市教育局教育公报》
《天津市社会局公报》
《天津市社会局行政周刊》
《天津市政府公告》
《天津市周刊》
《天津特别市市政公报》
《新天津画报》
《益世报》

附　　录

附表一　1929 年天津红卍字会冬赈捐款表　　（单位：元）

捐款者	金额	捐款者	金额	捐款者	金额	捐款者	金额	捐款者	金额
广仁堂	2000	抱痌氏	2000	积记	500	信义永	5	美丰东栈	5
王达虚	440[1)]	慈记	300	善记	300	蒋允记	5	靖源隆	5
新记	300	天津金城银行	200	天津四行储蓄会准备库	200	王建津	5	袁致庆	4
天津中南银行	200	天津中国银行	200	天津盐业银行	200	张锡爵	4	张朱氏、宋氏	4
天津中国实业银行	200	天津交通银行	200	益记	200	田慧华	3	庞慧觉	3
徐曜无、晖荫	200	华新津厂	200	琳德	200	天津仁和栈	3	天津聚兴隆	3
广记	200	左仲鸿	180	云记	100	徐敬儒	3	李稚贤	2
天津恒利金店	100	天津大陆银行	100	荥阳道人	100	王聘臣	2	张宝峰	2
周实之	100	德和木号	100	忠厚堂魏	100	郭贯三	2	张续功	2
卢宠之	100	王攀月	100	高万涵	100	曹寄廛	2	承庆栈	2
裕纱厂	100	巽萱	100	天津浙江兴业银行	70	义成通	2	公记号	2
敦本堂	69.5	王郅卿	50	张松泉	50	义顺合	2	同和成	2
石松岩	50	李颐厚	50	李朱云	50	合诚公	2	吉泰隆	2
李乐天	50	杨荫孙	50	周寅初	50	源茂盛	2	春兴	2
恒利金店	50	苏静虚	50	合记公司	50	同和兴	2	庆盛祥	2
志记	50	祥德津店	50	杨靖恭堂	50	兴合公	2	曾公甫	2
同和津店	50	胡寿德	50	敦源	50	绣阳友记	2	叶馨堂	2
孙仲山	50	无名氏	50	雨记	40.1	成鹤卿	2	叶少堂	2
北洋纱厂	40	恒源纱厂	40	裕大纱厂	40	李敬斋	2	贾云岫	2

续表

捐款者	金额	捐款者	金额	捐款者	金额	捐款者	金额	捐款者	金额
朱老太太	30	聚丰富	30	鲁锡田	30	马心如	2	阎希文	2
周叔弢	30	王笑予	30	天津边业银行	30	焦其经	2	张文义	2
松记	30	会记	25	嘉记	25	张兆彭	2	马茂堂	2
王良洁	20	劳笃文	20	天津同聚永银号	20	张墨农	2	王丽生	2
王兰舫	20	吴墨卿	20	华胜号	20	陈祖珍	2	李如松	2
三顺成	20	华信诚	20	永成号	20	李汉全	2	史恪	2
中西公司	20	华新公司	20	天津东三省官银号	20	王隆芝	2	姜在川	2
杨金城	20	隆昌号公记	20	梁著芗	20	马德华	2	史桐业	2
王竹铭	20	董亨衢	20	王慎之	20	许润甫	2	张玉祥	2
无名氏	20	中兴号	20	陈聿落	12	王殿臣	2	天成西栈	2
庞慧觉	10	锦记栈	10	王利宏	10	燕瑞卿	2	段寿廷	2
赵岳东	10	黄旭东	10	王恩荣	10	福宝恒	2	王竹筠	2
葛吉陛	10	胡珍府	10	任公馆	10	杜友樵	2	蔡善身	2
阎承龙	10	李际唐	10	李月肪	10	永济银号	2	天津永丰栈	2
恒昌公司	10	侯省三	10	韩惟须	10	庞琴舫	2	刘老太太	2
信和木号	10	于旸常	10	胡翰卿	10	张睿溪	2	田修斋	2
张春华	10	集成银号	10	毕馨斋	10	陈稚甫	2	赵兰波	2
冯子缓	10	大同公司	10	陈聚五	10	杨崇山	2	郭子浩	2
天津中国农工银行	10	刘筱斋	10	董吉安	10	信德银号	1	鲁鸿	1
同华茂	10	高馨记	10	同益兴瑞记	10	鲁溥	1	鲁浩	1
杨毅伯	10	益丰德	10	杨俊伯	10	鲁波	1	鲁濂	1
同德号	10	务本	10	敦庆隆	10	鲁钱氏女士	1	刘老太太	2
王子明	10	恒源纱厂	10	王錤	6	鲁孙氏女士	1	刘老太太	2
史恒善	6	宋纯甫	5	王尔凡	5	刘级三	1	韩文清	1
宝善堂	5	天宝堂	5	天裕堂	5	聚合栈	1	源丰厚	1

续表

捐款者	金额	捐款者	金额	捐款者	金额	捐款者	金额	捐款者	金额
孝友堂	5	龚淑云	5	王果铣	5	田张氏女士	1	田苗兆珍	1
徐选楼	5	林季武	5	蔡楚才	5	刘子贵	1	雷恩普	1
包祥松	5	张永清	5	史守法	5	曹耕斋	1	张子美	1
张玉珂	5	赵玉山	5	鲍清汉	5	郭慧光女士	1	田光瑶女士	1
王古忱	5	王季轩	5	王润斋	5	王敬铭	1	梁曜西	1
陈延生	5	明记行	5	李梦九	5	张凤阁	1	刘辅臣	1
李锡庆	5	马镇东	5	赵海岑	5	张质斋	1	刘书田	1
天津广瑞银号	5	天津公记号	5	天津祥记号	5	邵寿春	1	赵翰卿	1
天津华利洋行	5	天津肇华银号	5	天津祥记公司	5	刘宝林	1	王树坡	1
天津利丰公司	5	杜旸义	5	郑融春	5	陆鹤亭	1	安荣甫	1
辅顺号	5	恒堂	5	义德和	5	章香芝	1	范诚轩	1
泰丰号	5	德裕顺	5	福德堂	5	刘瑞五	1	鲁汉兴	0.5
三省堂	5	务本堂	5	思义堂	5	鲁中兴	0.5	鲁德兴	0.5
信德堂	5	德顺堂	5	信德荣	5	鲁瑞兴	0.5	鲁孚兴	0.5
隐名氏	5	左春田	5	戒子年	5	鲁纯真	0.5	鲁纯蓉	0.5
殷雪堂	5	李竹波	5	张贯卿	5	鲁纯鸾	0.5	鲁纯俭	0.5
王金堂	5	叶记德发源	5	曹雨田	5	鲁纯明	0.5	鲁纯清	0.5
高季强	5	夏瑾怀	5	杨启光	5	胡俊山	0.5	王子珍	0.5
肇华银号	5	聚丰永银号	5	大义栈	5	刘均衡	0.5	王赞臣	0.5
集成银号	5	晋泉栈	5	厚记	5	王盖卿	0.5	王兰壁	0.5
恒德栈	5	孙培阳	5	汇源栈	5	葛联庆	0.5	李士琪	0.5
隆顺号仁记	5	公庆和	2	杨立亭	2	鲁钱	1	夏楚卿	1
张存记	5	开源公司	2	魏少泉	2	鲁刘氏	1	薛相廷	1
天津颐和银号	4	大昌兴	2	黄子祥	2	鲁卢氏女士	1	张玉珍	1
刘书廷	3	马址塘	2	温星三	2	清和公司	1	鲁文兴	0.5
天津庆丰栈	3	柴慧轩	2	谢绲如	2	公议栈	1	鲁和兴	0.5
张炳南	3	李秀基	2	永恒银号	2	张文甫	1	鲁正兴	0.5
褚学义	2	阎希恩	2	仝迓东	2	宋新斋	1	鲁纯谦	0.5

续表

捐款者	金额	捐款者	金额	捐款者	金额	捐款者	金额	捐款者	金额
公兴号	2	尹立中	2	毛蓉卿	2	刘寿廷	1	鲁纯性	0.5
胡愚生	2	李庶	2	董树桐	2	天津同顺德	1	梁如海	0.5
津京货栈	2	赵毓葆	2	王荫熙	2	王子湘	1	关芝亭	0.5
公庆成	2	张福荫	2	卢子桢	1	张锦堂	1	周雅轩	0.5
缪敬篪	2	王沛英	2	鲁澎	1	王益三	1	何振声	0.5
同胜兴	2	郝修长	2	鲁澄	1	李少林	1	总计	12479

注：原捐小米 40 石，合洋 440 元

资料来源：《天津红卍字会已巳年冬施粥厂征信录》，1929 年

附表二　1937—1938 年各善士捐助赈款台衔表　（单位：元）

姓名	金额	姓名	金额	姓名	金额	姓名	金额	姓名	金额
黄太太	20	吴总长	100	无名氏	20	无名氏	86	陈干城	50
余人堂	45	守鹤堂	200	八太太	10	杨刘氏	3	张盛氏	1
徐荣	1	无名氏	300	增恕堂	40	隐名氏	300	朱赵妈	6
寿仁堂	20	百福堂	50	雅文堂	5	禄德堂	28	素晚堂	1
许阁堂	1.1	仁安堂	40	静宜堂	1	惠振堂	3.9	单南默	60
单克猷	40	珸山氏	10	无名氏	50	白辅庭	200	敦孚号代募	200
杨太太	20	张宅	5	刘宅	5	倪筱圃	5	五善堂	100
无名氏	200	无名氏	300	无名氏	100	赵和蔚	1	冯光璞	1
德祥号	2	张春山	1	朱永和	0.5	齐家瑞	0.5	信仲明	0.2
马妙生	100	高仲韩	10	金城银行代募	172	全顺煤厂王	2	益世报服务部	590
新记	200	无名氏	5	杨先生	60	助赈堂	212	张相臣	1
启明新记银号	50	杜乐园	93.2	张相臣	1	恒利金店	20	崔文波	5
宋蔼然	5	周锡祁	5	步公馆	1	无名氏	1	郑毓祥	20
贺显庭	2	仰毓铎	3	无名氏	5	许太太	5	谷景明	0.8
甘君伟	1	无名氏	1	慈记	200	李记	300	贵德记	200
益记	100	善记	200	李福仙	70	张六太太	50	张贤德	200
张凌波	5	张宅同人	11	殷应科	2	王宅	5	黄宅	5
乐有余	6	痴云主人	2	全静轩莉珊女林	1	恒芳女士	0.1	无名氏	2
伴琴主人	2	颖如	0.5	瑾如	0.5	端生	1	确亚	2
五福堂	2	铨季达	1	白氏	0.1	金氏	0.2	陈氏	0.1
李氏	0.1	徐如山	0.1	韩姑娘	0.1	魏氏	0.1	李方奎	0.2
王宝亭	0.1	梁氏	0.1	乐天氏	0.5	阳邱居士	500	杨味云	200

续表

姓名	金额	姓名	金额	姓名	金额	姓名	金额	姓名	金额
强健堂	20	曹夫人	160	周先生	10	王老太太	1	丁天庆	0.5
丁织孙	0.5	无名氏	5	俪英女士	2	陈氏	1	郭氏	0.1
王氏	0.1	刘氏	0.2	永李寿君	0.1	赵氏	0.1	王氏	0.1
陈姑娘	0.2	刘姑娘	0.1	吴海山	0.2	刘氏	0.2	杨氏	0.1
刘氏	0.1	常氏	0.1	佟姑娘	0.1	裕氏	0.1	孙姑娘	0.2
石姑娘	0.1	赵氏	0.1	孙辰光	200	倪纯一	100	乐寿堂曹	200
左容筠	30	刘氏	0.1	施今墨	20	张月峰	20	孟太太	500
孟大姨太太	10	陆绍文	500	无名氏	10	李赞耆	200	刘李氏	20
贺天敬太太	50	无名氏	10	徐端甫	100	金城银行代募	501.2	乐寿堂	20
纪敬秋	5	崔钟婉	2	吴昨非	2	陈理淑	3	周俊田	10
无名氏	20	无名氏	2	谦亨堂	10	陈宝宗	10	张曼梅女士	5
邱金囿	5	无名氏	1.5	张李素卿	10	曹太太	2	无名氏	5
广和蔚	2	崇福堂	2	袁则崔	2	崇福堂	2	杨味云	200
白仲瑜	2	义诚厚	50	同泰永	50	益世报服务部	130	宋仁熹	1
无名氏	2	高玉山	3	于士聪	1	沙厚韬	10	王真如	5
明镜	2	刘君宜	1	李克止	2	孟思甫	10	景本日	200
林桂生	50	沈理源	50	孙亦梅	20	俞君飞	50	范芄士	100
范照泰	5	范炳恒	5	福荫堂	5	苏先生	10	安民	10
刘宅	10	王淑慈	2	陈保记	10	无名氏	0.5	无名氏	500
交通银行同人	200	颜鹿鸣	1	魏永誉	1	杨学伟	1	桑志明	4
商稚棠	5	王礼复	1	许文彬	1	沈尔炎	5	沈尔朋	5
沈尔林	5	林泽厚	5	陈旭之	20	联记号	120	宝聚祥	10
徐宗义	0.2	李太太	10	杜太太	10	张蔚斋	10	吴鼎新	5
朱骐	5	朱骏	5	林椿记	10	无名氏	5	张靖善	5
沈竹君	2	无名氏	10	王仙舫	5	倪启华	20	倪容华	10
王床休	1.8	上海盐业银行	1000	弱记	100	洋服业同业公会	100	汤云倩	20
王恩仲	1	沈家正	5	宋毓敬	3	失籍人	0.2	隐者	5
杜秉洪	0.5	李树林	0.5	赵华亭	0.5	无名氏	0.5	阎绍曾	0.5
武毓棠	0.2	李造福	0.2	懋业号	0.2	无名氏	0.2	吕增福	0.1
曹长禄	0.1	陈祖培	0.1	石太太	20	蔡贡氏	5	孟慈昭	20
孟光祥	20	刘记	40	李记	40	益世报服务部	70	马子华	50
宋子钧	10	贾光恒	1	益世报服务部	50	贝雨幸	3.1	无名氏	1

续表

姓名	金额	姓名	金额	姓名	金额	姓名	金额	姓名	金额
刘在明	10	张俊儒	0.6	王三合	0.5	刘鹤龄	100	皖黟桑溪之农	5
一忍堂	10	不愧怍斋主	10	刘先生	2	永丰堂杨	200	珠女士	10
珊女士	0.2	古柳隐名士	200	安协吉	10	陈金锚	50	无名氏	1
李邺廷	10	杨瀚山	10	张璞田	5	周化普	5	王尚城	5
无名氏	100	安朕谷	5	宋博文	5	马向辰	2	李云峰	2
孙宋氏	2	高士荣	1	淑纲	2	张建廷	5	张严丽	5
张锦珠	1	庆源恒	10	郭宅	2	王贞娴	1	高太太	1
方太太	5	李太太	2	王妈	1	赵妈	0.2	李老太太	1
魏和义	5	陈太太	5	陈吉斋	2	潘永年	1	潘晚年	1
无名氏	5	乔老太太	5	李贵	0.2	建初堂	4	戴智平	1
赵修桢	20	渊[illegible]岩	5	宋楚清	2	王少清	1	无名氏	10
王占鰲	1	沈老太太	10	无名氏	20	严乾利	50	天和堂	500
王杨氏	5	无名氏	55	唐梅及小六先生	30	天津印心清舍	66.1	公安局	8.26
烟台慈光社	2000	一岳氏	2	杜飞	5	杜归鎏	10	日本二兵士	日金 0.5
董祝延	10	颖记	5	陈公寿	1	昌记	100	信记	20
同记	30	李宾同	5	退思子	20	无名号	10	无名氏	10
刘二先生	10	王先生	1	赵聘三	10	无名氏	5	无名氏	1
金城银行代募	43.2	金城银行代募	57.6	刘金瑞（城、鏕）	500	退思子	150	自省居士	150
补道斋	200	维持	100	知止堂	5	天毓银号	20	隐名氏	450
广记	150	仁记	100	积记	200	惠记	100	泽记	50
济记	60	慈记	80	悌记	140	益记	120	善记	150
王记	140	恕记	100	霱记	100	蓬伏堂	1	文雅堂	2
维祺堂	2	鲁敏堂	1	藏真堂	50	笃敬堂	2	乐善堂	1
勤俭堂	5	多福堂	3	定中堂	2	狄斋	6	狄斋	32
无名氏	100	弢斋	316.79	读经堂	1	林秀连	0.5	罗治英	0.5
余宗敬	1	张忠娴	1	荫柽	1	董宗之	1	张毓慧	1
诸位	1	徐术之	1	中和银行	5	张泽湘	5	沈鉴孙	5
李石川	5	义聚永	4	隆顺号	2	广增祥	2	正兴德	2
利丰绸庄	2	余丰厚	2	大丰绸庄	2	恒泰昌	2	厚记纸庄	2
德和承	2	泰丰号	2	公兴	2	隆昌号	2	兴隆洋行	2
荣庆栈	1	荣康号	1	庆德成	2	滋丰号	2	同和兴	2
成兴顺	2	源丰厚	2	义生和	2	义生源	2	成兴茶庄	2
万聚恒	2	怡庆号	2	张太太	0.4	王太太	1	杨太太	1

续表

姓名	金额	姓名	金额	姓名	金额	姓名	金额	姓名	金额
范国民	1	王太太	1	仁义堂	200	李仲侯	20	张蔚斋	20
高太太	3	王介石	20	隐名氏	200	隐名氏	20	赵聘三	10
启明新记银号	60	隐名氏	50	进修堂	50	张恩普	30	张逸麓	20
仁和堂	50	王仲英	10	仁丰银号	3	王捷帆	2	李志凌	10
张襄国	5	宋永	12.5	李香舟	13	曲阳隐士	10	张老太太	3.5
傅老太太	10	永德堂	1	袁毓英	15	段履轩	5	业小姐	1
李太太	1	阳邱居士	100	纬记	20	錢记	10	蜀记	10
王介石君经募	209	公庆成	4	赵林冈	2	李佐卿	2	史容轩	2
张敬五	1	费凤楼	1	李泽远	1	解品一	2	王子贤	2
张焕臣	2	王伯鄂	0.2	田煦初	1	本生绸庄	1	孟园舞	1
信益公	2	义发号	1	盛记号	1	振兴号	1	桐兴祥	2
同泰永	2	裕生麻袋庄	2	协盛永	1	南仙舫	1	聚兴永	1
乾义公司	1	福生祥	1	任捷臣	1	无名氏	200	同裕木号	5
裕泰木号	2	协成木号	2	复成木号	1	庆记木号	1	升记木号	1
林记木号	2	和甡木号	2	益兴木号	2	立新号	2	永和甡	3
义源永板厂	3	田士林	1	恒源板厂	1	质记号	2	德兴板厂	2
东和兴木号	2	瑞记木号	5	耀远银号	5	余大亨银号	3	大昌银号	2
广和银号	3	政记公司	3	祥记东兴	3	振北木号	2	春记木号	2
东成泰木号	2	福康仁银号	5	姚学李	1	李金寰	1	刘文彬	1
王安亭	2	张兴谦	1	宁潜葡	1	徐世华	1	于子衡	5
崔艺林	1	田妈妈	2	徐志礼	2	张汝明	2	心记	5
无名氏	100	庆聚银号	10	新生银号	10	泰和银号	10	韩毓麟	5
广发源	2	祥甡银号	5	广利恒	2	利二公司	2	鸿记皮厂	2
金城皮厂	2	王薛润华	20	王静斋	10	张象枢	5	惠通祥	5
侯子龄	5	永安堂	5	四行准备库	100	金城银行	100	中南银行	100
盐业银行	200	无名氏	2	隐名氏	250	大陆银行	100	纶敦绸庄	10
庆德成	10	纶敦绸庄同人	7	文记汽车行	5	马永庆	1	茂达汽车行	5
高津民	10	复大汽车行	3	李志	1	恩德顺	1	王太太	1
于昌	1	高元良	1	钟高农	2	夏景仁太太	100	卞俶成	101
中央银行	50	青记	500	中国银行	200	交通银行	200	中国实业银行	50

续表

姓名	金额	姓名	金额	姓名	金额	姓名	金额	姓名	金额
隐名子	5	隐名氏	5	盛锡福	50	张紫垣	10	淑记	10
李锦权	5	刘从兴	2	赵李佩	10	常勉斋	20	杨文卿	5
河北省银行	200	无名氏	50	李汇庭	10	宋劼斋	4.2	王圆丙君代募	50
湛持居士	40	政井一郎	5	莲荫先生	100	雅记	50	惟记	50
叶君复	200	叶维孝	100	乾康记	100	华泰栈	10	周丹君太太	40
锡元	1	周玉芙太太	200	无名氏	100	慈良	50	慈贤	50
鸿君	50	景秀	50	慧原	20	锦华	1	蕴珍	1
持偈居士	40	王承潜	10	庆德成	10	张煜真	270	保厘堂	1
刘太太	0.4	孙寄尘	30	张淑英	30	潘静娟	50	国民饭店	20
华清池	20	无名氏	20	丁惠贞	10	郭孟素	10	无名氏	20
佑仁堂	100	佑仁堂	100	隐名氏	50	无名氏	25	袁丰田	1
锦茂栈	2	卢子勤	1	董瑞瀛	1	锦记兴	2	锦绣堂	2
任深甫	3	信德银号	2	袁瑞卿	2	聚丰当支店	10	华生祥	2
锦记栈	2	张全信	2	永生来庄	1	李树棠	1	陈金堂	1
东聚丰当	100	新记	30	庆成银号	5	史登瀛	3	仝太太	2
赵作尧	3	王玉生	500	尹福珍	50	春生石厂	15	信义成	10
同茂和	2	瑞春工厂	2	义成工厂	1	同聚兴	2	东兴栈	1
联昌蛋厂	2	同生祥银号	2	北方公司	2	路蕴和	1	鲁森	1
鲁坦兴	1	崇源	1	鲁健兴	1	同和兴	10	东亚毛织公司	15
恒顺公	10	同生货栈	10	同成货栈	10	永和荣记	10	万华银号	4
天瑞银号	4	广利银号	4	泰和银号	4	齐少华	20	白辅廷	65
敦孚号	5	瑞生德	1	义生源	1	德义号	1	九昌号	1
义庆源	1	成发号	1	义生号	1	德发号	1	庆成裕	1
复记号	1	公兴厚	1	宝丰祥	1	庆昌兴	1	寿丰公司	1
仁和号	1	生记号	1	公裕厚	1	兴隆栈	1	聚源号	1
同和兴	1	德恒号	1	源丰厚	1	郑奎一	1	益昌号	1
于鹤舫	1	贾小章	1	李桐岗	1	杨荫轩	1	王芝轩	1
永生	1	李霈霖	1	戴翕如	1	刘圆你	10	隐名氏	3
隐名氏	3	忞记	4	万盛永	1	郑女士	30	王应如	20
无名氏	200	赵巽青	10	植果堂	300	王孟钟	50	倪锄耕堂	200
倪灿墀	20	吴昨非	2	倪赞卿	2	许家瑞	1	耿文生	1
吴占之	0.5	张玉岗	0.2	郭殿臣	0.3	郭世荣	0.2	李凤五	0.1
田安仁	0.3	张江	0.3	祖玉田	0.3	张福祥	0.5	侯禄	0.3

续表

姓名	金额	姓名	金额	姓名	金额	姓名	金额	姓名	金额
梁振	0.3	耿国钧	0.3	刘春元	0.2	戴永良	0.2	高玉亭	0.2
王玉清	0.2	梁德鸣	0.6	万直铸	5	大中银行	60	卞白眉	20
徐伯园	20	逸园	20	浙江兴业银号	40	天津中国国货银行	40	天津上海商业储蓄银行	20
天津中孚银行	20	新华银行	20	北洋保商银行	20	国华银行	20	中南银行	20
王毅灵	40	天和堂	200	李隐氏	200	利华公司娄伯乐	200	易秉宸	2
王仲三	2	通顺公司	10	史宝书	2	杨维清	4	志成煤栈	2
义太兴煤栈	2	李长春	3	胡蔗园	20	何凤丹	10	致远堂	10
立志堂	10	郭金铭	2	树滋堂	2	宋鼐廷	5	王永祥	1
东兴全记行栈	15	仲记	10	颐和银号	10	明华制帽厂	5	范竹斋	200
杜先生	180	无名氏	200	隐名氏	5	王志远	50	公裕颜料庄	70
史子久	35	郭钦章	10	赵瑞亭	10	张继瑞	10	刘心源	10
赵弼臣	35	四聚洋行	10	冀鲁银号	30	赵子嘉	20	聚义银号	10
万义长银号	5	圡成银号	5	万阳郁	20	持偈道人	10	维雅先生	10
水心居士	20	李敬轩	10	孙宸拱	4	李春华	1	冯雅亭	2
隐名氏	5	李怀同	1	翟华浦	1	德盛合银号	2	岳徽同	1
卢企愚	20	陆松年	40	倪叔平	40	无名氏	6	潘撰生	5
无名氏	5	无名氏	5	天津隆远银号	10	北平同庆公司	10	冀县千祥堂	10
冀县孔蕙轩	10	北平同庆广	10	黄月波	10	马奎耀	10	湛持居士	40
放记	144	骐记	10	隐名氏	130	无名氏	850	陈润光	200
泾遗	100	江呈旋	1	无名氏	5	江淑珍女士	5	江永根	5
江乐根	5	江朱秀娟	5	江汤丽云	5	聚赉洋行	5	张志珊	5
霍承恩	5	新生肠厂	5	张李氏	5	无名氏	10	无名氏	10
王陈氏	5	王田氏	1	苏济霖	4	无名氏	1	无名氏	1
谭仲余	10	张公馆	2	谢太太	5	李维生	2	梁旋衡	2
虞锡瓒	1	无名氏	0.5	李宅	0.5	柯太太	1	陈公馆	2
罗宅	2	无名氏	1	贺天敬	33	谢兰亭	100	阎珍堂	5
亨利	2	无名氏	1	同义	2	韩义善	1	崇德堂	1
平纲先生	10	极救先生	5	信善堂	60	刘弼周	50	静思堂	4
安余堂	2	凝德堂	2	永庆堂	2	积善堂	2	利达堂	1

续表

姓名	金额	姓名	金额	姓名	金额	姓名	金额	姓名	金额
吴克盛	1	朱一长	5	钟麟记	1	庄福生	1	章墠达	2
李吉生	1	李达生	1	乐善堂	1	吴安生	1	金克成	1
陈继生	2	马德生	1	林福昌	1	陶如生	1	冯介臣	1
李明轩	1	黄郑贤女士	10	吉昌年	2	怀远堂	1	李士林	2
福缘堂	1	赵德胜	1	沈有龄	1	林吉生	1	永思俞	10
米严记	5	再德堂	1	陈继生	1	李复生	2	冯太太	1
积庆堂	2	章关寿	2	无名氏	1	马五爷	4	马忠恕	1
生记	1	无名氏	1	蔡可	2	庆德魏胜洲	5	天成染厂	5
王润田	2	瑞兴成绸庄	2	王公馆	5	徐柳文槐女士	3	徐庆麟	2
无名氏	10	陈沈雅琴女士	2	章沈松芝女士	2	章沈静巽女士	6	志成堂章	10
无名氏	10	无名氏	50	安马兴洁	20	杨安桂贞	30	朱一长	20
张敬信	10	时遇安	5	常逢祥	5	王绍卿	5	刘信之	3
刘子刚	2	交善堂	50	无名氏	20	绣阳无名氏	6	庞星海	20
刘惠民	2	杨慕姚	2	乔志先	2	杨琢如	2	杨慕涵	2
无名氏	1	无名氏	1	无名氏	1	杨馨吾	2	王席珍	1
宋鹤孙	2	杨祝生	2	梁李子	2	杨静涵	3	无名氏	200
无名氏	200	无名氏	20	无名氏	28	无名氏	96	绍缓女士	40
彭若兰	10	石陈淑贞	20	张郭淑超	10	穆乐然	20	无名氏	20
义成厚	3	福顺银号	1	广大灯厂营业科同人	5	广大灯厂工务科同人	2	同义成	2
中立成	1	德记工厂	1	大明料器厂	1	协和毛巾工厂	2	天然料器厂	2
大丰五金行	10	老仲记五金行	5	刘爱德	10	刘敬香	10	鲁淑文	5
田兰亭	5	王乃森	5	刘洪文	5	崔希贤	10	无名氏	200
慈诚道院	100	杨老先生	1	平全义刘宅	1	华四太太	0.5	王刘氏	0.5
志信堂	20	杨雅孙	5	杨祝生	3	杨七太太	2	杨瑶圃	1
杨珣若	1	杨慕姚	1	杨梦福	1	杨振洲	1	杨五太太	1
杨作儒	1	杨雪潭	5	杨慕涵	3	杨静涵	2	王兴益	2
韩杏占	10	郭梓臣	5	谢豫章	3	源达银号	3	广瑞银号	3
明顺昌号	2	瑞太成	1	瑞德成	1	德丰米庄	1	义成厚麻袋庄	1
惠丰号	1	华林号	1	德昌源棉布庄	1	毛采南	2	訾钰甫	25

续表

姓名	金额	姓名	金额	姓名	金额	姓名	金额	姓名	金额
葆铭堂	25	马小姐	5	杜普光	3	杜若英	1	杜肇易	1
范老太太	1	范拂公	1	范孟庄	1	张权	1	张衡	1
田健国	2	刘朋	2	田老太太	2	刘琦	2	田芝英	2
许孝琰	1	胡秀芝	1	杜化慈	2	杜德修	1	杨惠记	20
沈雁父	20	吴单声	10	陈敬修	10	王豹岑	5	黄伯严	5
王新吾	5	贺子謇	5	查封水	5	张建林	2	李子琢	5
张培圭	2	张培垚	2	张世武	1	张世龙	1	张世凯	1
张世伟	1	蒋玉山	2	段桐波	2	孟少亭	2	谢万玉	2
王德山	2	刘兰亭女士	5	李宝顺女士	1	李陈氏	0.4	张老太太	1
张九子	0.6	孙殿骏	0.4	徐小姐	0.4	樊怀君	0.8	李树棠	1
周玉田	1	张恺	0.5	张福堂	0.5	吴万祥	1	李华山	1
赵德福	0.5	桂宝芬女士	1	李莲芳女士	1	刘翠霞女士	2	王守业	0.4
王玉堂	0.4	张柏仲	0.4	文东山	0.4	罗笑荣女士	2	杨春芳女士	1
蕴记	4	骐记	2	湛然居士	4	孟慈昭	10	董右岑	10
张辅忱	10	寇谢氏	10			总计	34854.55		

资料来源：天津红卍字会：《世界红卍字会天津主会临时救济总报告（附征信录）》（1937 年 7 月 29 日—1938 年 2 月 28 日），出版时间不详

附表三 主要地名对照表

路名/地名	说明
板桥胡同	南开区东北部，北起西门内大街，南至南马路。内巷内原有排污水沟，上架一木板桥，故名
仓敖街	南开区东北部，东起东马路，西至道署东箭道，乾隆二十九年（1764）建成街道。徐世昌故居在此
成都道	和平区南部，东北起南京路，中与河北路、云南路等相交，西南至吴家窑。1929 年建，处英租界，名伦敦道，1946 年改今名
大费家胡同	南开区东北部，北起东门内大街，中与二道街、香店胡同相交，南至旧县署后街。相传刺死李自成部将李虎的明宫人费贞娥曾居住在巷内，故名
大王庙	红桥区东南部，1918 年建
大张庄	北辰区有大张庄乡，清顺治年间，张、吴等姓迁此建村，以张姓为大户，故名
德邻里	南开区中部偏东，南开三纬路东段南侧。始建于 1931 年，为朱、许、杨、张、刘、孙六户盖房成巷，以和睦之意，起名六合里，后因邻里不睦，故以西邻德聚里，更名德邻里。1967 年曾改称红星里一条，不久即复原称
东老公所	今狮子林大街
东楼村	河西区中部，泛指大沽南路和利民道交会处一带，明初已成村落，因与西楼相对故名
东马路	南开区东北部，北起北马路，中与水阁大街、东门内大街相交，南至南马路。天津青年会会所在东马路北段，1962 年天津市少年宫迁此

续表

路名/地名	说明
东南角	又名东南城角，在南开区东北部，泛指古天津城东南城角，即今东马路、南马路、通南路、和平路、兴安路交会处一带。天津居士林在此
二纬路	位于俄租界，称波哥基洛夫路，今称进步道
放生院	红桥区南部，在今放生院小马路中段西侧。约始建于明永乐年间，光绪三十二年（1906）改为放生院小学。此后相继改称第十九小学、八区十四小学、朱家花园小学，现为朱家花园小学和东方红小学占用
公益大街	红桥区东部，新河北大街北段东侧。北起树德里大街，南至兴顺里，中与恒泰里，公益东里相交。1882 年前后建，因此处有公益斗店，故名
鼓楼北大街	南开区东北部，即今北门内大街。北起北马路，中与户部街、府署街相交，南至旧城区。明永乐二年（1404）建。因在鼓楼北，故名。1954 年以位于旧城北门，更今名
鼓楼东大街	南开区东北部，即今东门内大街。东起东马路，西至北门内大街，与南门内大街连接处。明永乐二年（1404）建，因在鼓楼东，故名。1954 年以位于城厢东门内，改今名
鼓楼南大街	南开区东北部，即今南门内大街。南起南马路与南门外大街连接，中与二道街相交，北至东门内大街和西门内大街相接处，接北门内大街。明永乐二年（1404）建，因在鼓楼南，故名，又名南门里大街，1954 年改今名
鼓楼西大街	南开区东北部，即今西门内大街。西起西马路，东至旧城中央鼓楼旧址。明永乐二年（1404）建，因在鼓楼西，故名，又名西门里大街，1954 年改今名
广东路	英租界北平道，即今唐山道
山东路	河西区北部，南起乐园道，中与围堤道、利民道、永安道等相交，北至马场道。光绪二十一年（1895）沦为德租界后建，曾名第二十四号路、五号街、山西路、十区二十四号路，1945 年改今名
海光寺	初名普陀寺，天津总镇蓝理建，康熙五十八年（1719）改为海光寺，今不存
宏佛金刚寺	又称金刚弘佛寺、金刚寺。位于金刚巷，金刚巷在河东区西北部，天善社大街东北段东南侧
徽州道	河西区北部，东起大沽南路，中与厦门路、南昌路、九江路、广东路、汕头路等相交，西至 106 中学。光绪二十一年（1895）沦为德国租界后建，名第三十号路、D 街，又名花园路、十区三十号路，1946 年更今名
火神庙	汉沽区汉沽东南 6.5 千米，海挡北侧，属蔡家堡乡。明初建村，因庙得名
金家窑大街	河北区西南部，东起东河沿大街，西至海河东路
金钟桥	红桥区东南部，横跨南运河。原为光绪十四年（1888）建在小关大街一带金钟河上的开启式钢架桥，名金钟桥。1920 年南运河裁弯取直后迁此，仍旧名
经司胡同	南开区东北部，北起仓廒街，南至东门内大街。因系经司衙门所在地，故名
聚真楼	天津蓝卍字会会所，位于东马路一街区静德花园内
李公楼	河东区西北部，新开路与李公楼后街交会处西南侧一带。清道光年间，海河东岸盐坨民工聚居成村，名李公楼村，又名太平村。原位于今六纬路、十经路一带，光绪二十六年（1900），因沦为俄租界，村民被迫迁此，沿称李公楼至今
梁家嘴	红桥区南部，放生院小马路、民丰后大街、复兴路、西湾大街一带的泛称。清康熙年间有彦、起两家首先居住于此，取名两家村，因河湾形状像嘴，人称两家嘴，讹传成今名

续表

路名/地名	说明
铃铛阁	在红桥区南部，铃铛阁大街东端南侧。始建于明万历七年（1579），阁系稽古寺藏经阁。光绪十三年（1887）在寺内建稽古书院，光绪二十七年（1901）改为天津普通中学堂，民国时有省一中，现仍为铃铛阁中、小学校址
闽侯路	位于河西区，原德租界平行四号街，收回后改称闽侯路
南市	和平区西北部，泛指建物大街、东兴大街、荣业大街与荣吉大街、清和大街、华安大街交会处一带。光绪二十七年（1901）商人云集于此，形成市场。因在城厢南，故称南关市场，简称南市。昔日多赌场、妓院、烟馆等所，卖艺、商贩、卜卦也多在此摆摊，是天津出名的“三不管”地带
南营门姜家台	位于南开区中部偏东，卫津河北段西侧。东起万德庄河沿，西配对郑家胡同南端，南抵团聚胡同和双峰里幼儿园，北邻德邻里。1915 年有姜姓在此建房，逐渐形成居民区，故习称姜家台
岐山澜水洞	在蓟县北部，下营镇西南岐山，因南靠岐山北傍澜水，故名，该地为羊祖创理教发源地
千福寺	位于红桥区南部，千福寺前胡同旁，该胡同即以寺命名
谦德庄	河西区北部，泛指永安道、徽州道和保安街、汕头路交会处一带。原为荒地，1917 年津郊诸县难民入津聚此，搭棚筑屋，因地属天主教崇德堂，故以“谦让崇德”之意名之
清修院	南开区东北部，南马路东端北侧。同治十一年（1872）建，清咸丰年间，因天津八大家之一的李春城在此建清修院家祠，故名，1933 年后该院改为佛教居士林
三岔口	天津城区北部，红桥、河北、南开三区交会处，为南、北运河汇流成海河处，故名三岔口，又名三会河口。望海楼教堂在此
三官庙大街	红桥区东南部，东起南运河北路，西至河北大街南端，中与孔家胡同、关下陈家胡同、圈堤胡同、普乐大街等 22 条胡同相交。建于明朝中叶，因位于三官庙前，故名
三经路	今三经路，属原俄租界，称莫斯科路
三马路	河北区中西部，西南起李公祠大街，中与天、地、元、黄、宇、宙、日、月、辰、宿、律、吕、调等纬路相交，东北至北站货场
三义庄	河西区北部，泛指苏州道和江西路、厦门路交会处一带。光绪二十一年（1895）沦为德租界的梁家园、小靳庄、小王庄三村居民被迫迁此建庄，故名
山东路	和平区中部，西北起多伦道与福安大街相连，中与鞍山道、锦州道、滨江道、赤峰道等相交，东南至营口道。光绪三十年（1904）由日、法租界分段建。北段处日租界，名花园街，南段处法租界，名沙大夫路。1946 年始称山东路
山西会馆	位于红桥区东南部，估衣街中段北侧，近仁里、范店胡同之间约建于清道光二年（1822）。1955 年后由红桥区中小学使用。现为北门东中学校址
陕西路	和平区中部。锦州道以西，1920 年建，处日租界，名须磨街。锦州道以东，光绪二十八年（1902）建，在法租界，名狄米得城路。1946 年接顺，并改今名
稍直口	俗称“稍子口”，亦有称“哨子口”者，有大、小之分。沿南运河上游的大道，过南开区的大园、小园，在入西青区的交界处是小稍直口，即今密云路与芥园西道交会处，沿津杨公路往西即是。再往西行四公里处，则是大稍直口
沈庄子	河东区西北部，新开路与李地大街交会处北侧。清道光年间沈姓迁此，择高台定居，称沈家台，后改为今名
狮子林大街	河北区西南部，东起昆纬路连金钟河大街，中与兴业大街、小关大街、东河沿大街等相交，西至海河东路接狮子林桥。1918 年北运河改道，填河筑路，路以狮子林村得名

续表

路名/地名	说明
唐家口/新唐家口	河东区西部，泛指程林庄路与十一经路交会处一带。清中叶在今六纬路、九经路一带成村，称唐家口。光绪二十六年（1900）沦为俄租界，居民被迫迁至今址定居，始称新唐家口
桃山街	和平区。日租界内，后改称归绥道，今包头道
桃园村	河西区北部，泛指海口路与马场道交口以东一带，光绪二十六年（1900）沦为德租界后，由天主教会建。后在东侧建“陶园”游乐场，遂以谐音得今名
天纬路	河北区西部，东南起中山路，中与三马路、东箭道、四马路、南六马路、七马路相交，西北至八马路。光绪二十九年（1903）建，以《千字文》“天地玄黄”字命名。大悲院在此
望海楼	河北狮子林大街西端海河边。法国天主教堂。原楼建于清康熙年间
西广开	南开区北部，泛指广开大街以西一带
西老公所	红桥区南部，南运河南岸，今三益里西街。建于清乾隆三十年（1765），为理教传入天津扎根最早的地方，也是天津各理教公所的中枢。1957 年由南头窑卫生院占用，现为南头窑街道办事处文化站
西楼村	亦名西楼庄，河西区中部，泛指广东路与废墙子河交会处以东一带，明初已成村落。因与东楼村相对故名，后简称今名
西门内中营	位于今南开区，旧明有中营守备署，故名。后逐渐围绕中营守备署形成中营东箭道、中营东胡同、中营后胡同等
先遗公所	在红桥区南部，先遗公所胡同旁。该胡同建于道光十二年（1832），1982 年更今名
小树林	河北区南部，泛指昆纬路与小树林大街交会处一带。清末因此地有树林一片，后建成居民区，习称之
小王庄	河北区西部，泛指小王庄大街与安定里大街交会处附近一带。清末形成聚落，因姓得名
兴亚村	即今和平村，位于天善社大街与和平村大街交会处一带。1939 年日伪政权置兴亚村，1951 年更名和平村
永丰屯	红桥区南部，双忠庙大街一带，是天津最早的七十二屯中第一屯，相传形成于明永乐年间。1900—1930 年达到鼎盛时期
中老公所	今城厢东南角

资料来源：刘玉麟主编：《中华人民共和国地名词典·天津市》，北京：商务印书馆，1994 年；王翁如编著：《天津地名杂谈及其他》，天津：天津人民出版社，1998 年；何铁冰主编：《天津市地名志·和平区》，天津：天津人民出版社，1998 年；齐泉林主编：《天津市地名志·河东区》，天津：天津人民出版社，1996 年；孙淑环主编：《天津市地名志·河西区》，天津：天津人民出版社，1999 年；黄志敏主编：《天津市地名志·南开区》，天津：天津人民出版社，1998 年；任彦林主编：《天津市地名志·河北区》，天津：天津人民出版社，2002 年；邢克文主编：《天津市地名志·红桥区》，天津：天津人民出版社，1997 年

跋

我本科就读于阜阳师范学院，套用近些年的时髦话语，是一所“双非”院校，出身不好。虽然如此，我没有随波逐流，而是希望继续攻读研究生，从事我所热爱的学术事业。记得当时我报考了华东师范大学的文献学专业，之所以如此考虑，是因为我当时觉得，文献学是历史研究的基础，若不懂文献，从事历史研究便如“盲人骑瞎马”，难得要领。只是，由于我的英语水平不高，第一次考研失败了。

确知考研失败后，记得有位大学同学对我说：“你的水平那么差，干吗要学着别人的样子考研呢？”对我的选择充满不解与不屑。不服输的我，没来得及为失败而伤感，便立即开始了新的征程。现在回想起当时的境况，我算是想对、做对了一件事情——证明那些看扁你的人错误的唯一方式，便是对未来永不言弃的渴望和持续不断的努力。

大约就在第一次考研失败后不久，我先学习文献学，再从事历史研究的想法，不期然发生了变化。一日，我在学校图书馆看到了一部人类学著作，粗略翻看一遍，其中新鲜的知识和理论给我造成了强烈的冲击。未见过多少世面的我开始认为，当代历史研究缺乏强有力的理论支撑，更没有理论思考的习惯，人类学给当代人文社会科学造成了全面、深刻的冲击，为了更好地从事历史研究，应该花几年的时间研习人类学。

大学毕业后在中学工作的一年，尽管遇到了各种意想不到的干扰，但我仍然努力学习，终于考上了兰州大学，师从徐黎丽老师攻读民族学硕士学位。但不久，我开始意识到，在中国，人类学和民族学实际上是两个学科，其学科内涵和学术旨趣颇有差异。前者比较关注人及其文化，更加“学术”一些；后者更多地关注民族问题，与社会现实关系更为密切。我所热爱、追求的学术，当以阐发新知为旨志，以“为天地立心，为生民立命”为目标。正是在这一认识的基础上，我与民族问题研究渐行渐远，不知天高地厚地去追求心目中的“大道”去了。

攻读硕士学位期间，虽难说已入学术之门，但我未来的研究方向或者说学术兴趣进一步确立了。我逐渐迷上了民间信仰研究，并希望攻读相关方面的博士学位。为此，我翻阅了全国各大高校的博士生招生简章，发现了中国社会科学院吕大吉、金泽及南开大学侯杰等先生的招生信息。只是，由于觉得自己年龄已长，应该自力更生，不能再花家里的钱了，加之当时的女朋友、后来的妻子吴蕊蕊女士也希望我能先工作几年。随着光阴的渐渐逝去，长时间处于纠结中的我，实际上暂时放弃了攻读博士学位的想法。

硕士毕业之后，我来到了一所刚刚建立不久的民办大学工作，那里几乎没有任何学术氛围可言。最初的工作虽然不乏激情，但面对烦琐的工作内容、世故的人际关系，我很快便重提考博之事。2008 年下半年，大约就在新婚之后不久，我开始准备考博。次年 3 月，我参加了中国社会科学院世界宗教研究所和中央民族大学的博士考试，前者因英语没过线而名落孙山，后者虽然英语过线了，总分也甚高，因未能入报考老师的法眼，也以失败告终。

早在兰州大学攻读硕士学位期间，我和女朋友吴蕊蕊，与南开大学的侯杰老师取得了联系。当时希望她先攻读博士学位，我工作挣钱供她读书，等她毕业工作了，我再读书。当然，这种想法，后来也不了了之了。恰在我第一次考博失败之后，侯杰老师到郑州大学参加学术讨论会，我和已成为爱人的吴蕊蕊，一起前往拜访。这次郑州之行，成就了我“代妻出征”，报考南开大学历史学院，跟随侯杰老师攻读博士学位的因缘。

2009 年 10 月，我的长子云溪出生，家庭生活立刻陷入极度喜悦又极度繁忙的状态，而渺茫的前途亦经常令我长吁短叹。不愿低头认命的我，在获得爱人的同意后，开始了新的征程。侯老师在中国近现代史学科下招生，而我的硕士专业是民族学，第一年考博时，考的是宗教学。这次若想考上，必须阅读大量中国近现代史方面的书，难度可想而知。我没有畏难，功夫终于不负有心人，我成功考上了博士研究生。

2010 年 9 月，我进入了心仪已久的南开大学历史学院，师从侯杰老师攻读博士学位。到了那里，进一步了解才知道，侯老师的招生方向虽有“社会与性别”“宗教与民间信仰”两个方向，但他近些年更为关注的是社会与性别研究。侯老师希望我从事社会与性别研究，并语重心长地劝我，宗教与民间信仰研究的前途荆棘密布，不仅不好找工作，以后发文章、评职称、拿课题都十分困难。涉世渐深的我，当然知道侯老师的告诫是对的，但这时，我“一根筋”的个性又凸显了出来，我未改初心，坚持沿着兴趣往前走。

攻读博士学位的前两年，我去得最多的地方是南开大学历史学院资料室、南开大学图书馆、天津市图书馆、天津市档案馆。在这些地方，我接触到了大量晚清、民国时期的珍贵文献，尤其是在天津市档案馆，我看到了不计其数的世界红卍字会天津分会、黄卍字会、蓝卍字会档案。在这些档案资料的基础上，征得侯杰老师同意后，我确定了博士学位论文选题，即《天津“卍”字会慈善事业研究（1922—1949）》。

攻读博士期间，还有一个当时虽然看似很小，却对我的学术事业产生深刻影响的插曲。我当时感到，南开大学从事宗教与民间信仰研究的老师比较少，便浏览了天津本地一些学校和研究机构的网站，希望找到一些志同道合者，俾便请益交流，发现了天津社会科学院的濮文起先生。在一位同学的帮助下，我获得了他的联系方式，并承蒙允许前往拜访。从此以后，我便经常前往濮先生家，与他聊天，向他请教，这令我倍感荣幸地获得了“私淑弟子”的身份。在濮先生那里，我学到了许多令我终身受益的知识和治学方法，听到了许多闻所未闻的学术界典故，获得了大量珍贵的史料，体会到了为学与为人之间不可分离的紧密关系。

2013 年 6 月底，我从南开大学毕业，来到了陕西师范大学历史文化学院工作，得以在较好的学术平台上从事我所心爱的学术研究工作，并师从贾二强老师做博士后研究。不久，我有幸获得了本校的出版基金，资助我出版博士学位论文。兴奋之余，书稿的出版却成了一道过不去的坎。刚刚博士毕业的我，不认识任何出版界的人，也不知道如何与他们取得联系。好像是一次在校车上，我遇到了学院的白建才老师，他得知我的困难后，给我推荐了人民出版社的一位编辑（姓名已忘）。尽管当时我十分期待，出版事宜却并没有谈妥。虽然如此，仍然要感谢热心帮助我的白建才老师。

其后，或许是苦尽甘来，或许是受到命运的眷顾，我先后获得了中国博士后面上基金、中国博士后特别资助、陕西省博士后科研资助的支持，科研环境得以大大改善。

在此前后，南开大学的王先明老师前来学院讲学。王老师是我的授业、博士学位论文答辩老师之一，学问渊博精深，对我的情况比较熟悉。他对我说，他正拟申请国家出版基金，可以将我的书稿纳入出版规划之中。王老师的雪中送炭，令我十分感动，我当即表示愿意。但我也请他理解，我正打算以博士学位论文申请国家社科基金后期资助项目，若有幸申请到，书稿便无法在他那里出版。他很理解我的处境，对我表示支持。2015 年 11 月，我申请到了国家社科基金后期资助项目，不能将书稿纳入王老师所主持的国家出版基金项目中，为此对他深感抱歉。

在查找资料的过程中，南开大学图书馆、南开大学历史学院资料室、天津市图书馆、天津市档案馆的许多工作人员都为我提供了很多帮助。在论文写作过程中，我经常和同门、兄弟汪炜伟互相切磋，这使我获益匪浅。

论文完稿后，师姐、知友段文艳不辞辛苦，认真通读全文，提出了许多宝贵的修改意见。在博士学位论文答辩之时，除前述侯杰、王先明两位老师外，张华腾、姜胜利、田涛诸位老师提出了许多具有建设性的修改建议。在陕西师范大学工作期间，除贾二强、张华腾、白建才老师之外，王玉华、黄正林、温艳、石涛、田武雄等老师也曾针对书稿的部分内容给予指点。科学出版社的任晓刚编辑热心、细致地对书稿进行编辑，付出了大量的心血。在成长、读书、工作的每一个时刻，父母妻儿、弟弟妹妹，一直都是我最为坚定的支持者。

如今，历尽劫波，终于等到书稿付梓的时候了。再回首，从当初一知半解的懵懂少年，到如今令人尴尬的不惑之年，一路走来，每一次遇见、悸动、挫折、成绩，都好像是冥冥之中安排好了的，倘若没有这些，我势必早已“躺平”在世界的某一个角落，不愿思考，不再前进。在此，谨以感恩之心向曾经遇见、帮助、支持、鞭策过我的每一个人致以由衷的感谢。而我自己，也要本着敬天知命、不慕虚华的心态，在以后的生活中，在素来热爱的学术领域中，坚持初心，守住本真，不畏艰辛，勇于探索，贡献新知，服务社会，报答家国，做一个立体、大写的“人”。

侯亚伟

2021年8月20日